ROM UND SEIN IMPERIUM

Ada Gabucci

ROM UND SEIN IMPERIUM

Aus dem Italienischen von
Helmut Schareika

THEISS

Meinen Töchtern Livia, Anna, Caterina, Margherita und für Max

Abb. Seite 2: Detail vom Fries der Trajanssäule zu Rom

Abb. Seite 6: Bronzestatuette mit Darstellung eines Feldzeichenträgers (*signifer*), aus Alba Fucens, Ende des 1. Jahrhunderts v. Chr., Chieti, Museo Archeologico Nazionale

Bibliografische Information Der Deutschen Bibliothek
Die Deutsche Bibliothek verzeichnet diese Publikation in der Deutschen Nationalbibliografie; detaillierte bibliografische Daten sind im Internet über http://dnb.ddb.de abrufbar

Umschlaggestaltung: Stefan Schmid, Stuttgart

Italienische Originalausgabe:
Roma e il suo Impero. Fondazione, Espansione e Domino.

Übersetzung: Helmut Schareika, Gau-Algesheim

Lektorat: Karin Haller, Stuttgart
Satz: DOPPELPUNKT Auch & Grätzbach GbR, Leonberg
Druck&Bindung: Artes Graficas Toledo S. A., Spanien
ISBN: 3–8062–1932–x

INHALT

Hinweise

- Die Karten des Römischen Reiches sind recht schematisch gehalten und enthalten relativ allgemeine Angaben; man muss dabei berücksichtigen, dass die Grenzen der verschiedenen Provinzen nicht starr waren wie moderne Verwaltungsgrenzen oder politische Grenzen, und dass Flüsse die einzigen einigermaßen sicheren Demarkationslinien darstellten; außerdem konnten die Grenzgebiete im Lauf der Zeit die Provinzzugehörigkeit wechseln.
- Zeitangaben ohne den Hinweis „v. Chr." beziehen sich immer auf die Zeit *nach* Christi Geburt.
- Für Objekte mit Herkunft aus Pompeji wurde keine Datierung angegeben, da sie allesamt in den Zeitraum *vor* dem Vesuvausbruch des Jahres 79 n. Chr. gehören.
- Die im *Museo della Civiltà Romana* (Museum der römischen Kultur) in Rom (EUR) aufbewahrten Stücke sind allesamt Nachbildungen antiker Originale.
- Die Datierungsangaben zu den Nachbildungen beziehen sich stets auf das originale Stück.

Vorbemerkungen des Übersetzers

- Die Behandlung von Ortsnamen und anderen geografischen Bezeichnungen ist immer ein Problem, wenn römische Geschichte in nicht genuin römischen, d. h. italischen Gebieten dargestellt wird. Hier wird wie folgt verfahren: Gewöhnlich werden die heutigen Namen benutzt; gibt es deutsche Bezeichnungen (z. B. *Syrakus*) werden diese verwendet. Sind römische Orte nur noch als Ruinenstädte existent, wird dem lateinischen Namen der Vorzug gegeben. Im griechischen Kulturbereich wird, wie heute üblich, die (alt)griechische Lautform benutzt (z. B. Epeiros), außer es existieren eingebürgerte deutsche Namensformen (z. B. Makedonien). Zielt jedoch im speziellen Fall die Bezeichnung auf den römischen Verwaltungsnamen, wird dieser verwendet (z. B. Macedonia, Iudaea).
- Personennamen erscheinen entweder in der deutschsprachigen Lautung, wenn sie die verbreitete ist (z. B. Mark Anton), sonst in der lateinischen (z. B. Pompeius), das Gleiche gilt analog für griechische Namen.
- Inkonsequenzen sind in allen Fällen nicht vermeidbar.
- Verschiedene Fachbegriffe oder Bezeichnungen, die vielleicht weniger allgemein bekannt sind, werden entweder am Ort in Klammern erklärt oder im Falle notwendiger, größerer Ausführlichkeit in Anmerkungen am Ende des Bandes.

VORWORT

Dieser Band, der weder ein Handbuch der römischen Geschichte darstellt noch es sein will, hat das ehrgeizige Ziel, ein Panorama der römischen Welt über den Bogen von mehr als zwölf Jahrhunderten ihrer Geschichte und ihre gesamte geografische Ausdehnung zu liefern; so weit erstreckte es sich, dass die Römer das Mittelmeer einfach mit ihrem *Mare Nostrum* gleichsetzten. In diesem Versuch, ein umfassendes Bild von Ursprung, Ausdehnung und Festigung der römischen Macht und ihres anschließenden Niedergangs und Untergangs zu zeichnen, soll die chronologische Erzählung mit geografisch beschreibenden Abschnitten abwechseln. Dabei geht es darum, eine Beschreibung der verschiedenen Gebiete zum Zeitpunkt ihres Eintritts in den römischen Machtbereich vorzunehmen, auch wenn es nicht leicht ist, jene Eroberungen, die im Laufe der Jahrhunderte aufeinander folgten, in ein starres Zeitraster zu zwängen. Eine erster kurzer geografischer Exkurs folgt der Beschreibung der Eroberung Siziliens und Sardiniens, nach der Rom sich damit konfrontiert sah, ein anderes System der Kontrolle über die eroberten Gebiete einzurichten, die sich zum ersten Mal – in der antiken Sicht – außerhalb des eigentlichen Italiens befanden.

Im Verlauf der folgenden anderthalb Jahrhunderte führten die Römer eine überaus aggressive Expansionspolitik bis zur Unterwerfung der gesamten Halbinsel und der vollständigen Assimilierung der Alpenvölker auf italienischer Seite durch; dieser Augenblick innerhalb der ersten Jahrzehnte des 1. Jahrhunderts v. Chr. bildet in dieser Darstellung die Zäsur, von der aus es zur Beschreibung der ganzen Halbinsel Italien geht, die sich nunmehr auf dem Weg zu rascher Romanisierung befand.

Ein Gesamtbild der Provinzen – mit Ausnahme der (zudem häufig kurzlebigen) Eroberungen der weiter entfernten Territorien, die während der ersten Jahrhunderte der Kaiserzeit unterworfen wurden – wird nach der Beschreibung des großen Entwicklungsschubs in Folge der Eroberungen Caesars und Augustus' entworfen; das ist der Zeitpunkt der augusteischen Neuordnung des Reiches. Die Darstellung folgt dann genau dieser grundlegenden, durchgreifenden Reorganisation der Verwaltung sowohl mit Blick auf Italien, das in elf Regionen unterteilt, als auch auf den Rest des Reiches, der in Provinzen gegliedert wurde. Diese ihrerseits wurden

– entsprechend ihrer strategischen Bedeutsamkeit – direkt der Herrschaft des Kaisers oder stattdessen derjenigen des „Senats und des römischen Volkes“ unterstellt. Man muss sich jedoch dessen bewusst bleiben, dass die Verwaltungsorganisation keinen festen, unveränderlichen Regeln folgte und wir heute häufig nicht in der Lage sind, klare Grenzen zu ziehen, auch weil Grenzgebiete häufig wechselweise verschiedenen Provinzen oder Regionen zugeordnet wurden. Trotz dieser objektiven Schwierigkeiten wurde versucht, ein möglichst korrektes allgemeines Bild zu vermitteln, auch wenn die Entscheidungen in verschiedenen Fällen wahrscheinlich als diskussionswürdig gelten können. Historische Rekonstruktionen vorzunehmen ist immer eine schwierige Aufgabe, vor allem weil die Darstellung der Ereignisse aus gleichzeitigen oder späteren Quellen abzuleiten ist, deren Glaubwürdigkeit und Objektivität nicht immer leicht zu bestimmen ist. Die moderne Geschichtskritik ist inzwischen in der Lage, die zuverlässigeren antiken Autoren von denen zu unterscheiden, die zur Propaganda tendieren, zur Vermischung legendärer Elemente und realer Daten oder zur Einführung eines ‚*deus ex machina*‘, also imposanten Persönlichkeiten von großer Autorität, welche die Ereignisse vermeintlich aus sich heraus zu beeinflussen und lenken vermochten.

Doch das genügt nicht zur Lösung des Problems; man muss nur daran denken, wie schwer die objektive Interpretation uns viel näher liegender historischer Ereignisse ist – der großen Kriege des 20. Jahrhunderts beispielsweise – um zu verstehen, wie gespalten die Historiker noch bei der Bewertung der Fakten und vor allem der Ursachen und Gründe sind (und wahrscheinlich auch weiterhin sein werden), die sie hervorgebracht haben. An dieser Stelle war es nicht möglich, eine wissenschaftliche Diskussion über das Thema zu führen, weswegen es nötig war, sich von Mal zu Mal für diejenigen Erklärungen zu entscheiden, die – subjektiv – als die richtigen gelten konnten. In die Bibliografie wurden jedenfalls die wichtigsten Hilfsmittel zum Verständnis der römischen Geschichte aufgenommen, und im Vergleich der Positionen werden sich nützliche Gesichtspunkte ergeben, die mit der Diskussion vertraut machen können.

Im Rahmen der geschichtlichen Darstellung, insbesondere bei der Beschreibung der Regionen und Provinzen, wurde einer archäologischen Annäherung der Vorzug gegeben, die dazu beitragen soll, die soziale und ökonomische Entwicklung sowie die substanziellen Veränderungen hervorzuheben, die fast immer Folge des tiefen Eindringens von Kultur und Lebensweise der Römer waren. Das Handwerk des Archäologen besteht ja – auf dem Wege der Synthese – gerade in der Rekonstruktion der Vergangenheit mittels der Deutung der antiken Quellen, verbunden mit der Analyse der materiellen Dokumente, angefangen bei den imposanten öffentlichen Bauten und den hochwertigen Kunsterzeugnissen, die für die herrschenden Eliten bestimmt waren, bis hin zu den Zeugnissen des täglichen Lebens der weniger vermögenden Klassen, welche die Gesellschaft einer Zeit besser widerspiegeln; so entsteht ein komplexes Puzzle, das fast immer ohne Bezugsbild auskommen muss.

Die zeitlichen Grenzen der Darstellung fallen infolge einer wohlbegründeten Entscheidung exakt mit den traditionellen Daten der Gründung Roms und dem Untergang des Reiches zusammen. Wie von den ersten Seiten an zu sehen sein wird, hat gerade die archäologische Forschung der letzten Jahre dem Mythos von Romulus und der Entstehung Roms wieder zur Geltung verholfen, sodass wir heute die erste städtische Siedlung auf dem Palatin mit Sicherheit gerade in die Mitte des 8. Jahrhunderts v. Chr. legen können. Hinsichtlich des Untergangs des Reiches wurde als Bezugsdatum der formale Akt der Absetzung des letzten Kinderkaisers und der Übersendung der Kaiserinsignien nach Konstantinopel im Jahre 476 n. Chr. gewählt, ungeachtet der Tatsache, dass dieser für die Späteren so symbolhafte Moment gewiss keinerlei Epochenwechsel markierte: Seit einigen Jahrzehnten schon befand sich der Westen faktisch in den Händen mächtiger Generäle barbarischer Herkunft. Fast ein Jahrhundert noch, bis zum Doppeljahrzehnt des griechisch-gotischen Krieges und der Ankunft der Langobarden, lebten Kultur und römische Tradition in Italien weiter, jedoch auch in einigen anderen Regionen des Reiches; das ergibt sich deutlich aus der Analyse der archäologischen Befunde der Spätantike, in denen sich das Vorhandensein von Terra sigillata, des für die gesamte Kaiserzeit charakteristischen, mit rotem Firnis überzogenen Tischgeschirrs, ohne Unterbrechung bis über die Eroberung Afrikas durch die Wandalen hinaus fortsetzt.

ENTSTEHUNG EINER WELTMACHT

Vorhergehende Seite: Frauenkopf, Antefix aus polychromer Terrakotta, aus den Grabungen unter dem Haus der Greifen, Palatin, Rom, Ende 6. Jh. v. Chr.; Rom, Museo Palatino

Zwischen Legende, Mythos und Geschichte: Die Ursprünge der Stadt, das große Rom der Tarquinier und die Entstehung der Republik

Oben: Fries vom Esquilin mit Szenen aus dem Mythos der Rhea Silvia, aus Rom, Piazzale di Porta Maggiore, Anfang der augusteischen Zeit; Rom, Museo Nazionale Romano, Palazzo Massimo alle Terme. Unter Historikern wird die Entstehung der Sage von Romulus breit diskutiert; oft wollte man sie aus politischen und ideologischen Gründen in mittelrepublikanische Zeit setzen. Wahrscheinlicher handelt es sich dagegen um ein sehr altes einheimisches Motiv, entstanden zu Beginn des 6. Jhs. v. Chr. oder sogar noch früher nicht lange nach dem so genannten „Zeitalter des Romulus", als offiziell anerkannte populäre Erzählung über die reale Gestalt des Stadtgründers, wer immer dieser war.

„Die Waffen und den Mann besinge ich, der als Erster von den Küsten Trojas nach Italien und an die Gestade Laviniums kam, vertrieben vom Schicksal. Weit wurde er geworfen über Land und Meer durch die Macht der Götter in der Höhe, wegen des Zorns der nicht vergessenden grausamen Juno; viel auch erlitt er im Krieg, bis er seine Stadt gründete und die Götter nach Latium brachte: Daraus entstanden das Latinergeschlecht und die Vorväter aus Alba sowie die Mauern Roms auf der Höhe" (Vergil, *Aeneis* I, 1–11).

So fasst die Erzählung Vergils die Abkunft des Romulus von Aeneas, dem Sohn des Trojaners Anchises und der Göttin Aphrodite zusammen: ein wahrscheinlich mit der Ankunft von Volksgruppen aus der Ägäis in Latium in sehr alten Zeiten zusammenhängender Mythos, der schon in republikanischer Zeit nutzbar gemacht wurde, um die Ursprünge Roms auf die griechische Mythologie zurückzuführen, und schließlich von Augustus den ideologischen Begründungen des Prinzipats hinzugefügt wurde. Nach Vergil treffen die Worte Homers – „jetzt sollen der starke Aeneas über die Trojaner herrschen und seiner Söhne Söhne, die künftig geboren werden" (*Ilias* XX, 307–308) für den Heroen und seine Nachfolger eine Vorankündigung auf die Gewinnung einer neuen Heimat, die er nach einer mühseligen Seefahrt und zahlreichen Wechselfällen des Schicksals erlangt. Auf der Flucht aus dem brennenden Troja mit dem alten Vater und dem kleinen Sohn Ascanius Iulus soll Aeneas seine Männer auf einer sieben Jahre währenden Seefahrt angeführt haben, bevor er an den Gestaden Latiums ankerte und nicht ohne neue Schicksalsschläge die Tochter des Königs Latinus, Lavinia, heiratete. Zu Ehren seiner Gattin soll Aeneas dann die Stadt Lavinium gegründet haben, während auf seinen Sohn die Gründung von Alba Longa auf den Albaner Bergen zurückgeht. Viele Generationen gingen dahin und zahlreiche Herrscher folgten einander auf dem Thron von Alba Longa, bis beim Tode des Procas dessen beide Söhne Numitor und Amulius sich das Erbe teilten: Dem ersten blieb der Thron, während der zweite die Reichtümer des sagenhaften Schatzes wählte, den Aeneas aus Troja hatte retten können. In der Folge gelang es Amulius, unzufrieden mit seinem Schicksal, den Thron an sich zu reißen; er tötete den Bruder und den Neffen und zwang seine Nichte, Rhea Silvia, zur dauernden Keuschheit, indem er sie zur Priesterin der Vesta weihte. Die junge Frau jedoch, von Mars verführt, gebar Zwillinge. Amulius verurteilte die Nichte dazu, lebendig begraben zu werden, und versuchte, die Neugeborenen loszuwerden, indem er sie bei Hochwasser in den Tiber werfen ließ; der Korb jedoch, der sie aufnahm, strandete im Schlamm. Eine Wölfin hörte das Wimmern der Säuglinge, säugte und versorgte sie, bis der

Altar mit Darstellung des Hirten Faustulus, der die von der Wölfin genährten Romulus und Remus entdeckt, 2. Jh. v. Chr., Rom, Museo Nazionale Romano, Palazzo Massimo alle Terme. Legenden mit dem Motiv des im Wasser ausgesetzten Neugeborenen umgeben legendäre Helden und historische Personen wie den akkadischen König Sargon oder Moses, den die Mutter in einem Papyruskorb in den Binsen des Nils ablegte; er wurde von der Tochter des Pharaos gefunden, die ihn aufzog („Ich habe ihn aus den Wassern gerettet", Exodus 2, 1–10).

Hirt Faustulus kam, der sie nahm und als seine Söhne aufzog; er nannte sie Romulus und Remus. Die Sage von den beiden Zwillingen findet in den Taten der großartigen, verwegenen jungen Männer ihre Fortsetzung, denen es nach einer anderen Version der Legende gelang, auch den Großvater Numitor auf dem Thron von Alba Longa einzusetzen, bis sie beschlossen, eine Stadt am Tiber zu gründen. Da Romulus sie auf dem Palatin und Remus auf dem Aventin errichten wollte, überließen sie sich dem Willen der Götter, die sich durch den Vogelflug vernehmlich machen sollten. Remus sah zuerst sechs Geier, doch fast im selben Moment gewahrte Romulus zwölf und erhielt so das Vorrecht, die neue Stadt zu gründen; am 21. April des Jahres 754–753 v. Chr. markierte er die Stadtgrenze durch das Ziehen der rituellen Furche. Als der Bruder aus Wut über seine Niederlage die geringen Ausmaße der vom Pflug gezogenen Furche zu verspotten begann und den Graben mit einem Satz überquerte, tötete Romulus ihn mit den Worten: „So soll künftig jeder zugrunde gehen, der meine Mauern überschreitet" (Livius, *Ab urbe condita* I, 7,2). So entstand Rom, und sein Gründer herrschte dort glücklich über etwa vierzig Jahre, bis er auf geheimnisvolle Weise verschwand, während ein heftiges Unwetter wütete; ab jenem Moment verehrte ihn sein Volk als Gottheit Quirinus.

Doch welche Beziehung sollen wir uns zwischen der mythischen Gestalt und der Entstehung Roms vorstellen? Wir wissen, dass die Stelle, obwohl Rom nach der Überlieferung an einem unbewohnten Ort gegründet wurde, in Wirklichkeit schon seit einigen Jahrhunderten besiedelt war, dass die protourbane Siedlung im 9. Jahrhundert v. Chr. an Größe schon die zeitgleichen Zentren Etruriens übertraf und sich auf demselben Niveau wie die griechischen Städte der Zeit präsentierte. Nach einem Jahrzehnt Grabungen an den Nordhängen des Palatins und einer gründlichen Überprüfung der schon bekannten Gesichtspunkte war es möglich, die ältesten Phasen der Stadt zu rekonstruieren und vor allem die Bedeutung der Überlieferung neu zu entdecken. Das geschah durch die Feststellung des Zeitpunkts, zu dem, eben gerade in der Mitte des 8. Jahrhunderts v. Chr., auf die Phase der protourbanen Siedlung eine geschlossene stadtstaatliche Baustruktur folgte, die viel komplexer und stärker in sich gegliedert war als die vorhergehende. Die Zeugnisse dieser neuen Stadtorganisation, wie die Verlegung des Gräberbezirks aus dem Forumstal zum Esquilin und Quirinal hin sowie die Anlage der ersten Straßen aus Kieselgemisch sind indes noch ziemlich dürftig. Gut sichtbar dagegen sind an den Nordhängen des Palatins die Spuren der Zerstörung eines Viertels aus Hütten, die um 725 v. Chr. vorgenommen wurde, um den

Kolossalstatue des *Pater Tiberinus*; Rom, Musei Capitolini. Die Statue wurde auf dem Forum Romanum neben dem Bogen des Septimius Severus zusammen mit einem Becken gefunden, das heute zum Komplex der Dioskuren am Quirinal gehört. Unter dem Pontifikat Sextus' V. wurde sie auf das Kapitol gebracht und in einen Brunnen integriert, der von Giacomo dalla Porta als Verzierung der Rückwand des Konservatorenpalastes geplant war. Das als *Marforio* bekannte Werk gehört mit dem *Pasquino* und einigen anderen Skulpturen zu den „sprechenden Statuen" Roms, die Symbole heimlicher politischer Schmähungen der päpstlichen Herrschaft über Rom darstellen.

Elfenbeintäfelchen in Löwenform mit etruskischer Inschrift, vom heiligen Bezirk Sant'Omobono, Rom, etwa Mitte des 6. Jhs.; Rom, Musei Capitolini, Centrale Montemartini. Auf der Rückseite des Täfelchens ist der Name eines Etruskers von hohem Rang, Araz Silqetenas Spurianas, eingeritzt, des Angehörigen einer Familie aus der Elite Tarquinias.

notwendigen Raum zur Errichtung eines ersten Mauerrings zu schaffen, der aus einer Holzpalisade mit einem Auftrag aus rohem Lehm bestand, bald darauf aber durch einen Bau von größerer Festigkeit ersetzt wurde. In der Mauer muss sich wenigstens ein Durchgang befunden haben, ziemlich sicher war es die Porta Mugonia, welche noch Ovid im Jahre 6 v. Chr. an den Hängen des Hügels sah und die keinen Sinn gehabt hätte, wenn der Palatin vordem nicht von Mauern umgeben gewesen wäre. Die Entscheidung über die Ziehung dieser Grenze, die als heilige, symbolische Grenze betrachtet wurde, muss ein bewusster Akt politischer Entscheidung gewesen sein, den wir heute mit der Gründung der Stadt gleichsetzen können.

Die jüngeren Forschungen hoben hervor, dass auch der überlieferte römisch-sabinische Dualismus, der nach der Legende die Königszeit bis zum Ende des 7. Jahrhunderts v. Chr. bestimmt haben soll, eine sehr klare historische Grundlage hatte. Über lange Zeit war die Existenz zweier verschiedener Siedlungen schon in frühhistorischer Zeit – eine zwischen Palatin und Velia (Anm. 1), die andere zwischen Kapitol und Quirinal – mit getrennten Nekropolen nicht als hinreichendes Argument zur Bestätigung dafür erschienen, dass die beiden Wohnplätze unabhängig voneinander waren und geradezu antagonistisch zueinander standen. Die Feststellung von sechs Hüttengrundrissen im Tal zwischen Kapitol und Palatin in den ersten Jahren nach dem zweiten Weltkrieg hatte dazu geführt, das Gebiet des künftigen Forum Romanum schon vor der Pflasterung als Teil der Siedlung anzusehen. Die gründliche Untersuchung der Geomorphologie zeigte dagegen, dass die beiden Hügel ungefähr bis 625 v. Chr. durch einen Sumpf getrennt waren, der jedes Jahr durch die Hochwasser des Tibers überflutet wurde, und dass die ein halbes Jahrhundert zuvor festgestellten Hüttengrundrisse nur Einbildung gewesen sein müssen.

Jean de Boulogne, genannt Giambologna, *Raub der Sabinerinnen*, 1583, Florenz, Loggia dei Lanzi. Nach der Legende soll Romulus während eines Festes den Raub der sabinischen Frauen zu dem Zweck organisiert haben, für die Einwohner der neuen Stadt – alles Männer – Nachkommenschaft zu sichern. Die brutale Aktion habe zu einem kurzen Krieg geführt, dem die Versöhnung der beiden Völker folgte, v. a. dank der Bitten der jungen Frauen, die bei ihren Männern bleiben wollten, doch auch, um zu den Familien ihrer Herkunft gute Beziehungen zu unterhalten.

Während der ersten anderthalb Jahrhunderte seiner Existenz entfaltete Rom immer intensivere Handelsaktivitäten, in deren Folge die ersten Reichtümer angehäuft wurden und eine herrschende Aristokratie entstand; die primitive Siedlung, die zu Ende des 7. Jahrhunderts ihr Territorium schon um das Zehnfache vergrößert hatte, bekam mit der Trockenlegung der Sümpfe, die mit etwa zwei Metern Erdaufschüttung gefüllt wurden, der Kanalisation in Form kleiner Wasserläufe und der Befestigung des Forumsareals durch Stampflehm deutlich urbane Merkmale.

Die annalistische Überlieferung setzt die Epoche der etruskischen Herrschaft mit dem Königtum des Tarquinius Priscus, Servius Tullius und Tarquinius Superbus an das Ende des 7. und in das 6. Jahrhundert v. Chr., Persönlichkeiten, deren Historizität nunmehr seit einiger Zeit anerkannt wird. Über die wirkliche Bedeutung der Präsenz der Etrusker in Rom wurde viel diskutiert; zweifellos waren in der Stadt Familien etruskischer Herkunft anwesend, vor allem Händler und künstlerisch weit fortgeschrittene Kunsthandwerker, doch es ist nicht sicher, dass dies mit der Hegemonie einer sozialen Gruppe korrespondiert haben muss, die von der römischen verschieden war. In jedem Fall unterbrach um die Mitte des 6. Jahrhunderts die Machtergreifung seitens des Servius Tullius (Mastarna sein etruskischer Name) die reguläre Königsnachfolge; wie die zeitgleichen griechischen Tyrannen bemächtigte er sich gewaltsam des Throns, dank auch der Komplizenschaft zweier Truppenführer aus Vulci, Aulus und Caelius Vibenna. Deren Historizität wird durch ein Schalenfragment mit der Widmung an einen *Auile Vipiiennas* bezeugt, das im Tempel von Veji gefunden wurde und zwischen 575 und 550 v. Chr. zu datieren ist. Die Überlieferung schreibt dem Tyrannen die großen sozialen Reformen zu, die darauf zu Grundlagen des künftigen republikanischen Regimes werden sollten: Die Stadt wurde dem Gebiet nach in vier Tribus (Anm. 2) geteilt, und es wurden die Zenturiatskomitien geschaffen, die Versammlung der bewaffneten Bürger, welche die Magistrate wählte, über Gesetze abstimmte, Krieg erklärte und die Aufgaben eines Berufungsgerichts erfüllte. Die Komitien basierten auf einer Zensusordnung; das Heer wurde nach dem Territorialprinzip reformiert und bildete damit nicht mehr die Summe der Kontingente, welche die herrschenden Familien dem Gemeinwesen zur Verfügung stellten, sondern wurde direkt den Königen unterstellt.

Um 530–520 v. Chr. wurde die Stadt, wie es wieder die Ergebnisse der jüngeren archäologischen Forschungen belegen, radikal erneuert, einmal durch die Erweiterung des Pomeriums (Anm. 3), das jetzt alle Hügel mit einer neuen Stadtmauer einbezog, zum anderen durch die Vereinheitlichung des unter geomorphologischem Aspekt heterogenen Gebietes im Rahmen eines kohärenten urbanen Organismus: Man schuf ein komplexes Abwassersystem, in dessen Mittelpunkt zwei enorme Sammelleitungen standen, die Straßen wurden gepflastert und ebenso der Forumsplatz und das Komitium; an den Hängen des Palatins entstanden reiche Wohnquartiere, und auf dem Kapitol wurde Jupiter ein Tempel geweiht, dessen kolossales Tuff-Fundament noch heute sichtbar ist.

Die Überlieferung weist die Vertreibung des letzten Königs, Tarquinius Superbus, der von einer kleinen Aristokratengruppe organisierten Erhebung zu, mit der die verletzte Ehre einer zu ihnen gehörenden Ehefrau gerächt werden sollte, sowie dem Sinneswandel des mächtigen etruskischen Herrschers Porsenna, der Tarquinius Superbus zu Hilfe gekommen sein und Frieden mit der Republik geschlossen haben soll, nachdem er den Römern bei einer Reihe von Heldentaten beigestanden habe. In Wahrheit ist das Ende der Königszeit wahrscheinlich direkt mit dem Einfall Porsennas in Verbindung zu bringen, der Rom erobern und plündern kam und dabei den Besiegten harte Bedingungen auferlegte wie das Verbot, Eisen zur Herstellung anderer Gegenstände zu benutzen als solchen für die Landwirtschaft. Die zahlreichen unglaubwürdigen Heldentaten, welche die Tradition überliefert, sind vielleicht als ein „Rauchvorhang“ zu interpretieren, der von Späteren zur Verhüllung einer schmählichen Episode geschaffen wurde.

Basis des Weihgeschenks einer Gruppe von Kriegern, die Valerius Poplicola gefangen genommen hatte, aus dem Tempel der Mater Matuta, Satricum, Ende 6. Jh. v. Chr.; Rom, Museo Nazionale Romano, Terme di Diocleziano, epigrafische Sammlung.

Der erste sichere historische Hinweis auf die neugeborene Republik ist der Name eines der ersten Konsuln, auf den man im Anschluss an eine vor ungefähr dreißig Jahren erfolgte Entdeckung stieß: Ein Inschriftenfragment, das später im Fundament des jüngeren Tempels von Satricum wiederverwendet wurde, trägt eine Widmung an Mars seitens der Mitglieder einer Gruppe (wahrscheinlich von Kriegern) von Gefolgsleuten (*sodales*) eines Publius Valerius. Das Datum der auf etwa 500 v. Chr. zurückgehenden Inschrift und die Namensgleichheit ließen fast mit Sicherheit die genannte Person mit Publius Valerius Publicola (Poplicola) identifizieren, den die historischen Quellen als wahren Gründer der Republik benennen.

DIE VORHERRSCHAFT IM MITTELMEERRAUM

Vom „foedus Cassianum“ zu den Punischen Kriegen, von den Zwölftafelgesetzen zu Sulla

Die Hegemonie in Italien

Rom, Ansicht der republikanischen Mauer bei der Stazione Termini. Dieser noch heute sichtbare Abschnitt der archaischen Mauer wurde aus Tuffsteinblöcken aus Grotta Oscura erbaut, die abwechselnd mit der Kopf- und der Schnittseite aufeinander gelegt wurden, um dem Bau mehr Festigkeit zu geben; in vielen Fällen sind gut die Steinbruchzeichen erkennbar. Die unregelmäßige Mauerung nach innen geht auf den Umstand zurück, dass die Mauer sich ursprünglich an einen Erdwall anlehnte.

Nur wenig wissen wir von dem Krieg, in dem die Römer der Koalition latinischer Völker gegenüberstanden, außer dass er seinen Höhepunkt in der Schlacht am Regillus-See fand, eine Episode, die von den römischen Historikern als großer Sieg überliefert wird. Das muss er jedoch nicht gewesen sein, wenn sofort darauf im Jahre 493 v. Chr. Rom dem Abschluss einer Übereinkunft zustimmte, dem *foedus Cassianum*, der die Stadt mit den latinischen Gemeinden durch einen Pakt verband, der auf einem strengen Gleichheitsprinzip basierte. Die Notwendigkeit dieser Allianz wurde wahrscheinlich auch durch den Auftritt eines gemeinsamen Feindes diktiert, den Volskern und Äquern, die

Norba, Ansicht der Stadtmauern. Die Befestigung aus Polygonalmauerwerk wurde wahrscheinlich im 4. Jh. v. Chr. gleichzeitig mit der ursprünglichen Planung dieser Stadt in Latium errichtet. Nach verschiedenen Baumaßnahmen und durchgreifenden Umbauten im Zentrum, v. a. im 2. Jh. v. Chr., endete ihre Existenz nach der Zerstörung durch Sulla.

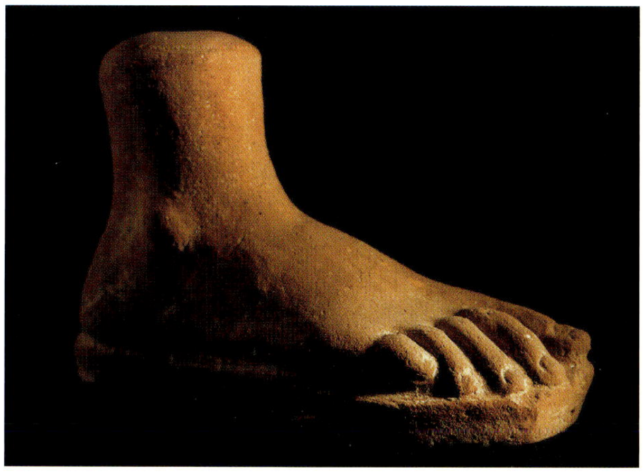

dabei waren, aus ihren ursprünglichen Gebieten im Apennin zur Ebene hin zu expandieren. Etwa fünfzig Jahre lang unternahmen die Römer und ihre Verbündeten einen Kleinkrieg mit den angrenzenden Völkerschaften, der aus Einfällen und Plünderungen bestand, die hauptsächlich auf die Inbesitznahme des Landes zielten; schließlich stellten sie mit einer Endoffensive eine solide Hegemonie über Latium wieder her. An der Etruskerfront führten die Römer derweil einen Krieg gegen die Nachbarstadt Veji, ein in der Überlieferung derart verworrener Konflikt, dass wir mit einiger Sicherheit davon nur die Endepisode kennen: In einer Schlacht an den Ufern des Flüsschens Crèmera wurde das Heer Roms vernichtet, und der Krieg endete mit einem Waffenstillstand, der für etwa ein halbes Jahrhundert Ruhe bescherte. Die Legende, derzufolge der Konflikt ausschließlich von Mitgliedern der *gens Fabia* ausgetragen worden sein soll, die allesamt im Endgefecht fielen, weist wahrscheinlich darauf hin, dass die Fabier zu der Zeit die im Innern vorherrschende Gruppe innerhalb eines engen Kerns dominierender Familien waren, Angehörige eines oligarchischen Systems, das schon einem irreversiblen Niedergang entgegensteuerte.

Die erste Hälfte des 5. Jahrhunderts v. Chr. war durch die Transformation der Geschlechteraristokratie in ein geschlossenes Patriziatssystem gekennzeichnet, das die politische und religiöse Macht monopolisierte, doch auch durch das Entstehen einer Art Gegenmacht aufseiten der Plebejer. In der Jahrhundertmitte führten Ereignisse komplexer Unruhen zur Verkündung von Gesetzen, welche die plebejische Organisation und ihre Einrichtungen anerkannten, sowie zur Abfassung der Zwölf Tafeln. Diese kodifizierten das aus alten Gewohnheiten abgeleitete Recht, das, wenngleich es die für die Zeit charakteristischen drückenden sozialen Ungleichheiten fixierte, dennoch eine Verbesserung darstellte: Erstmals wurde das Recht allgemeinverständlich gemacht und war nicht mehr Privileg des Priesterkollegs, sodass die Plebejer, bis jetzt Opfer der Parteilichkeit der Patrizier-Richter, wenigstens auf die Eindeutigkeit der Normen vertrauen konnten.

Die Endphase des Konflikts mit Veji dauerte zehn Jahre und endete 396 v. Chr. mit der totalen Zerstörung der Etruskerstadt und der Vernichtung und Deportation ihrer Einwohner.

Während noch hitzige Diskussionen darüber geführt wurden, wie die riesige Veji entrissene Beute verwendet werden könnte, musste sich Rom dem Einfall einer Gruppe Senonen stellen; die am Fluss Allia (Anm. 4) erlittene Niederlage blieb als eines der schlimmsten Desaster der Geschichte in Erinnerung und machte die Verteidigung der Stadt unmöglich, die den gallischen Banden viele Monate lang überlassen wurde – bis zur Zahlung eines Lösegeldes, um die Zerstörung abzuwenden. Für das Prestige Roms, das erst seit kurzem dabei war, seine Vorherrschaft zu festigen, war die Plünderung durch die Gallier sicher ein überaus harter Schlag, doch die Schäden waren wahrscheinlich begrenzt und die Erholung sehr schnell, auch wegen des Mangels an Feinden, die diesen Augenblick der Schwäche hätten ausnutzen können. Nach der Auflösung der Allianz mit den Latinern begann Rom mit der Vorbereitung einer neuen Expansionsphase, in der die Stadt die volle Kontrolle über das Gebiet der Albaner gewann und schon 381 v. Chr. die Stadt Tusculum annektierte.

Oben:
Votivkopf und Votivfuß aus dem Aesculapius-Heiligtum von Fregellae (Ceprano), 3. Jh. v. Chr.; Ceprano, Museo di Fregellae. Seit 1978 ist das Gebiet der Kolonie, etwa 90 ha, Gegenstand systematischer Erforschung, welche einige Teile des Wohngebiets und ein Äskulapheiligtum außerhalb der Stadt zutage förderten. Zu diesem gehörte ein reiches Votivdepot, in dem Weih- und Dankgeschenke (Exvoto) abgelegt waren. Zumeist handelt es sich um realistisch oder bisweilen auch stilisiert geformte Körperteile aus Terrakotta – Köpfe, Hände, Füße, Brüste, Uteri, männliche Genitalien.

Bronzekopf, aus San Giovanni Lipioni, 3. Jh. v. Chr.; Paris, Bibliothèque Nationale de France, Cabinet des Médailles. Der 1847 auf dem Grund einer Schlucht in einem kleinen Dorf der Südabruzzen gefundene Kopf stellt sicher einen reichen, mächtigen Samniten dar, der sein Porträt in einem Heiligtum weihte; damit folgte er einem Vorbild der Selbstverherrlichung der Angehörigen der herrschenden Klasse Roms.

Die unmittelbar anschließende Phase war durch intensive soziale Kämpfe gekennzeichnet, die im Jahre 367 v. Chr. zur Verkündung eines Agrargesetzes und einer Übereinkunft führten, welche die Zulassung der Plebejer zu den Ämtern sanktionierte. Nachdem die internen Fragen für den Augenblick geregelt waren, konnte Rom seine Expansionspolitik wieder aufnehmen, um die Eroberung Latiums zur Vollendung zu bringen, während es die Etruskerstädte durch Waffenstillstandsabkommen von langer Dauer hinhielt; die erlaubten es Rom, sich frei nach Süden zu bewegen. Es folgten Jahre hektischer und nach dem Bericht der antiken Historiker verworrener Ereignisse, während derer die Städte Kampaniens und die mächtigen Bergvölker des Samniterbundes die Szene betraten; dabei weiteten die Römer ihr Herrschaftsgebiet bis nach Capua und Cumae aus und reorganisierten die neu eroberten Territorien durch die Gründung von Kolonien sowie den Abschluss von für jede Stadt besonderen Verträgen – eine Praxis, die sich anschließend als höchst nützliches Expansionsinstrument verfestigen sollte. In derselben Zeitspanne, bald nach der Mitte des 4. Jahrhunderts v. Chr., gelangte man an einen für die inneren Beziehungen der Republik fundamentalen Punkt: Im Anschluss an eine Revolte von in Kampanien stehenden Soldaten wurde ein revolutionärer, dauerhafter „Gesellschaftsvertrag“ geschlossen, der die systematische Teilhabe der Bevölkerung am Expansionsprozess mit dem konsequenten Recht auf unmittelbare Entlohnung festlegte. Es war unmittelbar klar, dass das einzige System zur Befolgung dieser Vereinbarungen die Konfiskation eines Teils der neu erworbenen Länder zugunsten des Volkes von Rom war, auch im Fall friedlicher Annexionen.

Im Jahre 327 v. Chr. begann der entscheidende Zusammenstoß mit der mächtigen Koalition samnitischer Stämme, ein Krieg, der mit wechselndem Glück bis 290 v. Chr. dauern sollte, als die Samniten endgültig kapitulierten. In den langen Jahren dieses Konflikts, der gleichsam zum Symbol des Unabhängigkeitskampfes der italischen Völker gegen den römischen Imperialismus wurde, traten auch einige Städte des mit den Senonen verbündeten Etruriens auf den Plan; doch auch die etruskisch-gallische Koalition wurde geschlagen, die gallischen Stämme von der Halbinsel entfernt und fast alle Etruskerstädte zur Kapitulation gezwungen.

Die ersten Eroberungen im Mittelmeerraum

Die Periode der Eroberung Italiens, die ebenfalls mit harten Niederlagen und Siegen durchsetzt scheint, die um den hohen Preis des Verlustes an Menschen errungen wurden, endet mit einem bemerkenswerten Bevölkerungszuwachs: Um 330 v. Chr. müssen

Seite gegenüber: Porträt des Pyrrhos, Kopenhagen, Ny Carlsberg Glyptotek

Apollonstatue aus dem Tempel von Scasato zu Falerii (Civita Castellana), Ende 4. oder Anfang 3. Jh. v. Chr.; Rom, Museo Nazionale Etrusco di Villa Giulia.
Die Tonfigur, die vielleicht ein Akroter oder eine Verkleidungsplatte des Tempels zierte, ist ein Werk von höchster Qualität wahrscheinlich aus der Hand von in Großgriechenland ausgebildeten Künstlern.

Knochentäfelchen mit Darstellung bewaffneter Soldaten, aus Palestrina, Colombella-Nekropole, 4. Jh. v. Chr.; Palestrina, Museo Archeologico Nazionale.

Seite gegenüber:
Eisenhelm mit aufgesetztem Falken mit beweglichen Flügeln, aus Ciumesti (Rumänien), 4. Jh. v. Chr.; Bukarest, Muzeul National de Istorie e Romaniei.
Der Helm gehörte mit anderen Objekten zu den Grabbeigaben eines Clanchefs keltischer Herkunft aus Dakien; er wurde in einer zwischen 240 v. Chr. und 130 v. Chr. genutzten Nekropole bestattet. Stil und Typus der Objekte jedoch ließen die Herstellung dieser wertvollen Manufakte in eine Zeit vielleicht vor dem 4. Jh. v. Chr. datieren; danach wären sie in den Besitz des in Ciumesti bestatteten Clanchefs als mindestens ein Jahrhundert altes Familienerbe gelangt.

Rechts:
Vergoldeter Bronzeharnisch aus Ksour es-Saf (Tunesien), 3.–2. Jh. v. Chr.; Tunis, Bardo-Museum.

Unten:
Tonfries mit den Galatern, die das Heiligtum von Delphi plündern, aus Civitalba, 1. Hälfte 2. Jh. v. Chr.; Ancona, Museo Nazionale delle Marche. Der Fries, der einen kleinen Tempel geschmückt haben dürfte, erzählt die Verwüstung des Heiligtums durch Keltenhorden 279 v. Chr.; die Räuber sind dargestellt, während sie, verfolgt von Apollon und Artemis, mit Vasen und Wertgegenständen fliehen.

die römischen Bürger an Zahl 150 000 oder gering weniger gewesen sein, während vierzig Jahre später eine praktisch verdoppelte Bevölkerung ermittelt wurde, dank auch der stetigen Verfügbarkeit neuer kultivierbarer Ländereien, die den erwachsenen männlichen Bürgern zugesprochen wurden; das ermöglichte es ihnen, eine Familie zu unterhalten und Kinder aufzuziehen. Der beständige Bedarf an neuen Gebieten hatte schon zu Beginn des 3. Jahrhunderts v. Chr. soweit zur fast vollständigen Eroberung Italiens geführt, dass Tarent die einzig noch unabhängig gebliebene Stadt war. Im Jahre 282 v. Chr., als die Römer den Angriff auf sie beschlossen, bat das großgriechische Zentrum Pyrrhos, den König von Epeiros, einen der mächtigsten Kriegsherren der hellenistischen Epoche, um Hilfe; der Herrscher kam nach Italien und blieb dort über fünf Jahre. Dem Heere Roms fügte er einige harte Niederlagen bei, bis er sich 275 v. Chr. nach einer bei Benevent geschlagenen Schlacht unsicheren Ausgangs zurückzog; Tarent überließ er der unvermeidlichen Übergabe. Einige Jahre noch waren die Römer mit manchen Militäroperationen in verschiedenen Teilen der Halbinsel beschäftigt. Dann, 264 v. Chr., überquerte einer der Konsuln an der Spitze seines Heeres die Straße von Messina und eröffnete so den Weg zur römischen Expansion außerhalb Italiens und zur langen Phase des Konflikts mit Karthago. Bei den Quellen, die uns von den Ereignissen der Punischen Kriege berichten, handelt es sich ausschließlich um römische oder prorömische; ihre Version der Fakten ist zweifellos verzerrt, vielleicht schon in der Beschreibung der

Jacopo Ripanda (zugewiesen), *Hannibal in Italien*, Anfang 16. Jh.; Rom, Musei Capitolini. Palazzo dei Conservatori

beiden Kriegsparteien als gleich mächtiger Reiche, die beide darauf aus seien, den Feind zu zerstören, um die Weltherrschaft zu erringen. Das wird, bei Roms beständigem Drang zu bewaffneter Expansion, tatsächlich Ziel der Römer gewesen sein, um den stets ansteigenden Bedarf an neuem Land für die Bürger zu befriedigen; Karthago dagegen besaß ein festgefügtes Reich traditionellen Typs und hatte wahrscheinlich keine Kriegsmaschinerie zur Verfügung, die mit der seines Gegners vergleichbar war. Der Ausgang des Aufeinandertreffens war vielleicht von Anfang an entschieden, doch die Römer waren sich dessen noch nicht bewusst; andererseits erwiesen sich die Karthager sehr schnell als extrem hinterhältiger und hartnäckiger Feind, wie es die Samniten im Jahrhundert zuvor gewesen waren.

Ohrhänger in Form eines bärtigen Kopfes, 4. Jh. v. Chr.; Rom, Museo Nazionale Etrusco di Villa Giulia.

Der Überlieferung zufolge gingen die ältesten Beziehungen zu Karthago auf einen im ersten Jahr der Republik abgeschlossenen Vertrag zurück, doch der Ton des Vertrags lässt vermuten, dass die Episode weiter zurückliegen muss, da Rom dort als dominierende Stadt erscheint, während die Latiner in eine Position der Abhängigkeit gedrängt sind; wir wissen indes, dass die ersten Jahrzehnte der republikanischen Ära durch Kämpfe um die Wiedereroberung einer nunmehr verlorenen Vorherrschaft über Latium gekennzeichnet waren. Fast zweieinhalb Jahrhunderte lang unterhielten Rom und Karthago wohl getrennte Einflusssphären, erneuerten den Vertrag mindestens dreimal, bis das unaufhaltsame Vorrücken der Römer nach Süden zum Verschwinden der Pufferzone führte, welche die beide Mächte trennte; die Besiedlung einer karthagischen Garnison in Messina führte die Punier in direkten Kontakt mit den in Rhegium ansässigen Römern; das prekäre Gleichgewicht sollte nur sehr kurz währen. Als im Jahre 264 v. Chr. die Mamertiner, die Messina bewohnten, in ihrem Wunsch, sich von der Kontrolle der Karthager zu befreien, Rom um Hilfe baten, versuchte der Senat, sie hinzuhalten, denn es war klar, dass die Gewährung der erbetenen Hilfe zum Konflikt mit Karthago in einem Moment geführt hätte, in dem die Römer noch nicht bereit waren, sich einem Krieg zur See zu stellen. Die Last der Entscheidung fiel auf die Konsuln und das Volk zurück, das in der neuen Unternehmung die Möglichkeit sah, fruchtbare Territorien und reiche Beute zu erobern. Wegen der eigenen Unterlegenheit zu Wasser versuchten die Römer, Seeschlachten in Landkämpfe zu verwandeln, indem sie Schiffe, die mit beweglichen Brücken ausgestattet waren, mit Landtruppen bemannten; mithilfe dieser Enterbrücken war es möglich, an Bord der feindlichen Schiffe zu gelangen. Diese Taktik erwies sich als erfolgreich und machte die Karthager für ein Jahrzehnt machtlos; dem Konsul Atilius Regulus gelang es, direkt in Afrika zu landen, wo er jedoch, auch infolge der Feindseligkeit der einheimischen Stämme, die durch die übliche Grausamkeit der Römer gegenüber den lokalen Völkern terrorisiert wurden, eine schwere Niederlage erlitt und gefangen genommen wurde. Nach dem Rückzug aus Afrika wurden die Römer gezwungen, vor den karthagischen Gegenmaßnahmen auch auf dem Meer zu weichen; über fünf Jahre lang war Sizilien Schauplatz des Konflikts; die wechselnden Erfolge führten zu keinem entscheidenden Ereignis, bis es 241 v. Chr. einer neu erstarkten römischen Flotte gelang, die Schiffe abzufangen und zu zerstören, die aus Karthago Nachschub und Verstärkung für das auf Sizilien stehende Heer herbeischafften. Diese Schlacht bereitete dem Krieg ein Ende und sicherte Rom faktisch die Vorherrschaft auf dem Meer.

Die unmittelbar folgenden Jahre sahen die Römer mit Maßnahmen beschäftigt, die wir als „Polizeiaktionen“ in von schwer zu unterjochenden Völkern bewohnten Gebieten bezeichnen können, schwer auch wegen der Unzugänglichkeit des Geländes. Nach der Annexion Sardiniens waren das die Boier diesseits des Pos, die Korsen und die ligurischen Stämme im Apennin. Im Jahre 229–228 v. Chr. überquerte Rom zum ersten Mal das Adriatische Meer unter dem Vorwand, den Zielen des kleinen Staates der Illyrer Einhalt zu gebieten, die von der albanischen Küste nach Griechenland hin drängten, und leitete so seine Expansionsbewegungen in eine neue Richtung. Die Armeen wurden jedoch zur Rückkehr nach Italien gezwungen, da am Horizont ein mächtiger, gut gerüsteter Feind erschienen war, der in den Römern eine atavistische Furcht in einem Maß erregte, dass sie dazu verleitet wurden, die Götter durch Rückgriff auf ein Menschenopfer zu versöhnen, und zwar je eines Paares Griechen und Gallier, die lebendig begraben wurden. Die gallischen Stämme in der Cisalpina (Anm. 5) hatten nämlich den Apennin in Richtung Etrurien überquert und suchten die direkte Konfrontation mit Rom, während beide Konsuln abwesend waren. Das römische Heer wurde zerschlagen, und eine riesige Beute fiel in die Hände der Gallier, die jedoch nicht dazu in der Lage waren, ihren Vorteil auszukosten. Denn sehr schnell fanden sie sich zwischen den Heeren der beiden Konsuln eingeschlossen, die schnell zurückgekehrt waren. Die Schlacht bei Talamon 225 v. Chr. setzte dem römisch-gallischen Konflikt mit dem Massaker an den Besiegten und dem unerwarteten Zuerwerb der gesamten Po-Ebene ein Ende.

In der Zwischenzeit hatten die Karthager einen Gutteil der Iberischen Halbinsel bis hin zum heutigen Valencia erobert und mit Rom einen Vertrag geschlossen, der die Grenze der Einflusssphären der beiden Mächte am Fluss Ebro fixierte. Wahrscheinlich gab es keinerlei Interesse, während der Kampf gegen die Gallier andauerte, Karthago zu verstimmen, das überdies weiterhin in Raten den am Ende des ersten Punischen Krieges vereinbarten Tribut zahlte; doch im Jahre 220 v. Chr. forderte eine zum neuen Gouverneur Nordspaniens, dem jungen Hannibal abgeordnete Gesandtschaft, diesen auf, nicht die Stadt Sagunt, eine Verbündete Roms, anzugreifen. Dabei handelte es sich um eine offenkundige Provokation, da Sagunt südlich des Ebros im karthagischen Einflussgebiet lag. Hannibal ant-

Rom, Via Appia Antica, Grab der Scipionen und Sarkophag des Scipio Barbatus, Anfang 3. Jh. – Das Grab der Scipionen wurde 298 v. Chr. vom Konsul Lucius Cornelius Scipio Barbatus erbaut, dessen Sarkophag sich in einer beherrschenden Position am Ende des zentralen Ganges des Grabs befand (der heute innen sichtbare ist eine Kopie, das Original befindet sich mit den Inschriften in den Vatikanischen Museen). Der um 280 v. Chr. zu datierende Sarkophag ist als einziger verziert; an den Wände standen mindestens dreißig einfache Tuffsteinkästen. Das Haupthypogäum dürfte in der Mitte des 2. Jhs. schon vollständig belegt gewesen sein, sodass es – vielleicht durch Scipio Aemilianus – durch einen weiteren Sektor erweitert und mit einem neuen Eingang mit monumentaler Fassade erweitert wurde.

Maßlehre, Zirkel, Winkeldreieck und Senkgewicht aus Blei; Neapel Museo Archeologico Nazionale. Diese in Pompeji und in der Vesuvgegend gefundenen Gegenstände wurden wohl bei der Arbeit an Fresken und Malereien verwandt, dienten jedoch auch bei der Landvermessung, die zur Anlage der Kataster und der endgültigen Kontrolle der Landeinteilung nötig war.

wortete mit der Belagerung der Stadt, die jedoch von den Römern ihrem Schicksal überlassen wurde, da sie erneut in Illyrien beschäftigt waren. Im folgenden Jahr befahl Rom Karthago, als einzigen Weg zur Vermeidung des Konflikts Hannibal auszuliefern, und erklärte im Anschluss an die vorhersehbare negative Antwort den Krieg.

Polychrome, reliefverzierte Sima, aus der Zone des Amphitheaters von Rimini, Ende 2. Jh. v. Chr.; Rimini Museo della Città.

Die Römer waren in der Gewissheit der eigenen drückenden Überlegenheit in den Krieg eingetreten und zielten auf die Landung in Afrika, ohne den spanischen Kriegsschauplatz zu verlassen; dabei unterschätzten sie gewaltig das taktische Genie Hannibals, der im Bewusstsein der Unmöglichkeit, den Krieg an zwei Fronten aufrechtzuerhalten, beschloss, sich die mächtige spanische Armee zunutze zu machen, die vom Vater dazu ausgerüstet war, den Feind direkt in der Heimat anzugreifen. Der Zug von Hannibals Truppen über die Alpen rief die ersten Aufstände der gallischen Stämme in der Cisalpina hervor und zwang das römische Heer, das nach Afrika transportiert worden war, zur hastigen Rückkehr, während die in Spanien befindlichen Truppen versuchten, Hannibal von seinen Stützpunkten zu isolieren. Einige Jahre lang zog das karthagische Heer durch Italien und trat den Römern in verschiedenen blutigen, doch für die Karthager siegreichen Schlachten entgegen; 216 v. Chr. wurde bei Cannae das gesamte römische Heer vernichtet, und die Völker Süditaliens begannen, sich auf Hannibals Seite zu stellen. Der Konflikt setzte sich fort, indem die Römer einerseits durch die Dickköpfigkeit des Konsuls Quintus Fabius Maximus gebremst wurden, der auf seiner Defensivstrategie beharrte, und andererseits gezwungen waren, einen Teil ihrer Kräfte darauf zu verwenden, Aufstände zu unterdrücken, den Krieg in Spanien fortzusetzen und Makedonien entgegenzutreten, das aus der Lage Profit zu ziehen trachtete, um sich nach Illyrien hin auszudehnen. In der Zwischenzeit war die Armee Hannibals stark geschwächt und vor allem sehr unbeweglich geworden, da sie die neuen Verbündeten gegen die römischen Gegenmaßnahmen verteidigen musste; das einzig die Entscheidung voranbringende Manöver, die Belagerung Roms, blieb daher außerhalb der Möglichkeiten des karthagischen Feldherrn.

Schließlich beschlossen 212 v. Chr. die neuen Konsuln, zur Offensive überzugehen, die Städte Kampaniens zurückzu-

Rechts:
Castelnuovo Scrivia, Blick auf eine Felderlandschaft, in der noch die Spuren der römischen Zenturiation zu erkennen sind. Diese Maßnahme diente zur Vorbereitung der Landeinteilung. Mit einem ziemlich einfachen Instrument, der *groma*, wurde das Land in quadratische Stücke von 200 *iugera* („Morgen") eingeteilt, genannt *centuriae*, da sie ihrerseits unter hundert Landempfängern aufgeteilt wurden. Die Spuren der Zenturiation, vor allem in flachen Gegenden, wurden nie vernichtet, da moderne Straßen und Entwässerungskanäle zumeist den in römischer Zeit angelegten Trassen folgen.

erobern und Hannibal in die Defensive zu zwingen. In der Zwischenzeit war das römische Heer in Spanien vernichtet worden, doch der Feind war nicht in der Lage, die Situation vor der Ankunft eines neuen Heeres unter dem Kommando des Publius Cornelius Scipio auszunutzen. Noch einige Jahre lang standen sich die Heere mit wechselndem, doch stets mehr den Römern gewogenem Kriegsglück gegenüber, bis Scipio nach Vertreibung der Karthager aus Spanien den Krieg nach Afrika trug; dort traf er 202 v. Chr. bei Zama auf Hannibal, der zur Verteidigung der Heimat zurückgerufen worden war, und schlug ihn in der Schlacht. Der im folgenden Jahr geschlossene Frieden sah für Karthago den Verzicht auf alle Besitztümer außerhalb Afrikas vor, die Zahlung eines überaus drückenden Tributs über fünfzig Jahre – fünfzig jährliche Raten von zweihundert Talenten Silber, etwa fünf Tonnen – sowie das Verbot, ohne Erlaubnis Roms einen Krieg zu erklären.

Historisches Relief mit Stadtgründungsszene: Ein Paar mit Bändern und Glocken geschmückter Ochsen zieht mit dem Pflug eine Furche, aus Aquileia, Anfang des 1. Jhs. v. Chr.; Aquileia, Museo Archeologico Nazionale.

Luftansicht des alten Zentrums von Lucca; perfekt erkennbar ist die Ellipse des antiken Amphitheaters.

Die Verkehrswege

Das komplexe Straßennetz, das die Grundlage und das Gerüst der politischen, wirtschaftlichen und sozialen Organisation des Reiches bildete, ist wahrscheinlich das beachtenswerteste Erbe des römischen Reiches, das erhalten geblieben ist: Noch heute bilden die Reste der antiken Straßen und die Überbleibsel ihrer Trassen von Schottland bis zur Sahara, vom Atlantik bis zum Schwarzen Meer ein Zeugnis des dichten Verkehrsadernetzes, das Zehntausende von Kilometern abdeckte. Es wurde überwacht und ständig unterhalten, und es verfügte über die unabdingbaren Einrichtungen für Transportmittel, Tiere und Reisende.

Donnaz, in den Fels gehauener Abschnitt der Straße, die nach Augusta Praetoria (Aosta) führte.

Die Eröffnung neuer Straßen hatte an erster Stelle einen strategischen und militärischen Zweck, da diese es den Heeren ermöglichte, sich schneller zu bewegen, und dem Machtzentrum, direktere Kontakte mit der Peripherie aufrechtzuerhalten; sie dienten jedoch auch dazu, Warenverkehr und Ortsveränderungen von Privatleuten zu fördern. Man reiste zu Fuß, zu Pferde oder auf Wagen und stieß dabei ungefähr alle fünf Meilen auf Raststätten, in denen man sich erquicken und die Tiere wechseln konnte; die Poststationen dagegen fanden sich im Abstand ungefähr einer Tagesreise voneinander und verfügten über Hotels, Läden und Unterbringungsmöglichkeiten für die Tiere. Die Strecke war in regelmäßigen Abständen mit Meilensteinen bestückt, auf denen die Entfernungen zu den verbundenen Hauptorten vermerkt waren, dazu die Maßnahmen zur Unterhaltung der Straßen. Es existierten auch Karten (*itineraria adnotata*), welche die Orte beschrieben, Verzeichnisse von Orten, Straßen und Entfernungen enthielten wie die Trinkgläser in Meilensteinform aus Vicarello, auf denen die Wegstrecke von Gades nach Rom dargestellt ist; ebenfalls gab es schematische Straßenkarten (*itineraria picta*) wie die Tabula Peutingeriana, die mittelalterliche Kopie einer Karte des gesamten Reiches wahrscheinlich aus dem 3. Jahrhundert n. Chr. mit einigen Korrekturen aus den beiden folgenden Jahrhunderten.

Die Straßenbautechnik war höchst präzise und garantierte eine lange Haltbarkeit. Es wurden zwei kleine parallele Gräben gezogen, die den Fahrbahnraum begrenzten; dieser musste zwei Wagen

Andujar, die römische Brücke über den Guadalquivir.

Ein Schotterdamm der Via Claudia Augusta am Forggensee (bei Füssen, Deutschland).

in entgegengesetzter Fahrtrichtung die Vorbeifahrt ermöglichen. Daher grub man in die Tiefe, um den Grund zu festigen, legte verschiedene vorbereitende Schichten übereinander, denen zum Abschluss die Pflasterung aus polierten Steinplatten folgte, bei kleineren Straßen Stampflehm oder Kies. Die Straßenoberfläche war leicht gewölbt, damit das Wasser leichter abfließen konnte. In den Stadtzentren wie in Pompeji waren die Straßen von Trottoirs auf höherem Niveau flankiert, und auf der Fahrbahn waren – meist korrespondierend mit den Hauseingängen und öffentlichen Gebäuden – ovale Übertrittssteine angeordnet, die den Übergang für Fußgänger ermöglichten. Bei der Realisierung ihres gegliederten Straßennetzes errichteten die Römer ca. zweitausend Brücken – Werke häufig von unglaublicher technischer Meisterhaftigkeit –

Ein Abschnitt der Fahrbahn der römischen Straße bei Klais (Deutschland).

wie die von Alcantara (Spanien) mit bis zu 54 Meter hohen Bögen oder die mehr als einen Kilometer lange von Trajan über die Donau errichtete Brücke. Obwohl die Reisen unbequem und schwierig waren, bewegten sich die Römer mit einer unglaublichen Geschwindigkeit: Julius Caesar legte in nur acht Tagen die Entfernung von Rom zur Rhône über fast 1200 Kilometer zurück, während Cato zu Beginn des 2. Jahrhunderts v. Chr. von Brindisi nach Rom in nur fünf Tagen gelangte, wobei er täglich 120 Kilometer zurücklegte; Tiberius soll in nur 24 Stunden die enorme Entfernung geschafft haben, die Pavia von dem Lager trennte, in dem sich sein Bruder Drusus sterbend in Germanien befand. Besonders schnell war der *cursus publicus*, der von Augustus geschaffene öffentliche Postdienst zur Übermittlung von Nachrichten oder zur Beförderung von Personen und Waren, die auf Kosten der Staatsverwaltung reisten. Bis Augustus, der die Post in einen regelrechten Staatsdienst verwandelte, gingen die Kosten zu Lasten der Lokalregierungen, für die der *cursus publicus* eine äußerst drückende Last war.

Die ersten Provinzen

Während der Expansionsphase, die zur Eroberung der gesamten Halbinsel Italien führte, hatte Rom die neuen Gebiete erworben und sich die niedergeworfenen Völker einverleibt, indem es ihnen das Bürgerrecht oder den Status von Verbündeten zusprach; in beiden Fällen war der Hauptstadt das Anwachsen des Militärpotenzials durch das Zahlen von Steuern und die Lieferung von Rohstoffen und Menschen garantiert. Dieses System wurde als wirksam angesehen, solange die Expansion die Halbinsel und jene Gebiete betraf, die, begrenzt zunächst durch den Bogen des Apennins und dann der Alpen, in den Römern ein bestimmtes Gefühl nationaler Zugehörigkeit, von „Italischsein" erweckte. Die Annexion Siziliens am Ende des ersten Punischen Krieges markierte eine radikale Änderung in der Organisation der neu erworbenen Länder und der gerade unterworfenen Völker: Nur die in Messina ansässigen Mamertiner erhielten den Verbündetenstatus, während alle anderen Bewohner der Insel als Untertanen und dem Sieger tributpflichtig eingeordnet wurden. Sizilien wurde die erste Provinz Roms, seine Verwaltung einem Prätor anvertraut, der ein Jahr im Amt blieb und absolute Macht besaß, gegen die Einspruch zu erheben nicht möglich war, außer am Ende seines Mandats. Die römische Präsenz auf der Insel bewirkte durch die Ausbreitung von Latifundien und das Entstehen zahlreicher Landgüter vor allem im Landesinneren sehr schnell eine Änderung im ökonomischen und sozialen System. Auf diesen waren umfassend Sklavenarbeiter beschäftigt, in der Landwirtschaft ebenso wie in der extensiven Viehzucht: „Am Ende der Bestellung der Felder kaufte jeder von denen, die viel Land besaßen, ganze Sklaven-Arbeitshäuser, und einigen legten sie Ketten an die Füße, andere schunden sie mit unmenschlichen Arbeiten, alle brandmarkten sie wie Tiere. Auf diese Weise überschwemmte eine derartige Masse von Sklaven ganz Sizilien ... In verbrecherischer Gewohnheit wurden die Sklavenhirten von den Italikern angetrieben, die viele Sklaven besaßen, weil sie, statt ihnen Nahrung zu geben, ihnen erlaubten, dem Banditentum zu frönen" (Diodorus Siculus, *Historische Bibliothek* 34). Der Zustrom einer großen Masse von Sklaven bewirkte eine Destabilisierung im sozialen Gefüge der Insel, auch weil nicht Massen ignoranter Barbaren in die Sklaverei getrieben wurden, sondern Leute mit Kultur, die zumeist aus dem hellenisierten Osten stammten und daher über größere Fähigkeiten verfügten, auf die brutale Ausbeutung zu reagieren, der sie unterworfen wurden. Diese Fermente führten bald nach der Mitte des 2. Jahrhunderts v. Chr. zu einem großen Aufstand der sizilianischen Sklaven, die zu Tausenden flohen und sich Überfällen und Plünderungen hingaben; die Römer sorgten mit harter Repression für Abhilfe, dieser Kampf dauerte mit wechselnden Phasen einige Jahre. Die ersten beiden Jahrhunderte der römischen Präsenz auf Sizilien scheinen keinen radikalen Wandel in der künstlerischen und kulturellen Entwicklung der Insel bedeutet zu haben; sie blieb von hellenistischen Einflüssen durch-

Piazza Armerina (Sizilien), Villa von Casale, „großes Jagdmosaik", Anfang 4. Jh. n. Chr.
Der Transport lebender Tiere aus Afrika war ziemlich kompliziert, v. a. wenn es sich um Wildtiere handelte, die in Holzkäfige mit Fallgitter getrieben wurden; dabei bediente man sich verschiedener Köder wie Antilopen oder Gazellen.

drungen, obwohl die archäologischen Befunde eine Verlagerung des Wirtschaftslebens zu anderen als den griechischen Zentren hin belegen, insbesondere in Städte, die zu Verwaltungssitzen wurden. Jedenfalls kommt es erst in augusteischer Zeit nach der Gründung neuer Kolonien zum endgültigen Verschwinden alter Zentren wie Morgantina und Camarina, während an der Südküste Agrigent mit seiner Stadtanlage aus hellenistischer Zeit fortbestand. Trotz der Randlage der Insel in Bezug auf die Zentralverwaltung weisen die in den ersten Jahrhunderten des Reiches errichteten öffentlichen Gebäude (insbesondere die zahlreichen Thermenanlagen) eine deutliche Abhängigkeit von der Architektur der Metropole auf, während in den privaten Einrichtungen die hellenistische Tradition lebendig blieb. Ein weiterer sozialer und wirtschaftlicher Wandel wird im Laufe des 3. Jahrhunderts n. Chr. sichtbar: Für die Besitzer der großen Latifundien gewinnt das Land seine Bedeutung als Haupterwerbsquelle zurück, die im 3. Jahrhundert v. Chr. aufgelassenen Plätze werden wiederbesiedelt, luxuriöse Villen entstehen in den Gebieten des Inneren, die bis dahin ausschließlich für die landwirtschaftliche Produktion bestimmt waren. Dieser tiefgreifende Wandel auf der Ebene von Politik und Verwaltung hängt sicher mit der neuen Bedeutung zusammen, die Sizilien in der diokletianischen Ordnung der italischen Diözese gewann, dazu mit der langen Friedensperiode, die aus der Insel bis zu den Vandaleninvasionen ein privilegiertes Gebiet des Mittelmeerraums machte.

Piazza Armerina (Sizilien), Villa von Casale, Detail aus dem „kleinen Jagdmosaik", Anfang 4. Jh. n. Chr.

Eine Folge des Zweiten Punischen Krieges war auch die Eroberung Sardiniens; die Gelegenheit wurde Rom durch die Rebellion einer Gruppe auf der Insel stationierter Söldner geboten, die für ihren im karthagischen Heer geleisteten Dienst nicht den geschuldeten Sold erhalten und sich angesichts des Versuchs der Karthager, die eigenen Interessen zu verteidigen, ihren Feinden zugewandt hatten. Die Römer landeten auf Sardinien und erklärten den Karthagern erneut den Krieg; diese waren nicht dazu in der Lage, sich einem weiteren Konflikt zu stellen, und akzeptierten die harten vom Gegner diktierten Bedingungen: den Verzicht auf Sardinien und die Zahlung eines zusätzlichen Tributs. Die Annexion des neuen Territoriums führte als unmittelbare Konsequenz zu der Notwendigkeit, sich einem langen, scharfen Kampf mit den unbeugsamen Bergstämmen im Zentrum und im Norden der Insel zu stellen, versetzte Rom jedoch auch in eine günstige Lage, um die Völkerschaften Korsikas anzugreifen, das kurz darauf mit Sardinien zur zweiten römischen Provinz verbunden wurde.

Spärlich sind die Nachrichten über Sardinien in republikanischer Zeit, auch wenn die Präsenz italischer *negotiatores*, Kaufleute, sicher ist, deren Erwerbsquelle in der Spekulation mit Weizenhandel und dem Geldverleih gegen Zins lag; die alten Landbesitzer dagegen, die sich unterworfen hatten, waren wahrscheinlich in den Besitz ihrer Güter zurückgekehrt. In der Folgezeit gingen jedenfalls ausgedehnte Grundstücke in den Besitz kaiserlicher Domänen über. Obwohl die archäologische Forschung für die Römerzeit noch wenig homogen ist, scheint es klar, dass das Inselterritorium mit Siedlungen durchsetzt war: kleine städtische Zentren, zumeist an das Straßennetz angebunden, Siedlungen, in denen das einzig bedeutsame Element gewöhnlich aus einer Thermenanlage bestand, und Villen in Gebieten, die der landwirtschaftlichen Ausbeutung und der Vermarktung ihrer Produkte unterlagen. Die antiken Nuraghen scheinen häufig als Wohnstätten wiederbenutzt worden zu sein, doch auch als Speicher zur Aufbewahrung von Nahrungsmitteln. Die kleinen der griechischen Erdgöttin Demeter geweihten Heiligtümer wurden zur Verehrung ihrer römischen Entsprechung, Ceres, weiterbenutzt. Ein Wechsel der Bestimmung einiger

Tyndaris (Sizilien): Die imposanten Reste der sogenannten „Basilika", eines wahrscheinlich am Ende des 4. Jhs. auf den Ruinen von Häusern errichteten Prachtbaus, die in den vorangegangenen Jahrzehnten durch ein heftiges Erdbeben zerstört wurden.

Gebäude ist in spätantiker Zeit bezeugt, als während der Periode der Vandaleninvasionen die Thermen von Nora und die Speicher von Porto Torres in Festungen umgebaut wurden.

Gipfel und Niedergang des republikanischen Systems

Das Ende des Zweiten Punischen Krieges und die endgültige Niederlage Karthagos machten die letzte Möglichkeit zunichte, die überbordende römische Macht durch Unterminierung von den Fundamenten ihrer italischen Besitzungen aus einzudämmen, und einen äußeren Faktor zu schaffen, der eingreifen und sie stoppen könnte. Schon im Jahre 201 v. Chr. hatte Rom die Eroberung der Po-Ebene wieder aufgenommen, und im Laufe nur einer Generation war das cisalpine Gallien definitiv der römischen Herrschaft unterworfen. An der Westfront dagegen wurden die beiden spanischen Provinzen geschaffen, Hispania Citerior und Ulterior, wobei man unter administrativem Gesichtspunkt die Herrschaft über wahrscheinlich noch nicht vollständig unterworfene Gebiete regelte. Im Osten fiel nach der Intervention in Illyrien die aktive Politik mit dem Ende des Zweiten Punischen Krieges zusammen, als die Weigerung Philipps V. von Makedonien, sich von den griechischen Territorien zurückzuziehen, zur Intervention der Römer führte, die 197 v. Chr. bei Kynoskephalei einen erdrückenden Sieg über die Makedonen davontrugen. Der römische Konsul Titus Quinctius Flaminius, ein hervorragender, von prohellenischem Geist durchdrungener Diplomat, proklamierte offiziell die Wiederherstellung der Freiheit für die griechischen Städte, und in kurzer Zeit zog er sein Heer zurück. Damit schuf er die Voraussetzungen für den Angriff auf Syrien, das damals unter Antiochos III., der kurz zuvor die alte Herrschaft über die griechischen Städte Kleinasiens wiedergewonnen hatte, den mächtigsten hellenistischen Staat bildete. Dieser Konflikt, in dem sich fast alle Griechen mit den Römern vereinten, hatte sein Nachspiel in einer Schlacht bei Magnesia; die Syrien entrissenen Gebiete wurden teils dem Königreich von Pergamon und teils den Rhodiern zugewiesen, sodass die weniger als ein Jahrzehnt zuvor proklamierte Freiheit der griechischen Städte nur noch Erinnerung war. Wenige Jah-

Seite gegenüber:
Antas (Sant'Angelo di Fiumini maggiore, Sardinien), von Caracalla restaurierter, dem Sardus Pater geweihter Tempel, Anfang 2. Jh. n. Chr.

Das römische Theater von Nora, Sardinien, 2. Jh. n. Chr.
Noch heute ist die in drei Sektoren geteilte Cavea erhalten, also die Sitzreihen. Hinter dem Gebäude befindet sich ein Schmelzofen für Metall, an der Westseite entfaltet sich ein großes Wohnviertel, das an die Ostseite der Zentralthermen grenzt; diese bewahren noch in das 2. bis 4. Jh. zu datierende Fußbodenmosaike.

Statue des Lucius Aemilius Paullus, vom Kap Serrone (Brindisi), entstanden wohl nach dem Sieg von 167 v. Chr.; Brindisi, Museo Provinciale Francesco Ribezzo.
Torso und Kopf, zufällig im Sommer 1992 zusammen mit der Statue eines Togatus und zahlreichen weiteren Bronzefragmenten aus dem Meer geborgen, wurden nach der Restaurierung wieder zusammengesetzt und der Öffentlichkeit zum ersten Mal 1995 präsentiert. Es handelt sich wahrscheinlich um eine in Rom aufgestellte Statue des Siegers von Pydna nach dessen Triumph über Perseus von Makedonien.

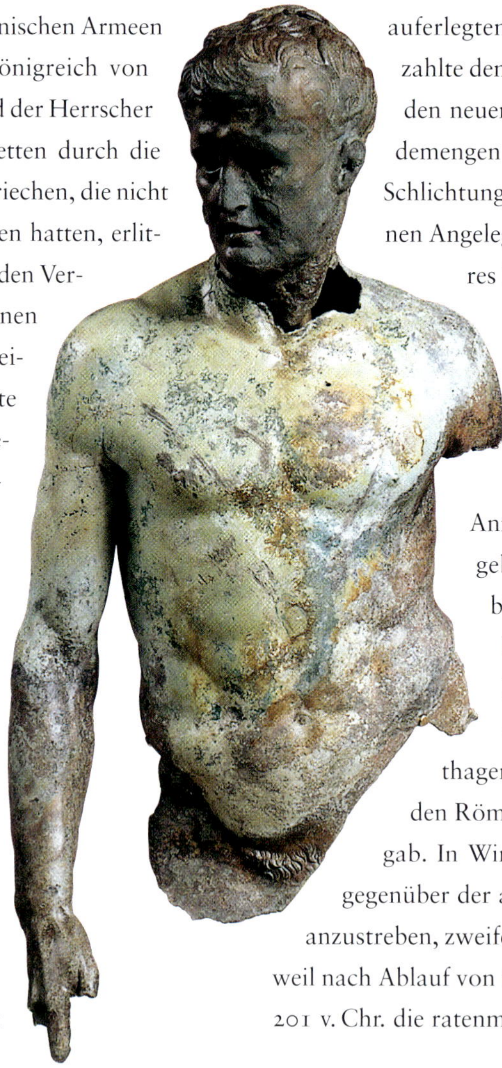

re später wurden auch die makedonischen Armeen endgültig geschlagen und das Königreich von Makedonien abgeschafft, während der Herrscher im Triumphzug des Siegers in Ketten durch die Straßen Roms marschierte. Alle Griechen, die nicht offen Partei für die Römer ergriffen hatten, erlitten harte Unterdrückung, die viele den Verlust der Freiheit kostete oder ihnen Deportation, Sklaverei und bisweilen den Tod brachte. In der Mitte des Jahrhunderts wurde ein Erhebungsversuch in Makedonien sofort erstickt, das Gebiet in die erste römische Provinz östlich der Straße von Otranto verwandelt; das gleiche Schicksal blieb nur zwei Jahre danach ganz Griechenland vorbehalten, das nach der exemplarischen Zerstörung Korinths sowie der Vernichtung und Versklavung seiner Einwohner mit der Provinz Makedonien vereint wurde.

In der Zwischenzeit hatte Karthago die durch den Friedensvertrag auferlegten schweren Bedingungen erfüllt, zahlte den lastenden Tribut, lieferte die für jeden neuen Krieg Roms notwendigen Getreidemengen und wandte sich an die Sieger zur Schlichtung aller Fragen, die über die rein internen Angelegenheiten hinausgingen. Ein schweres Problem für die punische Stadt lag darin, die Expansionsziele Masinissas unter Kontrolle zu halten, dessen Königreich Numidien genügend vage Grenzen besaß, die dem Herrscher eine beständige Annexionspolitik erlaubten, deren Ergebnisse von den Römern ignoriert, bisweilen aber auch zum Schaden Karthagos ratifiziert wurden. Als Masinissa ins punische Territorium einfiel, entschlossen sich die Karthager zur bewaffneten Verteidigung, was den Römern die Gelegenheit zum Eingreifen gab. In Wirklichkeit wurde die Entscheidung, gegenüber der alten Rivalin die endgültige Lösung anzustreben, zweifellos ganz kaltblütig getroffen, auch weil nach Ablauf von fünfzig Jahren seit dem Frieden von 201 v. Chr. die ratenmäßige Tributzahlung abgeschlossen

Plünderungen und Raubzüge aus Liebe zur Kunst

Die zwischen dem 3. und der Mitte des 2. Jahrhunderts v. Chr. durchgeführten Eroberungen und Plünderungen ließen eine große Menge Kunstwerke nach Rom hereinströmen, die den Besiegten entrissen wurden; insbesondere die gewaltigen Beutemengen, die aus der Einnahme von Syrakus und der Eroberung Kleinasiens resultierten, wurden zur Verschönerung der Hauptstadt mit Statuen genutzt, die – wie es Livius und Plutarch berichten – „das Ende der Standbilder aus Holz und Terrakotta in den Tempeln Roms“ markierten. Die zum Schaden der besiegten Völker verübten Raubzüge hörten mit der Unterwerfung häufig nicht auf: Die Reden Ciceros gegen Verres, angeklagt des Raubs und der Erpressung während seiner Statthalterschaft auf Sizilien, bilden ein lebendiges Zeugnis der Sammelwut der vermögenden Klasse, die viele ihrer Wohnsitze häufig wie regelrechte Museen hatte aussehen lassen, reich an Statuen, Teppichen, figürlichen Gobelins, Silberwaren und kostbarem Geschirr.

Bronzekrater von Mithridates Eupator; Rom, Musei Capitolini.

war; das machte daher für die Republik die Weiterexistenz der punischen Stadt unnötig. Deren Versuche, die Katastrophe durch das Angebot einer bedingungslosen Übergabe und der Annahme jedweder Verfügung des Feindes abzuwenden, waren nichtig: Jeder ausgeführten Anordnung folgte eine noch schwerwiegendere Forderung. Als Karthago schließlich beschloss zu reagieren und sich zu verteidigen, war das der Beginn eines Krieges, der sich drei Jahre bis zur totalen Zerstörung der punischen Stadt hinziehen sollte; dieser folgte die rituelle Verfluchung ihrer Ruinen und die Versklavung der siebenundfünfzigtausend überlebenden Einwohner. In den folgenden Jahrzehnten wuchsen die – direkten oder indirekten – Besitzungen der Republik noch beträchtlich an, sowohl durch weitere Eroberungskriege als auch durch friedliche Annexionen wie im Fall des Königreichs Pergamon, das Rom vom letzten Herrscher als Erbe überlassen und im Jahre 129 v. Chr. zur Provinz Asien wurde.

An der innenpolitischen Front blieb der nach der Militärrevolte in der Mitte des 4. Jahrhunderts v. Chr. geschlossene „Gesellschaftsvertrag“, der allen Bürgern die Teilhabe an den aus Eroberungskriegen resultierenden Gewinnen garantierte, zwei Jahrhunderte lang in Kraft und sicherte die Herrschaft in einer relativ ruhigen Lage. Während dieser langen Periode dehnte sich der *ager Romanus* (Anm. 6) in sehr beträchtlicher Weise aus, und in die Staatskassen flossen die enormen Erträge aus der Beute jedes Krieges, die hauptsächlich aus der versklavten Bevölkerung und der Konfiskation von Edelmetallmengen in einem nicht bestimmbaren, aber vorstellbaren Ausmaß: Nach dem gegen Syrien geführten Krieg war der Staat in der Lage, die Sondersteuer zurückzuerstatten, die während des Zweiten Punischen Krieges erhoben worden war, und nach der Zerstörung Karthagos und Korinths wurden fünfundvierzig Millionen Denare – die gesamten normalen Ausgaben mehrerer Jahre – in die Aquädukte Roms investiert. In dieser ganzen Zeitspanne jedoch, obwohl die neu eroberten Länder eine fast unerschöpfliche Quelle waren, blieb die überkommene Zuweisung von sieben Morgen Land pro Kopf in Kraft, während die latinischen Kolonien der ersten Hälfte des 2. Jahrhunderts v. Chr. schon Landlose von 50 Morgen zuteilten. Der „Gesellschaftsvertrag“ befand sich daher auf dem Weg fortschreitender Auflösung, auch wegen einer Agrarkrise, deren sinnfälligstes Symptom die Aufgabe der Ländereien durch die Kleinbauern war.

Die entscheidende Wende und endgültige Zäsur gegenüber den vergangenen Jahrhunderten ergab sich 133 v. Chr., als der Volkstribun Tiberius Sempronius Gracchus ein neues Agrargesetz vorlegte, das – tatsächlich nur mit geringen Änderungen gegenüber dem vorherigen – das Maß der zu verteilenden Landlose spürbar erhöhte, vielleicht in

Stele des Polybios, aus Kleitor (Arkadien), ca. 140 v. Chr.; Rom, Museo della Civiltà Romana. Das Relief stellt in idealisierender Manier den griechischen Historiker Polybios dar, der etwa zwischen 200 und 120 v. Chr. lebte. Zusammen mit den tausend nach der Schlacht von Pydna als Geisel genommenen griechischen Prominenten wurde er nach Rom gebracht, lebte im Haus der Scipionen und wurde Lehrer und Ratgeber des Scipio Aemilianus; diesem folgte er im dritten Punischen Krieg bis zur Zerstörung Karthagos.

dem Versuch, die Zahl der zum Wehrdienst verpflichteten Bürger zu steigern. Als er sich für das folgende Jahr für das Tribunat zur Wahl stellte, wurde Tiberius des Strebens nach absoluter Macht angeklagt, da er gegen die Gewohnheit – nicht gegen das Gesetz – handelte, die eine Pause von zehn Jahren zwischen zwei Wahlen zum selben Amt vorsah. Es folgten gewaltsame Unruhen, in denen Gracchus und dreihundert seiner Anhänger umkamen; so begann in Rom eine lange Periode interner Zwistigkeiten und Bürgerkriege, die nach Ablauf eines Jahrhunderts zur Errichtung eines autoritären Regimes führen sollte. Nur ein Jahrzehnt später wurde Tiberius' Bruder Gaius ebenfalls ins Tribunat gewählt und versuchte eine neue Agrarreform vorzubereiten, konservativer als diejenige seines Bruders, doch mit dem Vorschlag verbunden, das römische Bürgerrecht allen Italikern zu gewähren. Zwei Jahre innerer Kämpfe gipfelten in dem Tod des Gaius sowie von dreitausend seiner Parteigänger und führten zu einer Verschärfung der Politik des Senats: Er beendete die Verteilung von Getreide und im darauf folgenden Jahr auch die Landzuteilungen. In den anschließenden Jahrzehnten begann das republikanische System – untergraben vom Auftreten einiger starker Persönlichkeiten, die ab dem Ende des Jahrhunderts auf der politischen Bühne erschienen – mit seinem fortschreitenden schnellen Niedergang. Die erste symbolträchtige Anomalie in der Regierung der *res publica* begann mit der Wiederwahl des Gaius Marius ins Konsulat über sechs aufeinander folgende Jahre; der Sohn eines Ritters aus Arpinum profitierte von der Existenz einer neuen äußeren

Cornelia übernahm die Erziehung ihrer Kinder ..., und zog sie mit solcher Klugheit auf, dass ihre Tüchtigkeit mehr noch als Frucht der mütterlichen Erziehung als ihrer Naturanlage angesehen wurde.

(Plutarch, Leben des Tiberius Gracchus 1)

Oben:
Statue eines mit Schild bewaffneten gallischen Anführers, Stein, aus Mondragon (Vaucluse/ Provence), 1. Jh. v. Chr.; Avignon, Musée Calvet.

Linke Seite:
Rom, Kapitol:
Das Tabularium, Gebäude zur Aufnahme des römischen Staatsarchivs, errichtet wahrscheinlich zwischen 78 und 65 v. Chr.

Rechte Seite:
Rom, Forum Romanum:
Inneres der Curia Iulia nach der Neugestaltung in diokletianischer Zeit.

Bedrohung: An der Donau waren die Kimbern aufgetaucht, ein keltisches Volk, das zusammen mit anderen Nachbarstämmen einige Jahre lang plündernd durch Gallien und darauf Spanien gezogen sein und dabei dem Heere Roms schwere Niederlagen beigefügt haben soll. Marius, der sich als brillanter Heerführer erwiesen hatte, schien als Einziger dazu in der Lage, die Barbarenhorde abzuwehren, außerdem erlaubten es ihm die wiederholten Wahlen ins Konsultat, die entscheidenden Siege gegen Teutonen und Kimbern davonzutragen, die nunmehr die Reichsgrenzen überschritten hatten. Charisma und Anhängerschaft des Marius waren in den Kriegsjahren beträchtlich gewachsen, doch er erwies sich in der Politik als nicht so fähig wie auf militärischem Gebiet. Es gelang ihm nicht, die gewaltsam ausgetragenen Zwistigkeiten zwischen dem Senat und einigen ziemlich skrupellosen Exponenten der Popularen (Anm. 7) einzudämmen, die ihn bei der Einbringung eines Gesetzes unterstützt hatten, das es ihm erlaubte, seine Veteranen durch Zuteilung von Landlosen zu entlohnen. Es folgten Jahre großer innerer Spannungen, in denen der Volkstribun Marcus Livius Drusus eine Reihe von Reformen vorschlug, darunter die Gewährung des Bürgerrechts an alle italischen Verbündeten. Doch Drusus' Entwurf war zum Scheitern bestimmt, das Gesetz über das Bürgerrecht wurde nicht einmal zur Abstimmung gebracht, und der Tribun selbst wurde kurz darauf in seiner Wohnung ermordet.

Angesichts der Vergeblichkeit ihrer Hoffnungen erhoben sich alle Völker der Halbinsel zum Bundesgenossenkrieg, einem der blutigsten und wahrscheinlich unnötigsten Konflikte der Republik. Die Verbündeten warfen ein mächtiges Heer in die Schlacht, das zahlreiche Siege davontrug, und die Römer begannen, um den Schwierigkeiten und mittelmäßigen militärischen Resultaten zu begegnen, das Bürgerrecht zunächst den treu gebliebenen Städten, dann nach und nach denjenigen, welche die Unterwerfung akzeptierten, zu gewähren. Diese Politik fortschreitender Konzessionen rief die ersten Meinungsverschiedenheiten unter den Italikern hervor und erlaubte es Pompeius Strabo und Lucius Cornelius Sulla, einige entscheidende Erfolge zu erringen, die zur Schwächung des Widerstands der Aufständischen führten. So erreichten sie nach drei Jahren die Befriedung des gesamten Italiens, das römische Bürgerrecht wurde auf ganz Italien ausgedehnt, während die Völker der Cisalpina als Preis für ihre Treue den Status von „Latinern“ erhielten.

Rom, Forum Romanum: Der Tempel der Vesta, der Göttin des Herdfeuers in der auf das Ende des 2. Jhs. n. Chr. zurückgehenden Neugestaltung.

DAS RÖMISCHE ITALIEN

Die urbanistische Erneuerung der Hauptstadt und die Ordnung der Regionen der Halbinsel

Fragment einer Platte der *Forma Urbis*, des Stadtplans von Rom, aus Rom, Via Anicia, Anfang 3. Jh.; Rom, Museo Nazionale Romano, Terme di Diocleziano, Inschriftensammlung.
Die in der Kaserne der berittenen Carabinieri gefundene Platte stellt das Gebiet des Campo Flaminio dar; man erkennt dort den Tempel von Castor und Pollux und ein weitläufiges Handelsgebäude, das einer Cornelia und ihren Teilhabern gehörte. Der marmorne Plan aus severischer Zeit – ein regelrechter Kataster der ganzen Stadt Rom – wurde, obschon nur in Teilen und bruchstückhaft, 1562 nahe der Stelle gefunden, wo er ursprünglich aufgestellt war. Weitere Fragmente tauchen jedoch weiterhin bei stratigrafischen Untersuchungen auch in anderen Sektoren der Stadt auf, wie der kleine Teil des Plans, der vor wenigen Jahren in einem Kalkofen im Gebiet der *Crypta Balbi* gefunden wurde, wo er zusammen mit vielen Marmorobjekten aus dem alten Rom zu Kalk verbrannt werden sollte.

Rom: Von der Stadt zur Hauptstadt

Die große organische Neuordnung des Stadtgebiets, die im Laufe des 6. Jahrhunderts v. Chr. erfolgte, hatte Rom eine feste, dauerhafte städtische Struktur gegeben, an die sich dann die unzähligen Baumaßnahmen der republikanischen Zeit anschlossen. Auf das Ende des Jahrhunderts, vielleicht im Anschluss an die veränderten politischen Bedingungen, gehen die ersten Werke zur Restrukturierung und Erneuerung der öffentlichen Komplexe und die Einweihung des Tempels des Iupiter Capitolinus zurück, der, noch nach dem Willen der Tarquinier, mit einem kolossalen Substruktionswerk errichtet wurde, das notwendig war, um das wuchtige Bauwerk an die unregelmäßige Oberfläche des Hügels anzupassen. Die folgenden Jahre waren von einer intensiven öffentlichen Bautätigkeit gekennzeichnet, welche die Neuordnung alter Gebäude und die Weihung zahlreicher Tempel vorsah, in deren Schmuck man zum ersten Mal das Wirken griechischer Arbeiter erkennt. Die Wohngebiete dürften keine substanziellen Änderungen erfahren haben, und auch der Wohnbezirk an der Via Sacra zu Füßen des Palatins, in dem sich die herrschaftlichen Atriumhäuser befanden, die für die mit Tarquinius Superbus verbundenen Adligen errichtet wurden, bewahrte seine ursprüngliche Struktur noch bis in das 3. Jahrhundert v. Chr. als Wohnplatz der neuen, bescheideneren Bauernaristokratie. Die Nachrichten in den Quellen, die von Landzuteilungen auf dem Aventin in der Mitte des 5. Jahrhunderts v. Chr. berichten, belegen, dass in dieser Zeit sowohl innerhalb als auch unmittelbar außerhalb der Stadt weitläufige Grundstücke mit Bauland existierten.

In den ersten Jahrzehnten des 4. Jahrhunderts v. Chr., am Vorabend des Galliereinfalls, war Rom dabei, eine beträchtliche wirtschaftliche Anstrengung zur Rekonstruktion und Verstärkung der Stadtmauer zu unternehmen, die mit einem Umfang von elf Kilometern nunmehr ein Gebiet von 426 Hektar umschloss. Die sicherlich mit Türmen versehenen und zum Teil durch einen Erdwall verstärkten neuen Mauern wurden bis zur Zeit Sullas mehrere Male restauriert, bis sie dann ihre Zweckbestimmung verloren hatten und in augusteischer Zeit mit Absicht geschleift wurden. Am Ende des Jahrhunderts begann Appius Claudius Caecus in seinem Amt als Zensor die Errichtung des Appius-Aquädukts und die Eröffnung der gleichnamigen Via Appia, der Hauptverkehrsader zum Süden hin. Damit begann eine lange Zeit von Maßnahmen, bestimmt zur Verbesserung der Lebensqualität in der Stadt. Das ganze folgende Jahrhundert über war das Amt des Zensors ein Synonym für die Realisierung von Straßen, Aquädukten, Abwasserleitungen, Märkten, Orten für Schauveranstaltungen und, allgemeiner, von Bauten für dringend notwendige öffentliche Dienstleistungen; diese Aktivitäten wurde so zu einem fundamentalen Mittel persönlicher Propaganda der verschiedenen Persönlichkeiten, die sich in dem öffentlichen Amt abwechselten. Nicht einmal während der Punischen Kriege scheint es mit der Bautätigkeit langsamer zu gehen; häufig war es nötig, Gebäude neu zu errichten, die durch die Brände zerstört wurden, welche in den verschiedenen Stadtvierteln häufig ausbrachen. Im Laufe des ganzen 2. Jahrhunderts v. Chr. trifft man auf einen Bautrieb sondergleichen, vor allem was die öffentlichen Bauten und Infrastrukturmaßnahmen betrifft; nur sporadisch wurden dagegen religiöse Bauten errichtet. In dieser Periode setzte sich die Verwendung des *opus caementicium* durch, eine wahrscheinlich in Kampanien perfektionierte Zementbauweise, welche die Realisierung immer imposanterer Bauprojekte erlaubte; zudem kam als Baumaterial Marmor in Gebrauch, der aus den Brüchen des soeben eroberten Griechenlands stammte. Der erste römische Marmortempel, Iupiter Stator geweiht, stammt nämlich aus dem Jahr 148 v. Chr. In das Ende des Jahrhunderts datiert die Errichtung zweier Großkomplexe, der *porticus Minucia* und der *porticus Minucia Frumentaria*, die beide zur monatlichen Gratisverteilung von Getreide an die Bürger bestimmt waren.

Mit der Machtergreifung Sullas begann eine neue Phase monumentaler Bautätigkeit, die nicht mehr von Zensoren

Rom, Marsfeld: der heilige Bezirk am Largo Argentina. Der älteste Tempel des Komplexes datiert zwischen Ende 4./Anfang 3. Jh. v. Chr., die drei anderen Kultbauten wurden nacheinander in den beiden folgenden Jahrhunderten errichtet.

Rom, Forum Boarium: der sogenannte Tempel der Fortuna Virilis, fraglos zu bestimmen als Tempel des Portunus, der Schutzgottheit des ersten Handelshafens von Rom an der Tiberbiegung. Das Gebiet, in dem der Tempel steht, diente ab der archaischen Zeit dem Handel mit den Produkten, die auf dem Flussweg eintrafen. Insbesondere war das Forum Boarium der Ort für den Viehmarkt, das benachbarte Forum Holitorium hingegen war für die landwirtschaftlichen Produkte bestimmt.

oder Konsuln angeleitet, sondern fast immer von einem Mann allein kontrolliert wurde, der in der Lage war, dafür die Regeln mit dem Ziel zu diktieren, die Stadt neu zu entwerfen, um sie in den Rang einer Kapitale zu erheben. Das Forumsareal, neu gepflastert und neu strukturiert, gewann das Aussehen, das es auch später in der Kaiserzeit haben sollte, und die gewachsene Zahl von Senatoren machte die Errichtung einer neuen Curia nötig. Nach dem Triumph des Pompeius in Asien nahm die Bautätigkeit in Rom wieder einen neuen Charakter an und wurde zur Manifestation grenzenloser Generosität, die darauf zielte, im Volk einen Konsens über die Person des Wohltäters herzustellen. Dieses System politischer Propaganda nutzen dann später alle politisch Ambitionierten mehr mit Blick auf den Senat. Eine Ausnahme war Crassus, der, auch dank seinen fünfzigtausend Sklaven, stattdessen von den häufigen Katastrophen – Hauseinstürzen und Bränden – profitierte, um Land zu niedrigem Preis zu erwerben und schnell neue Häuser zu errichten. Zwischen 62 und 55 v. Chr. ließ Pompeius auf dem Marsfeld einen riesigen Komplex aus öffentlichen und privaten Bereichen errichten, der auch ein Theater und eine Porticus umfasste; dazu wurde zum ersten Mal in großem Maßstab die Technik des *opus reticulatum* benutzt.

Nach der Schlacht von Pharsalos wurde Caesar zum Herrn über die Bautätigkeit in Rom. Außer einer Maßnahme zum Umbau des Forum Romanum brachte er die Errichtung eines neuen Baukomplexes, des Caesarforums, auf den Weg, einen langen, schmalen Platz, der vom Tempel der Venus Genitrix überragt wurde, der vorgeblichen Stamm-Mutter der Familia Iulia. Zur Realisierung des Unterfangens ließ er den Geländesattel abtragen, der das Kapitol mit dem Quirinal verband, nachdem er die Grundstücke hinter der Curia Cornelia erworben und zahlreiche Wohnhäuser der spätrepublikanischen Zeit dem Erdboden gleichgemacht hatte. Der Tod hinderte ihn daran, einen ehrgeizigen Plan zu verwirklichen, der die Umleitung des Tiberlaufs vorsah, um den Vatikanshügel in ein neues monumentales Zentrum umzuwandeln, sowie die Erweiterung des Wohngebiets zum Marsfeld hin. Nach einer kurzen Periode, in der die repräsentativen Baumaßnahmen auf den Baustellen Caesars unter den Triumvirn anscheinend gleich aufgeteilt worden waren, sicherte die Abwesenheit des Antonius von Rom Oktavian die Kontrolle über die Bautätigkeit: Wenige Jahre später nahm er ein großes Programm zur Sanierung der städtischen Infrastruktur in Angriff und ließ auf dem Forum an der Stelle der baufälligen Basilica Aemilia den Tempel des Divus Iulius mit der offenkundigen Absicht errichten, die eigene Bezeichnung als *divi filius* zu betonen.

Die folgende Periode bis zur Schlacht bei Actium ist – auch dank der beträchtlichen Verfügbarkeit von Finanzmitteln infolge des Sieges über Kleopatra – neben der Durchfüh-

Seite gegenüber:
Rom, das Forum Romanum

Links:
Das Haus der Vestalinnen, Rom, Forum Romanum. – Den Vestakult verrichteten sechs Priesterinnen, die schon als Kinder ausgewählt wurden und dreißig Jahre im Dienst der Gottheit verbringen sollten. Sie genossen viele Privilegien, doch wenn eine ihre Gelübde nicht erfüllte, wurde sie lebendig begraben. Ihre Statuen waren in dem mit Portiken ausgestatteten Innenhof des Gebäudes aufgestellt.

Unten:
Das Kolosseum, dazu die Säulen des Venus-und-Roma-Tempels, eines von Hadrian errichteten riesigen Bauwerks. Um für das neue Gebäude den nötigen Raum zu schaffen, wurde die Vorhalle der Domus Aurea abgerissen und die innerhalb aufgestellte Kolossalstatue mit einem von 24 Elefanten gezogenen Wagen verschoben.

Auf den Seiten 42–43: Innenansicht des Kolosseums. Das von Vespasian errichtete große Amphitheater, das bis zu 50 000 Zuschauer fasste, wurde 80 n. Chr. von Titus mit Spielen eingeweiht, während derer 5000 Tiere getötet wurden.

rung eines Großprojekts in Form der Umwandlung des Marsfeldes durch ein gigantisches Programm geprägt, das zur Religionspolitik des Augustus gehörte und die Restaurierung der religiösen Bauten vorsah – Augustus als Restaurator der republikanischen Institutionen und der außer Gebrauch geratenen religiösen Praktiken. Augustus sind die Verwaltungsneuordnung der Stadt, die in vierzehn Regionen aufgeteilt wurde, und die Neuordnung der vorhandenen *vici* (Stadtteile) zu verdanken; nicht klar dagegen ist, ob ihm auch eine Erweiterung des Pomeriums (Anm. 3) zuzuschreiben ist. Die Nachfolger des Augustus betätigten sich weiter in der Errichtung öffentlicher Nutzbauten und in der Restaurierung großer Monumente, bis sich Nero durch eine Reihe unpopulärer Konfiskationen und Enteignungen, welche die Linie seiner Vorgänger umkehrten, das nötige Gelände zum Bau seines riesigen Palastes im Herzen der Stadt verschaffte. Nach dem Brand von 64 n. Chr., dessen Wirkungen wenig klar und vielleicht geringer anzusetzen sind, muss Nero eine neue Stadtanlage geplant haben, deren archäologische Spuren schwer festzustellen sind; wahrscheinlich jedoch markierte er damit den Ausgangspunkt für die großen urbanistischen Planungen, die in den folgenden Jahrhunderten realisiert wurden. Vespasian setzte sich während seiner Herrschaft vor allem dafür ein, der Bürgerschaft das riesige Areal zurückzugeben, das Nero mit seiner Domus Aurea belegt hatte; der prunkvolle Wohnsitz wurde abgerissen und ein Teil seiner Bauten wie die von Titus umgebaute Thermenanlage zur öffentlichen Nutzung bestimmt; auf dem zuvor vom sogenannten Teich eingenommenen Gelände wurde ein Amphitheater errichtet, das Colosseum. Dieses war auch als Ersatz für das Amphitheater des Statilius Taurus nötig, das beim Brand unter Nero zerstört wurde. Auf diese Periode geht außerdem die Errichtung des Pax-Tempels zurück, der den Sieg der Römer über die Judäer und die Erlangung einer neuen Friedenszeit feierte. Hier wurden zahlreiche Kunstwerke versammelt, die Nero aus verschiedenen Tempeln Griechenlands entwendet

Ich wohne über einem öffentlichen Bad. Stell dir jede Art Stimmen vor, die dich beklagen lassen, dass du nicht taub bist.

(Seneca, Briefe an Lucilius)

Ein Berg von Scherben

Der Monte Testaccio, der *Scherbenberg*, ist ein künstlicher Hügel, der durch die systematische Anhäufung Tausender von Amphorenfragmenten entstand. Nach Leerung ihres Inhalts wurden die Amphoren zunächst in Scherben zertrümmert, bevor man sie auf die nahe Schutthalde brachte; hier wurden sie in mit Kalk abwechselnden Schichten aufgehäuft. Es handelt sich ausschließlich um Ölamphoren, d. h. Behältern, die wegen der schnellen Veränderung der Ölrückstände nicht wiederverwendet werden konnten; sie stammten aus der Provinz Baetica (Südspanien) und in geringerem Maß aus Byzacium (Tunesien). Die jüngeren Forschungen haben gezeigt, dass das Anwachsen der Schutthalde, die ab der augusteischen Zeit etwa 270 Jahre in Gebrauch war, von leitenden Beamten beaufsichtigt wurde, die auch für die notwendigen Maßnahmen zur Abfallbegrenzung Sorge trugen. Wertvolle Informationen historischer und ökonomischer Art resultieren aus der Analyse der Stempel und Aufschriften auf den Amphoren, welche die Namen der Produzenten und Händler liefern, die verschiedenen Füllmengen der Behältnisse, die Bestätigung der fiskalischen Kontrolle und vieles andere.

Oben: Der Monte Testaccio vom Scherbenberg aus gesehen.
Unten: Scherben von Ölamphoren aus der Baetica mit *tituli picti* (gemalten Aufschriften).

Rom, Palatin:
Der große Innenhof der Domus Augustana, der in der endgültigen Neugestaltung in domitianischer Zeit als monumentaler Eingang zum Kaiserpalast von der Seite des Circus Maximus aus diente.

hatte, sowie die interessantesten Stücke, die aus der Beute nach der Einnahme Jerusalems stammten. Für die flavische Zeit existieren sichere Zeugnisse zu einer Erneuerung der Stadtverwaltung und von Maßnahmen zur Reorganisierung des Katasters, die auch durch die Ausweitung der Grenzen des Pomeriums (Anm. 3) bestätigt werden. Domitian ist die endgültige Befestigung der kaiserlichen Wohnungen auf dem Palatin zu verdanken, die bis auf einige Umbauten und Erneuerungen unverändert die Residenz der Kaiser geblieben sein dürfte.

Geplant als ideales Legionärslager, zelebrierte das Trajansforum, der letzte und repräsentativste Forumskomplex, geplant wahrscheinlich schon von Domitian, die vom Kaiser über die Daker davongetragenen Siege. Seitlich des Forums mit seinen beiden Bibliotheken und der Basilika, ließ Trajan auch ein gigantisches Marktgebäude errichten, in dessen auf mehreren Stockwerken untergebrachten Läden sich die wichtigsten Handelsbranchen der Stadt unter der Kontrolle der Annona-Beamten (Anm. 8) ansiedelten; auf diese Weise war es möglich, ein zentralisiertes Management der Waren zu garantieren, die vom neuen Hafen an der Tibermündung nach Rom gelangten. Dem berühmten Architekten Apollodor von Damaskus ist der Plan der Trajansthermen zu verdanken, die nach dem Brand von 104 neben den Titusthermen auf den Resten der Domus Aurea errichtet wurden und zum Vorbild für die großen Anlagen der folgenden Jahrhunderte werden sollten.

Unten:
Rom, Trajansmärkte. Im mittleren Teil des gewaltigen Komplexes befanden sich elf Läden im Parterre und zehn im ersten Stock; diese lagen an einem Flur innen. Die Läden des obersten Stockwerks erreichte man über die rückwärtig gelegene Via Biberatica, eine erst im Mittelalter erwähnte Straße, die in ihrem Namen die Erinnerung an Trink- und Speisegaststätten bewahrt, die für sie vielleicht typisch waren (lat. *bibere* trinken).

Nachdem Hadrian die Expansionspläne seines Vorgängers aufgegeben hatte, konnte er nicht mehr mit den zur Realisierung großer Baumaßnahmen notwendigen Einkünften rechnen, hinterließ jedoch einige bedeutsame Monumente wie das Pantheon sowie sein imposantes Grabmal, das heutige Castel Sant'Angelo (Engelsburg). In das Zeitalter der Antoninen datieren die Schaffung eines neuen monumentalen Zentrums auf dem Marsfeld und die Errichtung der Säulen des Antoninus Pius (heute verschwunden) und des Mark Aurel neben der Stelle, wo die Einäscherungen der beiden Kaiser stattgefunden hatte. Ein gewaltiger Brand, der während der Herrschaft des Commodus ausbrach, machte den Weg für eine neue Etappe von Arbeiten in der Zeit der Severer frei.

Septimius Severus, wahrscheinlich auch vom Willen getrieben, die neue Dynastie zu legitimieren, griff in das Herz des antiken monumentalen Zentrums mit der Errichtung eines Bogens auf dem Forum Romanum ein, der seine Siege über die Parther feierte, und mit der Realisierung des Septizodiums, eines imposanten, theatralischen Bauwerks, das die Hänge des Palatins zum Circus Maximus hin monumental ausgestaltete. Zur Heranschaffung des Wassers für die großen öffentlichen Thermen, die Caracalla auf einem ausgedehnten Areal an den Hängen des Aventins mit dem Ziel erbauen lassen wollte, die Bedürfnisse der weniger vermögenden Schichten zu befriedigen, musste eine besondere Abzweigung von der Aqua Marcia geschaffen werden. Die Anlage, die gleichzeitig bis zu eintausendsechshundert Badende aufnehmen konnte, wurde mehrere Male restauriert und stellte ihre Funktion im Jahre 537 ein, als die Goten die Aquädukte abschnitten und sie so der Wasserversorgung beraubte. Dem Letzten der Severer, Elagabal, sind neben der Errichtung eines gigantischen Heiligtums auf dem Palatin zahlreiche Restaurierungen von Aquädukten, Thermen und öffentlichen Orten zu verdanken, außerdem der Bau öffentlicher Warenhäuser in jeder der vierzehn Regionen wahrscheinlich im Anschluss an eine Neuorganisation im System der *frumentationes*, die anstelle der monatlichen Verteilung von Getreide eine tägliche Verteilung von Brot, Schweinefleisch und Wein vorgesehen haben dürfte. Über fast das gesamte 3. Jahrhundert erlebte die Bautätigkeit infolge einer langen Periode von Unruhen und Krisen eine spürbare Verlangsamung; im Anschluss daran entschied Aurelian, die Stadt, die nunmehr seit drei Jahrhunderten ohne Befestigung war, mit der Errichtung eines Mauergürtels zu schützen, der in wenigen Jahren fertig gestellt wurde und dabei verschiedene zuvor existierende Gebäude einschloss.

In der Zeit Diokletians ist, wie es die Stempel auf den Bauziegeln belegen, ein neuer Bauauftrieb in einer Stadt erkennbar, die nunmehr, ab 286, nicht mehr die einzige Hauptstadt des Reiches war. In einer für die Versorgung mehrerer Viertel mit intensiver, bevölkerungsreicher Bebauung günstigen Lage entstand ein neues riesiges öffentliches Bad mit einem gegenüber den Thermen Caracallas doppelten Fassungsvermögen; Konstantin seinerseits ließ ein Jahrzehnt später im selben Gebiet eine kleinere, elegantere Anlage errichten, die wahrscheinlich für die vermögende Schicht bestimmt war. Nach diesem Bau waren während des ganzen 4. Jahrhunderts, als die Bevölkerungszahl sich um 700 000 bis 1 000 000 Einwohner bewegte, die Baumaßnahmen auf Umbauarbeiten und Restaurierungen vor allem der ältesten Baukomplexe beschränkt, die nach und nach Erhaltungsmaßnahmen unterzogen wurden. In vielen Fällen wurde die Bebauung der alten *insulae* durch *domus* für eine Familie ersetzt; diese besaßen sehr abwechslungsreiche Grundrisse, waren fast immer mit privaten Badeanlagen ausgestattet und für die Senatsaristokratie bestimmt, wie es die in den letzten zwanzig Jahren auf dem Caelius durchgeführten archäologischen Untersuchungen belegen. In der Architektur für die Bevölkerung dagegen überlebte die Nutzung der zuvor existierenden *insulae* neben neuen sehr ärmlichen Wohnungsformen, die einen Gutteil des Marsfeldes einnahmen. Charakteristisches Element dieser Epoche ist auch die Gründung der ersten christlichen Kirchen in dezentralen Bereichen, wahrscheinlich um nicht die alte heidnische Aristokratie zu reizen, die ihre Existenz im ältesten Stadtzentrum nur schlecht toleriert hätte.

Für das 5. Jahrhundert sind beträchtliche auf äußere Faktoren zurückgehende Änderungen belegt; zu diesen Faktoren zählen Belagerungen und Einfälle durch Barbarenvölker, doch auch eine Reihe von Naturereignissen, welche die Stadt verwüsteten und zahlreiche Restaurierungs- und Erneuerungsmaßnahmen nötig machten. Das einzige öffentliche Werk von großem Ausmaß besteht in einem beachtlichen von Honorius durchgeführten Umbau der Stadtmauern; die Tempel wurden nach und nach geschlossen und zerstört oder in Kirchen verwandelt, und neue städtische Straßenzüge belegen die veränderten Bedürfnisse einer Stadt, die jetzt eine Bevölkerung von 200 000 bis 450 000 Einwohnern zählte, welche vorwiegend zwischen Trastevere und der Flussschleife konzentriert waren; dagegen war zwischen Lateran und Esquilin inzwischen eine ausgedehnte unbewohnte Zone entstanden.

Die Häfen der Hauptstadt

Die von den Annona-Magistraten (Anm. 8) organisierte Lebensmittelversorgung Roms hing von einem effektiven Transportsystem zur See und auf den Flüssen ab; die Wasserwege waren wegen der größeren Bequemlichkeit und Schnelligkeit nämlich beträchtlich wirtschaftlicher als die Landwege. Schon zu Beginn der republikanischen Zeit kamen die Waren auf Lastschiffen bis zur Tibermündung und gelangten von dort auf kleineren Booten flussaufwärts bis zur Biegung von Rom. Am Ende des 3. Jahrhunderts v. Chr. war der alte Landeplatz für den Warenverkehr unzureichend geworden, sodass 193 v. Chr. die Arbeiten zum Bau eines neuen Flusshafens auf der Höhe des Forum Boarium in Angriff genommen wurden, unmittelbar außerhalb der Porta Trigemina gelegen; dazu wurde das Zugangsareal zum Fluss mit Stufen und Rampen ausgestattet,

Seite gegenüber:
Die Mark-Aurel-Säule zu Rom. Errichtet nach dem Tode Mark Aurels zur Erinnerung an seine Siege an der Donaugrenze, wurde die Säule zweifellos 193 vollendet, dem Jahr, in dem die Erlaubnis zum Kauf des Holzes gegeben wurde, das man benötigte, um das für den Bau nötige Gerüst aufzustellen. Auf dem Fries sind 116 durch eine Victoria auf halber Höhe aufgeteilte Szenen zu erkennen, die sich wahrscheinlich auf die Feldzüge 171–173 und 174–175 beziehen.

Marmorrelief mit Darstellung des Ladens einer Geflügelverkäuferin, aus Ostia Antica, 2. Jh. n. Chr.; Ostia Antica, Museo Ostiense.

Domus und insulae: die Wohnarchitektur

Die hauptsächliche und detaillierteste Informationsquelle zur Hausarchitektur ist Vitruv, Militäringenieur Caesars, der mit seinem Werk *De architectura*, veröffentlicht am Ende des 1. Jahrhunderts v. Chr. und Augustus gewidmet, ein regelrechtes Handbuch, reich an speziellen Ratschlägen für Architekten und Bauarbeiter, zusammenstellte. Die Abhandlung, welche die verschiedenen Bautechniken genauso berücksichtigt wie die Einteilung der Innenräume und die Funktion der einzelnen Zimmer, liefert ein erschöpfendes Panorama der Wohnstätten der herrschenden Klasse der republikanischen Spätzeit, so wie die Häuser der Zentren am Vesuv einen Querschnitt durch die Wohnarchitektur des ersten Abschnitts der Kaiserzeit bieten oder das Studium der *insulae* zu Ostia für die intensive Bautätigkeit der mittleren und späteren Kaiserzeit bezeichnend ist. Die vergleichende Analyse dieser Befunde muss den Mangel an Informationen aus der Hauptstadt des Reiches ausgleichen.

Während der ersten Periode der Republik bestanden die römischen Häuser aus einem Eingangskorridor, der in einen zentralen Hof (*atrium*) mit dem nach innen abschüssigen Regendach führte, welches das Regenwasser in einem Becken sammeln half, das mit einer Zisterne verbunden war. Um das Atrium waren die Räume (*cubicula*) und ein Hauptsalon (*tablinum*) verteilt. Im Laufe des 2. Jahrhunderts v. Chr. wurde diese Struktur durch die Hinzufügung eines zweiten durch griechische Vorbilder inspirierten Kerns erweitert: Um eine Säulenportikus (*peristylium*) entfalteten sich verschiedene Repräsentationsräume, Speisesäle, Aufenthalts- und Empfangsräume. Die hellenistischen Einflüsse wurden in der Hausarchitektur der herrschenden Klasse bestimmend, und reiche aristokratische *domus* dieser Periode wurden sehr weiträumig; bisweilen ließen sie die zeitgleichen Paläste hellenistischer Fürsten hinter sich. Der Luxus hielt auch in die Ausstattung Einzug, sodass bei den Fußböden die Mosaiken das Übergewicht über die einfachen Terrazzoböden erhielten und die Wände mit Fresken, Stuck und Marmor geschmückt wurden.

Bronzeschlüssel, aus Pompeji; Neapel, Museo Archeologico Nazionale.

Rekonstruktion einer Holztür, verziert mit Bronzeapplikationen.

Zwischen dem Ende der republikanischen Ära und dem Beginn der Kaiserzeit durchlief die traditionelle Struktur des römischen Hauses zahlreiche Wandlungen, welche die gleichzeitigen Änderungen in der Gesellschaft reflektierten; man experimentierte im Bereich der Architektur für die Bevölkerung mit der Suche nach der größtmöglichen Raumnutzung zu niedrigen Kosten und gelangte zur Ausarbeitung eines neuen Wohnmodells für die Kaiserzeit, die *insula*. Die alten Einfamilien-*domus* mit Atrium der republikanischen Zeit hatten dank der Möglichkeit des Anschlusses an die öffentlichen Aquädukte zum Teil ihre Funktion verloren – die Sammlung des Wassers im *impluvium* war unnötig geworden –, und andererseits war die Notwendigkeit nicht mehr gegeben, die eigene Wohnung auf repräsentative Art herauszustellen, da Augustus persönliche Prominenz für alle mit Ausnahme des Kaisers verboten hatte. Der neue Wohntypus setzte sich schnell durch; zu Beginn des 4. Jahrhunderts wurden in Rom gut 46 000 *insulae* und nur 1790 *domus* registriert, unter denen jedoch spätantike aristokratische Luxusbehausungen zu verstehen sind, die mit privaten Badeanlagen ausgestattet, mit Marmor verkleidet und mit Statuen geschmückt waren. Die großen Wohnhäuser in Ostia, mutmaßlichen als Wohnungen zur Miete gedacht, liefern uns ein detailliertes Bild des neuen Hausbaumodells: Die Gebäude mit vier oder fünf Stockwerken waren in unabhängige Wohneinheiten eingeteilt, zugänglich über Treppen, die auf die Straße oder in Innenhöfe führten, und waren über breite Balkone oder Außenarkaden miteinander verbunden. Im Innern der Wohnungen, die Licht und Luft über große Fenster empfingen, war der Raum durch den Einbau von Zwischenwänden und Dachböden maximal genutzt; im Erdgeschoss dagegen zeigte sich zur Straße hin eine Reihe von Läden, die zumeist mit einem Hinterraum oder einem Hängeboden ausgestattet waren, der als Wohnung für den Betreiber diente. Die modernsten *insulae* bildeten einen langen, schmalen Bau, der zu zwei parallelen Straßen hin lag; die vornehmeren quadratischen Häuserblocks verfügten über einen Gemeinschaftshof in der Mitte, in dem Brunnen und Beete angelegt waren.

Bronzetruhe, gefunden im Peristyl der Villa des Lucius Crassus Tertius (Villa B) in Oplontis, 1. Jh. v. Chr.; Neapel, Museo Archeologico Nazionale. Der Besitzer der Villa, ein ehemaliger Sklave, dem es gelang, sich im politischen und darüber hinaus im ökonomischen Leben Pompejis durchzusetzen, wurde aufgrund des Fundes eines Bronzesiegels mit seinem Namen recht sicher identifiziert.

In der Mitte: Oplontis, Fresko mit Fantasiearchitektur, 1. Jahrhundert n. Chr.

Ostia Antica, Fischmarkt innerhalb des *macellum*, mit Tischen und Marmorbecken sowie Mosaikfußboden, auf dem ein großer Fisch dargestellt ist und der die Inschrift trägt: „Neider, ich trete dich mit Füßen".

die zur Erleichterung der Warenlöschung dienten, und es wurde ein weiträumiger für den Markt bestimmter Platz, das Emporium, angelegt. In den unmittelbar darauf folgenden Jahren wurde der Anlegeplatz zur Lösung der Probleme von Lagerung und Verteilung der Produkte erneut umgebaut; dazu wurden die ersten imposanten Lagerhäuser (*horrea*) wie die *porticus Aemilia* errichtet, ein fünfzigschiffiges Gebäude mit einer Gesamtfläche von 30 000 Quadratmetern und gebaut in der neuen Technik des *opus caementicium*. Die Depots, deren Leitung direkt den Annona-Beamten unterstand (die außerdem die Aufgabe hatten, die Getreidebevorratung und -verteilung zu regeln) konzentrierten sich fast ausschließlich in der rückwärts zum Flussanlegeplatz gelegenen Ebene.

Die Entstehung der ersten befestigten Siedlung von Ostia zu Beginn des 4. Jahrhunderts v. Chr. hängt mit der Notwendigkeit zusammen, für den Unterlauf des Tibers ein System militärischer Kontrolle zu schaffen (verstärkt wahrscheinlich wenig später durch die mächtige Festung von Ficana), das die Sicherheit des Schiffsverkehrs und damit der Versorgung Roms gewährleistete. Die neue aus etwa dreihundert Familien bestehende Kolonie muss sich sehr schnell vergrößert haben, wenn sich schon am Ende des 3. Jahrhunderts v. Chr. an den augenscheinlich nicht mehr in Gebrauch befindlichen Mauern Läden anlehnten. Im Laufe des folgenden Jahrhunderts änderte die Stadt nach und nach ihr Gesicht; sie verlor ihre militärische Funktion, um sich in den Handelshafen der Hauptstadt zu verwandeln. Zwischen dem Ende des 2. und dem Beginn des 1. Jahrhunderts v. Chr. wurde sie mit einer neuen Stadtmauer versehen, die ein dreißigmal größeres Areal als das der ersten Siedlung einschloss; innerhalb davon blieben weite Räume immer unbebaut. Die Mauern waren seitlich der drei Tore mit quadratischen und an den vier Ecken mit runden Türmen versehen, während ein weiterer Turm die Flussseite kontrollierte, die ohne Befestigung war, um nicht den Verkehr zu behindern.

Fresko aus Raum E des Flusshafens von San Paolo, Rom, Mitte des 2. Jhs. n. Chr.; Rom, Museo Nazionale Romano, Palazzo Massimo alle Terme. Die zahlreichen auf diesem Gemälde dargestellten Fische sind fast alle leicht zu identifizieren: links ein Tintenfisch und eine Meerbarbe und unter dem Boot ein Seeigel, auf den ein Hornhecht zuschwimmt; rechts erkennt man einen Wrackbarsch, einen weiteren Hornhecht und vielleicht einen Bonito; unter dem Bootsrumpf erneut ein Hornhecht, ein Drachenkopf und eine Brasse.

Fresko mit Darstellung eines Hafens, aus Stabiae, 55–79 n. Chr.; Neapel, Museo Archeologico Nazionale. Die lebhafte Hafenszene – in diesem Fall sehr wahrscheinlich ein imaginärer Ort – ist gut durch die dichte Häuserreihe eingefangen, die an der Mole stehen, durch die vor Reede ankernden Schiffe, durch die ruderbewegten Boote sowie die über die Angelschnüre gebeugten Fischer.

Schon im 1. Jahrhundert v. Chr. entstanden an den mit Portiken gesäumten Straßen der Wohngebiete die Domizile der vermögenden Schicht, Wohnhäuser von hellenistisch-römischem Typus mit Atrium und in einigen Häusern auch mit Peristyl; in die augusteische Zeit datiert die Anlage des Theaters, während die Schaffung des Forums im Stadtzentrum vor dem neuen Roma-Augustus-Tempel erst in die erste Hälfte der Zeit des Tiberius zu datieren ist. Unter Tiberius oder Caligula wurde der Aquädukt erbaut, und es begannen sich die ersten Thermenanlagen zu entwickeln; aus julisch-claudischer Zeit stammen die Warenhäuser des Hortensius, der erste großdimensionierte Komplex eines antiken Handelsgebäudes. Vor der Jahrhundertmitte hatte sich schon die Notwendigkeit herausgestellt, einen funktionelleren Hafenkomplex zu schaffen, der den wachsenden Problemen bei der Zufahrt zum Flusshafen begegnen könnte; diese waren durch die beständige Ablagerung von Geröll verursacht, die sich an der Mündung bildete. Damals wurde weiter nördlich ein neues Hafenbecken ausgehoben, das mit zwei gekrümmten Molen zum Meer und einem großen Leuchtturm versehen war; auch diese Anlage erwies sich jedoch als wenig funktionell, da sie durch ihre Lage sehr schnell versandete und es keine ausreichenden Sicherheitsgarantien für die vor

Nähe des Hafens und auf der Isola Sacra entstanden Wohnviertel und Handelsgebäude. Die Isola Sacra war eine künstliche Insel, die infolge der Aushubarbeiten für die Hafenbecken entstand; auf ihr befand sich auch die Nekropole, eine der eindrucksvollsten der römischen Welt mit Kammergräbern (mit Tempelfassade) für die reiche Schicht sowie einfachen mit Amphorenhälsen gekennzeichneten Kasten- oder Kapuzengräbern für die ärmeren Klassen.

Der Bau des Trajanshafens gab der Wirtschaft einen neuen Impuls, nicht weniger den Handelsaktivitäten in Ostia. Eine unter Hadrian in Angriff genommene beträchtliche Umstrukturierung im Bauwesen ihrerseits, wahrscheinlich mit regelrechten durch die Zentralmacht veranlassten Regulierungsplänen, führte zur Schaffung eines großen Viertels mit Dienstleistungsgebäuden und Wohnungen; im gesamten Südwestbereich der Stadt wurden die Bedürfnisse nach Luxuswohnarchitektur durch die Errichtung der sogenannten „Gartenhäuser" befriedigt. Ostia erreichte seine maximale Ausdehnung in antoninischer Zeit und wurde zum Geschäfts- und Verwaltungszentrum des gesamten Hafenkomplexes, blieb zudem Flussanlegeplatz und Hauptzentrum für die Lagerung der Waren, die nicht sofort von den Märkten der Kapitale aufgenommen werden konnten. In dieser Periode zählte die Stadt, die an Ausdehnung etwas größer als zuvor Pompeji war und nur halb so groß wie Lyon, wegen ihrer außergewöhnlichen Wohndichte eine Bevölkerung von etwa 50 000 Personen; der größte Teil der Ansässigen bewohnte die Wohnblocks in den dicht bebauten Gebieten, die ab der Zeit Domitians errichtet und beträchtlich in die Höhe gebaut waren; damals wurde das gesamte Stadtniveau an-

Oben:
Eine Latrine bei den Forumsthermen von Ostia Antica. Seit sehr alter Zeit existierten einfache Hygieneeinrichtungen in Form von Terrakottabehältnissen und Amphoren mit abgesägtem Hals, die in den öffentlichen Straßen als Urinoirs aufgestellt waren; schon in republikanischer Zeit tauchen die ersten öffentlichen Toiletten auf. In den Latrinen gab es eine Rinne auf drei Seiten, über denen Sitze aus Mauerwerk oder Marmor in regelmäßigem Abstand postiert waren; durch diese floss Wasser, das sich dann in den nächsten Abwasserkanal ergoss. An den Sitzbänken führte eine kleine Wasserrinne vorbei, in welche wahrscheinlich die zum Reinigen benutzten Schwämme eingetaucht wurden, von denen uns Seneca und Martial berichten.

Rechts:
Ostia Antica, halbbearbeitete Säulen aus dem Depot beim Tempel der *Fabri Navales* (Schiffszimmerleute), Ende 4. Jh. n. Chr.
Sie belegen den Handel mit griechischem Marmor – aus Prokonnesos und Thasos – auch in spätantiker Zeit.

Anker liegenden Schiffe bei Sturm gab (im Jahre 62 n. Chr. wurden zweihundert Schiffe während eines Sturms zerstört). Erst unter Trajan wurde das Problem mit der Aushebung eines zweiten sechseckigen Beckens definitiv überwunden, das weiter nach innen und geschützter lag; mit dem Hafen des Claudius war es durch einen Kanal mit einem Leuchtturm an der Einmündung verbunden. In der

Römisches Schiffswrack, aus Monfalcone-Lisert; Aquileia, Museo Archeologico Nazionale.
Das Schiff wurde 1972 bei der Ausgrabung eines großen Baukomplexes, wahrscheinlich einer *villa rustica* mit angeschlossenener Thermenanlage gefunden. Die wenigen entdeckten Materialteile erlauben keine nähere Datierung außer der Zeit der Villa, also zwischen dem 1. und 3. Jahrhundert.

gehoben, um die für neue Bauten notwendigen soliden Fundamente möglich zu machen. Nach der Blüte in der Antoninenzeit erlebte die Stadt fast ausschließlich Restaurierungen der als Lager genutzten Gebäude; ab der Mitte des 3. Jahrhunderts freilich begann eine Phase des Niedergangs, während derer viele Gebäude verlassen und die Erhaltungsarbeiten eingestellt wurden. Eine kurze Erholungsperiode im 4. Jahrhundert, in der jedoch die Bedeutung des Anlegeplatzes Ostia für den Handel stark reduziert war, geht dem endgültigen Niedergang im 5. Jahrhundert voraus.

Die in den letzten dreißig Jahren an den Bauten und Materialien einiger Komplexe in Ostia durchgeführten systematischen Untersuchungen lieferten einen schlüssigen Beitrag zur historischen Rekonstruktion der Wirtschafts- und Handelsaktivitäten der Stadt; sie verdeutlichten durch die prozentualen Veränderungen der aus den verschiedenen Bereichen des Mittelmeerraums importierten Produkte während der gesamten Kaiserzeit die irreversible Produktionskrise Italiens und den graduellen Bedeutungsverlust der ältesten westlichen Provinzen zugunsten der afrikanischen Territorien. In Ostia sind neben den Handelsaktivitäten Handwerkseinrichtungen häufig halbindustriellen Charakters bezeugt wie zum Beispiel die beiden Mühlenbäckereien, von denen eine in hadrianischer Zeit gut sechs zur Straße hin offene Läden besaß (diese dienten wahrscheinlich dem Einzelverkauf) oder die vier Färbereibetriebe. Außerdem sind Keramikwerkstätten dokumentiert, darunter vielleicht ein Zweigbetrieb des Fabrikanten Sextius Annius Afer aus Arretium (Arezzo); das könnten zwei Abfallstücke aus Brennöfen belegen, von denen eines das Markenzeichen der Werkstatt trägt; allerdings sind Fundort und Fundumstände unbekannt.

Einige Beispiele der in Rom im 1. und 2. Jh. n. Chr. meistbenutzten Marmorarten. In dieser Zeit waren in Rom verschiedene farbige Marmorsorten *en vogue*, die v. a. aus Griechenland und Kleinasien kamen. Besonders gefragt waren der sogenannte „afrikanische" oder „lukullische" *(luculleum)* Marmor, der in den Brüchen von Teos (Kleinasien) gewonnen wurde, der Cipollino (*Marmor carystium*) aus Euböa, der Pavonazzetto (*Marmor phrygium*) aus den Brüchen von Dokimion in Phrygien und der Giallo Antico (*Marmor numidicum*) von Chemtou/Tunesien in Africa Proconsularis. Die weißen Marmorsorten, fast alle von inselgriechischer Herkunft, kamen v. a. aus Paros, Prokonnesos und Thasos.

Wracks und Unterwasserarchäologie

Wracks zweier etwa 15 Meter langer Schiffe, gefunden im Hafen der Festung Oberstimm (Deutschland).

An den italienischen Küsten spielten sich in jeder Epoche Handel und Verkehr ab; große Kauffahrtei- und Marineschiffe befuhren die Hauptrouten des Mittelmeeres, während kleinere Schiffe die kürzeren Strecken an der Küste bedienten und noch kleinere zur Flussschifffahrt geeignete Boote Flüsse und große Seen befuhren. Doch in der alten Welt war die Schifffahrt, die auf dem Meer nur die schöne Jahreszeit über erfolgte, vielen Risiken unterworfen. Diese resultierten hauptsächlich aus den Wetterbedingungen (ungünstige Winde und unerwartete Stürme), aber auch aus Piratenüberfällen. Die Zahl der Schiffbrüche muss sehr hoch gewesen sein. Die zahlreichen festgestellten Wracks bilden wahrscheinlich nur einen geringen Teil – nach einigen Forschern 30 %, nach anderen viel weniger – der Gesamtheit der untergegangenen Schiffe. Die Unterwasserarchäologie ist ein fundamentales Instrument zum Kennenlernen des antiken Handels, da die Rekonstruktion einer kompletten Schiffsladung, ihrer Herkunft und ihrer Reisestrecke es erlaubt, die antiken Handelsrouten festzustellen und die Warenströme zu bewerten. Außerdem ist es für die Forscher sehr interessant zu wissen, dass alle an Bord vorgefundenen Waren als zeitgleich oder wenigstens als zur selben Zeit in Gebrauch befindlich angesehen werden können; das ist ein Umstand, der in Ausgrabungen zu Lande nur sehr selten festzustellen ist. Die Bewertung der Schiffsladungen liefert nützliche Hinweise auf die Bedeutung der Handelsbewegungen; wir wissen, dass in spätrepublikanischer Zeit jedes Jahr etwa 120–150 000 Hektoliter italischen Weins nach Gallien flossen, eine nicht übertriebene Schätzung, wenn wir das einzige Wrack von *Madrague de Giens* in Betracht ziehen: Das wahrscheinlich zwischen 60 und 50 v. Chr. infolge eines Sturms untergegangene Schiff transportierte etwa 6500 Amphoren Wein aus der Ebene von Fondi in Südlatium (vielleicht den bekannten Cäkuber, einen Qualitätswein), dazu andere Waren, darunter eine sehr große Zahl in Süd- oder Mittelitalien hergestellter Keramik.

Die Informationen, die wir gewinnen können, betreffen jedoch nur nichtverderbliche Waren oder in Amphoren transportierte Erzeugnisse wie Wein, Öl, gesalzene Fische, sondern auch Oliven und Obst; die Spuren anderer verderblicher Lebensmittel, die wahrscheinlich wie Getreide in Säcken transportiert wurden, sind jedoch verschwunden – der Handel damit besaß gewiss enorme

Sarkophag mit Szene einer Schiffskollision im Hafen von Portus (Porto, Portugal) während eines Manövers zur Bergung eines Mannes aus dem Meer, kaiserzeitlich; Rom, Museo della Civiltà Romana.

Ausmaße. Einige in den letzten Jahren an italienischen oder französischen Küsten zutage gekommene Wracks bewiesen auch die Existenz von „Tankschiffen", in denen große feste Behälter aus Terrakotta aufgestellt waren, *dolia,* die zum Transport von unabgefülltem Wein dienten.

Außer Lebensmitteln reisten in den Schiffsladeräumen auch andere Waren wie Baumaterial und kostbare Kunstwerke, die aus der systematischen Plünderung eroberter Städte und dem beträchtlichen Anwachsen des Handels mit Antiquarien stammten. Gerade dank dem Untergang einiger dieser Schiffe gelangten wir in den Besitz höchst bedeutsamer originaler griechischer Statuen wie der Bronzen von Riace, der Silberamphore von Baratti, der Apollonstatue von Piombino und des Poseidon vom Kap Artemision, die sonst schwerlich dem Einschmelzen zur Metallrecyclage entgangen wären. In diesem Zusammenhang ist ein im Museum von Ostia aufbewahrtes Relief interessant; es zeigt die Darstellung der zufälligen Bergung einer großen Heraklesstatue des 5. Jahrhunderts v. Chr., die wahrscheinlich zu Beginn des 1. Jahrhunderts v. Chr. durch einige Fischer vorgenommen wurde. In den letzten Jahren hat sich die Unterwasserarchäologie daran gemacht, auch in großer Tiefe liegende Wracks zu erkunden, die von den Kräften des Meeres wenig angegriffen wurden und bis jetzt vor der Plünderung durch illegale Nachforschungen sicher sind. In Frankreich wurde am Kap Bénat ein Schiff aus dem 2. Jahrhundert v. Chr. untersucht, das sich in mehr als 300 Metern Tiefe befindet, und 1977 schließlich erkundete eine Équipe von Bord eines Atom-U-Boots aus die Route zwischen Karthago und Rom, wobei ein regelrechter „Friedhof" von Wracks aus verschiedenen Epochen festgestellt wurde, aus denen man einiges Material barg.

Das Wrack von *Madrague de Giens* zum Zeitpunkt der Freilegung.

Lastschiffe, aus Fiumicino; Fiumicino, Museo delle Navi. Die fünf Boote, vier *naves onerariae* (Lastschiffe) und ein Fischerboot kamen während des Baus des Flughafens Leonardo da Vinci zwischen 1958 und 1963 ans Licht; sie vermitteln elementare Kenntnisse über die Schiffsbautechnik in römischer Zeit.

Seite gegenüber:
Tempel der Sibylla Albunea, Tivoli, Ende 2. Jh. v. Chr.
In den Wäldern von Tivoli lokalisierte man in der Antike den Sitz einer der römischen Sibyllen, Albunea, dessen Stelle kürzlich in dem Rundtempel identifiziert wurde, der auf der Akropolis von Tibur steht. Die Orakelgöttin ist nicht mit Albula zu verwechseln, einer Heilgöttin, deren Kult in Bagni di Tivoli festgestellt wurde; noch heute existiert dort eine Thermalquelle.

Regio I: Latium et Campania

Die Ebene von Latium zwischen dem linken Ufer des Unterlaufs des Tibers und den Pontinischen Sümpfen, seit dem Mittelalter als „campagna romana" bekannt, entspricht dem *Latium vetus* („altes Latium"), dem ältesten von den Römern besetzten Territorium mit dem Naturhafen von Anzio und einigen kleineren Ankerplätzen an der Mündung des Tibers und anderer kleiner Wasserläufe. Schon im späten 4. Jahrhundert v. Chr. konnte dieses Gebiet als Hinterland der Stadt angesehen werden, und am Ende der republikanischen Zeit hatte es sein nunmehr endgültiges Aussehen gewonnen, das durch die Abfolge von Grabstätten und Villen längs der Konsularstraßen (Anm. 9) und das Vorhandensein der imposanten Arkaden der Aquädukte charakterisiert war, die Wasser nach Rom brachten. In einer im Wesentlichen unveränderten Landschaft sollte die römische Campagna jedoch im Laufe der Jahrhunderte zahlreiche tiefgreifende Wandlungen durchmachen: Viele Besitztümer der aristokratischen Familien der republikanischen Periode gehören später zur kaiserlichen Domäne, während eine neue Senatsaristokratie in der mittleren und späten Kaiserzeit die unmittelbaren Vororte bewohnt; in spätantiker Epoche werden die wichtigsten christlichen Kirchen den Kern dezentraler Ansiedlungen bilden. An der Südgrenze des *Latium vetus* bildete die Pontinische Ebene, eine ungesunde Sumpfregion, die durch angeschwemmten Abraum von vulkanischem Gelände fruchtbar wurde, den natürlichen Übergang von Latium nach Kampanien. Nachdem um dieses Gebiet lange mit den Volskern gekämpft wurde, die ihren Hauptort in Satricum besaßen, schufen die Römer dort in der Mitte des 4. Jahrhunderts v. Chr. die *tribus Pomptina*, indem sie einige Kolonien an der Küste gründeten, kleine Bürgersiedlungen, die als militärische Garnisonen und als Vorposten zur Kontrolle und zum Schutz des Seeverkehrs dienten. Formia und Fondi, deren Bewohner das Bürgerrecht *sine suffragio* (Anm. 10) erhalten hatten, gewährleisteten die Sicherheit der Durchgangsstraße nach Kampanien, und im Jahre 312 v. Chr. bestätigte die Eröffnung der Via Appia offiziell die Annexion von Latium und Kampanien an das Territorium Roms. Die neue wichtige Durchgangsader verurteilte die Zentren weiter im Inneren faktisch zur Isolation und folgendem Niedergang, während das Küstengebiet zwischen Terracina und Minturno sich zu einer bemerkenswerten wirtschaftlichen Entwicklung aufschwang, die ihren Gipfel im Laufe des 2. Jahrhunderts v. Chr. mit

Villa des Plinius, Castel Fusano, 1. Jh. n. Chr.
Plinius der Jüngere war Besitzer verschiedener Villen, darunter zweier in Como und einer in der Toskana; er beschrieb sie minutiös in seinen Briefen.

den zahlreichen Weinbauunternehmen mittlerer Größe erreichen sollte, deren Fundament die Organisationsform der Sklavenwirtschaft war. Der Weinhandel, der über das Meer die Häfen des nordwestlichen Mittelmeerraums anpeilte, garantierte der vermögenden Klasse der Landbesitzer einen beträchtlichen Reichtumszuwachs, der durch die Existenz zahlreicher Villen in der gesamten Zone sowie durch eine intensive öffentliche Bautätigkeit bezeugt ist.

In der Kaiserzeit wurde ein Großteil der Küstenregion und der Inseln, die während der spätrepublikanischen Zeit infolge der Pirateneinfälle gewaltige Schäden davongetragen hatten, kaiserlicher Besitz, und während einige Villen aufgegeben wurden, wurden andere luxuriöse umgebaut. Unter den prunkvollsten Residenzen der Südküste Latiums sticht neben den als Exil für die Kaiserfamilie genutzten augusteischen Villen von Ponza die Tiberiusvilla von Sperlonga hervor; deren Räume wurden neben einer in ein Nymphäum umgewandelten Meeresgrotte errichtet, das durch Wasserspiele animiert und mit Monumentalstatuen bevölkert war, welche Episoden aus der Odysseusgeschichte darstellten.

Ein Vertrag mit den Samniten zur Mitte des 4. Jahrhunderts v. Chr. hatte als Grenze für die Einflusssphären der beiden Mächte den Lauf des Flusses Liri im südlichen Latium festgelegt. Wenige Jahrzehnte später jedoch führte die Notwendigkeit, sich ein Bollwerk in strategischer Position auf der inneren Zugangsstraße nach Kampanien zu sichern, die Römer dazu, durch die Gründung der Kolonie Fregellae am samnitischen Ufer des Flusses den Vertrag zu verletzen; dies war faktisch die Ursache für den zweiten Samnitenkrieg. Nach Beendigung des Konflikts entstanden neue Kolonien entlang der alten Straßentrasse, die jetzt als Via Latina erneuert und befestigt war, und Fregellae stärkte seine Position, indem es wahrscheinlich binnen kurzem zum größten blühenden Zentrum Südlatiums wurde. Im Jahre 125 v. Chr. erhoben sich die Fregellaner in der Folge von Ereignissen, die damit zusammenhingen, dass der Senat es ablehnte, den Vorschlag des Fulvius Flaccus zu akzeptieren, der vorsah, allen Italikern das Bürgerrecht zu gewähren; das erregte eine gewaltsame Reaktion seitens der Römer, die nach einer kurzen Belagerung die Stadt eroberten und zerstörten. Die überlebenden Einwohner wur-

Seite gegenüber:
Ansicht des Teatro marittimo in der Villa Hadriana, Tivoli. Obschon Hadrian einen Gutteil seiner Herrschaftsjahre außerhalb Italiens verbrachte, wollte er sein durch die griechische Welt inspiriertes Architekturideal durch den Bau einer Residenz verwirklichen, die des Prunks eines kaiserlichen Hofes würdig war. Das prachtvolle Anwesen, dessen Überreste noch heute ein weitläufiges Areal an den Hängen des Hügels bedecken, auf dem Tivoli liegt, erstreckte sich über etwa 300 ha und umfasste verschiedene, zum Teil untereinander verbundene Baukomplexe, von denen jeder besondere Merkmale und Funktionen aufwies.

Links:
Porta Maggiore (oder Casamari), Ferentino. Das Tor gewährt einen Zugang durch die Stadtmauer, es wurde in verschiedenen Phasen unter Verwendung unterschiedlicher Polygonaltechniken erbaut.

den in eine neue Kolonie, Fabrateria Nova, deportiert, die im Folgejahr gegründet wurde. Diese Ereignisse riefen zahlreiche Veränderungen in der Ordnung des mittleren Liri-Tals hervor, und die Via Latina selbst musste ihren Verlauf ändern. Die Gebiete des inneren Südlatiums genossen eine Zeit besonderer Prosperität, während derer die Familien der Notabeln begannen, in große Villenresidenzen überzusiedeln, die häufig an vorrömischen Plätzen errichtet wurden; in der Hauptstadt traten erfolgreich einige Persönlichkeiten auf die politische Bühne, darunter Marius und Cicero, beide auf ländlichen Besitztümern ihrer Familien geboren.

Während des Bundesgenossenkrieges wurde das Liri-Tal zum Schauplatz zahlreicher Auseinandersetzungen, während es bald darauf mit der Gewährung des Bürgerrechts an die Italiker aus dem politische Leben verschwand; sehr spärlich sind die Nachrichten aus der Periode der Spätantike.

Im Osten Roms umfasste die I. augusteische Region nur einen kleinen Teil der Anio-Ebene hinter den Sabinerbergen, den Albanerbergen und den Ausläufern der Pränestiner Berge; hier, in einer strategisch günstigen Lage zur Kontrolle der Verkehrsverbindungen mit der Küste, entstand Praeneste, das heutige Palestrina; die schon im 7. Jahrhundert v. Chr. blühende Stadt hatte nach der Auflösung des Latinerbundes ihre Bedeutung verloren, bis sie zum Exil- und Internierungsort für Gefangene bestimmt

Sperlonga, Fischzuchtanlagen in der Villa des Tiberius. Der moderne Name Sperlonga ist eine Verballhornung des lateinischen Wortes *spelunca*, d. h. Höhle: Auf dem Felsvorsprung südlich des modernen Ortes öffnet sich eine große Höhle, um die herum die Villa des Tiberius lag. Die in zwei kleinere Hallen unterteilte Grotte ist in den Bau des luxuriösen Anwesens einbezogen und beherbergt ein Triklinium und ein Nymphäum mit Kaskaden und Wasserspielen. Vor der Grotte sind noch das große rechteckige und das runde Fischbecken sichtbar.

Gefährte des Odysseus mit dem Weinschlauch, aus Sperlonga, Villa des Tiberius, 1. Jh. v. Chr.; Sperlonga, Museo Archeologico Nazionale. Die Tiberiusvilla war mit zahlreichen Statuen geschmückt, darunter zwei auf Rhodos geschaffene hellenistische Gruppen, welche die Blendung Polyphems durch Odysseus und den Angriff der Skylla auf das Schiff des homerischen Helden darstellen.

Unten: Terracina, Substruktionen des Tempels des Iupiter Anxur, sullanische Zeit.

wurde. In der Zeit Sullas erlebte die Gemeinde, die für Marius Partei ergriffen hatte, eine harte Repression und wurde in eine Militärkolonie umgewandelt. Noch heute dominieren die imposanten Reste des Heiligtums der Fortuna Primigenia die Stadt, das am Ende des 2. Jahrhunderts v. Chr. errichtet wurde. Auf einer Reihe übereinander liegender Terrassen gelegen und vermutlich durch die großen Terrassenanlagen der hellenistischen Welt inspiriert, bildet der Komplex wegen seiner spektakulären Bauweise den

Höhepunkt der Architektur der republikanischen Zeit; hervorzuheben ist dabei insbesondere die größere Flexibilität in der Verwendung von Beton anstelle von Quaderblöcken.

Der kampanische Küstenstrich von der Mündung des Liri-Garigliano bis zu der des Flusses Calore bildete den Südteil der I. Region. Besiedelt von einer Vielzahl verschiedener Völker, über welche auch die antiken Autoren keine übereinstimmenden Versionen liefern, erlangte sie eine Festlegung und Organisation des Territoriums erst am Ende des 4. Jahrhunderts v. Chr., als nach dem Abschluss der Samnitenkriege und der Eröffnung der Via Appia ein massives Kolonisierungsprogramm in Gang gesetzt wurde, das hauptsächlich die nördlichen Gebiete betraf und einige Jahrzehnte später mit der Gründung einiger Kolonien an den Grenzen zwischen Kampanien und den umliegenden Regionen endete: 273 v. Chr. Paestum in Lukanien am Ort des griechischen Poseidonia; 268 v. Chr. Picentia, das heutige Pontecagnano, und Benevent in Apulien.

Nachdem die Römer schon ab Ende des 3. Jahrhunderts v. Chr. in Besitz der fruchtbaren kampanischen Ländereien gelangt waren, importierten sie aus Sizilien und von den Landgütern Karthagos das Modell der Sklavenplantage, das sie vermutlich vom Gebiet um Neapel ab südwärts nachahmten. Gleichzeitig entstanden auch in den Städten die ersten Handwerksbetriebe, die Sklaven als Arbeiter benutzten; ein Beispiel dafür sind diejenigen, die – ebenfalls in Neapel – die älteste Schwarzfirniskeramik produzierten. Während des gesamten 2. Jahrhunderts v. Chr. scheint Kampanien fast ein Experimentallabor der Baukunst gewesen zu sein, wo die grundlegenden Strukturen für die künftige Entwicklung der römischen Architektur ausgebildet wurden. So wird 216 v. Chr. in Capua das erste öffentliche Bad gebaut; in Teano, Cales und Pompeji dagegen entstehen in der Gracchenzeit die ersten Thermenbauten, die schon die wesentlichen Elemente der von Vitruv beschriebenen idealen Anlage aufweisen. Vor allem ab dem 2. Jahrhundert v. Chr. wird die Verwendung der Puzzolanerde eingeführt (*pulvis Poteolanus*), um Mauern nicht mehr aus Steinblöcken, sondern in *opus caementi-*

cium zu errichten, einer viel anpassungsfähigeren Technik, die großartige Bauten ermöglichen wird.

Im Gebiet des Vesuvs bewirkte die Gründung der Kolonie Pozzuoli 194 v. Chr. – die in kurzer Zeit einer der wichtigsten Handelshäfen des Mittelmeers werden sollte – die nach und nach erfolgende Verkleinerung des alten Hafens von Neapel, das mit der augusteischen Ordnung definitiv in eine ruhige Wohnstadt umgewandelt wird, abgeschnitten von den großen Verkehrsbewegungen. Pozzuoli dagegen vergrößerte seinen Warenumsatz beträchtlich, nachdem mit der Annexion Ägyptens zum sizilischen Getreide noch 150 000 Tonnen Getreide dazukamen, die etwa jährlich vierhundert Schiffe in einer etwa zehntägigen Reise von den Ufern des Nils zu dem kampanischen Hafen transportierten. Pozzuoli, das nunmehr zur größten Stadt Kampaniens geworden war, vor allem in der Folge von Capuas Niedergang, muss, außer dass es bevorzugtes Ziel für den riesigen Getreidemarkt der Hauptstadt war, auch mit dem Sklavenhandel verbunden gewesen sein, der zwischen der Mitte des 2. und der Mitte des 1. Jahrhunderts v. Chr. vom Sammelzentrum Delos in der Ägäis ausging.

In spätrepublikanischer Zeit wurde der ganze Golf zum bevorzugten Feriengebiet, an dem unzählige Villen entstanden, vor allem im Gebiet von Baiae und auf Capri, Refugien von Adligen und *homines novi*, Neureichen, aus der römischen Politik in der Periode, in der die Senatssitze suspendiert wurden. Aus den antiken Quellen wissen wir von mindestens fünfzig Persönlichkeiten, die zwischen 75 und 35 v. Chr. in der Bucht von Neapel eine Villa besaßen; dort konnten sie ihr Bedürfnis nach *otium* befriedigen und jedes denkbare Vergnügen in der Körperpflege, dazu intellektuellen Zeitvertreib genießen, wie beides in den Gymnasien, Bibliotheken und Pinakotheken angeboten wurde, mit denen die Villen gewöhnlich ausgestattet waren. In der ersten Periode der Kaiserzeit wurde ein Großteil der Meeresvillen des Golfs von Neapel wie die von Augustus geerbte Villa des Vedius Pollio mit dem Namen „Pausilypon“, das heißt „Schmerzstillend“, oder wie die Villa Ciceros in Pozzuoli Teil des immensen kaiserlichen Besitzes, der sich vom Rande Pozzuolis bis nach Baiae erstreckte und innerhalb dessen umgebaute Anwesen und in vollem Verfall befindliche Gebäude nebeneinander existierten. Zu Beginn der augusteischen Zeit wurde am Kap Misenum die Hauptmarinebasis des Tyrrhenischen Meeres geschaffen, wobei die wichtige Handelsfunktion Pozzuolis noch das gesamte 1. Jahrhundert über unverändert blieb, und das trotz der Schäden, welche die Stadt infolge der verheerenden Naturereignisse in der zweiten Jahrhunderthälfte erlitten haben muss – dem Erdbeben von 62 und dem Vesuvausbruch von 79 n. Chr., die beide die gesamte Region trafen. Die Stadt gegenüber dem Vesuv erlebte vermutlich eine erste Niedergangsphase nach dem Bau des

Fresko mit Darstellung einer Statue des Harpokrates, aus der Portikus des Isistempels zu Pompeji, 1. Jh. n. Chr.; Neapel Museo Archeologico Nazionale.

Bronzestatue des Hercules, römische Kopie des lysippischen *Herakles*, aus dem Heiligtum des Hercules Curinus zu Sulmona, 1. Jh. v. Chr. Sulmona, Museo Civico.

Goldener Armreif, aus Pompeji, Casa del Bracciale d'Oro, 1. Jh. n. Chr.; Neapel, Museo Archeologico Nazionale. Der Armreif mit einem Gewicht von 610 g ist wie eine Schlange mit zwei gegenüberstehenden Köpfen gebildet, die ein Medaillon mit Büste der Selene halten.

von Trajan initiierten neuen Hafens an der Tibermündung, der am Ende des 2. Jahrhunderts zum größten Lebensmittelhafen Roms geworden war; nach der Zeit der Severer dann scheint es in Pozzuoli keine bedeutsamen Bautätigkeiten mehr gegeben zu haben. Wahrscheinlich jedoch ist der Niedergang des Hafens am Vesuv nicht allein dem Verlust seiner Handelsfunktion zuzuschreiben, sondern ist im Umfeld einer weiteren ökonomischen Krise zu betrachten, die ab dem Ende des 2. Jahrhunderts die gesamte italienische Halbinsel betraf und den ökonomischen Primat in der Mittelmeerwelt aufhob.

Weiter im Süden, im Sarnotal, hatten verschiedene Zentren im Inneren schon wegen des Durchmarschs Hannibals eine Entvölkerung erlebt; die Küstenstädte dagegen entwickelten sich und standen auch dank ihrer Handelsaktivitäten vor allem in der mittel- und spätrepublikanischen Zeit weiter in Blüte. Einige in den Bundesgenossenkrieg verwickelte kampanische Zentren mussten die Folgen ihrer Parteinahme für die Aufrührer tragen: Stabiae wurde besetzt und geplündert, und Pompeji, das bis dahin seine Autonomie als verbündete Stadt bewahrt hatte, verlor endgültig seine Unabhängigkeit, als Sulla dort im Jahre 80 v. Chr. eine Veteranenkolonie ansiedelte. Die Stadt, in der damals die vormaligen Einwohner samnitischen Ursprungs und die römischen Kolonen zusammenlebten, nahm mit der Vollendung der ein Jahrhundert zuvor begonnenen Arbeiten ihr endgültiges Aussehen an und genoss allmählich eine höhere Prosperität als im 2. Jahrhundert v. Chr. Zum Abschluss gelangten zahlreiche Restaurierungen und Umbauten, auch neue öffentliche Gebäude wie das Amphitheater, ein kleines Theater und die Tempel der Venus und des Jupiter entstanden.

Fresko mit dem Dichter Euphorion, an einer Seite ein Junge und eine Frau – wahrscheinlich eine Dichterin –, Pompeji, Casa del Bracciale d'Oro, mittleres Bild der Wand des Trikliniumsaales, ca. 30–35 n. Chr.
Das 1983 gefundene Fresko erlitt wahrscheinlich Schäden beim Erdbeben des Jahres 62, sodass die Wand in neuem, als moderner empfundenen Stil neu gemalt wurde.

Die Wirtschaft Pompejis und der benachbarten Vesuvstädte war durch die außerordentliche Fruchtbarkeit des *ager Campanus* begünstigt; Columella erwähnt den Kohl und die Zwiebeln Pompejis, Cato nennt die Feigen von Herculaneum, doch wissen wir, dass der größte Reichtum aus den Oliven- und Traubenernten stammte, aus denen Weine guter Qualität hergestellt wurden. Im Stadtinneren durchgeführte Grabungen brachten Spuren von Weinbau auch auf Grundstücken innerhalb der Mauern ans Licht und belegten die Existenz von

Tavernen mit angeschlossenem Weingarten, in denen der Wirt wahrscheinlich den eigenen Wein verkaufte, aber auch von Privatwohnungen mit Garten, die mit Obstbäumen und Reben für den häuslichen Bedarf bepflanzt waren. Außerdem florierten Keramik- und Textilhandwerk, und ausgesprochen bedeutend müssen Produktion von und Handel mit *garum* gewesen sein, einer aus der Fermentierung von Fischen in Salzlake gewonnenen Sauce, welche das Hauptingredienz zur Würzung zahlreicher Gerichte bildete.

Zwischen dem Ende der Herrschaft Caligulas und der des Claudius machte Pompeji eine Krisenzeit durch, deren Ursache und Tragweite wir nicht kennen, doch die Lage muss sich zu Beginn der neronianischen Zeit entspannt haben, das Leben verlief einige Jahre wieder in Normalität. Im Jahre 59 n. Chr. hatte ein im Amphitheater zwischen Pompejanern und den Einwohnern der benachbarten neuen Kolonie Nuceria ausgebrochener gewaltsamer Streit (die Gründung zwei Jahre zuvor hatte Pompeji zweifellos wirtschaftlich geschadet) ein weites Echo, das durch den Bericht in den *Annales* des Tacitus und die lebendige Szene auf einer (im Archäologischen Museum zu Neapel aufbewahrten) pompejanischen Wandmalerei bis heute erhalten geblieben ist. Im Jahre 62 v. Chr. rief ein katastrophales Erdbeben in vielen Städten der Vesuvregion beträchtliche Zerstörungen hervor, in Pompeji erlitten zahlreiche öffentliche und private Gebäude gewaltige Schäden; die wohlhabenderen Einwohner übersiedelten wahrscheinlich in ihre Villen außerhalb der Stadt, während andere sich in Notunterkünften einrichteten und sich das gesamte Stadtzentrum zum Wiederaufbau binnen kurzem in eine riesige Baustelle verwandelte. Die wirtschaftliche Hauptaktivität in dieser Periode kann nicht mehr der Handel gewesen sein, viele zogen vielleicht ihren Vorteil aus der Gebäudespekulation, aus der Vermietung von Wohnungen und aus Bauaufträgen zur Restaurierung. Wir wissen nicht, ob und wie die Kaiser, Nero zuerst und dann Vespasian, in die Arbeiten zum Wiederaufbau eingegriffen haben. Doch sicher ist, dass es Subventionen seitens von Privatleuten gab wie im Fall eines Freigelassenen, der, um seinem Sohn den Zugang zu den höchsten städtischen Ämtern zu ermöglichen, die Restaurierung des Isistempels finanzierte, des einzigen

Moregine (bei Pompeji), Gebäude mit den Triklinien, Fresko der Westwand des Trikliniums A mit Darstellung der Agrippina Minor in der Kleidung der Muse Kalliope, ca. Mitte des 1. Jhs. n. Chr.

Moregine, Reste hölzerner Scherenschranken mit Metallbeschlägen, in Ausgrabung.

Rechts:
Fresko mit Darstellung eines *cubiculum*.

Unten:
Fresko mit Fantasieansicht einer Stadt, aus Boscoreale, Villa des Publius Fannius Sinistor, 2. Hälfte 1. Jh. v. Chr.; New York, The Metropolitan Museum of Art. Im Gebiet von Boscoreale wurden über 50 herrschaftliche Villen festgestellt, viele mit hervorragenden Wandgemälden geschmückt, zum Gutteil nicht mehr sichtbar. Berühmt sind die Fresken des 2. Stils – perspektivische Ansichten, mythologische Themen und Götterdarstellungen –, welche die Wände der prunkvollen Villa des Fannius Sinistor schmücken. Eines der wenigen heute öffentlich zugänglichen Anwesen ist das als Villa Regina bekannte Gebäude, seit 1977 ausgegraben, zu dem neben dem Herrensitz ein Gutshof für Rebenanbau und Weinproduktion gehörte.

Seite gegenüber:
Wohnhäuser am Cardo IV in Herculaneum.
Die kleine befestigte, auf einem Bergvorsprung zu Füßen des Vesuvs gelegene Stadt lag zum Meere hin, deren Küstenlinie gegenüber heute weiter zurücklag. Der Ort mit im Vergleich zu Pompeji kleineren Gebäuden hatte eine orthogonale Anlage mit aus Lavablöcken gepflasterten Straßen, die Gebäudeareale von länglicher Form begrenzten. Im Augenblick der Eruption, als auch in Herculaneum an zahlreichen Bauten die Beseitigung der immensen Schäden des Erdbebens von 62 im Gange waren, suchten viele Einwohner Rettung am Strand, doch konnten sie infolge des starken seismisch verursachten Seegangs nicht die Boote besteigen.

zum Zeitpunkt der endgültigen Katastrophe fertig gestellten Heiligtums. Die Aufbauarbeiten gingen schnell voran, doch als die Stadt vom Ausbruch des Vesuvs überrascht wurde, waren fast alle öffentlichen Gebäude noch in der Phase des Wiederaufbaus, und sogar das *castellum aquae*, der Hauptbau zur Wasserversorgung, war noch nicht wieder in Betrieb; das Wasser fehlte an der Via dell'Abbondanza, in den Stabianer Thermen und in der Palästra.

Am Morgen des 24. August 79 v. Chr. sahen die Bewohner der Vesuvregion eine gigantische Wolke in Form einer Pinie über dem Vulkan, und gegen zehn Uhr explodierte der erstarrte Lavapfropfen, der die Krateröffnung verstopfte, und zerbarst in Stücke; dabei verwandelte er sich in Lapilli, welche das Gebiet südöstlich des Vesuvs in einem Radius von etwa 70 Kilometern bedeckten. Der Regen hielt ununterbrochen vier Tage lang an, begleitet vom Ausströmen giftigen Gases und von Erdstößen; am Ende fiel eine Aschedecke über die ganze Zone, und Pompeji blieb unter mindestens fünf oder sechs Metern eruptivem Material begraben. Einige Zentren, die nicht vom Lapilliregen betroffen waren wie Neapel, Sorrent oder Nola, waren durch die Erdbebenstöße ernsthaft beschädigt worden, Herculaneum dagegen von einer schlammartigen Masse aus Asche und Wasser zugedeckt, die eine Dicke von zwanzig Metern erreichte. Der gewaltige Strom vernichtete auch neben anderen prunkvollen Wohnstätten die berühmte Villa dei Papiri, aus der im 18. Jahrhundert über 1500 Papyrusrollen geborgen wurden, die literarische und philosophische, griechische und lateinische Werke enthielten. Die Villa, einst mit einer Front von etwa 250 Metern zum Meer hin gelegen, wurde zwischen 1750 und 1761 mittels des Eintriebs von Stollen in den Boden erforscht, da eine Grabung unter freiem Himmel durch die Dicke der Erdschicht unmöglich war, die nach einem weiteren Vesuvausbruch von 1631 noch um weitere zehn Meter gewachsen war. Erst zwischen 1996 und 1998 wurden systematische Untersuchungen in einigen Bereichen der Villa durchgeführt, die heute von kleinen Gruppen besichtigt werden kann.

Im Augenblick der Eruption zählte Pompeji, das am selben 24. August zu existieren aufhörte, etwa 10 000 Einwohner, von denen viele bei der Katastrophe umkamen.

15

Vielleicht zweitausend Personen, doch die Zahl ist schwierig mit Sicherheit festzustellen, starben an Erstickung durch die Gase, die bei der Eruption hervortraten, oder weil sie beim Einsturz der Häuser zerquetscht wurden; in Stunden des Schreckens lag die Stadt unter dem dunklen Mantel der Lapilli, der nur durch den Feuerschimmer neuer Explosionen aufgebrochen wurde. In diesen Augenblicken der Erschütterung und des Horrors zeichnete ein jüdischer Einwohner die Wörter *Sodoma Gomorra* auf die Wände seines Hauses, um auf die Ähnlichkeit des stattfindenden Unglücks mit der tragischen Bibelepisode hinzuweisen. Der Kaiser Titus bildete sofort eine Kommission für Hilfeleistungen in Kampanien und beschloss auch, die Güter der verstorbenen Personen ohne Erben für den Wiederaufbau zu bestimmen, doch Pompeji war jetzt vernichtet und wurde nicht mehr bewohnt; nur wenige verstreute Wohnungen entstanden in der Umgebung.

Die ersten Grabungen in Pompeji waren regelrechte Jagden nach dem Schatz an einer Stätte, deren Namen man nicht kannte, reich an Ruinen und Funden, welche die Paläste und Sammlungen füllten; erst 1783 führte die Entdeckung einer Inschrift zur Identifizierung der Reste mit denjenigen der antiken, unter dem Ausbruch begrabenen Stadt. Ein Jahrhundert später begann Giuseppe Fiorelli die ersten systematischen wissenschaftlichen Untersuchungen der Stätte. Er setzte eine große Zahl Ar-

Seite gegenüber:
Statue eines Kentauren, aus dem Garten einer Villa in Oplontis.

Pozzuoli, Säulen des *macellum* auf der Mitte des Platzes gegenüber dem Hafen. Die Säulen des antiken öffentlichen Marktes sind gut sichtbar, der lange wegen des Fundes einer Serapisstatue als Serapisheiligtum galt. In flavischer Zeit erbaut, hatte das Gebäude eine viereckige Form und besaß einen Innenhof mit Kolonnaden, zu dem sich sechsunddreißig Läden öffneten; in der Mitte hatten sechzehn korinthische Säulen das Dach zu tragen.

Mauern von Paestum.
Jüngste Sondierungsgrabungen ermöglichten die Datierung der ersten Befestigungsanlage und ihrer Ausbesserungen auf das Ende des 4. und in die ersten Jahrzehnte des 3. Jahrhunderts v. Chr. Da die Mauern teilweise eine vorhergehende Nekropole überlagern, lässt sich jetzt vermuten, dass die Gründung der römischen Kolonie zu einer Erweiterung der vorherigen griechischen Stadt geführt habe.

Grabstele des Seemanns Gaius Sabinianus, Angehöriger der Flotte von Misenum, aus Ajía Triáda (Kreta), 2.–3. Jh. n. Chr.; Rom, Museo della Civiltà Romana. Zuweilen waren die Seeleute gehalten, auch zivile Dienste zu leisten; so wurde eine Abordnung der Matrosen der Flotte von Misenum dazu abgestellt, die *vela* (Sonnensegel) des Kolosseums zu bedienen.

beiter ein – zwischen hundert und siebenhundert –, um die Anlage der gesamten Stadt ans Licht zu bringen; Wertgegenstände und abgenommene Fresken jedoch wurden weiterhin in das Archäologische Museum von Neapel verbracht, keine Aufmerksamkeit wurde der Restaurierung der entdeckten Gebäude geschenkt. Von damals bis heute wurden die archäologischen Grabungen in Pompeji nur selten unterbrochen, und die Untersuchungen finden heute im Rahmen eines Projektes statt, welches das gesamte Stadtareal einbezieht und an dem Gruppen verschiedener Nationalitäten beteiligt sind; diese bringen sowohl die durch die Lapilli begrabenen Strukturen ans Licht und versuchen andererseits, die Entwicklung der Stadt auch mit Blick auf die ältesten Phasen zu analysieren.

Die Häuser der Zentren am Vesuv bilden das Hauptzeugnis der Entwicklung der römischen Malerei vom 2. Jahrhundert v. Chr. bis 79 n. Chr. und liefern wertvolle Informationen über die hellenistische Malerei, deren Elemente hier reproduziert und in italischer Manier umgestaltet wurden. In der Mode der Wanddekoration wechselten sich verschiedene Dekorationsschemen ab, in ihrer Gesamtheit bekannt als „pompejanische Stile". Der erste Stil, bezeugt vom 2. bis zum Beginn des 1. Jahrhunderts v. Chr., besteht aus einer Nachahmung kostbarer Steinblöcke oder farbiger Marmorpfeiler in Stuck, während im zweiten Stil, der sich um 80 v. Chr. mit der römischen Kolonisierung

Amphitheater von Santa Maria Capua Vetere.
Das kampanische Amphitheater, das größte der römischen Welt nach dem Kolosseum, war Sitz einer berühmten Gladiatorenschule, von der 73 v. Chr. der Aufstand des Spartacus ausging: Er floh zusammen mit achtzig Kameraden auf den (bewaldeten) Vesuv, wobei es ihm gelang, eine riesige Masse Verzweifelter zu versammeln, die für viele Monate plündernd durch ganz Italien ziehen sollten.

Baia (Baiae), Kuppel des Thermensaals („Merkurtempels"), 2. Hälfte 1. Jh. v. Chr. In römischer Zeit wurde die Gegend von Baia wegen der Existenz von Thermalquellen und der großartigen Natur bevorzugter Ort für die Sommerfrische reicher Römer und einflussreicher Bürger. Die Blüte dieser Ecke des Golfs von Neapel währte zwei Jahrhunderte lang, von der spätrepublikanischen Zeit bis über das gesamte 2. Jh. und darüber hinaus, bis die Gegend nach dem 4. Jh. infolge des Bradyseïsmus (tektonische Erdbewegungen) sowie der Gotenkriege und der Langobardeneinfälle aufgegeben wurde.

durchsetzt und bis zum Ende der augusteischen Zeit in Gebrauch bleibt, die Dekorationsstrukturen immer komplexer werden, bis sie die Illusion regelrechter Architekturperspektiven bieten. Der dritte Stil, in Gebrauch etwa ab 20 v. Chr. bis zur Mitte des folgenden Jahrhunderts, verbindet sich direkt mit dem augusteischen Klassizismus, das illusionistische Element verschwindet, um einer rein malerischen Wirklichkeit Platz zu machen. Im vierten Stil, der in Pompeji am meisten bezeugt ist, da er im Augenblick der Zerstörung der Vesuvstadt noch *en vogue* war, präsentiert sich die Wand in immer strengerer Dreiteilung mit breiten Paneelen und architektonischen Verkürzungen, innerhalb derer wieder der Geschmack an detaillierten, übereinander gesetzten Perspektiven aufkommt, doch ohne den täuschenden Illusionismus einer Wirklichkeit jenseits der Wand wie im zweiten Stil.

Baia (Baiae), Inneres des Thermensaales („Merkurtempels"), teilweise von Wasser überflutet, 2. Hälfte 1. Jh. v. Chr. Die Bauten der antiken Stadt liegen heute infolge des Bradyseïsmus, hier einer langsamen, jedoch anhaltenden Senkung des Bodens unter das Meeresniveau, unter Wasser.

Regio II–IV: Apulia et Calabria – Lucania et Bruttii – Samnium

Benevent, Trajansbogen: Detail des Frieses, auf dem Honos (die personifizierte Ehre) Trajan zwei junge Rekruten vorstellt. Der zwischen 114 und 117 errichtete Bogen am Beginn der Via Traiana ist auf der stadtzugewandten Seite mit Friedensszenen und der landzugewandten Seite mit militärischen Episoden oder jedenfalls solchen, die im Zusammenhang mit kaiserlichen Aktivitäten in den Provinzen stehen, geschmückt. Auf beiden Seiten der Attika verläuft die Weihinschrift, der Bogen ist mit Szenen des Opfers zur Einweihung der neuen Straße geschmückt; im Kassettengewölbe findet sich das von Victoria gekrönte Bildnis Trajans.

Am Ende des 4. Jahrhunderts v. Chr. war die römische Expansion in den äußersten Süden Italiens schon im Gange, und wenige Jahrzehnte später machten alle Städte Großgriechenlands nach dem Fall Tarents einen Abbau bzw. Rückgang auf militärischer und wirtschaftlicher Ebene durch; die Gründung Brindisis dagegen markierte 244 v. Chr. die Eröffnung einer neuen Expansion nach Osten. Die Situation der großgriechischen Zentren verschlechterte sich während des Krieges mit Hannibal weiter, da viele Gebiete der Gegend Verwüstungen und Plünderungen erlebt haben müssen, die auf den Durchzug der karthagischen Truppen zurückgingen. Am Ende des Konflikts schließlich erwarteten Gemetzel und Konfiskationen die Städte, die sich auf die Seite Hannibals geschlagen hatten. Am Beginn des 3. Jahrhunderts v. Chr. hatte die Magna Graecia, nunmehr mit Verträgen und von Stadt zu Stadt verschiedenen Statuten in den Machtkreis Roms eingebunden, endgültig ihre Autonomie verloren; zahlreiche bewohnte Zentren hörten in kurzer Zeit auf zu existieren, sodass ein Gutteil Süditaliens entvölkert und verelendet erschien. Dieser Situation begegneten die Römer mit der Gründung zahlreicher Kolonien, die nahe den alten Zentren angelegt oder an zuvor nicht urbanisierten Orten gegründet wurden; dorthin ließen sie Leute aus anderen Regionen zuströmen, vor allem aus Latium und Kampanien, die einen substanziellen kulturellen Wandel begünstigten. Eine der volkreichsten,

Vorstadtthermen von Aeclanum (Mirabella Eclano), 2. Jh. n. Chr. Das an der Via Appia gelegene hirpinische Zentrum wurde während des Bundesgenossenkrieges von Sulla belagert und zerstört und anschließend wieder aufgebaut, v. a. in der Kaiserzeit.

291 v. Chr. am mittleren Lauf des Ofanto gegründeten Kolonien des Mezzogiorno war Venosa, eine mit gut zwanzigtausend Familien angelegte Stadt.
Die Wirtschaft der Magna Graecia in römischer Zeit basierte hauptsächlich auf Latifundien und Großgrundbesitz; der Herr, der in der vornehmen Villa innerhalb eines Gutes wohnte, setzte zur landwirtschaftlichen Produktion Sklavenarbeiter ein. Die Städte dagegen befanden sich beständig auf dem Weg des Niedergangs, aus ihnen wurden kleine Provinzzentren mit bescheidener repräsentativer Bebauung, die zumeist aufgrund von Schenkungen oder Unterstützungsmaßnahmen zustande kamen.
In der II. augusteischen Region, im Norden vom Biferno und im Westen vom Bradano sowie den Bergen von Irpinia begrenzt, blieben fast ausschließlich die Städte am Verlauf der Via Appia bestehen, die Rom mit dem Hafen von Brindisi verband und eines der Hauptinstrumente für die römische Expansion in den Mezzogiorno bildete. Alle Zentren weiter westlich, darunter Tarent, verloren definitiv ihre Unabhängigkeit und bewegten sich auf eine irreversible Phase der Verarmung und des Verfalls zu, vor allem nachdem die Eröffnung der Via Traiana die Hauptverkehrsrichtung zur Ostküste hin verlagert hatte; im Anschluss an die Schaffung dieser neuen Strecke gelangte ein altes Zentrum, Herdonia (Ordona), das nach der Zerstörung durch Hannibal zu einem kleinen Weiler geworden war, erneut in eine erstklassige Lage. Auch in Lukanien, das wegen seiner Parteinahme für Hannibal am Ende des Konflikts für einen Gutteil seines Territoriums die Umwandlung in *ager publicus* (Anm. 6) erleben musste, fiel der Prozess der Romanisierung mit einem Augenblick tiefgreifender Veränderung im sozialen und ökonomischen Leben der Region zusammen; Lukanien bewahrte immerhin seinen Charakter als ländliches Gebiet mit wenigen zumeist an der Peripherie gelegenen städtischen Zentren. Wie auch anderswo kann man auf starke Elemente der Kontinuität an einigen Kultorten treffen, unter denen das der lukanischen Gottheit Mephitis geweihte Heiligtum zu Rossano di Vaglio eine beachtliche Bedeutung besessen haben muss; in einer Schlucht an einer Quelle gelegen, begann die Frequentierung des Heiligtums in der zweiten Hälfte des 4. Jahrhunderts v. Chr. Nach der römischen Er-

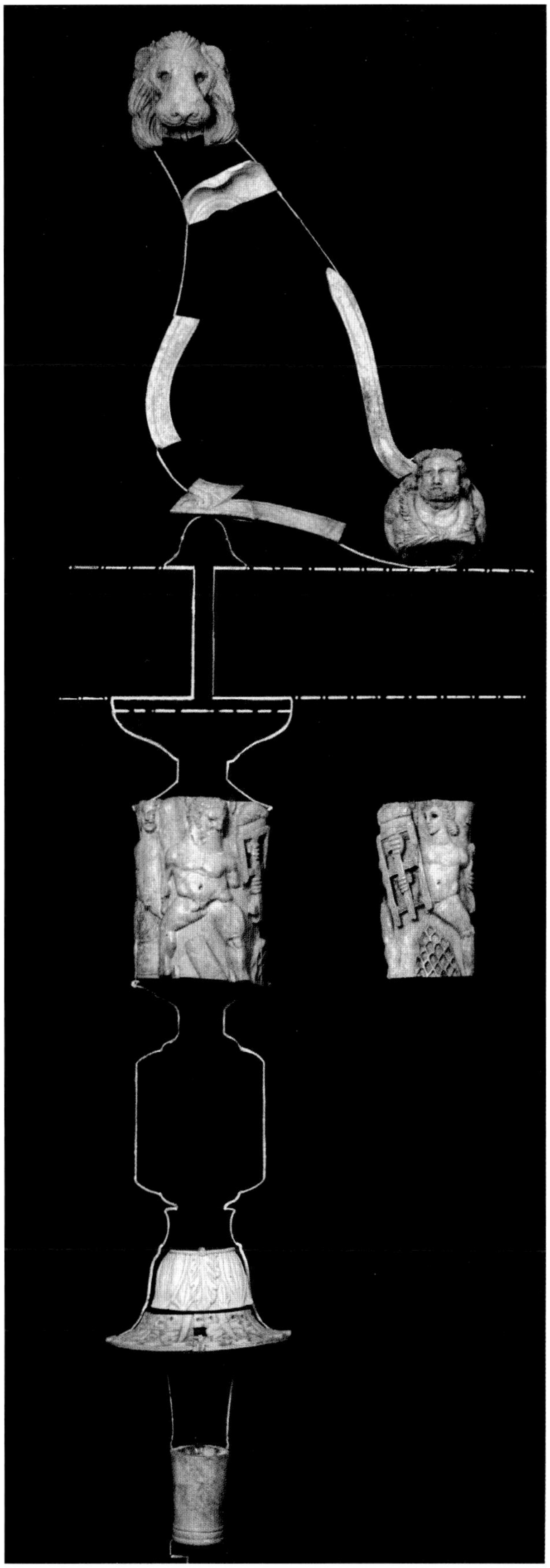

Rekonstruktion einer mit Elfenbeinelementen geschmückten Liege, aus Aielli, L'Aquila, augusteische Zeit; Chieti, Museo Archeologico Nazionale. Charakteristisch für das Handwerk des Gebiets von Alba Fucens sind die äußerst feinen Bettverzierungen aus Bein oder Elfenbein; sie sind deutlich hellenistisch geprägt und zeugen von hervorragendem künstlerischem Geschick. Die in Aielli gefundenen Fragmente stammen aus vier Kammergräbern. Insbesondere das Grab IV wies mit Katzenprotomen verzierte Endstücke auf, die Augen aus dunkler Glaspaste; die Medaillons in der Mitte zeigen eine Büste des Herakles, und die Zylinder erzählen vom Streit zwischen Herakles und Apollon um den Dreifuß, der seinerseits in einen dem Mythos unbekannten dionysischen Kontext eingefügt ist.

Amphitheater von Lucera.
Die Kolonie Lucera wurde zum ersten Mal 314 v. Chr. mit 2500 Familien gegründet und in augusteischer Zeit wiedergegründet. Bei dieser Gelegenheit wurde das Amphitheater am Ostrand des Reiches auf Kosten des Marcus Vecilius Campus errichtet, der, wie die Inschrift auf dem Eingangsarchitrav besagt, das Gebäude Augustus und der Stadt Lucera widmete.

oberung wurde es umgebaut und modifiziert, wahrscheinlich unter dem Patronat einer vermögenden Familie, die als Inhaberin eines großen Grabmonuments in Polla bekannt ist. Von ihrem Namen dürfte sich der Beiname „Utiana" ableiten, welcher der Göttin auf einigen Inschriften gegeben wird; die letzten innerhalb des heiligen Bezirks bekannten Bauaktivitäten datieren in die zweiten Hälfte des 1. Jahrhunderts v. Chr.

Die Gründung der latinischen Kolonie Paestum führte zu einer deutlichen Besserstellung der Neuankömmlinge über die vormaligen Einwohner; die griechische Stadt wurde in der Substanz verändert und die Gräber der neuen herrschenden Klasse über denen der griechischen und lukanischen Nekropole erbaut. Das Zentrum bewahrte bis zum Beginn der Kaiserzeit eine gewisse Autonomie, um dann zu einem kleinen Dorf herabzusinken, dessen sich nur einige Dichter wegen seiner Rosenkulturen erinnerten; diese blühten zweimal im Jahr und wurden zur Herstellung bekannter Parfums benutzt.

Brindisi, Endsäule der Via Appia.
Die etwa 19 m hohe, von einem Marmorkapitell mit Götterköpfen und Tritonen gekrönte Säule markierte das Ende der Via Appia am Hafen von Brindisi, wahrscheinlich zusammen mit einer heute in Lecce stehenden Zwillingssäule.

Am Ende des Zweiten Punischen Krieges erlebte Bruttium, während Lukanien hart bestraft wurde, die Gründung zahlreicher Kolonien und einige Dezennien später die Eröffnung einer neuen großen Verkehrsader, welche die Küste entlang Capua und Reggio miteinander verband. Einige alte Zentren wie Reggio, Locri und Kroton verfielen schnell und existierten nur als kleine stark verarmte Siedlungskerne weiter. In der Kaiserzeit hingegen breiteten sich zahlreiche Villen aus, die in einigen Fällen an den Kreuzungen zwischen den großen Verkehrsadern entstanden; diese existierten bis in das 4. Jahrhundert fort.

Die Geschichte Roms erscheint von Anfang an eng mit der Geschichte der Sabiner verbunden; Zeiten friedlicher Integration und Episoden gewaltsamer Auseinandersetzungen folgten aufeinander, bis es am Übergang zum 4. Jahrhundert v. Chr. den Römern gelang, sich des gesamten Gebiets zu bemächtigen, um einen Teil davon, in Landlose aufgeteilt, römischen Kolonen zuzuweisen; den Sabinern gewährten sie nach und nach das Bürgerrecht zunächst *sine suffragio* (Anm. 10) und ab 268 v. Chr. das uneingeschränkte. Die Wirtschaft des Sabinerlandes – ein Gebiet, das vor den Toren Roms beginnt und sich keilförmig zwischen dem Fluss Nera und dem Apenninrücken der Sibyllinischen Berge und des Gran Sasso erstreckt – basierte über Jahrhunderte auf der Transhumanz. Erst die römische Eroberung führte mit der Anlage neuer Straßen und vor allem der Trockenlegung der Gebiete beim heutigen Rieti zu einer besseren Nutzbarmachung der Gegend; die Schaffung eines unterirdischen Abflusses diente mithilfe des Marmore-Wasserfalls zur Ableitung des Wassers des Flusses Velino in den Nera und zur Trockenlegung eines weiträumigen Stücks des *ager Reatinus*. Im zweiten und 1. Jahrhundert v. Chr. erschien die Landschaft dann infolge des radikalen sozioökonomischen Wandels der Region durch die Anlage großer *villae rusticae* (Gutshöfe) vollständig verändert: Diese existierten bis zur Entstehung des unproduktiven Großgrundbesitzes im 3. Jahrhundert n. Chr.

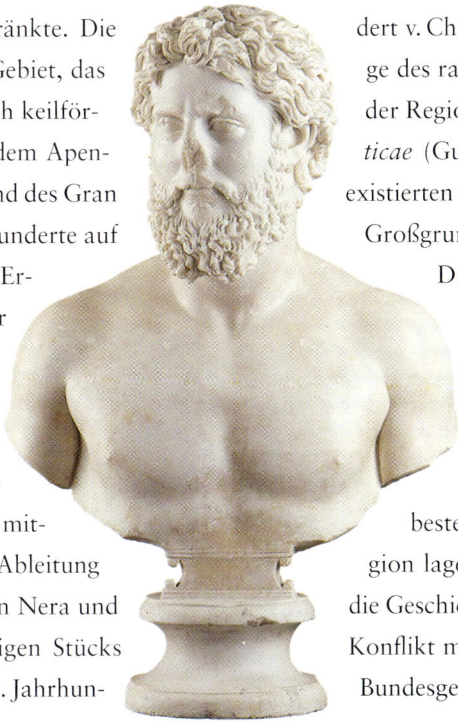

Büste des Septimius Severus, aus Teramo, Ende 2. Jh. n. Chr.; Teramo, Museo Civico

Die sicheren Grenzen zu Samnium hin werden im Süden vom Fluss Biferno und im Westen vom Anio und Tiber gebildet, während für das gesamte südwestliche Apenningebiet unsere einzigen Daten in der Liste der Städte besteht, die nach Plinius innerhalb der Region lagen. Ab dem 4. Jahrhundert v. Chr. ist die Geschichte dieser Gebiete untrennbar an den Konflikt mit Rom gebunden, der erst nach dem Bundesgenossenkrieg und der Niederlage der

Römisches Theater von Sepino. Das an die Stadtmauer angelehnte Gebäude konnte wahrscheinlich bis zu dreitausend Zuschauer aufnehmen; der untere und mittlere Teil der Cavea sind noch gut erhalten, auf dem oberen Teil und auf der Bühne entstanden im 18. Jh. einige ländliche Gebäude. Wegen ihrer historischen Bedeutung für die Landschaft wurden sie konserviert und restauriert; eines davon – hier auf dem Bild sichtbar – ist heute Sitz des Antiquariums.

aufständischen Samniten beendet war; darauf folgte die harte Repression durch Sulla, der unter ihnen ein Massaker anrichtete.

Unter Caesar und Augustus wurde eine echte Kolonisationspolitik eingeleitet, verbunden mit der endgültigen Neuordnung der Munizipien (Anm. 12), auch wenn die ältesten Koloniegründungen schon auf das Ende des 4. Jahrhunderts v. Chr. zurückgehen; Alba Fucens z. B. war 303 v. Chr. in einem Gebiet gegründet worden, das man den Äquern genommen hatte. Diese wurden im Jahr zuvor brutal ausgelöscht, als der Konsul Publius Sempronius Sophus in nur 50 Tagen 31 befestigte Dörfer zerstörte.

Die Region von Alba Fucens war unter der Herrschaft des Claudius Ziel einer kolossalen Wasserbaumaßnahme, wahrscheinlich einer der bedeutendsten der Antike, bei der es um die Kanalisierung und Regulierung des Wassers des Fucino mittels einer oberirdischen Leitung und eines unterirdischen Kanals ging, die es zum Fluss Liri führen sollten. Das gigantische Unternehmen führte jedoch trotz der einige Jahrzehnte später von Trajan vorgenommenen Restaurierungen nicht zum gewünschten Erfolg. Einige samnitische Zentren spielten dank ihrer strategischen Lage an den bedeutenden Verkehrsstraßen und alten Transhumanzstrecken auch in römischer Zeit eine entscheidende Rolle. Die erste Strecke der Via Valeria Claudia, die südlichste Verkehrsverbindung mit Samnium, ist auch als Via Tiburtina bekannt, da sie Rom mit dem nahe gelegenen Tibur verband, das am linken Anio-Ufer lag. Die Stadt wurde mit dem Bundesgenossenkrieg Munizipium, erhielt das volle Bürgerrecht und verschwand aus der politischen Geschichte Roms, blieb jedoch bei bedeutsamen Persönlichkeiten und Mitgliedern der Kaiserfamilie immer begehrtes Ziel für die Sommerfrische, außerdem ein Ort für den Gewahrsam wichtiger Gefangener.

Zu ihnen gehörten der Numider Syphax, der dort 203 v. Chr. starb, und Zenobia, die Königin von Palmyra, welcher Kaiser Aurelian als Zwangsdomizil weitläufige Besitztümer auf dem Gebiet Tiburs gestattete. Hadrian ließ dort als Erholungsort für seine kurzen Aufenthalte in der Hauptstadt eine großartige Residenz errichten.

Links:
Blick auf die Ausgrabungen von Alba Fucens. Die Stadt Alba Fucens stand an einem echten Kreuzweg Mittelitaliens. Die urbanistischen Daten des Zentrums, in dem keinerlei Zeugnisse einer vorherigen Besiedlung in samnitischer Zeit gefunden wurden, konnten dank der systematischen Grabungen eines belgischen Teams genau erforscht werden.

Unten:
Bronzestatuette eines Adlerträgers (*aquilifer*) einer römischen Legion, aus Alba Fucens, Ende 1. Jh. v. Chr.; Chieti, Museo Archeologico Nazionale.

Römische Matrone aus der in Cartoceto gefundenen Vierpersonengruppe, datierend vielleicht in die spätrepublikanische Zeit (50–30 v. Chr.); Pergola, Museo dei Bronzi Dorati. Im Jahre 1946 entdeckte ein Bauer auf den Feldern von Pergola zufällig hunderte von Bruchstücken von vergoldeter Bronze mit einem Gesamtgewicht von mehreren Doppelzentnern. Die extrem komplizierte Restaurierung dauerte von 1949 bis 1966 und ermöglichte die Zusammensetzung von vier Statuen, zwei Männern zu Pferde und zwei Frauen, deren Identifizierung noch umstritten ist. Es handelt sich zweifellos um sehr bedeutende Persönlichkeiten, deren Statuen wahrscheinlich während des Transports auf der Via Flaminia an ihren endgültigen, uns unbekannten Ort entwendet wurden.

Regio V–VII: Picenum – Umbria – Etruria

Die Schlacht von Sentinum (295 v. Chr.) und die unmittelbar anschließende Schlacht am Vadimonischen See hatten es den Römern ermöglicht, die Adria zu erreichen und so den *ager Gallicus* (Anm. 6) zu besetzen, ein weites Gebiet zwischen dem Esino und dem Rubikon, das den senonischen Galliern geraubt wurde, die man dann 284 auslöschte; an der Südgrenze des Gebietes wurde die kleine Kolonie Sena Gallica (Senigallia) gegründet. Einige Jahrzehnte später wurde an der Nordgrenze die viel größere Kolonie Ariminum (Rimini) eingerichtet. Der Romanisierungsprozess erstreckte sich in wenigen Dezennien mit der Niederlage und Deportation der Picenen (sie wurden in die neue Kolonie Picentia-Pontecagnano am Golf von Salerno verbracht) auch auf den südlichen Küstenstreifen; dazu wurde 232 ein Gesetz verkündet, das die Teilung und individuelle Zuweisung von Landlosen auf dem *ager Gallicus* festlegte und regulierte, außerdem im südlichen Picenum, soweit sie noch nicht in die Zuständigkeit der Kolonien fielen. Nur Ancona bewahrte eine gewisse Verwaltungsautonomie und ein kulturelles Klima, das eng mit der griechisch-hellenistischen Welt verbunden war. Im Jahre 220 v. Chr. markierte die Eröffnung der Via Flaminia, die Rom mit der Adria verband und unter Einbeziehung zuvor existierender Abschnitte nach Norden weiterführte, einen weiteren fundamentalen Schritt im Romanisierungsprozess des mittleren Adriagebiets. In augusteischer Zeit war die Verbindung in der Region dann durch ein dichtes Straßennetz gewährleistet.

Im Jahre 91 v. Chr. bedeutete das Massaker an allen in Ascoli sesshaften römischen Bürgern den Beginn des Bundesgenossenkrieges; die Stadt wurde zum Schauplatz von Zusammenstößen und einer langen Belagerung, die durch den Fund von Tausenden von im Kampf benutzten Schleudergeschossen im Stadtgebiet und im Bett des Castellano dokumentiert ist. Erst 89 v. Chr. gelang es dem Konsul Gnaeus Pompeius Strabo, Vater des Pompeius Magnus, mit den Aufständischen fertig zu werden. Wahrscheinlich litt die gesamte Region als Folge dieser Ereignisse unter einem Klima der Instabilität und Unsicherheit, das durch den Fund von Horten und kleinen Schätzen von Münzen und Wertgegenständen in einem ziemlich großen Gebiet belegt ist; offenbar hatten ihre Eigentümer diese vor Plünderungen und Raubzügen in Sicherheit bringen wollen und sie versteckt. Eine beträchtliche Welle von Koloniegründungen, die zur endgültigen Neuordnung des Gebiets führte, datiert in die Periode zwischen später Republik und früher Kaiserzeit, als Augustus seinen Veteranen im Picenum Landlose zuwies. Auf dem Lande entstanden zahlreiche Gutshäuser, in denen die zum Wohnen bestimmten Räume des Besitzers, die *pars urbana*, neben den Produktions- und Handwerkseinrichtungen lagen, der *pars rustica*; das entsprach den Ratschlägen Catos, der die Einkünfte aus der Landwirtschaft für den einzig ehrenwerten Verdienst des römischen Bürgers hielt und dem Eigentümer des Landguts dazu riet, dort ansässig zu sein, um die eigenen Angelegenheiten höchstpersönlich zu regeln. Die archäologischen Untersuchungen haben gezeigt, dass der mittlere und kleine Landbesitz im Picenum bis zur Spätantike existierte, bis er im 4. und 5. Jahrhundert infolge der Einfälle der Westgoten und Goten aufgelassen wurde.

In einigen Fällen wie bei Ancona, Fermo und Osimo wurden die römischen Städte auf zuvor existierenden indigenen Zentren erbaut, doch im Allgemeinen wurden Neugründungen in der Ebene an Straßen oder Flussläufen oder auch an der Küste realisiert. Die Kontinuität der aufeinander

Seite gegenüber:
Trajansbogen in Ancona.
Das Monument wurde im Jahre 115 am Zugang zur Mole errichtet, manchen zufolge als Projekt Apollodors von Damaskus, um an die im Hafen durchgeführten öffentlichen Arbeiten zu erinnern, von dem Trajan zum Feldzug nach Dakien aufgebrochen war.

DIVAE
OPTIMO AVG GER
DACICO PONT MAX
PROVIDENTISS
SENATVS P Q R QVOD ACCESSVM
PECVNIA SVA
SORORI AVG

Assisi, Minervatempel, Mitte 1. Jh. v. Chr.
Die Tempelfassade, ein Pronaos mit sechs Säulen, darauf korinthische Kapitelle, ist noch heute vollständig erhalten und dient als Eingang in die Kirche Santa Maria sopra Minerva.

folgenden Siedlungen in römischer Zeit ist an verschiedenen Orten gut bezeugt; in Ascoli scheint mit dem Zentralplatz vor dem *Palazzo dei Capitani* auch in der Einteilung des urbanen Raumes eine Fläche erkennbar zu sein, die dem wahrscheinlichen Forum aus römischer Zeit entspricht. Die Wirtschaft des Picenum basierte vor allem auf landwirtschaftlicher Tätigkeit und insbesondere auf dem Anbau von Getreide sowie der Wein- und Ölproduktion. Für die mittlere und späte Kaiserzeit jedoch sind wie im Küstenstreifen der Aemilia auch Betriebe bezeugt, die Tischkeramik mit sepiabrauner Bemalung herstellten; sie produzierten ein Imitat von Geschirr aus afrikanischer Produktion als selbständige Weiterentwicklung der vorangehenden norditalischen Sigillataware, die nunmehr nur noch in begrenzterem Umfang zirkulierte.

Fano, Augustusbogen.
Der Bogen steht am Übergang der Via Flaminia in die Stadt, es handelt sich um eines der Stadttore des von Augustus veranlassten Mauergürtels.

Auch in Umbrien ist der Romanisierungsprozess, abgesehen von den ersten Koloniengründungen nach der Schlacht von Sentinum, mit der Eröffnung der Via Flamina verbunden, dies zu einem Zeitpunkt, in dem die gesamte Region schon unter römischer Kontrolle gewesen sein muss. Das gesamte 3. und 2. Jahrhundert v. Chr. hindurch finden sich in einigen Städten wie Spello, Gubbio, Assisi und Spoleto die Zeugnisse einer ziemlich stabilen Bauphase; wenig später als die Kolonisierung scheint auch der Monumentalausbau der Tempel zu sein, die zumeist an dem Ort errichtet wurden, an dem die alten indigenen Heiligtümer standen. Die umbrischen Städte, die im Laufe des Konflikts mit Hannibal Rom treu geblieben waren, erhielten nach dem Bundesgenossenkrieg das römische Bürgerrecht und wurden unter Caesar von einer neuen Kolonisierungswelle erfasst; dieser besetzte das Gebiet und hob in den verschiedenen Städten Truppen aus. Wenig später riefen weitere Grundstückszuweisungen an Veteranen und die Zusammenstöße zwischen den Parteigängern Oktavians und den Anhängern Mark Antons, die Umbrien zum Hauptschauplatz hatten, eine Destabilisierung der Gebietsordnung hervor, die sich mit der Vollendung des Romanisierungsprozesses in augusteischer Zeit auflöste. In dieser Periode erreichte die gesamte Region eine bemerkenswerte Blüte, und die Ländereien, vor allem in der südwestlichen Zone, begannen, sich mit *villae rusticae* zu fül-

Links:
Die Brücke von Solestà über den Tronto in Ascoli Piceno, augusteische Zeit.

Rechts:
Detail des Fußbodens in *opus sectile* im Triklinium einer imposanten senatorischen Stadtresidenz zum Zeitpunkt der Entdeckung, Suasa Senonum (Castelleone di Suasa), 2. Jh.

Narni, römische Brücke über den Fluss Nera.
Die Brücke, von der heute nur eine Arkade erhalten ist, wurde wahrscheinlich anlässlich der Erneuerungsarbeiten an der Via Flaminia 27 v. Chr. erbaut und wurde schon in der Antike wegen ihrer bemerkenswerten Höhe bewundert. Nach dem partiellen Einsturz des Bauwerks im Mittelalter wurde es durch eine neue Brücke ersetzt; der dritte Pylon stürzte 1855 ein und ist noch im Flussbett zu sehen.

len. Eine besondere Aufmerksamkeit erfuhr die Infrastruktur mit der Erneuerung der Via Flaminia – an ihr wird später Vespasian den Furlo-Tunnel anlegen – und ihrer Brücken sowie mit der Perfektionierung des Sekundarstraßensystem, das zum größten Teil aus auch archäologisch dokumentierten Schotterstraßen bestand. Die Städte Umbriens waren gut mit Anlagen der Wasserzuleitung ausgestattet, fast immer über kommunale Finanzierungsformen durch private Zuwendungen bezahlt; dank nahe gelegener Quellen waren dafür keine komplexen Ingenieurswerke notwendig.

Ab Beginn der Kaiserzeit bestehen die Informationen über die Geschichte Umbriens fast ausschließlich aus dem, was sich aus den archäologischen Zeugnissen ergibt. Im größten Teil der städtischen Zentren scheinen die Erneuerungsarbeiten vorwiegend in die julisch-claudische Zeit datierbar zu sein; Otricoli dagegen, das als Tiberhafen reich geworden war, über den auch die Produkte aus dem Sabinerland geschickt wurden, darunter das berühmte Öl, muss bis zur spätantiken Epoche ein recht florierendes Zentrum geblieben sein; das belegen verschiedene Funde, darunter einige Bleirohre mit dem Namen des Kaisers Gallienus, und die in das 4. und vielleicht 5. Jahrhundert gehörenden Restaurierungen der Thermenbauten.

Viele im 1. Jahrhundert v. Chr. und in augusteischer Zeit entstandene Landgüter verfielen in der zweiten Hälfte des 2. und im 3. Jahrhundert, wahrscheinlich wegen ihrer geringen Produktivität, doch wurden sie darauf teilweise bis ins späte 4. Jahrhundert wiederbesiedelt. Im Laufe des folgenden Jahrhunderts wurde die Region von Hungersnöten und Epidemien heimgesucht, die zusammen mit den folgenden Gotenkriegen zur Entvölkerung und Aufgabe vie-

Mosaikfußboden mit Meerestieren, aus Bevagna, 2. Jh. n. Chr.
Das Mosaik, das eine Thermenhalle schmückte, stellt zahlreiche Meerestiere dar – Tritonen und Hippokampen symmetrisch auf den Schmalseite verteilt; Delfine, Hummer, Polypen im mittleren Teil –, die auf weißem Grund durch schwarze Steinchen gestaltet wurden; die anatomischen Details sind durch die Einfügung weißer Steinchen wiedergegeben.

Spello, Stadtmauer mit Porta Venere.
Das aus drei Bögen bestehende Tor, von zwei zwölfeckigen Türmen flankiert, ist in seinem heutigen Zustand Ergebnis einer umfassenden Restaurierung am Anfang des 20. Jhs., bei welcher der auf den römischen Bau gesetzte mittelalterliche Komplex entfernt wurde.

ler landwirtschaftlich genutzter Gebiete führten; die Folge war die Wiederbewaldung weiter Zonen.
Die Wirtschaft der Region basierte vorwiegend auf der Ausbeutung der Wälder zur Holzgewinnung, auf der Weidewirtschaft und der transhumanten (Anm. 11) Viehzucht zwischen den Bergweiden und den Küstenebenen auf der tyrrhenischen und adriatischen Seite. Die Möglichkeit zur Nutzung einiger Wasserstraßen, um Waren nach Rom zu schicken, bot beachtliche ökonomische und logistische Vorteile; so wurden die Rinder von Bevagna mit Lastkähnen auf dem Clitumnus (Clitunno) transportiert, damit sie in der Hauptstadt als Opfertiere dienen konnten; ebenfalls auf dem Flussweg gelangte das Holz nach Rom. In verschiedenen Gegenden Umbriens sind auch Gewerbebetriebe belegt, und insbesondere in der Zone zwischen Otricoli und Narni müssen Werkstätten aktiv gewesen sein, die Ziegel auch für die Hauptstadt produzierten. In Jesi dagegen wurden schon am Ende des 3. und am Anfang des 2. Jahrhunderts v. Chr. die ältesten Werkstätten für Schwarzfirniskeramik angelegt.
Ein außergewöhnliches Dokument der antirömischen Einstellung, die in der Mitte des 4. Jahrhunderts v. Chr. die etruskischen Städte bewegte, ist die Tomba François (Anm. 13) zu Vulci, auf dessen Wandmalereien neben der Episode der Machterringung seitens des Servius Tullius und zweier Brüder aus Vulci in Rom die Opferung der trojanischen Gefangenen auf dem Scheiterhaufen des Patroklos dargestellt ist – und Rom rühmte sich doch seiner trojanischen Ursprünge. Erst zu Beginn des folgenden Jahrhunderts begannen die etruskischen Städte zu kapitulieren, Roselle im Jahre 294 v. Chr. und darauf Tarquinia, Vulci und Volsinii, zum Abschluss Cerveteri zwanzig Jahre später.

Ansicht der Ruinen von Cosa. Die von mächtigen Polygonalmauern, die an einigen Abschnitten noch heute bis zu 10 Metern erhalten sind, umgebene Stadt war in rechteckige Gebäudeareale von unterschiedlicher Größe eingeteilt. Der riesige über eine Rampe zugängliche Bau war in Räume eingeteilt, die zu einem Säulengang hin lagen. Vermutlich handelte es sich um ein Lagergebäude, das an der Einmündung der Straße lag, die Cosa mit seinem älteren Hafen verband.

Seite gegenüber: Theater von Volterra. Es wurde Ende 1. Jh. v. Chr./ Anfang 1. Jh. n. Chr. erbaut und nutzte für die Cavea den Hang des Hügels. Von ihr sind heute nur geringe Reste erhalten. Imposant dagegen ist noch ein Teil der Portikus hinter der Bühne. Im 2. Jh. wurden innerhalb des Theaters Thermensäle eingebaut, von denen noch Spuren erhalten sind.

Die Art und Weise der Romanisierung war in diesem Gebiet zweifellos sehr hart, auch wenn die Quellen keine Nachrichten über das Schicksal der Besiegten liefern. Ganz gewiss wurden einige Siedlungen dem Erdboden gleichgemacht, und in vielen anderen etruskischen Zentren lassen die archäologischen Zeugnisse, welche die allmähliche Verarmung der Nekropolen und das Fehlen einer echten Bautätigkeit belegen, an einen schnellen Zusammenbruch denken. Cerveteri machte sofort nach dem Frieden mit Rom eine Periode deutlichen Niedergangs durch und verschwand nach einer kurzen Erholung in augusteischer Zeit endgültig. Tarquinia, das auf dem Weg eines langsamen, doch irreversiblen Niedergangs war, erlebte die Auslöschung des größten Teils der etruskischen Familien; die wenigen Überlebenden wie die Familie Spurinna arrangierten sich im Mythos der glorreichen Vergangenheit und in der Tradition der Haruspizin (Anm. 14); es wird gerade ein Mitglied dieser Familie sein, das Caesar an den Iden des März – vergebens – die Warnung aussprach. Gleichzeitig mit den harten Friedensverträgen brachten die Römer auch ein Koloniegründungsprogramm auf den Weg, beginnend mit Cosa, gegründet 273 v. Chr. auf dem Vorgebirge des heutigen Ansedonia als Basis für das (in Zenturien) (Anm. 15) durchkatasterte Hinterland und als Verteidigungsbastion zum Meer hin; in derselben Periode wurde in Lukanien die Kolonie Paestum gegründet, und wahrscheinlich sind beide Kolonien auch als Bollwerke am Meer in Erwartung des Krieges mit Karthago zu verstehen, der wenige Jahre später ausbrechen wird. Die Erbauung Cosas zog sich über einige Jahrzehnte langsam hin, angefangen mit den mächtigen, durch Türme und öffentliche Gebäude verstärkten Stadtmauern; zu Beginn des 2. Jahrhunderts v. Chr. führte die Ankunft eines Kontingents von Kolonen, welche die Stadt nach der langen Periode von Kriegen wieder bevölkern sollten, zu einem erneuerten Bauimpuls. Das gesamte zur Kolonie gehörige Gebiet wurde sehr schnell eingeteilt und mit einer dichten Infrastruktur versehen; Straßen, Brücken, Kanalisation zur Lösung

Oben:
Theater von Gubbio. Wahrscheinlich in der Zeit Caesars erbaut, fasste es bis zu sechstausend Zuschauern. An den Anfang der augusteischen Zeit datiert eine bedeutende Maßnahme zur Vervollständigung und Restaurierung durch einen städtischen Magistraten, Gnaeus Satrius Rufus, der auf seine Kosten die Dächer bauen, die Gewölbe verstärken und den Fußboden anlegen ließ; so berichtet er uns selbst in einer Inschrift.

des Problems der Küstendränierung halfen dabei, die landwirtschaftliche Ausbeute zu optimieren. Der Hafen wurde nach und nach in verschiedenen Phasen gebaut, das Areal darum mit bemerkenswerten Ingenieurswerken ausgerüstet; ab der Mitte des 3. Jahrhunderts v. Chr. dagegen bildete die Eröffnung des ersten Abschnitts der Via Aurelia den Beginn zur Einrichtung eines Straßennetzes, das oft den alten Trassen etruskischer Straßen folgte.

Intensive archäologische Untersuchungen und die Analyse der antiken Landschaft, die im Laufe der letzten dreißig Jahre in der Maremma durchgeführt wurden, erlaubten eine recht verlässliche Rekonstruktion der Stadtbebauung, doch auch der Formen der landwirtschaftlichen Nutzung und der großen

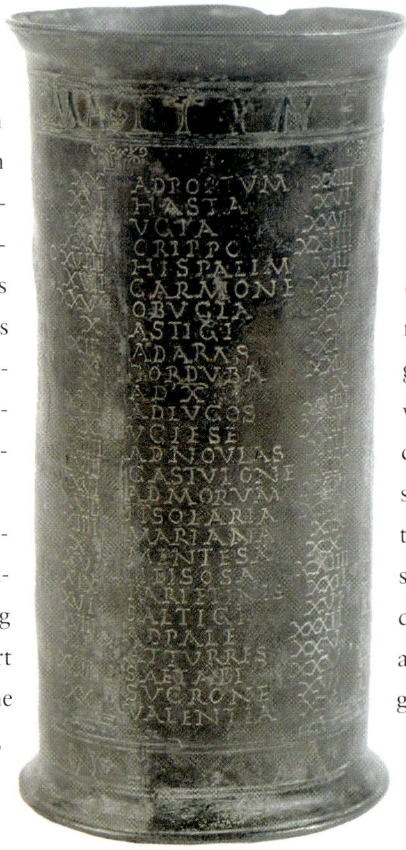

Silberbecher, aus Vicarello, Bracciano, Ende 1. Jh. v. Chr.; Rom, Museo Nazionale Romano.
Das Glas in der Form eines Meilensteins trägt das Verzeichnis aller Ortschaften an der Straße, die von Cadiz nach Rom führt, dazu die jeweiligen Entfernungen.

Produktionsanlagen der späten Republik.

Im 3. Jahrhundert v. Chr. unterstützten die noch unabhängigen Städte Nordetruriens die keltischen Gruppen bei ihrem Vormarsch nach Süden, bis die etruskisch-keltische Koalition am Vadimonischen See gestoppt wurde. Zu Beginn des folgenden Jahrhunderts intervenierten die Römer zur Verteidigung der nördlichsten Zentren gegen ligurische und keltische Stämme; sie gründeten die Kolonien Luni in einer Zone, die schon in vorrömischer Zeit für den Handel interessant war, und Lucca, um sich auf diese Weise die Kontrolle über die ganze Region zu sichern. Der Romanisierungsprozess war daher ohne die schwerwiegenden Eingriffe beendet, welche die Kolonisierung des Südteils der Region charakterisiert hatten. Im inneren Nordetrurien führte die *pax Romana* zu beträchtlichen Stabilitätsgarantien. Im 2. Jahrhundert v. Chr. erlebte das Gebiet zwischen Perugia, Volterra und Chiusi neben florierenden städtischen Zentren eine intensive Wiederbesiedlung der Ländereien in Form eines neuen Typs intensiver landwirtschaftlicher Nutzung. Zu Beginn des folgenden Jahrhunderts waren die etruskischen Zentren im Gegensatz zum größeren Teil der italischen Städte von den Ereignissen des Bundesgenossenkrieges unberührt, doch viele Städte ergriffen im folgenden Bürgerkrieg für Marius Partei und mussten am Ende des Konflikts in verschiedenen Fällen die schweren Repressalien Sullas erleiden; Arezzo, Fiesole und Volterra im Norden sowie Talamone, Roselle und Populonia im Süden waren Schauplatz von Verwüstungen, Zerstörungen, Massakern. Das Gebiet zwischen Chiusi und Arezzo wurde zunächst unter die Veteranen Sullas und später Caesars aufgeteilt.

Im Küstengebiet des südlichen Etruriens entstanden in der zweiten Hälfte des 1. Jahrhunderts zahlreiche Villen am Meer, luxuriöse Residenzen oft in kaiserlichem Besitz, und es wurden die *stationes* weiter ausgebaut, Rastplätze an den Hauptverkehrsadern. Die großen Villen, welche die Sklavenarbeit ausnutzten, prosperierten bis zum Beginn der Kaiserzeit, um dann aufgrund des Zusammenbruchs der auf Sklavenarbeit basierenden Produktionsweise einen Niedergang durchzumachen; Grund war aber auch die allgemeine ökonomische Krise Italiens, das nicht imstande war, die Konkurrenz mit den Reichsprovinzen zu ertragen. Die Intensivkulturen, vor allem Reben und Oliven, wurden von extensivem Getreideanbau und Viehzucht verdrängt, die weniger Arbeitskräfte benötigten und dazu führten, dass nur wenige Gutsbetriebe überlebten. Die anschließende Entvölkerung des Landes und die fehlende Aufrechterhaltung des Kanalnetzes trugen zweifellos zur fortschreitenden Versumpfung bei; auch die Via Aurelia wurde langsam vernachlässigt, die beginnende häufige Unterbrechung der Trasse war das Ergebnis.

Theater von Ferento.
Von dem in augusteischer Zeit errichteten und in severischer Zeit umgestalteten Bauwerk sind alle Außenarkaden der Cavea – aus großen Peperinquadern – erhalten, dazu einige Teile der Bühne. Die Statuen der Musen und des Pothos (Sehnsucht), welche die Bühnenfront schmückten, befinden sich heute im Archäologischen Museum zu Florenz.

Regio VIII–XI: Aemilia – Liguria – Transpadana – Venetia et Histria

Nach der Gründung von Rimini, der wichtigen Flussmündung an der Adria, und der Zenturiation (Anm. 15) ihres Gebiets waren ein halbes Jahrhundert später grundlegende Momente der Kolonisierung der Cispadana (Anm. 5) die Eröffnung der Via Flaminia, der ersten großen Verbindungsstraße mit Rom, und die Gründung der Doppelkolonie Piacenza und Cremona, die zur Überwachung des südwestlichen Zugangs zum Po-Tal gegen die kriegerischen ligurischen Stämme und der insubrischen Völker nördlich des Pos angelegt wurde. Die beiden Städte wurden während des Zweiten Punischen Krieges zerstört und im Jahre 190 v. Chr. in kurzer Zeit neu gegründet; auch andere Kolonien wurden auf dem den Boiern entrissenen Territorium geschaffen, als diese nach langem Widerstand geschlagen und deportiert wurden; im Jahre 189 v. Chr. entstand Bononia (Bologna) und 183 v. Chr. waren Mutina (Modena) und Parma an der Reihe. Im Jahre 187 v. Chr. begann Marcus Aemilius Lepidus mit dem Bau der Via Aemilia auf einer Trasse, die wenigstens zum Teil vorher existiert haben muss; an der neuen Verkehrsader konsolidierten sich schnell zahlreiche Zentren wahrscheinlich indigenen Ursprungs. Dieses Gebiet wurde durch beträchtliche Entwässerungsmaßnahmen und landwirtschaftliche Bebauung neu geordnet; Zeugnisse dafür bilden in der gesamten Region die Trassen der Straßen, der Kanäle und der Verbindungswege zwischen den Landgütern. Die fruchtbare Cispadana von Rimini bis Piacenza, zunächst mit Wäldern und Sümpfen bedeckt, zeigte sich schon in der zweiten Hälfte des 2. Jahrhunderts v. Chr. vollständig entwaldet, dräniert und in regelmäßige quadratische Grundstücke eingeteilt, die rationell bebaut wurden; neben dem Ackerbau florierte auch die Aufzucht von Rindern und Schweinen in der Ebene sowie von Schafen auf den Hügeln, welche die begehrte Wolle erbrachten. Der Romanisierungsprozess, der sich über das ganze 1. Jahrhundert v. Chr. fortsetzte und infolge neuer Landzuteilungen an Veteranen eine be-

Rimini, Haus des Chirurgen, 2.–3. Jh. n. Chr.
Die 1989 an der Piazza Ferrari ans Licht gekommene reiche *domus* verdankt ihren Namen dem Fund einer kompletten Arztausstattung mit Mörsern, Arzneigefäßen und zahlreichen chirurgischen Instrumenten aus Eisen und Bronze. Das mit Fresken und reichen Mosaiken, unter denen ein polychromer Fußboden mit Orpheus unter den Tieren hervorsticht, erbrachte auch zahlreichen wertvollen Hausrat.

Veleia, Ansicht des Forums mit der Portikus aus Ziegelsäulen, Mitte 1. Jh. v. Chr./n. Chr.
Das noch in republikanischer Zeit wahrscheinlich zu dem Zweck gegründete Städtchen, das ehemalige Territorium der ligurischen Stämme mit einem Dienstleistungs- und Überwachungszentrum auszustatten, zog wertvolle Impulse aus seiner Lage an der Durchgangsstraße von der Lunigiana (Grenzregion zwischen Ligurien, Emilia und Toskana) und der Ebene von Piacenza; ihre größte Blüte erlebte es in augusteischer Zeit. In diese Periode datiert die Anlage des Forums und seiner Nebengebäude in einem nur für Fußgänger zugänglichen städtischen Zentrum.

trächtliche Masse von Italikern herbeiströmen ließ, wurde schließlich mit der Neuorganisation der Verwaltung und des Territoriums in augusteischer Zeit vollendet.

In verschiedenen in der Mitte der Republik entstandenen städtischen Zentren finden sich augenfällige Spuren einer baulichen Erneuerung in sullanischer Zeit, einer Epoche, in der Kolonien wie Rimini, Bologna und Piacenza mit dem Erwerb des Bürgerrechts in Munizipien (Anm. 12) umgewandelt wurden; in die Phase der Neustrukturierung und des Wandels gehört wahrscheinlich auch die Erneuerung des Mauerrings von Rimini. Die Städte der Aemilia florierten weiterhin und erreichten den Zeitpunkt der größten Ausdehnung im 2. Jahrhundert, wo eine neue bedeutende bauliche Erneuerungsphase in Reggio Emilia und Modena bezeugt ist, während sich in den Vorortsvillen jeder Region schon die ersten Zeichen des Niedergangs ankündigten. Im folgenden Jahrhundert, als die ökonomische Krise nur mehr evident ist, teilte eine Verwaltungsneuordnung die Region in zwei verschiedene Bereiche, im Westen die Aemilia von Bologna bis Piacenza, und im Osten die Flaminia. Das westliche Gebiet litt schon unter einem Klima der Instabilität und Unsicherheit, das auf die ersten Barbareneinfälle zurückging; die Folge waren Stadtflucht und Verstecken des Familienbesitzes. Im östlichen Sektor dagegen entwickelten sich wahrscheinlich dank den leichteren Verbindungen zu Rom und dem direkten Handelsverkehr mit dem Donaugebiet noch große wirtschaftliche Reichtümer. Zu Beginn des 4. Jahrhunderts kehrten einige Zentren der Flaminia, darunter vor allem Ravenna, zu neuem Glanz zurück, der auch durch die reichen Mosaikfußböden der herrschaftlichen Residenzen der Würdenträger belegt ist, die nach der Wahl der Stadt zum Kaisersitz vom Hofe des Honorius angezogen wurden. Ravenna genoss noch eine lange Blüteperiode unter Theoderich und darauf unter Justinian, als die großartigsten religiösen Gebäude der Stadt errichtet wurden, während die gesamte Region sich schon eine Zeitlang im Zustand der Ver-

Bronzeporträt eines Mädchens, aus Veleia, augusteische Zeit; Parma Museo Archeologico Nazionale.

lassenheit und Zerstörung befand. Das Schicksal Ravennas am Beginn der Kaiserzeit ist zudem mit dem Hafen von Classe verbunden, dem Sitz der Ostflotte und ihres Präfekten, doch auch bedeutender Anlegeplatz für den Handel in der Adria. Die archäologischen Untersuchungen dort, vor allem in spätkaiserzeitlichen und byzantinischen Kontexten durchgeführt, haben neben dem Hafenkanal einige Produktionsanlagen und Lagerhäuser aufgezeigt.

In der Wirtschaft der Region besaßen neben der mit der Landnutzung verbundenen Aktivitäten auch die Handwerksbetriebe zur Produktion von Ziegeln und Keramik bemerkenswerte Bedeutung. Die Werkstätten – mit Ausnahme der an Gebäudebaustellen tätigen – waren vermutlich aus Sicherheitsgründen, bzw. sicher auch aus Mangel an geeignetem Platz, aus dem Stadtgebiet ausgeschlossen. Sie wurden im Allgemeinen unmittelbar vor der Stadt oder auf Arealen unweit von Landgütern und Bauernhöfen betrieben. Eine Kontinuität in der Nutzung der Betriebe ist bis zum Beginn des 2. Jahrhunderts n. Chr. bezeugt, als sich mit den ersten Zeichen von Niedergang die wirtschaftliche Rolle einiger Siedlungen veränderte und neue Betriebe innerhalb von nunmehr heruntergekommenen Ortschaften eingerichtet wurden. Im Osten dagegen, wo die wirtschaftliche Krise weniger offenkundig scheint, schufen die Werkstätten neue Produkte in Konkurrenz zu den Waren, die aus dem östlichen Mittelmeerraum und aus Nordafrika kamen und in den italischen Markt einzudringen suchten. Ab der zweiten Hälfte des 2. Jahrhunderts produzierten die Betriebe, ebenso wie im Gebiet von Picenum, in freier, selbständiger Weiterentwicklung der ältesten norditalischen Keramikware Geschirr für den regionalen Markt, das in der Form das afrikanische imitierte.

Der Kampf um die Kontrolle des ligurischen Territoriums war viel länger und zermürbender als der, den die Römer hatten führen müssen, um mit den gallischen Stämmen fertig zu werden. Obwohl die Völker, die den ligurischen Apennin, aber auch die Küste und die Gegend hinter dem Apennin bewohnten, in zahlreiche unterschiedliche Stämme geteilt waren – unfähig, auch aufgrund der rauen Beschaffenheit der Region eine gemeinsame Aktionslinie zu finden –, gelang es ihnen, jahrzehntelang Widerstand zu leisten und Rom zu wiederholten Militäraktionen zu zwingen. Schließlich kam es 155 v. Chr. zur Niederlage und jeweils zu getrennten Verträgen für die verschiedenen Stämme. Während der gesamten ersten Hälfte des 2. Jahrhunderts v. Chr. vollführten die Römer in den wechselnden Phasen der Feldzüge gegen die Ligurer zahlreiche Massaker und übten die Politik der Massendeportation, wie es schon anderswo geschehen war, sodass 180 v. Chr. fast

50 000 Apuaner aus dem Magra-Tal nach Samnium überführt wurden. Auf dem ligurischen Territorium wurden wenige Kolonien gegründet – Luni, Lucca und Veleia –, die später unter der augusteischen Ordnung allesamt anderen Regionen zugewiesen wurden; hingegen wurden weite Landstriche des Gebietes hinter dem Apennin in individuelle Landlose geteilt.

Der ligurische Küstenbereich, durch die harten Militärkampagnen und die territoriale Neuordnung nach der Eroberung tiefgreifend gezeichnet, blieb ziemlich isoliert, eingeschlossen zwischen dem Tyrrhenischen Meer und dem Apenninhinterland, während die Handelsstation Genua ihre Funktion als Landeplatz und Markt für den tyrrhenischen Warenverkehr beständig weiterentwickelte, vor allem auf den Routen nach Gallien. Im transapenninischen Ligurien dagegen erfolgte die römische Durchdringung schrittweise. Wahrscheinlich gingen ihr lebhafter Warenaustausch und Importe vor allem von Wertprodukten voraus, wie es das Schwarzfirnisgeschirr zu belegen scheint, das unter verschiedenen indigenen Grabbeigaben gefunden wurde. Auch hier besaß die Schaffung eines Straßensystems um die Hauptverkehrsachse, die Via Postumia, erstrangige Bedeutung. Erbaut unter Einbeziehung einer älteren Piste, die ganz Norditalien querte und Genua mit Aquileia verband, war es diese Straße, welche als „Frontlinie“ bezeichnet wurde, eine Art Grenze zwischen den vollständig unterworfenen Territorien und denjenigen, die von Völkern wie den Insubrern bewohnt wurden, mit denen Bündnisverträge geschlossen worden waren. Im südlichen Piemont entstanden an der neuen Verkehrsader, aber nicht nur dort, am Ende des 2. und im folgenden Jahrhundert zahlreiche Zentren oft als Entsprechung zu vormaligen Siedlungen, von denen in ihrer doppelten Benennung, einheimisch und lateinisch, Spuren erhalten sind wie Carreum Potentia (Chieri) oder Bodincomagus Industria (Monteu da Po). Am Ausklang des 2. Jahrhunderts v. Chr. wurde in einem noch nicht vollständig befriedeten Gebiet an einem Kreuzpunkt des Straßennetzes an der Via Postumia wahrscheinlich unter strategischen Absichten die Kolonie Dertona (Tortona) gegründet; anderswo dagegen entstanden einige *fora*, sodass das fruchtbare Gebiet südlich des Pos gänzlich unter römischen Bürgern, die von

Seite gegenüber:
Detail des polychromen Mosaiks mit der Szene einer kaiserlichen Apotheose, aus Faenza, Via della Dogana, Anfang 5. Jh. n. Chr.; Faenza, Magazzino Archeologico.
Die Stadt Faenza, deren antiker Stadtkern mit orthogonalen Achsen unter der modernen Bebauung noch deutlich erkennbar ist, entstand vielleicht zeitgleich zu den Zuweisungen von Landlosen des *ager Gallicus*; sie erbrachte wichtige Belege der Terrakottaproduktion, die ab der mittelrepublikanischen Zeit durch zahlreichen Ausschuss aus den Brennöfen dokumentiert ist.

Oben:
Stele des Bootsbauers Publius Longidienus, Kaiserzeit; Ravenna Museo Archeologico Nazionale.

Links:
Sarsina, Grabmonument des Rufus, Ende des 1. Jhs. v. Chr.
Die wirtschaftliche Blüte der Stadt, in der vor der römischen Eroberung Plautus geboren war und gelebt hatte, ist durch die großen charakteristischen Grabdenkmäler wie das des Rufus gut bezeugt, das in dem Bereich der Nekropole von Pian di Brezzo mit den monumentalen Grabstätten steht. Der obere Teil des Baus mit Pyramidalgiebel wird von vier Sphingen – als idealem Schutz des Grabmals – flankiert und durch ein Abschlusskapitell bekrönt, auf dem eine mit Greifenköpfen verzierte Schein-Aschenurne ruht.

den neuen städtischen Zentren angezogen wurden, aufgeteilt wurde, den einheimischen Völkern jedoch nur ein paar Landstriche blieben. Auch die Städte Liguriens erhielten 89 v. Chr. das latinische Bürgerrecht, die bedeutendsten Zentren indigenen Ursprungs dagegen erhielten den Status latinischer „Schein"-Kolonien, d. h. ohne Zufuhr externer Kontingente von Kolonen; das volle Bürgerrecht wurde in der Zeit Caesars zuerkannt, auch wenn in den nicht vollständig romanisierten Zonen mehr am Rande wahrscheinlich weiterhin Gemeinden mit niedrigerem rechtlichen Status existierten.

Zu Beginn der Kaiserzeit fügte sich Innerligurien, zumindest an den wichtigsten Straßen und Flüssen, in das Netz intensiven Handels mit der Adria ein. Zudem zog es seinen Nutzen aus den Handelsströmen, die auf dem Landweg aus Gallien kamen und dabei den Markt ausschließlich in den Städten entlang den großen Verkehrsverbindungen überschwemmten. Die tyrrhenischen Waren, die in den Häfen an der Küste Liguriens anlandeten, zirkulierten dagegen fast nur auf den regionalen Märkten, sodass zum Beispiel der Import der afrikanischen Keramik ab dem 2. Jahrhundert am Küstenstreifen anzutreffen, doch weit weniger in der transapenninischen Zone dokumentiert ist. Bis zum gesamten 2. Jahrhundert ist in der transapenninischen Region ein dichtes Netz von Siedlungen bezeugt, von denen die intensive landwirtschaftliche Nutzung der weiten Ebenen des Gebiets von Cuneo und Alessandria abhing, wie es noch durch die zahlreichen im Gelände erkennbaren Spuren der Zenturiation (Anm. 15) bezeugt ist. Im westlichen Innerligurien wurden die Orte auf Anhöhen

Amphitheater von Luni.
Die wirtschaftliche Haupttätigkeit der Kolonie, deren Name wahrscheinlich von der „mond"-sichelförmigen Form des Hafens herzuleiten ist, hing mit der Marmorgewinnung in den Apuanischen Alpen zusammen; die Anlagen dazu wurden ab der Zeit des Tiberius zumindest teilweise kaiserlicher Besitz. Das lange prosperierende Zentrum genoss trotz der Veränderungen in der wirtschaftlichen Lage durch das Ende des Marmorexports noch im 4. Jh. eine bemerkenswerte Vitalität; im 5. Jh. wurde es zudem Bischofssitz.

bis zur späten Kaiserzeit frequentiert, wahrscheinlich entsprechend der Art der wirtschaftlichen Aktivitäten und der Kontrolle über die Verkehrswege; dagegen gibt es wenige Informationen über das östliche Gebiet.

Der Po, natürliche Grenze zwischen Ligurien und der Transpadana, der XI. Region nach der augusteischen Einteilung, bildete den bequemsten Transitweg für die Waren, vor allem wenn sie schwer und sperrig waren. Die wirtschaftliche Bedeutung des Schiffsverkehrs auf den Flüssen ist durch Aufschriften belegt, welche Korporationen von *nautae* (Matrosen) oder *navicularii* (Schiffseigner) erwähnen, die am Po oder seinen wichtigsten Nebenflüssen ansässig waren, aber auch an den Seen. Der Fluss, der mit seinem Netz von Zuflüssen und Kanälen auch die schnelle Truppenverlegung und eine erhebliche Schnelligkeit bei Nachschub und Kommunikation garantierte, war bis Turin schiffbar, und die Hauptnebenflüsse hinauf war es möglich, die großen Seen am Fuß der Berge zu erreichen. Die Verbindungen zwischen den verschiedenen Zentren an den Flüssen fügten sich in ein Transportsystem ein, das vom staatlichen Dienst garantiert wurde, der den Flusstransport bestens ausnutzte; dieser war vorteilhafter als der Weg über Land: Um von Mailand nach Ravenna zu reisen, waren für einen wohltrainierten Mann acht Tage nötig, hingegen bedurfte man nur dreier Tage und zweier

Oben links:
Turin, Porta Palatina.
Die Kolonie Augusta Taurinorum, die zu Anfang der augusteischen Zeit auf dem linken Po-Ufer beim Zusammenfluss mit der Dora Riparia gegründet wurde und mit einer noch heute teilweise sichtbaren erst in der 2. Hälfte des 1. Jhs. n. Chr. angelegten echten Stadtmauer ausgestattet war, wurde zum Stützpunkt für die planmäßige landwirtschaftliche Ausbeutung des Umlands.

Oben rechts:
Aosta, Porta Pretoria.
Nach der Gründung in augusteischer Zeit erbaut und fast gänzlich erhalten, wurde die Stadtmauer von Aosta mit in regelmäßigen Abständen aufgestellten Türmen befestigt und durch eine Erdwall an der Innenseite verstärkt.

Links:
Ansicht der archäologischen Zone von Industria (Monteu da Po). Die archäologischen Untersuchungen in Industria, begonnen in der Mitte des 18. Jhs., führten sogleich zur Bergung kostbarer, ungewöhnlicher Bronzegegenstände und zur Feststellung des kleinen Wohngebiets mit einem Isis und Serapis geweihten Heiligtum. Das Zentrum, das sich in einer zur Gewinnung von Rohmetall und zum Export der Endprodukte auf dem Flussweg günstigen Lage befand, war im Lauf verschiedener Jahrhunderte Stätte einer regen Aktivität von Bronzekünstlern.

Rechts:
Säulen vor der Kirche San Lorenzo Maggiore zu Mailand, Ende 3./Anfang 4. Jh. n. Chr.

Nächte, um sich auf dem Wasser von Pavia nach Ravenna zu begeben. Um das padanische Flusssystem noch effektiver zu machen, war die Schaffung einiger künstlicher schiffbarer Kanäle notwendig, die parallele Wasserläufe miteinander verbanden, um so lange, windungsreiche Wege zu vermeiden. Durchgreifende Entwässerungsmaßnahmen brachten den Po in seinen aktuellen Lauf und erlaubten eine bessere landwirtschaftliche Nutzung weit ausgedehnter Ländereien. Die römische Durchdringung der Transpadana, wenn man von der strategischen Koloniegründung Cremona absieht, nahm in der Mitte des 2. Jahrhunderts v. Chr. mit einigen Maßnahmen zum Schaden der Salasser im Aosta-Tal ihren Anfang, die vor allem auf die Kontrolle der Goldgruben im südlichen Teil der Region und die Lagerstätten in der Bessa (Anm. 17) in der Gegend von Biello abzielten. An der Südgrenze des Salasserterritoriums wurde die Kolonie Eporedia (Ivrea) gegründet. Die Salasser setzten jedoch ihre Überwachung des Zugangs zu den Bergpässen fort, erhoben Wegegebühren bei den Vorbeiziehenden, Heere eingeschlossen, sodass eine der ersten von Augustus in der Gegend angeordneten Maßnahmen ihre Vernichtung war; nach den Quellen wurde fast die gesamte Bevölkerung in die Sklaverei geführt und auf dem beschlagnahmten Territorium die Kolonie Augusta Praetoria (Aosta) gegründet. Im Rest der Transpadana scheint es nicht zu bedeutenden Militäraktionen gekommen zu sein, und die römische Durchdringung erfolgte schnell und ohne Unterbrechungen, wahrscheinlich auch dank den Bündnisbeziehungen zu einigen Stämmen wie den Taurinern, die nie den Durchzug von Truppen behinderten. Auch der Bundesgenossenkrieg betraf die Region nur am Rande, die jedoch die auf den Konflikt folgenden Wohltaten genießen konnte. Im Gegensatz zu dem, was in der Transpadana geschehen war, scheinen die Beschlagnahmen in diesem Gebiet nur sehr begrenzt gewesen zu sein. Die Gebiete der Insubrer und der Cenomaner erfuhren unbedeutende Schmälerungen, ohne dass dort eine Kolonie gegründet wurde. In den auf den Bundesgenossenkrieg folgenden Jahren entstand das Problem der transpadanischen, in einigen Fällen jedoch cispadanischer Gemeinden, die noch nicht im Besitz des vollen Bürgerrechts waren. Die Lage wurde erst 49 v. Chr. mit einem von Caesar angeordneten Gesetz in Ordnung gebracht, und in der Spanne weniger Jahre wurden aus zahlreichen indigenen Zentren Munizipien (Anm. 12), wodurch der Weg auch zu einer Phase baulicher Erneuerung (erhalten sind davon zahlreiche Spuren sowohl in Denkmälern wie in Inschriften) und wahrscheinlich beträchtlicher Gebietsumstrukturierungen freigemacht wurde. Die Cisalpina verblieb jedoch im Status einer Provinz, also einem Status rechtlicher Abhängigkeit, obschon nunmehr der größte Teil ihrer Bewohner das volle Bürgerrecht genoss. Wahrscheinlich ist der Plan zum Anschluss an Italien Caesar zuzuschreiben, doch erst 41 v. Chr., während des zweiten Triumvirats, wurde der anomalen Situation ein Ende gesetzt, indem alle cisalpinischen Territorien mit dem Rest Italiens verbunden wurden, auch wenn die Alpenvölker wahrscheinlich von der Ausweitung des Bürgerrechts ausgeschlossen blieben.

Die vollständige Besetzung der Transpadana bedeutete nicht nur eine sichere Quelle landwirtschaftlichen Reichtums, sondern auch eine leichte Kontrolle der Zugangsstraßen zu den Alpentälern und vor allem der Straße zu beiden gallischen Provinzen, von der noch heute impo-

Sirmione, die sogenannten „Grotte des Catull", große Villa aus dem Anfang der Kaiserzeit. Die Verbindung dieser Prachtvilla, berühmt wegen ihrer Lage mit Panorama über den Gardasee, mit Catull ist sicher unbegründet. Tatsächlich besaß der Dichter aus Verona dort ein Anwesen, wie er selbst erzählt, doch dessen Identifizierung mit diesen imposanten Ruinen ist nur Ergebnis der Fantasie eines jungen Chronisten des 14. Jhs. aus Venedig, Marin Sanudo.

Oben:
Die Reste des Kapitols von Brescia. Jüngere Grabungen förderten die Ruinen eines Heiligtums aus dem 2. Jh. v. Chr. zutage; nach der Gewährung des Bürgerrechts an die Italiker ersetzte man es durch einen neuen Komplex. Der letzte Umbau erfolgte unter Vespasian nach seinem Sieg im nahen Bedriacum (Calvatone).

sante Spuren geblieben sind wie der in Donnaz (im Aostatal) sichtbare, in den Fels gehauene Abschnitt. Die direkten Strecken zu den Tälern bildeten zusammen mit der Gestalt des Gebietes ein für die Gegend charakteristisches Element und bestimmten die Verteilung der Siedlungen in den am Bergfuß gelegenen Gegenden; an den Straßen und ihren Hauptpässen entstanden sowohl zahlreiche Poststationen als auch Heiligtümer und Bauten für indigene Gipfelkulte, die darauf absorbiert und in das römische Pantheon eingefügt wurden. Der Westteil des Gebiets, das heutige nördliche Piemont, wurde intensiver urbanisiert, während im lombardischen Gebiet der Transpadana einige Zentren vor allem in der späten Kaiserzeit florierten, als Mailand (in der Tetrarchenzeit) ständiger Sitz des kaiserlichen Hofes wurde.

Die westlichste der elf augusteischen Regionen, die zehnte, bedeckt ein sehr weites Gebiet nördlich des Pos, das sich vom Oglio-Tal in der östlichen Lombardei bis zum Arsa-Kanal auf der Halbinsel Istrien erstreckt. Die römische Durchdringung des Venetergebiets wie sonst in der gesamten Region nördlich des Po geschah schrittweise und friedlich; das Gebiet blieb unangetastet mit Ausnahme eines Stücks im Westen, auf dem die Kolonie Aquileia gegründet wurde. Die Gründung dieses strategischen Vorpostens rief einen Zusammenstoß mit dem Volk der Istrier hervor, die in den weiter westlichen Gebieten des Illyricum siedelten, und führte 178–177 v. Chr. zu einem von den Römern gewonnenen Krieg. Ab dem 3. Jahrhundert v. Chr. hatte Rom gute Beziehungen zu den Völkern des Venetergebiets aufgenommen, vor allem als antigallische Maßnahme, und schon im Laufe des folgenden Jahrhunderts ist eine immer massivere Präsenz römischer und la-

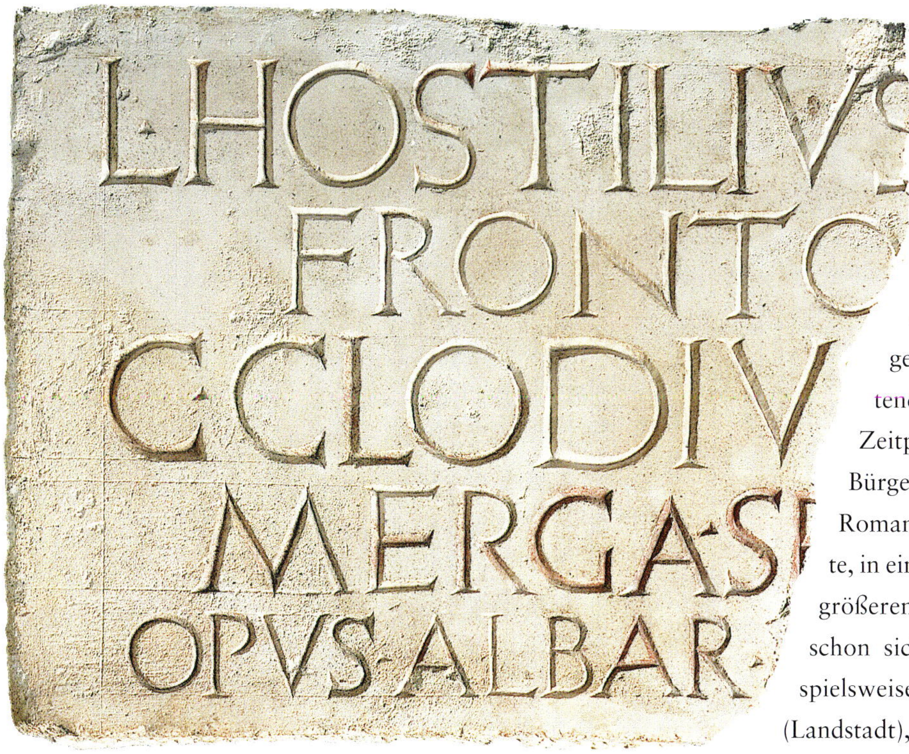

Links:
Inschriftfragment vom Kapitol von Brescia, 1. Jh. v. Chr.; Brescia, Museo di Santa Giulia. Sie trägt die Namen zweier Personen, die beim Umbau des Tempels für die Stuckarbeiten und die Ausmalung des Heiligtums zuständig waren.

tinischer Einwanderer im Nordosten der Halbinsel sichtbar. Die einheimischen Völker dagegen fügten sich nach und nach in eine Anerkennung der Autorität des römischen Staates; schon 174 v. Chr. wurde der Konsul Aemilius Lepidus von den Patavinern gerufen, um einige interne Fragen zu schlichten. Die Einrichtung der Via Postumia und die Verdichtung des Straßennetzes mit der Zenturiation des umliegenden Gebiets sowie der Rationalisierung der landwirtschaftlichen Nutzung müssen zu beträchtlichen Vorteilen für die vorrömischen Siedlungen geführt haben, die an der bedeutenden Straße lagen, sodass zu dem Zeitpunkt, als die Gewährung des Bürgerrechts faktisch das Ende des Romanisierungsprozesses sanktionierte, in einigen Zentren die Zeichen eines größeren wirtschaftlichen Wohlstands schon sichtbar waren. In Verona beispielsweise wurde das alte *oppidum* (Landstadt), das am linken Ufer der Etsch lag, mit einer Verteidigungsmauer aus Tuffsteinblöcken versehen, während in Brescia das Capitolium errichtet wurde. Gegen Mitte des 1. Jahrhunderts v. Chr. wurden die Städte Venetiens zum Mittelpunkt einer intensiven urbanen Bautätigkeit, deren Absicht es war, die Zentren entsprechend ihrem neuen Status als römische Städte neu zu gestalten. In Brescia wurde der Wohnbereich modernisiert

Seite gegenüber, unten:
Rekonstruktionsvorschlag zur Villa von Valdonega, Verona. Die 1957 ausgegrabene Vorstadtvilla ist ein sehr bedeutendes Beispiel für Privatbauten im 1. Jh., von dem drei auf eine Portikus gehende Räume sichtbar sind. Der Herrensitz stand auf einem Hügel in einem Wohnviertel außerhalb der Stadtanlage und war auf mehrere Ebenen verteilt, welche die Hanglage nutzten.

Panem et circenses

Im Amphitheater fanden sowohl Kämpfe zwischen Männern als auch Simulationen von Jagden, Tierkämpfen oder auch blutigen Darbietungen abgerichteter wilder Tiere statt; der Erfolg dieser Schauspiele war durch das Staunen und die Erregung der Zuschauer angesichts exotischer Tiere und der überraschenden Statisterie natürlicher Szenarien und Hintergründe, aus denen Bestien und Jäger hervortraten, gewährleistet.

Die Gladiatorenspiele in Rom wurden vom Kaiser spendiert und endeten fast immer mit dem Tod des Verlierers, während in den Provinzstädten der Unterlegene in den meisten Fällen das Leben behielt, da zur Abrichtung eines tüchtigen Gladiators Jahre nötig waren und der Veranstalter der Spiele, der fast immer auch der Besitzer seiner Champions war, sie nicht gern opferte. Bei Kämpfen von zum Tode Verurteilten dagegen waren Überlebende nicht vorgesehen, und der letzte am Leben Gebliebene, von den Kämpfen erschöpft, wurde von einem Gladiator getötet, der frisch in die Arena stieg.

Bronzehand mit *caestus* (Faustriemen), wahrscheinlich zur Statue eines Faustkämpfers gehörend, aus dem Amphitheater von Verona; Verona, Museo Archeologico del Teatro Romano.

Stele der Ostiala Gallenia, aus Padua, Via San Massimo, 2. Hälfte 1. Jh. v. Chr.; Padua, Civico Museo Archeologico.
Die Inschrift in venetischer Sprache mit lateinischen Schriftzeichen und der Name der Verstorbenen selbst, ein lateinischer Gentilname mit einem traditionellen lokalen Namen – in der Toga die beiden Männer und nach der venetischen Mode gekleidet die Frau – sind deutliche Zeichen der Vermischung der beiden Kulturen.
Verona, Porta Leoni.

und erweitert, und in Verona wurde *ex novo* eine Stadtanlage geplant, die unter Aufgabe des linken Etschufers in einem ebenen Gebiet innerhalb der Flussschleife auf der rechten Flussseite entstand; das alte Zentrum hingegen wurde abgerissen, um einem weiten Monumentalkomplex auf mehreren Niveaus Platz zu machen. Auch in Vicenza wurden in einer Zeit, die anscheinend mit dem Anschluss der Region an den Rest Italiens zusammenfiel, die Stadtanlage neu organisiert und ein Mauergürtel gebaut. Ein interessantes Zeugnis der Teilhabe venetischer Kontingente an den römischen Militäroperationen der späten Republik stellen einige während der Belagerung von Ascoli benutzte Schleudergeschosse dar; die Inschrift mit dem Namen der Stadt Oderzo – auf Lateinisch und Venetisch – belegt die Anwesenheit opiterginischer *funditores* (Schleuderer) unter den Hilfstruppen. In augusteischer Zeit wurde die Ostgrenze von Venetien am Arsa-Kanal auf der Halbinsel Istrien festgelegt, das Straßennetz und die Verbindungen zwischen Flüssen und Lagunen wurden weiter ausgebaut, und umfangreiche Entwässerungs- und Urbarmachungsarbeiten betrafen einen Teil des Gebiets von Brescia, die Großen Täler von Verona und das Polesine. Auf den Ländereien verteilten sich Villen und bäuerliche Siedlungen, während die Wohnbereiche der Städte sich beträchtlich auch über die Stadtgrenzen hinaus vergrößerten. Das Gebiet Venetiens um den Po gründete seine Wirtschaft hauptsächlich auf den Anbau von Getreide und die Viehzucht, der Küstenstreifen dagegen produzierte hervorragenden Wein und das geschätzte istrische Öl. Zahlreiche Gewerbebetriebe widmeten sich der Herstellung von Keramik und Glas, auch von Qualitätsware, und einige Werkstätten stellten Stücke von beträchtlichem künstlerischem Wert her wie die kleinen Bernsteinskulpturen, welche die Kunsthandwerker von Aquileia in das aus dem Baltikum über die uralte „Bernsteinstraße" importierte fossile Harz schnitzten. Aquileia, durch die Via Iulia Augusta mit dem Alpengebiet und dem Noricum verbunden, wurde zum wichtigsten Zentrum des Warenaustauschs. Die Güter kamen über drei verschiedene Verkehrswege herein: den östlichen auf der Adria über das Meer, den von den Märkten des Nordens über Land und denjenigen, der über die Flüsse die Po-Ebene im Westen erreichte. Die Stadt erfuhr eine Periode großer Prosperität in julisch-claudischer Zeit, unsicherer dagegen ist die Situation für das anschließende Jahrhundert, als sie von dem Einfall der Quaden und Markomannen betroffen war. In derselben Periode waren in vielen Gegenden der Region

Verona: Porta Leoni.
An der Südgrenze des Cardo maximus stehend, trägt das Tor (mindestens seit dem 15. Jh.) ihren Namen, weil sich in der Nähe der Deckel eines Steinsarkophags mit den Gestalten zweier Löwen befand. In einer ersten Phase – Mitte des 1. Jhs. v. Chr. – war das Tor mit seinen beiden imposanten Türmen aus Ziegeln; ein Jahrhundert später jedoch wurden zwei Prospekte aus weißem Stein davor gesetzt, von denen einer noch teilweise sichtbar ist.

Concordia Sagittaria (Veneto), *Trichora martyrium*, 4. Jh.
Es handelt sich um ein kleines Gebäude mit drei Apsiden, das zur Aufbewahrung der Märtyrerreliquien errichtet wurde; anschließend wurde es zu einer dreischiffigen Basilika erweitert, deren Schiffe sich zu einem gepflasterten Hof mit Säulengängen öffnen.

Unten:
Metope mit Darstellung eines Lastschiffs, aus Aquileia, 1. Jh. n. Chr.; Aquileia, Museo Archeologico Nazionale.

und auf dem Lande schon die ersten Zeichen einer Wirtschaftskrise erkennbar, die auf die Abnahme der Verkehrsströme in die transalpinen Provinzen und die Schwächung der Nordgrenzen zurückgingen; nur einige Städte dagegen, vor allem Verona und Brescia, florierten weiterhin. Während des 3. Jahrhunderts wurde der fortschreitende Niedergang der städtischen Zentren irreversibel, und nur Verona bewahrte wegen seiner strategisch günstigen Lage seine vor allem militärische Bedeutung; im Jahre 265 initiierte Kaiser Gallienus aus Furcht vor neuen Invasionen die Restaurierung und Verstärkung des Mauergürtels, in den auch das Amphitheater einbezogen wurde; und wenige Jahrzehnte später wurde in der Stadt eine Waffenfabrik eingerichtet. Zur selben Zeit gelang es auch Concordia (westl. von Aquileia), die Krise zu überstehen, wenigstens zeitweise, indem es sich als Standort beträchtlicher Militärkontingente und als Pfeilfabrik umstellte. Auf dem Lande überlebten die großen, autonomen Veroneser Villen bis ins frühe Mittelalter, der Küstenstreifen jedoch litt schon im 3. Jahrhundert unter Landschaftsveränderungen infolge der Erhöhung des Meeresspiegels, die irreparable Schäden an der Trasse der Via

Links:
Ansicht des Forums von Aquileia. Obgleich das Forumsareal – übrigens von der Straße Grado–Cervignano durchquert und mit zahlreichen Wohnhäusern bestanden – schon seit dem 19. Jh. bekannt war, wurden die ersten Grabungen erst in den Dreißigerjahren durchgeführt. Heute nach der Ausweitung der Untersuchungen kann man annähernd die Ausmaße des Platzes bestimmen, der mit Kalksteinplatten aus Aurisina gepflastert ist.

Porträt eines Mannes, aus Iulium Carnicum (Zuglio); Cividale del Friuli, Museo Archeologico Nazionale.
Die Datierung dieses Porträts ist seit vielen Jahren in der Wissenschaft umstritten; die Vorschläge reichen von der spätrepublikanischen oder julisch-claudischen Zeit bis zur Identifikation der Person mit einem Beamten der trajanischen oder sogar einem Notabeln der konstantinischen Ära.

Annia verursachten und zu ihrer fortschreitenden Auflassung zugunsten der sichereren Straßen zwischen den Lagunen führten. Ab der Zeit der Tetrarchen erblühte Aquileia zu neuem Glanz, dessen Zeugen noch heute die vortrefflichen Monumente wie die Patriarchalbasilika sind, die bis zur Mitte des 5. Jahrhunderts fortexistierte, als die Stadt von Attila dem Erdboden gleichgemacht wurde und ihre Einwohner sich zu einem Gutteil in andere städtische Siedlungen im Lagunengebiet verteilten. Die Wohnbereiche der Vorgebirgszonen Venetiens entstanden später, und der Romanisierungsprozess erhielt ab der augusteischen Zeit einen beträchtlichen Impuls; er führte die Region im 2. Jahrhundert zu höchstem Wohlstand, dank einer Wirtschaft, die sich hauptsächlich auf die Produktion für den internen Konsum und auf das Management der zahlreichen Raststationen gründete, die an den Straßen der Alpenpässe entstanden.

Die Alpentäler, die sozialökonomische Modelle frühhistorischen Typs bewahrten, wurden in der augusteischen Verwaltungsordnung Rätien und dem Noricum zugewiesen und blieben immer ein bedeutendes Reservoir zur Aushebung von Soldaten zum Aufmarsch am Limes. Im 3. Jahrhundert gewann die Vorgebirgsregion vor allem in Entsprechung zu den Talausgängen eine bemerkenswerte strategische Bedeutung, doch wenige Jahrzehnte später

Brioni, Val Catena: Reste der Villa. Die imposante Residenz liegt an einer der schönsten Buchten der Insel; sie schmiegt sich tief ins Gelände ein und ist von verschiedenen Sektoren der Villa umgeben, die in mehreren Kampagnen des vergangenen Jahrhunderts teilweise ausgegraben wurde. Das Archipel von Brioni liegt gegenüber Fažana, einem Ort, in dem eine der Fabrikationsstätten für Amphoren festgestellt wurde, die zum Export des begehrten istrischen Öls dienten; vom Ende des 1. Jhs. v. Chr. wurde es in drei Generationen von der Familie der Lecanii hergestellt.

Seite gegenüber:
Pola, Bogen der Sergii. Die Stadt Pola, die sich auf die Seite der Caesarmörder Brutus und Cassius gestellt hatte, wurde von Oktavian nach der Schlacht bei Actium zerstört und von ihm selbst wieder aufgebaut, nachdem er Augustus geworden war. Unter den imposanten Resten aus römischer Zeit sticht der Bogen der Sergii hervor, den jüngere Forschungen in tiberische Zeit datieren. Neben ihm finden sich ein Amphitheater und ein Roma-und-Augustus-Tempel, der dank seiner fortgesetzten Nutzung als Kirche, Kornspeicher und schließlich Museum noch heute fast ganz erhalten ist.

versetzten die Zerstörungen durch die ersten Barbareneinfälle dem gesamten Gebiet einen heftigen Stoß, das in der Folge nur schwache Zeichen der Erholung zeigte.
Der felsige Strand der Giulia und die Küste Istriens erlebten ab der Zeit der Republik das Entstehen zahlreicher luxuriöser Villenanlagen, die nach Cassiodor mit denen von Baiae vergleichbar waren, dazu zahlreicher *villae rusticae*, allein fast dreihundert im Bereich von Istrien. Es handelte sich um Residenzen für die Sommerfrische, doch auch um Landgüter als Produktionsstätten mit angefügtem Wohnbereich oder um ausschließlich gewerbliche Betriebe. Der wirtschaftliche Reichtum der gesamten istrischen Küste rührte aus der üppigen Produktion des berühmten Olivenöls und von Wein, aus Viehzucht sowie Fischfang und Meeresfrüchten; die Gebiete weiter im Inneren lebten dagegen von Weidewirtschaft und Wollhandel. Von einem bei Aurisina in der Giulia entdeckten Landgut ist bekannt, dass es mit der Kalksteingewinnung in den nahe gelegenen Steinbrüchen zu tun hatte.
Nach einer Phase der Verarmung im 2. und 3. Jahrhundert, während derer sich wahrscheinlich das Produktionssystem wandelte und sich jetzt hauptsächlich auf den Eigenverbrauch ausrichtete, wurden die Villen der Region Giulia in der späten Kaiserzeit wahrscheinlich erneut von vermögenden Persönlichkeiten bewohnt und dazu neu hergerichtet, der Import teurer Waren setzte wieder ein. In Istrien dagegen führte ein nach und nach erfolgender Rückgang der wirtschaftlichen Tätigkeit während der

Spätantike zu fast autarken Verhältnissen in einer Region, die, von Invasionen verschont, ohne Traumata den Weg ins Mittelalter gehen sollte.

Links:
Tasse aus polychromem Glas, aus Adria, 2. Hälfte 1. Jh. v. Chr.; Corning (NY), Corning Museum of Glas.

ROMA CAPUT MUNDI

Das Ende der republikanischen Zeit während der Jahrzehnte der gewaltsamen Bürgerkriege und dem Aufkommen des absolutistischen Regimes mit den neuen Friedensmaßnahmen; die Neuordnung des Staates und der große expansionistische Vormarsch des Augustus, die Verwaltungsordnung der eroberten Territorien und die Erreichung des wirtschaftlichen Wohlstands.

Nach der Vereinigung Italiens die Vereinigung der Völker: Die Frage des Bürgerrechts und der Prozess der Munizipalisierung

Vorhergehende Seite:
Der *Imperator von Tivoli*, aus dem Tempel des Hercules Victor zu Tivoli, 1. Hälfte 1. Jh. v. Chr.; Rom, Museo Nazionale Romano, Palazzo Massimo alle Terme.
Die Datierung dieses 1925 gefundenen Werkes ist sehr umstritten, obgleich die jüngere Forschung dazu tendiert, ein Datum zwischen 90 und 70 v. Chr. zu akzeptieren; auf diese Zeit lassen sich auch andere berühmte Porträtstatuen römischer Feldherren oder Politiker in heroischer Nacktheit zurückführen.

Einer der Gründe, warum die römische Oligarchie sich immer der Ausdehnung des Bürgerrechts entgegengesetzt hatte, war vielleicht das Bewusstsein dessen, dass daraus eine substanzielle Veränderung im sozialen Gefüge des Staates und der traditionellen Weisen, Politik zu machen, abgeleitet würde. Am Ende des Bundesgenossenkrieges hatte Rom das Bürgerrecht auf die ganze Halbinsel, einschließlich der Gebiete diesseits des Pos, ausgeweitet, und es war daher notwendig, sich an die Neuordnung der *res publica* zu schicken. Die Italiker wurden in einem ersten Schritt auf acht neue Tribus (Anm. 2) verteilt, die zur zuvor existierenden Wählerkörperschaft hinzugefügt wurden, und da jede Tribus als eine Stimme zählte, blieb das politische Gewicht der Neubürger sehr begrenzt. Diese Entscheidung, die nur formal den Bestrebungen der Italiker genügte und die Macht in den Händen der alten Oligarchie beließ, führte zu einer neuen kurzen Periode der Instabilität und von Aufständen, was sich erst wenige Jahre später durch die Verteilung der neuen Bürger auf alle Tribus und durch ihre substanzielle Zulassung zur Regierung der *res publica* auflöste. Wahrscheinlich per allgemeinen Konsens jedoch blieb ein funda-

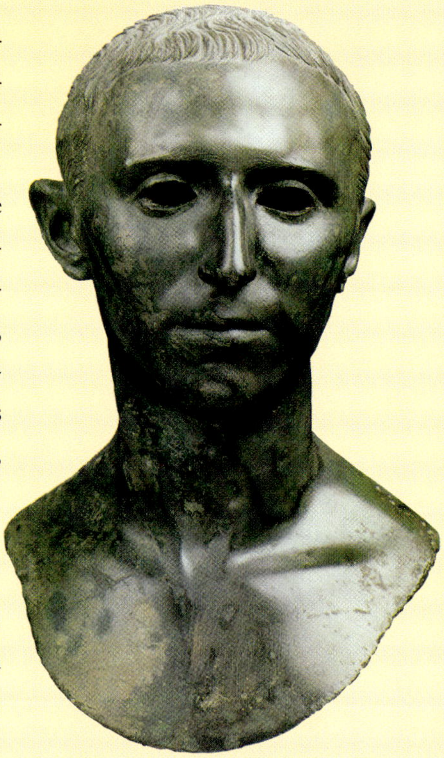

Bronzenes Männerporträt, aus Cappella de'Picanardi, Cremona, 1. Jh. v. Chr.; Paris, Musée du Louvre.

Rom, die Fassade des *Carcer Mamertinus* mit den Namen der beiden Konsuln, die das Gebäude zu Beginn der Kaiserzeit umgestalteten. In römischer Zeit existierten keine Strafgefängnisse, da die vom Gesetz festgelegten Strafen nie Haft, sondern Geldstrafen, Exil, Versklavung oder Tod vorsahen. Die auf die Exekution wartenden Gefangenen wurden durch ein Loch im Gewölbe in den dunklen, ungesunden Raum des Carcer Mamertinus gestürzt, wie im Falle Jugurthas, der nackt in das Verlies geworfen wurde, nachdem er in Ketten beim Triumphzug des Marius mitmarschiert war.

mentales Element bezüglich der vorhergehenden Ordnung unverändert: die Notwendigkeit, sich nach Rom zu begeben, um sein Stimmrecht auszuüben. Es ist daher evident, dass die Neuorganisation der Bürgerschaft immer nur eine enge Gruppe vermögender Bürger betraf, die bereit waren, sich von ihren Wohnsitzen auf den Weg zu machen, um sich aus Anlass der Abstimmungen in die Kapitale zu begeben. Die herrschende Klasse wurde mit dem Eintritt der italischen Eliten in den Senat erweitert; schon in den unmittelbar auf das Ende des Bundesgenossenkrieges folgenden Jahrzehnten traten dort Mitglieder derselben Familien ein, welche die Revolte angeführt hatten. Beispielsweise wurde 43 v. Chr. Publius Ventidius zum *consul suffectus* gewählt, der von Pompeius Strabo als Kleinkind gefangen genommen und nach dem Sieg in der Belagerung von Ascoli im Triumphzug mitgeführt worden war.

Rom, die kaiserliche Rostra auf dem Forum Romanum. Von Caesar in der Mitte des 1. Jhs. v. Chr. erbaut, bildete die Rostra die Tribüne für alle Redner, die während der Zeit der Republik tätig waren. Von Augustus radikal umgebaut und verändert, blieb sie über die gesamte Kaiserzeit in Gebrauch, wie eine Festinschrift zu dem von Iunius Valentinus um 470 errungenen Seesieg bezeugt.

Um das römische Territorium, das nunmehr auf ganz Italien erweitert war, effizient neu zu organisieren, beschloss man, die Institution des *municipium* (Anm. 12) auf die italischen Städte anzuwenden, um sie weiter an Rom anzupassen und eine Dezentralisierung der öffentlichen Aufgaben zu erreichen, die nicht mehr insgesamt von der Hauptstadt aus durchgeführt werden konnten. Der Munizipalisierungsprozess begann 89 v. Chr., zog sich langsam fast über das ganze Jahrhundert hin und erreichte seinen Abschluss erst unter Augustus. Bei seiner Durchführung berücksichtigte man von Mal zu Mal die zuvor gegebenen örtlichen Fakten; die Leitung hatten Beauftragte der Zentralregierung, die zumeist eine Verbindung zu ihrem Einsatzort besaßen. Ihre Aufgabe war von essenzieller Bedeutung, da sie die Gebietsgrenzen des jeweiligen Munizipiums festzulegen hatten, die nicht immer mit denjenigen der zuvor existierenden Gemeinden zusammenfielen, und sie hatten die Verwaltungszentren zu wählen, womit sie eine regelrechte Urbanisierung dort durchführten, wo noch keine entwickelten urbanen Kerne existierten. Wenn es notwendig wurde, begann man mit einer Neuvermessung der Landlose vor der Registrierung im Kataster und der Volkszählung, um so die Neubürger in die adäquate Zensusklasse einzuteilen. Auf deren Grundlage wurden ihre Verpflichtungen gegenüber der Gemeinde bemessen und damit ihre mehr oder minder große Bedeutung in ihr.

VON DER REPUBLIK ZUM KAISERREICH

Die verworrenen Jahrzehnte der Bürgerkriege und der Auftritt starker politischer Persönlichkeiten

Die Auflösung der republikanischen Herrschaft

Während Rom noch mit den letzten Operationen des Bundesgenossenkrieges beschäftigt war, galt es im Osten, einem neuen zu fürchtenden Feind zu begegnen: dem König von Pontos, Mithridates. Dieser war in die Provinz Asien eingefallen und hatte alle etwa achtzigtausend römischen und italischen Bürger umgebracht, die dort ansässig waren, von den griechischen Bewohnern als eine Art Befreier von der römischen Tyrannei begrüßt, vor allem aber von den Schikanen der Steuerpächter, welche die reiche Provinz seit Jahren auspressten. Kurz darauf wurde ein vom Herrscher nach Athen entsandtes Kontingent wärmstens empfangen, was zur Erhebung vieler griechischer Städte führte. Der römische Senat reagierte sofort, indem er das Kommando des Feldzugs nach Asien per Losentscheid dem Konsul Lucius Cornelius Sulla, einem Patrizier, anvertraute, der zu dem Zeitpunkt an der Spitze der Südarmee stand. Einer Allianz zwischen Rittern (Anm. 18) und Popularen (Anm. 7) gelang es jedoch, das Mandat zugunsten des Marius zu ändern. Sulla, anstatt sich dem Willen der Versammlung zu beugen, beschloss daraufhin, auf Rom zu marschieren; mit Enthusiasmus folgten ihm seine Soldaten, die im Feldzug nach Asien eine Gelegenheit zu reicher Beute sahen, und nach kurzem Kampf eroberte er die Stadt. Obwohl schon seit fast einem halben Jahrhundert Gewalt und Schnellgerichte im politischen Leben Roms an der Tagesordnung waren, wurde ein Marsch auf Rom an der Spitze eines Heeres noch als unverzeihliches Verbrechen betrachtet, zumindest von den vermögenden Schichten. Die Tat Sullas löste eine Serie von Kettenreaktionen aus; während er sich in den Osten begab, um den Krieg gegen Mithridates zu führen, standen sich in der Hauptstadt die opponierenden Parteien gegenüber, und erneut betrat Marius die Szene. Er stand ebenfalls an der Spitze eines Heeres und beendete diesen Akt des Bürgerkrieges in einem Angst erregenden Blutbad, das er seinen persönlichen Feinden bereitete. Zum siebten Mal ins Konsulat gewählt, zusammen mit Lucius Cornelius Cinna, starb Marius bald nach der Amtsübernahme und hinterließ seinen Kollegen als einzigen Machthaber, ausgenommen die östlichen Provinzen, die in der Hand Sullas blieben; in der Zwischenzeit hatte man diesen zum Staatsfeind erklärt. Cinna, der bis 84 v. Chr. ohne Unterbrechung zum Konsul gewählt wurde, setzte einen Prozess der Befriedung der Halbinsel in Gang, setzte den Verfolgungen der Antimarianer ein Ende und begann die Verhandlungen über eine Rückkehr Sullas am Ende des Krieges mit Mithridates. Der unerwartete Tod Cinnas im Laufe einer Erhebung kehrte die Situation um, und Sulla landete 83 v. Chr. mit seinem Heer in Brindisi, wohlwollend auch von den Optimaten empfangen. Der junge Sohn des Siegers von Ascoli, Gnaeus Pompeius, zog persönlich drei Legionen im Picenum ein

Aureus des Mark Anton, emittiert 43 v. Chr. in einer Münzstätte der Gallia Cisalpina: auf der Vorderseite ein Porträt Mark Antons und auf der Rückseite ein Porträt des Lepidus; Rom, Museo Nazionale Romano, Palazzo Massimo alle Terme, Münzsammlung.

und führte sie zu Sulla, der den Vormarsch auf Rom begann. Die Reaktion der Marianer, unter ihnen auch der Sohn des Marius, war wenig effektiv; nach einem weiteren Jahr der Kämpfe in verschiedenen Teilen Italiens lief der Krieg auf eine blutige und lange unentschiedene Schlacht vor den Toren Roms hinaus, die mit der Vernichtung der Marianer endete. Sulla wurde so zum Herrn über Rom und Italien, seine Macht legitimierte er mit der Ernennung zum Diktator auf unbestimmte Zeit und der Übernahme des Auftrags, eine neue Verfassung zu erlassen. Die erste Sorge Sullas bestand darin, alle seine politischen Feinde systematisch zu eliminieren; dazu begann er mit der Beseitigung der in der Schlacht an der Porta Collina gemachten Gefangenen und der Vernichtung der Einwohner von Praeneste, deren Schuld in der Asylgewährung für den jungen Marius bestand. Auch die anderen Städte, die ihm Widerstand geleistet hatten, insbesondere die in Etrurien, wurden mit der Beschlagnahme von Land bestraft, auf dem etwa hundertzwanzigtausend Veteranen angesiedelt werden sollten. Der Säuberungsprozess wurde mit der Veröffentlichung von Listen der für vogelfrei erklärten Personen fortgesetzt, zu denen politische Gegner gehörten, aber auch viele reiche und einflussreiche Opfer von Denunziationen; die gigantischen Vermögen, die in der folgenden Generation in Rom existiert haben sollen, stammten tatsächlich fast immer aus den Vermögen der Proskribierten (Anm. 19).

Die zweite Aktion Sullas war die Realisierung einer Reihe von Verfassungsreformen, die auf die Minderung der Macht der Volkstribunen abzielte, indem ihre Gesetzgebungsinitiative drastisch beschränkt und diejenigen vom Recht auf Bewerbung um höhere Ämter ausgeschlossen wurden, die das Tribunat ausgeübt hatten. Die städtische Plebs, Instrument der Tribunen, wurde mit der Abschaffung der Getreideausteilungen bestraft. Zudem gab er viel Macht an den Senat zurück und legte fest, dass Konsuln und Prätoren ihr Amt in Rom ausführten und nur mit Ende ihrer Amtszeit als Promagistraten (ehemalige Amtsinhaber) in die Provinzen gingen. Im Jahre 79 v. Chr. verzichtete Sulla auf die Diktatur und zog sich ins Privatleben zurück, nachdem er den Staat nach dem Ideal der Aristo-

Porträt Iulius Caesars, aus Tusculum, Marmor, 45–44 v. Chr.; Turin, Museo di Antichità.
Es handelt sich um die Replik eines Bronzeoriginals, das vermutlich in den letzten Lebensjahren Caesars geschaffen wurde, der, geboren 100 v. Chr., als reiferer Mann dargestellt ist.

Fresko mit Darstellung einer Seeschlacht, aus Rom, Villa Farnesina, Gang G, ca. 19 v. Chr.; Rom, Museo Nazionale Romano, Palazzo Massimo alle Terme.
Die reiche Vorstadtvilla, in der 2. Hälfte des 19. Jhs. während einer Erneuerung der Tiberdämme entdeckt, wurde wahrscheinlich nach der Schlacht von Actium gebaut und vermutlich anlässlich der Hochzeit der Iulia, der Tochter des Augustus, mit Agrippa 19 v. Chr. ausgeschmückt.

Porträt der Kleopatra, aus Rom, Villa der Quintilii an der Via Appia Antica, 50–30 v. Chr.; Vatikan, Musei Vaticani, Museo Gregorio Profano. Kleopatra kam zusammen mit ihrem Sohn Caesarion 46 v. Chr. nach Rom; sie blieb dort als Gast Caesars bis zum Tod des Diktators, der bestimmte, dass eine Statue der ägyptischen Königin neben dem Kultbild im Tempel der Venus Genetrix aufgestellt werde.

kraten umgebaut und die Opposition in Italien und in den Provinzen fast vollständig eliminiert hatte. Nur in Spanien kämpfte einer der treuesten Marianer, Quintus Sertorius, mit Erfolg gegen die Statthalter Sullas und leistete bis 72 v. Chr. Widerstand, als er durch ein Komplott starb, das es Pompeius erlaubte, den Krieg auf der Iberischen Halbinsel zu beenden und die Provinz unter die Kontrolle der Sullaner zu bringen.

In der Zwischenzeit war in Kampanien eine gewaltige Sklavenrebellion ausgebrochen; unter Führung des Gladiators Spartacus zogen sie fast ein Jahr lang plündernd durch Italien. Das Sonderkommando zur Niederschlagung der Revolte wurde dem Prätor Licinius Crassus übertragen, der mit den Aufständischen 71 v. Chr. fertig wurde. Kurz darauf trafen sich die beiden siegreichen Kommandanten Pompeius und Crassus an der Spitze ihrer Truppen vor den Toren Roms, um sich für das folgende Jahr in das Konsulat wählen zu lassen. Die beiden Konsuln setzten sich zum Ziel, die sullanische Staatsordnung zu stürzen, darüber hinaus die Volkstribunen wieder in ihre Vollmachten einzusetzen sowie die anderen Ämter wieder in der Form einzurichten, die sie vor Sulla hatten. Im Jahre 67 v. Chr. erhielt Pompeius für drei Jahre ein Sonderkommando auf dem gesamten Mittelmeer und an den Küsten bis 50 Meilen ins Hinterland, um der Piratenplage ein Ende zu setzen, welche die Versorgung Roms mit Getreide immer schwieriger machte. In nur drei Monaten versprengte der Condottiere die Piraten in alle Winde und erhielt darauf ohne Zeitbegrenzung und mit der Vollmacht, über Frieden und Krieg zu beschließen, die Ausweitung seiner Macht auf die asiatischen Provinzen übertragen, wo der Krieg mit Mithridates andauerte. Pompeius hatte so das Kommando über einen Konflikt erhalten, dessen Ende der Senat bei wechselnden Erfolgen nicht hatte herbeiführen können, und der sich verschärft hatte, als Nikomedes IV. von Bithynien gestorben war und sein Reich Rom als Erbe hinterlassen hatte. Im Jahre 66 v. Chr. besiegte Pompeius Mithridates, zwang den König von Armenien, Tigranes, zur Übergabe, und ging dann nach Syrien, wo er den Herrscher absetzte und das Gebiet zur Provinz herabstufte. im Jahre 63 v. Chr. setzte Mithridates' Selbstmord einem Krieg ein Ende, der über fünfundzwanzig Jahre gedauert hatte, und brachte Rom die Kontrolle über Klein-

Münzprägung und Propaganda

Nach dem Sieg über Pyrrhos begannen die ersten Emissionen von Silberdenaren, Münzen, deren Merkmal eine große Variation der dargestellten Typen war, darunter Gottheiten, historische oder mythische Personen, doch auch Ereignisse aus der Geschichte Roms, die fast immer in irgendeiner Weise mit der Familie des die Münze ausgebenden Beamten im Zusammenhang standen. Mit dem 1. Jahrhundert erschienen die ersten Typen, die wieder an die Gestalt des Münzmeisters anknüpften und nicht mehr an die seiner illustren Vorgänger, und mit der Kaiserzeit wurde das Bild des Princeps oder der Mitglieder seiner Familie auf der Vorderseite der Münzen zur Gewohnheit. Auf der Rückseite bildeten Episoden, die mit dem gesellschaftlichen und politischen Leben des Kaisers, seinen Siegen, von ihm errichteten bzw. restaurierten zivilen oder religiösen Gebäuden, doch auch Personifikationen abstrakter Begriffe – wie *Spes* (Hoffnung) oder *Concordia* – mächtige Propaganda- und Machtinstrumente; die Münzen zirkulierten ja überall und erreichten so die entferntesten Regionen des Reiches.

Denar des Mamilius Timetanus mit Odysseus und Argos, aus einem Juwelen- und Münzschatz, der in augusteischer Zeit deponiert und 1930 in einem Bronzegefäß in Lički Ribnik, Gospić, (Kroatien) gefunden wurde, 82 v. Chr., Zagreb, Arheološki Muzej u Zagrebu.

asien und das syrisch-palästinensische Gebiet. Im selben Jahr wurde Iulius Caesar zum Pontifex Maximus gewählt. Bei seiner Rückkehr nach Italien erwartete sich Pompeius, der alle reichen Herrscher des Ostens zu Roms Tributpflichtigen gemacht und eine enorme Beute heimgebracht hatte, zweifellos Ruhmesbekundungen, wie sie einem Rekorderoberer geschuldet wurden. In Wirklichkeit war die Situation viel komplexer, auch weil der superreiche Crassus, Pompeius' Gegner seit den Zeiten ihres gemeinsamen Konsulats, die Senatoren unter Kontrolle hatte; dabei sorgte er auf eine Weise für Pompeius' Isolation, die seine kolossale Popularität neutralisierte. Im Jahre 60 v. Chr. war es dann Caesar, der die Sache bereinigte. Es gelang ihm, die beiden Rivalen wieder zu befrieden und mit ihnen eine private Übereinkunft zu schließen, die als erstes Triumvirat bekannt ist: Sie sollten ihm bei der Erlangung des Konsulats helfen und er, als Konsul, sollte Land an die Veteranen des Pompeius verteilen, indem er dessen Dekrete im Osten anerkannte, und außerdem die Steuerpachtverträge nach unten revidieren, wie es Crassus verlangte. Der Konflikt mit dem Senat brach aus, kaum dass Caesar ein großes Agrarreformprojekt vorschlug, das die Landzuweisung an alle Veteranen, an Väter mit mehr als zwei Söhnen und allgemein an die armen Plebejer vorsah, desgleichen die Überprüfung der Eigentumstitel über das gesamte italische Gebiet, um nach den verworrenen Jahren des Bundesgenossenkrieges in Italien die sozialen Beziehungen auf dem Lande wieder zu kitten. Das Gesetz wurde trotz des Widerstandes des Senats gebilligt, und 59 v. Chr. vermochte es niemand zu verhindern, dass Caesar für fünf Jahre die Statthalterschaft über Gallien erhielt, dazu noch die über die Transalpina, sodass er die Möglichkeit besaß, praktisch im gesamten Kontinentaleuropa zu intervenieren.

Caesars gallischer Feldzug fand sein Ende in der Schlacht von Alesia, in der Vercingetorix besiegt wurde, der Anführer der Averner und einer Koalition fast aller gallischen Stämme; im folgenden Jahr wurden auch die letzten Widerstandsherde ausgelöscht. In der Zwischenzeit hielt in Rom trotz Missstimmungen und Unzufriedenheiten der Pakt stand; Pompeius und Crassus, Konsuln 55 v. Chr., erhielten am Ende ihres Mandats dasselbe prokonsularische Kommando wie Caesar – Pompeius in Spanien und Crassus in Syrien –, während die Macht Caesars um weitere fünf Jahre verlängert wurde. Crassus kam kurz nach dem Krieg gegen die Parther ums Leben, während Pompeius als Statthalter über Spanien gleichwohl in Rom blieb, um die Anarchie zu bremsen, die seit einiger Zeit den politischen Kampf in eine Auseinandersetzung unter bewaffneten Banden verwandelt hatte. Zum einzigen Konsul gewählt (*consul sine collega*), übte Pompeius die gleichen Befugnisse wie ein Diktator aus, nur dass er den Titel nicht annahm. Er verkündete strenge Gesetze zur Beendigung der Gewalt und der Korruption und verfügte die Verpflichtung, sich bei der Kandidatur zum Konsulat in Rom persönlich vorzustellen; das war ein offenkundiger feindlicher Akt gegenüber Caesar, der sich in Gallien befand und sich vor dem Ende seiner Statthalterschaft über die Cisalpina und die transalpinischen Gegenden um das höchste Amt bewerben wollte. Der Kriegsherr hatte während der Jahre des gallischen Krieges gewaltige Beutemengen angehäuft, die er bewusst dazu nutzte, eine enorme Popularität zu erlangen; doch die Optimaten standen auf der Seite des Pompeius, und Caesar konnte nicht das Risiko eingehen, als privater Bürger nach Rom zurückzukehren. Am 10. Januar fasste Caesar, nachdem er vom Senat nach Hause zurückberufen

Giovanni Francesco Barbieri, gen. Guercino, *Sterbende Kleopatra*, Öl auf Leinwand, 1648; Genua, Galleria di Palazzo Rosso.
Kleopatra VII., Tochter Ptolamaios' XII., geboren 69 v. Chr., heiratete im Alter von achtzehn Jahren ihren zwölfjährigen Bruder Ptolemaios XIII.; im Jahre 47 v. Chr., nach dem Tode des Gemahls, verband sie sich erneut auf Willen Caesars mit einem Bruder, Ptolemaios XIV., gut zehn Jahre jünger als sie. Im Sommer desselben Jahres gebar die Königin ein Kind, dessen Vaterschaft sie Caesar zuschrieb; der Kleine war etwa drei Jahre alt, als er nach dem Tode des Stiefvater-Onkels von der Mutter zum Mitkönig ernannt wurde.

Marmorfries mit Szene eines Triumphzugs, aus dem Tempel des Apollo Sosianus zu Rom, 2. Hälfte I. Jh. v. Chr.; Rom, Musei Capitolini, Centrale Montemartini. Triumphzüge wurden für siegreiche Generäle beschlossen, die in der Schlacht gegen den fremden Feind wenigstens 5000 Gegner getötet hatten und dann den Feldzug oder den Krieg erfolgreich abschließen konnten. Der Sieger betrat die Stadt durch die Porta Triumphalis und marschierte über einen festgelegten Weg zum Tempel des Iupiter Capitolinis auf dem Kapitol. Der triumphierende Kriegsherr wurde von Senatoren und Magistraten begleitet und stellte der applaudierenden Menge die dem Feind entrissene Beute zur Schau, dazu Bilder mit Darstellung der Kriegsereignisse, Opfertiere und Gefangene in Ketten; in den ersten Reihen marschierten die Persönlichkeiten von Rang, bisweilen sogar die Herrscher des besiegten Volkes.

worden war, den Entschluss, die am Rubikon fixierte Grenze des Pomeriums (Anm. 3) als Kommandeur der einzigen in der Cisalpina stationierte Legion zu überschreiten. In den folgenden Wochen brach ein heftiger Bürgerkrieg aus, der von Spanien bis zum Balkan ausgetragen wurde, ohne dass Caesars Herrschaft in Italien und Gallien je zur Diskussion gestellt worden wäre; die abschließende Schlacht bei Pharsalos im Sommer 48 v. Chr. hinterließ die Republik in den Händen ihres ersten wirklichen Alleinherrschers. Pompeius hingegen floh nach Ägypten, wo er ermordet werden sollte. Seine Gefolgsleute verteidigten sich noch bis zum Frühjahr 46 v. Chr., als sie bei Thapsos geschlagen wurden, und der letzte Widerstandsherd der Pompeianer auf der treuen Iberischen Halbinsel wurde am 17. März 46 v. Chr. in Munda fortgefegt; hier fielen alle überlebenden Anführer und der älteste Sohn des Pompeius.

... der Haruspex Spurinna warnte ihn: Hüte dich vor einer Gefahr, die sich nicht über die Iden des März aufschieben lässt.

(Sueton, Caesar, LXXXI)

schen Halbinsel. Caesar setzte sich für eine Stabilisierung des Geldmarktes in Italien und die Erleichterung der Lage verschuldeter Personen ein, auch wenn er sich entschlossen der demagogischen Maßnahme eines Schuldenerlasses widersetzte. Die Regierung Caesars war von kurzer Dauer, beendet am 15. März 44 v. Chr. durch eine Verschwörung jener Elite, die es nicht akzeptierte, die Macht in den Händen eines Einzigen anstatt einer begrenzten Gruppe – der Oligarchen – zu sehen. Der zweite Konsul, Marcus Antonius, ließ in der Absicht, weiteres Blutvergießen zu vermeiden, alle Dekrete Caesars ratifizieren, legte jedoch gleichzeitig fest, dessen Mörder nicht zu verfolgen. Der im Testament bestimmte Erbe, der achtzehnjährige Gaius Octavius, Sohn einer Nichte Caesars und dessen Adoptivsohn (Anm. 21), begann sofort, um die politische Erbschaft des Vaters zu kämpfen; er fand das nötige Geld zur Deckung des testamentarischen Vermächtnisses an die

Am Ende seines Prokonsulats bestand die juristische Grundlage der Position Caesars in der Diktatur (Anm. 20), die er zunächst auf unbestimmte Zeit, dann auf zehn Jahre und 44 v. Chr. auf Lebenszeit erhielt. Seine Siege waren im Gegensatz zu den Geschehnissen unter Sulla, nicht von Massenmorden, Proskriptionen und Plünderungen begleitet; die zur Versorgung der Veteranen erfolgende Kolonisierung erfolgte fast ausschließlich außerhalb der italienischen

städtische Plebs (75 000 Denare pro Kopf für etwa 250 000 Personen) und untergrub die Position des Antonius, den er – später – als Verräter herausstellte. Im November stand Oktavian, ein privater Bürger, schon an der Spitze von Caesars Veteranenheeren, um seinen Tod zu rächen, und zu Beginn des folgenden Jahres verfügte er über ein legales Kommando. Am 27. November 43 v. Chr. riefen Antonius, Oktavian und Lepidus, ein weiterer General Caesars, das zweite Triumvirat ins Leben, nicht mehr eine private Übereinkunft, sondern ein formell übernommenes Amt zur Ausarbeitung einer neuen Verfassung. Bei einer sich anschließenden Reichsteilung erhielt Lepidus Afrika, Antonius Gallia Cisalpina und den Osten, Oktavian Spanien und die undankbare Aufgabe, den Veteranen in Italien das versprochene Land zuzuweisen; Italien selbst blieb gemeinsame Domäne. Das Einvernehmen unter den Triumvirn war instabil und sollte nur wenige Jahre dauern. Binnen kurzem wurde Lepidus kaltgestellt, abgeschoben in sein Ehrenamt als Pontifex Maximus, während sich Oktavian und Antonius, der sich in der Zwischenzeit mit Kleopatra, der Königin Ägyptens, verbunden hatte, den Westen und den Osten teilten. Im Jahre 32 v. Chr., beim Auslaufen des zweiten Mandats der Triumvirn, gelang es Caesar, eine Verlängerung seines Kommandos zu erreichen, und er erklärte Ägypten den Krieg; er schlug die ägyptische Flotte vor der Küste von Epeiros bei Aktion (Actium). Der Selbstmord von Antonius und Kleopatra, während sie in Alexandria belagert wurden, setzte der Periode der Bürgerkriege ein Ende und verschaffte Oktavian das Kommando über das Reich.

Porträt Oktavians auf alter, nicht zugehöriger Büste, 35–30 v. Chr.; Rom, Musei Capitolini. Es handelt sich um eines der ältesten Porträts des künftigen – noch sehr jung erscheinenden – Augustus, Werk eines griechischen Künstlers; es gehört in die Zeit unmittelbar vor der Schlacht von Actium (31 v. Chr.) oder ist zeitgleich mit ihr.

Die Sklavenhalterwirtschaft

Im 2. Jahrhundert v. Chr. machten die kleinen und mittleren familiengeführten Bauernbetriebe, welche die Landwirtschaft in den Jahrhunderten zuvor geprägt hatten, zwei neuen Formen der Ausbeutung des Bodens Platz, die auf dem Einsatz von Sklaven basierte; diese strömten als Folge der beständigen Eroberungen im Mittelmeerraum nach Italien. In den südlichen Regionen bildeten sich immense Latifundien zur extensiven Landwirtschaft und zur Weidewirtschaft, wo Heere von Sklaven, auf sich selbst gestellt, zu niedrigsten Kosten wenig produzierten. In Mittelitalien dagegen traten auf der tyrrhenischen Seite die von Sklaven bewirtschafteten Gutshöfe auf den Plan, Betriebe mittlerer Größe, in denen Sklaven unter Aufsicht und Fürsorge eines Gutsverwalters in spezialisierter Intensivproduktion eingesetzt waren, vor allem im Anbau von Reben und Oliven sowie der Vermarktung von Wein und Öl. Innerhalb des Gutsbetriebs befand sich auch die Villa des Eigentümers, zumeist ein Mitglied der römischen Aristokratie, dem es nicht gestattet war, sich dem Handel zu widmen, der sich jedoch mit den Angelegenheiten seines Landguts befassen durfte.

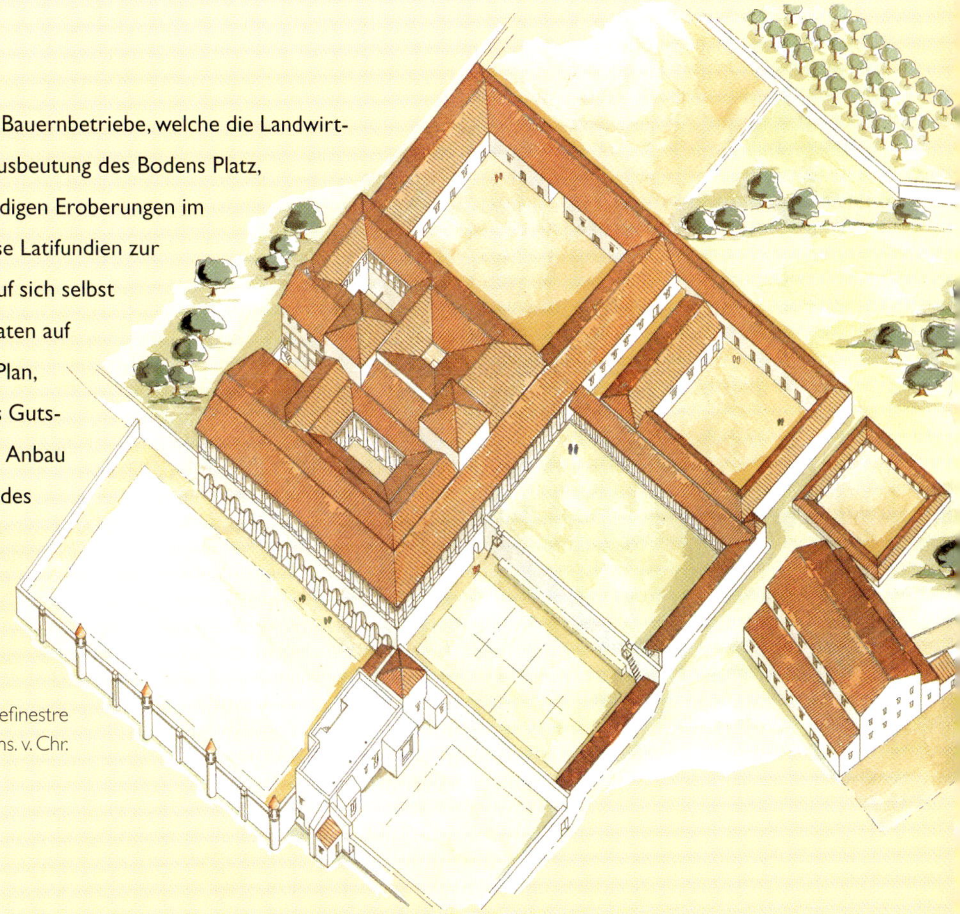

Axonometrische Rekonstruktion der Villa von Settefinestre in der Nähe des antiken Cosa, um die Mitte des 1. Jhs. v. Chr.

Mitte oben:
Aureus Oktavians, zwischen 32 und 29 v. Chr. mit seinem Porträt (Vorderseite); Rom, Museo Nazionale Romano, Palazzo Massimo alle Terme, Medaillensammlung.

Mitte unten:
Aureus des Augustus, zwischen 13 und 14 n. Chr., emittiert in Lugdunum (Lyon) mit Porträt des Kaisers mit Lorbeerkranz (Vorderseite); Rom, Museo Nazionale Romano, Palazzo Massimo alle Terme, Medaillensammlung.

Oben:
Medaillon aus blauem Glas mit Porträt des Germanicus in Uniform, aus Aquileia-Panigai, 1. Viertel 1. Jh. n. Chr.; Aquileia, Museo Archeologico Nazionale. Das Medaillon scheint mit der Rolle Aquileias als logistischem Zentrum für die jenseits der Alpen stationierten Truppen zusammenzuhängen. Sein Fund in einer vorwiegend für Bestattungszwecke bestimmten Gegend lässt zudem annehmen, dass es aus Grabbeigaben stammt.

Von Oktavian zu Augustus: Die Definition der Macht

Während des Propagandakriegs gegen Antonius hatte Oktavian mehrere Male erklärt, dass er am Ende des Konflikts auf die Macht verzichten wollte, doch nur wenige glaubten das, und wahrscheinlich wünschte es der größte Teil der Bevölkerung nicht einmal; die Klagen über den Schrecken des Brudermords, die Müdigkeit durch den Krieg und die Sehnsucht nach Frieden sind Themen, die in fast allen literarischen Werken der Periode auftauchen, und es war klar, dass nur das Handeln eines einzigen Mannes den Frieden zurückbringen könnte. Das Problem der Machtergreifung durch einen Mann allein war jedoch eng mit dem Begriff verknüpft, der den Sachverhalt bezeichnete: *regnum*, eine Vokabel, auf der seit fünfhundert Jahren eine Art Fluch lastete. Für den Staat existierte keine Alternative zur *res publica*, und daher war es notwendig, dass Oktavian seine Vorherrschaft innerhalb der republikanischen Institutionen definierte.

In den *Res Gestae* („Taten“) berichtet uns Augustus selbst von den Schritten seines Aufstiegs zur Macht: Triumvir auf zehn Jahre, führte er darauf Krieg gegen Antonius als Anführer eines eingeschworenen Bundes, während er nach Aktion-Actium den Prozess der Integration seiner Macht in die Institutionen des Staates in Angriff nahm. Mit umsichtiger Politik häufte er beständig umso mehr tatsächliche Macht an, als er formell verlor. In der Senatssitzung dann vom 13. Januar 27 v. Chr. folgte Augustus einem genau vorbereiteten Drehbuch, verzichtete „auf die absolute Macht, die er mit aller Zustimmung erhalten hatte (*Res Gestae*, 34. 1) und gab die Republik dem Senat und Volk von Rom zurück. Nach drei Tagen Diskussion beschlossen die Senatoren, ihm gegenüber ihre Dankbarkeit auszudrücken, indem sie ihm den Titel eines *Augustus* (Anm. 22) verliehen und ihm die Regierung über ein riesiges Gebiet übertrugen, das Spanien, Gallien, Syrien und Ägypten umfasste, d. h. alle Regionen, wo die erdrückende Mehrheit der Armeen stand. Die übrigen Territorien wurden vom Senat und vom Volk mittels der normalen Beamten regiert.

Augustus selbst beschrieb seine neue Position: „Von dem Augenblick an stand ich an Autorität über Allen, während die Macht, die ich hatte, nicht größer war als die der Anderen, die von Mal zu Mal meine Amtskollegen waren (*Res Gestae*, 34.3); allerdings vergaß er hinzuzufügen, dass ihm das Recht auf das Konsulat zukam und er der Einzige war, der auch auf ein militärisches Kommando zählen konnte. Erst vier Jahre später beschloss der Princeps, auf das Konsulat zu verzichten und seine Position auf andere Weise zu regeln. Er regierte die Provinzen mit einem höheren prokonsularischen Kommando, das er nicht verlor, wenn er das *pomerium* (Anm. 3) überschritt, und das er nicht erneuern lassen musste, wenn er die Stadt verließ. Die Basis seiner Position in Rom bestand nunmehr aus der *tribunicia potestas*, der Machtbefugnis des Volkstribunen – nicht dem Tribunat selbst, das er als Patrizier nicht übernehmen konnte. Diese wurde von Jahr zu Jahr automatisch erneuert, sodass er den Senat und das Volk zusammenrufen und bei jedweder Initiative sein Veto einlegen konnte. Darauf bekam er auch auf Lebenszeit die Konsulargewalt mit den äußeren Machtinsignien übertragen. Tribunizische Gewalt und konsularisches *imperium*

Die *Georgica* Vergils in einem Kodex des 5. Jhs. n. Chr.; Vatikan, Biblioteca Apostolica Vaticana.

Die Ara Pacis in Rom, der zu Ehren des Augustus 9 v. Chr. geweihte kolossale Marmoraltar. Die ersten für das Fundament eines modernen Palazzo verwendeten Fragmente des Monuments kamen schon im 16. Jh. ans Licht, doch die vollständige Bergung fand erst 1937 statt.

(Befehlsgewalt) sollten die offiziellen Komponenten der monarchischen Macht bleiben, und Augustus selbst bestimmte seine Nachfolger, indem er sie mit den beiden Titeln bekleidete. Im Jahre 12 v. Chr. übernahm der Princeps mit dem Tod des Lepidus das Amt des Pontifex Maximus, womit er den Prozess der Definition seiner Position gegenüber dem Staat abschloss. Der Titel eines Vaters des Vaterlandes, der ihm im Jahre 2 v. Chr. übertragen wurde, bildete nur mehr eine der zahlreichen Ehrenbezeugungen, die ihm gegenüber erwiesen wurden.

Ganz Italien schwor mir freiwillig Treue und bat mich, es im Bürgerkrieg zu führen, den ich bei Actium gewann.

(Augustus, Res Gestae, 25.2)

Neben der Definition seiner persönlichen Macht musste sich Augustus damit befassen, das neue imperiale Regime in den republikanischen Institutionen auf dem Weg einer langsamen Veränderung der Privilegien und der Attribute der verschiedenen Organe zu verankern. Die Rolle der gesetzgebenden Versammlung wurde rein formal, und die Freiheit der Magistratswahl war auf eine Gruppe festgelegter Kandidaten beschränkt; diese Praxis wird dann zum Schlüsselelement des neuen Systems. Augustus setzte auch eine Prozedur der Neuqualifikation für den Senat in Gang, indem er den Mindestzensus für den Eintritt erhöhte und eine schwierige Säuberung begann, um die während der Bürgerkriege „unpassend" Eingetretenen zu eliminieren und die Zahl der Senatoren wieder auf sechshundert zu bringen. Der neue Herr über das Reich garantierte dem Senat und seinen Mitgliedern die Erhaltung der höchsten Staatsämter und der höchsten Ränge im Heer, die, obschon es sich zum Gutteil um ihrer politischen Bedeutung

Porträt der Livia aus weißem Marmor, gefunden im Tiberbett, letztes Viertel 1. Jh. v. Chr.; Rom, Museo Nazionale Romano, Palazzo Massimo alle Terme.

Pola (Istrien), Augustus-und-Roma-Tempel, errichtet zwischen 2 v. Chr. und 14 n. Chr. durch Bauleute, die wahrscheinlich zu Beginn der augusteischen Zeit in der Hauptstadt wirkten und anschließend abwanderten. Die Weihung an Augustus im Bewusstsein der Völker, die das Reich bildeten, muss ein ziemlich spontanes Gefühl gewesen sein. Doch wenn im Osten diese Ehrerbietung leicht in göttliche Verehrung umzumünzen möglich gewesen sein dürfte, war der Personenkult im Westen – und v. a. in Italien – nicht vorstellbar; daher war es nötig, bei Weihungen von Kultbauten dem Namen des Princeps den der Roma beizufügen, damit legte man den Akzent auf die politische Bedeutung der Verehrung.

entleerte Ämter handelte, stets Quelle sozialen Prestiges und unverzichtbare Etappen zur Erlangung einer Provinzstatthalterschaft blieben. Augustus unternahm auch eine Restauration der Religion, wozu er Zeremonien und schon vergessene Kollegien wieder ins Leben rief. Er ließ Caesar divinisieren, um sich *divi filius* (Sohn des Göttlichen) nennen zu können, und, da Wohlergehen und Prosperität des Reiches nunmehr vom Princeps abhingen, wurden Gebete und Opfer, damit das Schicksal ihm günstig sei, eines der Hauptelemente des öffentlichen Kultes; der Kalender füllte sich mit Feiern der Karrierestufen des Augustus, von Geburtstagen und Gedenktagen. In allen Regionen des Reiches verbreitete sich engmaschig der gemeinsame Kult des Augustus und der Roma sowie der des *genius* (d. h. des Schutzgeistes) des Princeps.

Die Neuorganisation des Staates

Augustus ließ die Regierung Roms und Italiens in den Händen der traditionellen Beamten und beschränkte sich darauf, ihre Kompetenzen zu modifizieren. Er versuchte, den *cursus honorum* (Ämterlaufbahn) effizienter zu machen, der bis dahin darauf angelegt war, die Laufbahn des Einzelnen maximal in die Länge zu ziehen. Dazu senkte er stark die Altersgrenzen, die zur Übernahme der verschiedenen Ämter festgesetzt waren, und schuf neue, für die Leitung der öffentlichen Verwaltung unverzichtbare Formen. Insbesondere löste er nach zahlreichen persönlichen Eingriffen beim Erwerb und Transport des Getreides nach Rom auf eigene Kosten auch infolge der Brotunruhen von 23–22 v. Chr. das Versorgungsproblem, indem er gegen Ende seiner Regierung eine eigene Behörde für die *annona* (Anm. 8) einrichtete. Er schuf außerdem die Grundlagen für Polizeikräfte, welche die Aufrechterhaltung der Ordnung in der Stadt zur Aufgabe hatten.
Während der Jahre des zweiten Triumvirats und wiederum am Ende der Bürgerkriege war es notwendig geworden, einer exorbitanten Zahl an Veteranen Land zuzuteilen. Augustus siedelte die Seinen vor allem in Italien an, sei es als Anerkennung für die Tätigkeit als Soldaten des Princeps, sei es als seine persönlichen Garnisonen, während die Veteranen des Antonius und Lepidus sich mit Landstücken in den Provinzen zufrieden geben mussten. Im Jahre 14–13 v. Chr. leitete Augustus eine substanzielle Neuorganisation der Armee ein, welche auch die Entlohnung der Veteranen nicht mehr mit Land, sondern mit einer Geldabfindung im Gegenwert von etwa zwölf Morgen kultivierbaren Landes in Italien vorsah, d. h. viel weniger als am Ende der Bürgerkriege zugeteilt wurde. Wer die Auszahlung erhielt, war daher genötigt, sich in der Provinz niederzulassen, wo das Land weniger kostete. Im Jahre 5 n. Chr. wurde der Militärdienst von sechzehn auf zwanzig Jahre verlängert; auf diese Weise verringerte sich die Zahl der Legionäre, die lebend das Ende des Wehrdienstes erreichten, und die Auszahlung ihres Soldes wurde zeitlich hinausgeschoben, was eine beträchtliche Ersparnis für die Staatskasse ergab. Um die Auszahlung der Abfindung an die Veteranen regel-

Oben:
Teller und Schale aus Terra sigillata aus italischer Produktion, aus dem Militärlager von Haltern (Deutschland), Ende 1. Jh. v. Chr./ Anfang 1. Jh. n. Chr.; Haltern, Westfälisches Römermuseum.
Die Aufgabe des Lagers, das vermutlich mit der tragischen Niederlage des Varus im Teutoburger Wald (Anm. 23) in Verbindung zu bringen ist, lässt die Herstellung dieses Geschirrs mit Sicherheit in die Zeit vor 9 n. Chr. datieren.

Mitte:
Dolch mit tauschiertem Silberdekor, aus Oberammergau (Deutschland); Ende 1. Jh. v. Chr./ Anfang 1. Jh. n. Chr.; München, Archäologische Staatssammlung.
Der Dolch trägt auf einer Seite des Griffs den Namen des Produzenten, des norditalischen Handwerkers Gaius Antonius.

Links:
Vienne (Provence), der ursprünglich in der Gallia Narbonensis für Augustus und Roma errichtete, doch später Augustus und Livia geweihte Tempel, augusteische Zeit.

Waren, Handel, Märkte

Detail eines Sarkophagreliefs mit Darstellung zweier Amoretten, die Öl auspressen; Arles, Musée de l'Arles antique.

Die Gutsbetriebe mit Sklavenwirtschaft stellten wegen ihrer beträchtlichen Produktivität und Spezialisierung eine der fortgeschrittensten Formen landwirtschaftlicher Bodennutzung in der Antike dar und förderten vom 2. Jahrhundert v. Chr. bis zum Beginn der Kaiserzeit eine prosperierende Entwicklung der italischen Erzeugnisse. Mit der augusteischen Zeit jedoch wurden die ersten Knicke in der Produktion spürbar, und schon Tiberius äußerte offen seine Besorgnis: „Keiner, bei Herkules, berichtet, welchen Bedarf an fremden Waren Italien hat und wie sehr das Leben des römischen Volkes täglich den Risiken des Meeres und der Stürme ausgesetzt ist. Wenn die Produkte der Provinzen nicht den Herren, den Sklaven, den Feldern zu Hilfe kämen, könnten wir uns nicht durch unsere eigen Wälder und Villen aufrechterhalten" (Tacitus, *Annales*, 54, 4).

Binnen kurzem änderte sich das Gleichgewicht radikal, und Rom und Italien wurden völlig von Importen abhängig. Enorme Mengen an Öl, bestimmt für Küche, Beleuchtung, aber vor allem persönliche Hygiene, kamen von der Iberischen Halbinsel und dann aus Afrika; Getreide wurde vor allem aus Ägypten importiert, und Fischsoßen wurden in Küstenstädten des westlichen Mittelmeers,

Kryptoportikus am Forum von Arles. Die unterirdischen hufeisenförmigen Gewölbe, im Zuge einer gewaltigen Regulierung des Terrains an einem natürlichen Hang errichtet, hatten eine offene Seite auf einen öffentlichen Platz hin und wurden als Warenlager genutzt.

des Atlantiks und des Schwarzen Meeres erzeugt. Intensiv war auch der Handel mit hochwertigen Waren aus Regionen außerhalb des Imperiums, wie Bernstein aus dem Baltikum, Elfenbein aus Afrika, chinesische und orientalische Gewürze.

Ein deutliches Zeichen des Willens der Zentral- und Zivilverwaltung, eine Aufsicht über die Versorgung der Bevölkerung, über Qualität und Preise der Konsumgüter auszuüben, sind die weitläufigen Märkte, die in den wichtigsten Städten entstanden. In Rom kümmerte sich überdies die Annona-Verwaltung darum, eine Jahresernte an Getreide und Weizen zu kaufen und zu verwalten, um mit kostenlosen Verteilungsmaßnahmen intervenieren zu können. Trajan wollte mit der Errichtung seines neuen Marktes wahrscheinlich ein einheitliches Zentrum zur Verwaltung der Warenströme schaffen, die aus dem neuen Hafen an der Tibermündung in die Hauptstadt gelangten. Trotz dieser evidenten Bemühungen bewegte sich das Wirtschaftsleben des Reiches auf die totale Anarchie zu; die Preise stiegen beständig. Um dieser Situation die Bremse anzulegen, erließ Diokletian 301 ein Edikt, das für das gesamte Reich in rigoroser, schematischer Weise Höchstpreise für die einzelnen Waren und die einzelnen Dienstleistungen festsetzte. Die Gesetze der Ökonomie erwiesen sich jedoch als stärker denn der organisierende Wille des Kaisers; die gewaltige Entwicklung des durch das Edikt hervorgerufenen Schwarzmarktes bewirkte faktisch sein Scheitern.

Zur Verteilung der Produkte (Lebensmittel, doch auch Handwerksartikel und Geschirr) verfügten die Städte über öffentliche Märkte, die von örtlichen Magistraten verwaltet und überwacht wurden; sie kontrollierten das gute Funktionieren und die Einhaltung der geltenden Normen wie derjenigen, die den Händlern den Warentransport bei Nacht oder im Morgengrauen auftrug. Es fehlten auch Wochenmärkte nicht, zu denen sich die Bauern begaben, um Gemüse, Obst und die übrigen Überschussprodukte des Gutshofs zu verkaufen und dafür das zu erwerben, was sie autonom zu produzieren nicht in der Lage waren.

In verschiedenen Stadtteilen konnten darüber hinaus Brot, Hülsenfrüchte, Gemüse und andere Lebensmittel in privaten, zur Straße hin offenen Läden gekauft werden; diese hatten einen Hinterraum oder einen Hängeboden, die gewöhnlich als Wohnung des Eigentümers oder Betreibers dienten. Ambulante Händler dagegen installierten ihre Stände unter den Portiken an Plätzen und Straßen oder unter mobilen Zelten; dafür wählten sie vorzugsweise die stärker besuchten Stellen wie den Eingang zu den Thermen oder zum Amphitheater. Zahlreich waren auch die öffentlichen Restaurationsbetriebe, zuweilen regelrechte Restaurants mit einem oder mehreren Innenräumen; ihr Merkmal war eine Marmortheke mit eingelassenen großen Behältnissen für die Speisen und Getränke. Die Bäckereien für Brot und Süßgebäck wickelten gewöhnlich den gesamten Bearbeitungsprozess vom Mahlen des Getreides bis hin zum Verkauf en détail und en gros ab.

Relief mit Darstellung eines Ladens von Bronzeschmieden, aus Pompeji; Neapel, Museo Archeologico Nazionale.

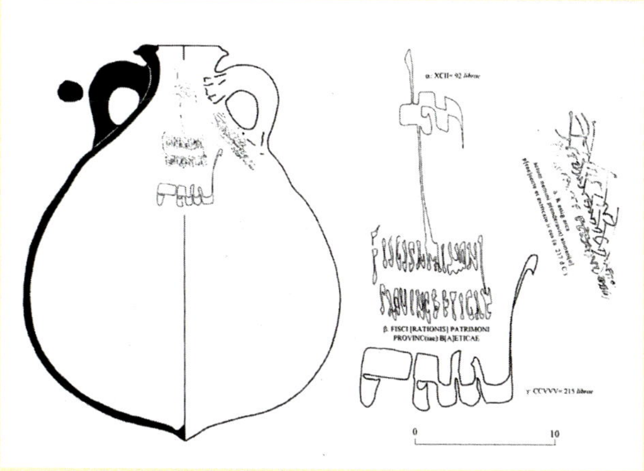

Zeichnung einer Ölamphore aus der Baetica, auf der die gemalten Aufschriften (*tituli picti*) erkennbar sind.

Statue des Germanicus, aus Amelia, an der Porta Romana, 1. Hälfte 1. Jh. n. Chr.; Perugia, Museo Archeologico Nazionale.
Die in einem römischen Atelier hergestellte Plastik ist kleiner als lebensgroß und wurde wahrscheinlich in tiberischer Zeit in den Jahren unmittelbar nach dem Tod des Germanicus (im Jahre 19 bei Antiochia) geschaffen. Der junge Drusussohn genoss zu Lebzeiten auch dank seiner bemerkenswerten militärischen Fähigkeiten eine große Popularität, die durch die wenig klaren Umstände seines Todes noch wuchs.

mäßig finanzieren zu können, richtete Augustus einen öffentlichen Fonds ein, das *aerarium militare* (Militärkasse), der aus einer Erbschaftssteuer und einer Auktionssteuer finanziert wurde. Der Prozess der Neuorganisation des Heeres tendierte faktisch zur Bildung stehender Armeen, die sich aus Berufssoldaten zusammensetzten.

Die Befriedung des Reiches

Die erste Legitimierung der Macht des Augustus resultierte aus dem Umstand, dass er Rom nach den Bürgerkriegen den Frieden gegeben hatte, während der Princeps an der äußeren Front fast vierzig Jahre lang mit Kriegshandlungen beschäftigt war, die auf die definitive Unterwerfung des gesamten Mittelmeerraums und eines Teils Zentraleuropas zielten. Zwischen 27 und 18 v. Chr. brachte er die Unterwerfung der letzten unabhängigen iberischen Völker zu Ende, und direkt anschließend schloss er die Eroberung des Alpenbogens ab, die er schon 25 v. Chr. begonnen hatte, mit der Auslöschung der Salasser im Aosta-Tal zu dem Zweck, sich die Straße nach Gallien über den Kleinen Sankt Bernhard zu sichern. Im Osten beschränkte er sich auf einige politische Justierungen, um all seine Kräfte auf die Expansion nach Kontinentaleuropa zu konzentrieren; diese begann 16–15 v. Chr. an verschiedenen Fronten und setzte sich in schwer zu rekonstruierenden Etappen fort. Um das Jahr 8 v. Chr. befand sich das gesamte Gebiet zwischen Adriatischem Meer und mittlerer Donau unter der Kontrolle Roms. Nur wenig mehr als zehn Jahre später schien die Provinz Germania so stabil, dass sie die Entsendung von Kundschaftern über die Meerenge nach Dänemark erlaubte, um Nachrichten über die dort ansässigen Völkerschaften einzuholen – als Präludium zu einer neuen Eroberungsaktion. Doch ein unerwarteter Aufstand im Illyricum zwang Tiberius – Sohn aus der Verbindung Livias, der Ehefrau des Augustus, mit ihrem ersten Gatten – dazu, einen Teil des Heeres nach Pannonien zu verlegen und das Kommando über die Truppen an der Elbe Publius Quintilius Varus zu überlassen. Der neue General jedoch war nicht dazu in der Lage, einer Revolte aller von Arminius geführten Germanen zu widerstehen, einem einheimischen Anführer, der als Offizier zum römischen Heer gehörte. Der Aufstand erfolgte im Jahre 9 n. Chr. im „Teutoburger Wald“ (Anm. 23) und führte zur Vernichtung der Truppen des Varus, dem die Sieger auch noch die Feldzeichen wegnahmen. Für den inzwischen alt gewordenen Augustus war das die schwerste je erlittene Niederlage und markierte mit der endgültigen Auflassung der Heerlager rechts des Rheins das Ende der Expansionsphase.

Rechts:
Stele eines Zenturios der XVIII. Legion des Varus, aus Xanten (Deutschland), etwa 9 n. Chr.; Bonn, Rheinisches Landesmuseum.
Der vieldekorierte Offizier, der 53-jährige Marcus Caelius aus Bologna, ist zusammen mit seinen Kindern Privatus und Thiaminus auf der Stele dargestellt, die sein Bruder Publius herstellen ließ.

Seite gegenüber:
Das Gymnsium-Caesareum von Cyrene, imposantes in hellenistischer Zeit um einen weiten Platz errichtetes Gebäude, später in augusteischer und hadrianischer Zeit umgebaut; das belegen die Inschriften auf dem Epistyl der Fassade und dem Türarchitrav.

DIE PROVINZEN

Die augusteische Ordnung vom Atlantik bis zum Schwarzen Meer, von der Nordsee bis zur Sahara

Die im Lauf der Feldzüge des Augustus annektierten Regionen wurden sofort in Provinzen umgewandelt und alle dem Princeps unterstellt; zur selben Zeit wurden weitere schon unter römischer Kontrolle befindliche Territorien angegliedert oder geteilt und gingen von der Regierung des Princeps in die des Volkes über (Anm. 24) und umgekehrt. Die Grenzen des Reiches konsolidierten sich nach der Niederlage des Varus – ausgenommen einige wenige und häufig vorübergehende Eroberungen von Augustus' Nachfolgern –, doch die Verwaltungsgliederung und Regierungsverwaltung der einzelnen Provinzen unterlagen weiter über drei Jahrhunderte kleinen Neuordnungen und Verände-

rungen, bis zur substanziellen Neuorganisation durch Diokletian. In der Beschreibung der verschiedenen Regionen wurde versucht, soweit möglich, der Ordnung der augusteischen Zeit Rechnung zu tragen, auch wenn Ausnahmefälle wie das Noricum nicht fehlen, das nach und nach unter Augustus besetzt, doch erst von Claudius in eine Provinz umgewandelt wurde, oder der Fall Judäas, des „föderierten" Königreiches, das erst nach dem Tod des Königs Herodes offiziell dem Reich angegliedert wurde. Die entfernteren Regionen, die unter Augustus' Nachfolgern in den Herrschaftsbereich Roms gerieten, und der Streifen des afrikanischen und orientalischen Limes, der, obwohl Teil von Provinzen der augusteischen Zeit, seine maximale Ausdehnung unter Septimius Severus erreichte, werden jedoch erst im folgenden Kapitel zusammen mit den Ereignissen beschrieben, welche die Geschichte einiger bedeutender Karawanenstädte und Wüstenfestungen im Laufe des 3. Jahrhunderts charakterisieren.

Statue eines Elefanten, aus der Tomba dell'Elefante, wahrscheinlich Kybele und Atthis geweihte Kultstätte, römische Nekropole von Carmona, 1. Jh.

Die durch Augustus erreichte Befriedung brachte den Völkern der Provinzen beträchtliche Vorteile, trotz der noch existierenden Ungleichheit mit Blick auf die Bewohner Italiens. Denn wenn die Römer Frieden und Ordnung um den Preis der Freiheit erhielten, hatten die Untertanen des Imperiums – und vor allem diejenigen aus den reichen östlichen Provinzen, aus denen die größten Einkünfte für den Staat kamen – das Ende einer der finstersten Perioden ihrer Geschichte erlebt, welche durch den unkontrollierten Gebrauch ihrer wirtschaftlichen Möglichkeiten geprägt war. Mit der augusteischen Neuordnung wurde die Ausbeutung dank einer effizienteren Kontrolle ihrer Statthalter, der Abschaffung der Steuerverpachtung und der Übertragung der Steuerzahlung an die örtlichen Kommunen in rationale Bahnen gelenkt und beträchtlich reduziert; zudem führte die Einführung der Volkszählungen in den Provinzen zur Feststellung der ökonomischen Möglichkeiten eines jeden zum Zweck einer korrekteren Verteilung der fiskalischen Lasten. Ein Zuwachs des allgemeinen Wohlstands erfolgte zudem sowohl durch vom Princeps geförderte städtebauliche Maßnahmen sowie die eifrige Bautätigkeit als auch durch die bemerkenswerte Verbesserung der Infrastruktur, insbesondere der Verkehrsverbindungen mit dem produzierenden Hinterland und den wichtigen Handelszentren.

Die Römer haben ein einziges altes Motiv, um mit Nationen, Völkern und Königen Krieg zu führen: eine tiefe Gier nach Macht und Reichtümern.

(Sallust, Epistula Mithridatis, 5)

Die Sicherheit des Imperiums war den in den Grenzprovinzen oder in den nicht vollständig befriedeten Provinzen stationierten Legionen anvertraut. Neben den römischen Soldaten und den Truppen der Klienten-Könige (Anm. 25) wurde die Zahl der Hilfstruppen enorm erhöht, die in der Zeit des Tiberius die der Legionen erreichte; vielleicht geschah dies auch aus ökonomischen Gründen, da für diese Kontingente die Zahlung einer Abfindung am Ende der Laufbahn nicht vorgesehen war. Ein dichtes Kontrollnetz auf den Meeren aus den beiden im Mittelmeer stationierten Flotten, zu denen später weitere dazukamen wie die pontische, beseitigte bis zur Mitte des 3. Jahrhunderts vollständig das Problem der Piraterie.

Unten und gegenüber oben: Mosaikfußböden in einem Haus des nördlichen Sektors der Stadt Italica (Spanien), Zeit Hadrians. In Italica, der Geburtsstadt Trajans und Hadrians, war die älteste Gemeinde römischer Bürger der Baetica ansässig. Lange Zeit jedoch blieb das indigene romanisierte Hispalis (Sevilla) der Hauptort des Gebietes; erst in hadrianischer Zeit erlebte Italica einen radikalen Wandel und erhielt dabei auch ein 25 000 Zuschauer fassendes Amphitheater.

Die Iberische Halbinsel: Baetica – Tarraconensis – Lusitania

Das römische Interesse an den Gebieten der Iberischen Halbinsel ist direkt mit der karthagischen Besetzung des südlichen Bereichs und vor allem der Präsenz Hannibals und seines mächtigen Heeres verbunden. Für die gesamte Dauer des zweiten Punischen Krieges hatte das römische Eingreifen einen ausschließlich militärischen Charakter, sodass nach den archäologischen Funden zu urteilen auch die zum Unterhalt der Truppen notwendigen Ressourcen direkt aus Italien kommen mussten; 215 v. Chr. schrieb Scipio an den Senat und bat um Geldhilfe, doch vor allem um die Lieferung von Kleidung und Getreide. Erst am Ende des Konflikts, als es den Römern, wenn auch nur unter Schwierigkeiten, gelang, die Gebiete nördlich des Ebro zu kontrollieren, begannen sie, wenigstens einen Teil der Reichtümer Iberiens auszunutzen; gleichwohl handelte es sich dabei um eine sporadische Ausbeutung, die vor allem auf Plünderungen gründete, mehr als auf planmäßiger Nutzung der Ressourcen. Noch einige Jahrzehnte lang blieb die römische Präsenz auf der Halbinsel eng an die Stationierung der Heere gebunden, und die Eintreibung von Tributen bei den lokalen Völkerschaften zielte vor allem auf die Lösung des Problems der Besoldung und des Unterhalts der Truppen, sodass die Beschlagnahme von Getreide zur Versorgung des Heeres sehr schnell durch

Unten:
Kolossalkopf der Tyche, weißer Marmor, aus Italica, späthadrianische Zeit; Sevilla, Museo Arqueológico Provincial. Tyche war das personifizierte Schicksal, das über dem Planen und Handeln der Menschen steht. Sogar Städte hatten ihre Tyche, manche auch einen Tyche-Kult wie Antiochia.

die Erhebung eines Prozentanteils auf die Ernte geregelt wurde.
Über die von den Römern im Laufe des 2. Jahrhunderts v. Chr. durchgeführte Territorialgliederung – in einem Gebiet, welches durch die Existenz phönizisch-punischer Kolonien das Phänomen von Städten schon kannte – ist nichts bekannt, doch hat es nicht den Anschein, dass es in dieser Zeit eine bedeutende Ansiedlung italischer Kolonen gegeben hätte; auch die Schaffung neuer urbaner Zentren war offenbar nicht geplant. Erst ab der Mitte des folgenden Jahrhunderts scheint die Kolonisierung der Iberischen Halbinsel endgültig geplant worden zu sein. So ist das Entstehen von Städten zu registrieren, die über ein genau begrenztes und der Zenturiation (Anm. 15) unterworfenes Gebiet verfügen; dieses ist mit Blick auf eine rationelle, optimale landwirtschaftliche Flächennutzung organisiert. Ein bemerkenswerter technischer, aber auch verwaltungsmäßiger und politischer Aufwand wird an den Tag gelegt, um weite Zonen urbar zu machen, Straßennetze und Kanalisation zu schaffen und die verschiedenen Besitztümer rechtlich zu erfassen.
Ab der Mitte des 2. Jahrhunderts v. Chr. begannen die Römer, die Erzvorkommen der Bergbauregion Cartagena systematisch auszubeuten; dabei setzten sie 40 000 Leute ein und produzierten 25 000 Drachmen (Anm. 26) Silber pro Tag. Wir wissen nicht genau, wie der Abbau geregelt war, doch zahlreiche Amphoren, die italischen Wein enthielten, und an das Ende des 2. Jahrhunderts v. Chr. datierte Münzen belegen an der gesamten Sierra Morena und bis zum Distrikt von Cartagena die Anwesenheit zahlreicher Italiker, die wahrscheinlich auf der Suche nach Silber auf die Iberische Halbinsel gekommen waren. Im Laufe der Zeit, so dokumentieren es die archäologischen Zeugnisse, wurde unter den Privatleuten, denen vom Staat die

Links:
Meilenstein aus Marmor, 1942 im Theaterbereich von Italica gefunden, hadrianisch; Sevilla, Museo Arqueológico Provincial.
Er bezieht sich auf ein von Hadrian wahrscheinlich nach der Erhebung der Stadt zur römischen Kolonie veranlasstes Werk und war vermutlich an einer nach Norden führenden Straße aufgestellt.

Rechts:
Rundalter aus lunensischem Marmor mit Darstellung eines Mänadenzuges, aus dem Theaterbereich von Italica, Ende der augusteischen Zeit; Sevilla, Museo Arqueológico Provincial.

Relief mit Hornbläser, aus Osuna, 1. Jh. v. Chr.; Madrid, Museo Arqueológico Nacional. Das Horn war ein Blasinstrument aus Bronze, ähnlich einer Trompete, sehr schlank und stark gebogen, mit Querstütze, mit deren Hilfe man das Instrument auf eine Schulter stützen und blasen konnte. Das Horn wurde v. a. in der Armee verwendet, besonders in der Infanterie, doch auch bei manchen religiösen Zeremonien oder Spielen.

Ausbeutung der Silbervorkommen, aber auch von Quecksilber, Mennige und Blei, konzediert worden war, die Dominanz der Italiker und ihrer Abkömmlinge durch das Auftreten von Personen einheimischer Herkunft verdrängt. In der Kaiserzeit wurde die Verantwortung für die Gruben einem Prokurator übertragen, der von Rom aus die Steuerpolitik der Bergbaugebiete sowohl in öffentlichem wie kaiserlichem Besitz mittels Verwaltern in den Provinzen leitete, welche die technische Kontrolle über die Gruben und die Leitung der diesbezüglichen Aktivitäten örtlichen Beamten anvertrauten. Der Erzabbau auf der Iberischen Halbinsel erreichte den Höchststand seiner Entwicklung in der ersten Phase der Kaiserzeit; das Grubengebiet von Cartagena geriet schon am Ende des 1. Jahrhunderts sowie in severischer Zeit (Ende 2. Jahrhundert) in eine Krise, auch weil für die Gruben in den nordwestlichen Regionen eine Phase des Niedergangs begann; nur geringe Abbautätigkeit ist im 3. und 4. Jahrhundert zu registrieren.

Zu Beginn des 1. Jahrhunderts v. Chr. war auch der Handel mit iberischen Produkten über die Küstenzentren schon in vollem Gange, unter denen Emporiae (Ampurias in Katalonien) besondere Bedeutung hatte; außer Silber und anderen Mineralien gab es eine reiche Produktion von Wein, Getreide und Öl im Tal des Guadalquivir, und andererseits warteten die südlichen und die Atlantikküsten mit Fischfang, Fischverarbeitung, insbesondere der Einsalzung und Konservierung, auf, dazu wurde Seegras (Esparto) gesammelt, das für Tauwerk und Teppiche verwandt wurde. Ab der Zeit der Severer muss Iberien wenigstens zum Teil seine wirtschaftliche Rolle mit dem Niedergang der Metall- und Agrarexporte in die Hauptstadt verloren haben, während sein fruchtbares Territorium und die angenehmen Küstenzonen weiterhin die wohlhabende Schicht als Orte der Sommerfrische und Erholung anzogen. In derselben Zeit bewahrten die Städte noch ihren alten Glanz, auch wenn schon die ersten Zeichen des Niedergangs zu verspüren waren. Im Laufe des 3. Jahrhunderts dürfte Hispanien nur sporadische Einfälle von Franken und Alamannen erlebt haben, doch es vollzog sich eine allgemeine Verarmung durch den Rückgang der Wirtschaft in Richtung auf Selbstversorgung. Nach der diokletianischen Provinzreform finden sich in den neuen Verwaltungshauptstädten deutliche Spuren städtebaulicher Umgestaltungen, auch wenn in zahlreichen Städten ein langsamer Transformationsprozess, der zu Beginn des folgenden Jahrhunderts zum Abschluss gelangte, zur Aufgabe vieler Landstriche und zur Verwandlung städtischer Bereiche in Schuttabladeplätze oder Notunterkünfte führte, die zuvor öffentlichen Aktivitäten vorbehalten waren. Die Landwirtschaft dagegen erfreute sich noch beträchtlicher Prosperität auch dank der Verwaltungsneuordnung Diokletians, der Hispanien der Präfektur der gallischen Provinzen zuwies und so die Handelsströme von der Hauptstadt des Reiches in die Randregionen Mitteleuropas verlagerte; dadurch hatte er die Iberische Halbinsel in ein Versorgungsreservoir für die am germanischen Limes stationierten Truppen mit

Tarragona, Bogen von Barà, errichtet zu Beginn der Kaiserzeit und zwischen 102 und 107 umgebaut; noch heute führt römisches Straßenpflaster hindurch.

Tarragona, der unter dem Namen Las Ferreras bekannte Aquädukt, wahrscheinlich in augusteischer Zeit erbaut (von einigen jedoch trajanisch datiert). In der Umgebung der Hauptstadt der Provinz Tarraconensis standen verschiedene Villen, darunter die höchst prachtvolle, zum Meer hin gelegene Villa von El Munts, im 2. Jh. Sitz des Provinzgouverneurs, im 3. und 4. Jh. weiter ausgebaut und verschönert, und die von Centcelles, zu Beginn des 5. Jahrhunderts zum Mausoleum des Kaisers Maximus umgebaut.

Unten:
Emporiae (Ampurias), Abschnitt der römischen Mauern, Anfang 1. Jh. v. Chr. Der Sockel aus bossiertem Muschelkalkstein ist aus sehr regelmäßigem Polygonalmauerwerk, der Aufbau aus Beton.

Öl und Weizen, doch vor allem mit Zugtieren, verwandelt. Das 4. Jahrhundert ist zweifellos die Periode wahren Glanzes der großen Landbesitztümer in Hispanien; die archäologische Forschung brachte einige höchst luxuriöse Gutshöfe an den Tag und wies so insbesondere im Nordteil der spanischen Meseta – der weiten Hochebene, auf der sich kultivierte Dörfer mit Wäldern, Steppen und Wüstenstrichen abwechseln – Residenzen nach, die wie regelrechte Paläste angelegt und prachtvoll mit erlesenen Mosaiken ausgestattet waren. Zahlreiche Gutshöfe überstanden die Einfälle von Sueben, Alanen, Wandalen und Westgoten ab dem Ende des Jahrhunderts, bis ins 7. Jahrhundert wurden sie restauriert und umgebaut, bisweilen existierten sie sogar bis in die Zeit der Araberherrschaft ab dem 8. Jahrhundert. Im 5. Jahrhundert war die Halb-

Mosaik mit Opferung der Iphigenie, Mitte des 20. Jhs. bei vorbereitenden Untersuchungen zur systematischen Erforschung der Überreste des antiken Emporiae gefunden; Ampurias, Museo Arqueológico.

insel von den Einfällen der Germanenvölker betroffen, welche die im Übrigen ländlichen Siedlungen offenkundig sporadisch und ohne Gewalt besetzten, sodass sich sowohl in der landwirtschaftlichen Produktion wie im Bergbau keine wesentlichen Änderungen finden; allerdings sind die Erzeugnisse jetzt ausschließlich für den internen Konsum bestimmt.

Die Haltung der Völker der Iberischen Halbinsel gegenüber der Herrschaft Roms war nie homogen, da die Verhältnisse im Einzelnen zu verschieden waren, und ebenso unterschiedlich waren Zeit und Art der Eroberung.

Die Großgrundbesitzer in der Baetica, die Unternehmer und Kaufleute, doch genereller die gesamte Mittelschicht der Küstenstädte, die schon seit Jahrhunderten an fremde Besatzung gewöhnt waren, zogen zweifellos ihren Nutzen aus der *pax Romana* und passten sich leicht den griechisch-römischen Sitten und Gebräuchen an; dabei vergaßen sie die uralten Traditionen der iberischen Völker und erreichten einen Grad tiefgreifender Romanisierung. Alle von Augustus und Agrippa (Anm. 27) „befriedeten" Völker dagegen, die ihre sozialen Strukturen, ihre Sprache und einheimischen Kulte bewahrten, ertrugen die Herrschaft schlecht, auch weil sie einem Kolonialregime unterworfen waren, in dem niemand verpflichtet war, sich den Besatzungsbehörden anzupassen; Nichtanpassung bedeutete jedoch faktisch sowohl Diskriminierung als auch die Unmöglichkeit, zu Wohlstand zu kommen. Sichtbare Spuren fehlender Anpassung sind noch heute im Überleben der baskischen Sprache erkennbar, eines vorindoeuropäischen Idioms.

Bei der augusteischen Neuordnung der Provinzialgebiete wurde die Iberische Halbinsel in drei Regionen geteilt. Die südlichste, die Baetica, die ihren Namen vom Fluss Baetis

Die Ernährung

In der gesamten Frühzeit bestand das Hauptnahrungsmittel der Römer aus einem Spelt- oder Gerstenbrei; erst sehr spät lernten sie Reis kennen, den sie freilich nicht aßen, und Brot wurde nicht vor dem 2. Jahrhundert v. Chr. üblich. Reichlich war der Verzehr von Hülsenfrüchten und Gemüsen, aber wir dürfen nicht vergessen, dass in Europa zu dieser Zeit auf den Tischen einige Grundbestandteile unserer heutigen Küche wie Tomaten, Kartoffeln und grüne Bohnen fehlten. Ausgesprochen geschätzt war Trockenobst, das auch in vielen Süßspeisen vorkam, während gekochtes Obst mit Honig und Gewürzen als Beilage von Fleischgerichten, vorzugsweise Geflügel oder Schwein, serviert wurde. Fisch, frisch oder in Salzlake, war ein viel konsumiertes Lebensmittel, und das *garum,* eine aus gesalzenem, fermentierten Fisch unter Zugabe von Würzkräutern hergestellte Soße, war eines der am verbreitetsten Würzungsmittel; das belegt der Fund großer Amphorenmengen, die für den Vertrieb dieser Würze benötigt wurden.

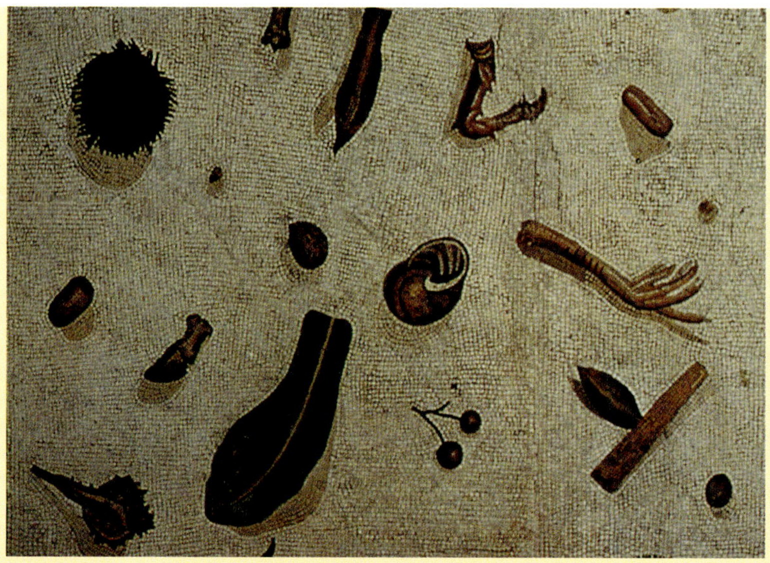

Fußbodenmosaik („oikos asárotos"), wahrscheinlich aus einem Triklinium, mit der realistischen Darstellung von Speiseresten und Abfällen; Rom, Musei Vaticani.

(Guadalquivir) hat und im Großen und Ganzen dem heutigen Andalusien entspricht, war durch ein blühendes urbanes Leben charakterisiert, auch dank der beachtlichen Bedeutung des Flussverkehrs: Die großen Schiffe konnten den Guadalquivir bis Hispalis (Sevilla) hinaufgelangen, von dort erreichten die Waren Corduba (Cordoba), die Verwaltungshauptstadt der Provinz, nachdem sie auf kleinere Boote umgeladen worden waren. Der Binnenverkehr war durch ein dichtes Straßennetz gewährleistet, das mit dem Fluss verbunden war; die Hauptverkehrsader war die Via Augusta, welche die Verwaltungszentren der Provinz querte, um an der Küste in Gades (Cadiz) zu enden, und die auch den Verlauf der offiziellen römischen Gebietseinteilung nachzeichnete.

Neben der Produktion und dem Export landwirtschaftlicher Erzeugnisse und von Bergbauprodukten war eine der wirtschaftlichen Hauptstützen der Baetica mit dem Fischfang und der Verarbeitung von Fischprodukten ver-

Der Aquädukt von Segovia, eines der Meisterwerke der römischen Architektur in Spanien, wahrscheinlich unter der kurzen Herrschaft Nervas (96–98) in trocken aufeinander gefügten Quadersteinen erbaut. Das imposante Bauwerk, das Wasser aus den 17 km entfernten Quellen von Riofrio herbeiführte, quert noch heute auf über 800 m das Stadtzentrum.

Sogenannte Bronzeköpfe von Augustus und Livia, aus einem kleinen Tempel von Azaila (Teruel), 2. Hälfte 1. Jh. v. Chr.; Madrid, Museo Arqueológico Nacional. Die beiden zusammen gefundenen, doch vermutlich nicht zu einem einzigen Monument gehörigen Köpfe waren Bestandteil einer Reihe von Bronzeobjekten von verschiedener Provenienz, die in einem Hort deponiert wurden. Die Analyse der beiden Werke, die den Beginn der römischen Porträtkunst auf der Iberischen Halbinsel markieren, lässt ausschließen, dass es sich um Darstellungen des Kaiserpaares handelt.

knüpft; die Küstenzentren waren für ihre Fischteiche, aber auch die Zubereitung von Salzlaken sowie andere Fischfangderivate bekannt. Die archäologische Forschung ist gerade dabei, die antike Geomorphologie der Küste und ihre Veränderungen zu untersuchen, die zum Gutteil auf intensive und häufig wahllose Entwaldung der inneren Regionen zurückgehen und die Ursache für große Anschwemmungen bilden.

Zum Zeitpunkt der römischen Eroberung war das Urbanisierungsniveau der Region schon sehr hoch. Es genügten wenige Initiativen, um die von den punischen Siedlungen ererbte Struktur – deren Stempel sehr lange sichtbar sein wird – neuen Bedürfnissen anzupassen. Die Kolonistensiedlungen – sowohl in den ältesten als auch den von Caesar und Augustus angestoßenen Phasen – überlagerten fast immer die vorrömischen Zentren und behielten im Namen auch das indigene Toponym bei, das in den meisten Fällen in der modernen Namensgebung die Oberhand behalten sollte. Die letzte Kolonie der Baetica war mit Genehmigung Hadrians Italica, seine und Trajans Geburtsstadt, ein Zentrum, das eine beachtliche, doch sehr kurze Blüte allein in ihren Lobpreisungen haben sollte. Die mit den Munizipalgesetzen in einigen Städten – Urso, Salpensa, Malaga und jüngst erst Irni – der Baetica gefundenen Bronzetafeln bilden einen einzigartigen Angelpunkt bezüglich der Kenntnis der Verwaltungsorganisation der Zentren der Baetica, doch allgemeiner auch des gesamten Imperiums; ebenso liefern sie Informationen über die Priester, die Weise ihrer Wahl und ihre wichtigsten Aufgaben.

Das heutige Portugal und ein Teil Zentralspaniens bildete die Provinz Lusitanien mit der Hauptstadt Augusta Eme-

Links:
Mosaikfragment mit Frauenbüste, Personifikation des Winters, aus einer römischen Villa von Los Villares (Quintana del Marco, León), 2. Hälfte 4. Jh. n. Chr.; Madrid, Museo Arqueológico Nacional.

Rechts:
Mosaik in der römischen Villa von La Olmeda, Palencia, 4. Jh. n. Chr. Die reiche, originelle Mosaikausschmückung der Residenz von La Olmeda lässt sich mit jener aus der sizilianischen Villa von Piazza Armerina vergleichen und gehört zur prachtvollen iberischen Mosaikkunst der Spätantike, einer Zeit größter Blüte für die Villen, die oft noch nach der Eroberung durch die Westgoten weiterexistierten.

rita (Mérida). Die archäologischen Forschungen der letzten Jahre zeigten im Gebiet der Südküste einige Siedlungen auf, die vielleicht auf eine von Caesar veranlasste systematische Kolonisierung zurückzuführen sind; einige befestigte Villen von geringeren Ausmaßen, ausgegraben im Gebiet von Castro Verde und nur wenig vor der Mitte des 1. Jahrhunderts v. Chr. zu datieren, waren zunächst als kleine Militärsiedlungen interpretiert worden, werden jetzt jedoch als Villen erkannt, die eher mit der Ausbeutung begrenzter Silberadern als dem Ackerbau zusammenhängen.

Auch in Lusitanien ist das augusteische Zeitalter durch die Verwaltungsneuordnung und durch ein beträchtliches Anwachsen der Urbanisierung gekennzeichnet, die sich in Form der Erneuerung alter befestigter Dörfer oder auch der Gründung von Städten an zuvor unbewohnten Orten vollzog. Die städtebauliche Tätigkeit wurde unter Augustus' Nachfolgern fortgesetzt, wenngleich in einem gerin-

Links:
Ansicht der Rückseite des Podiumstempels von Ebora (Evora), Portugal, wahrscheinlich im 1. Jh. dem Kaiserkult geweiht.

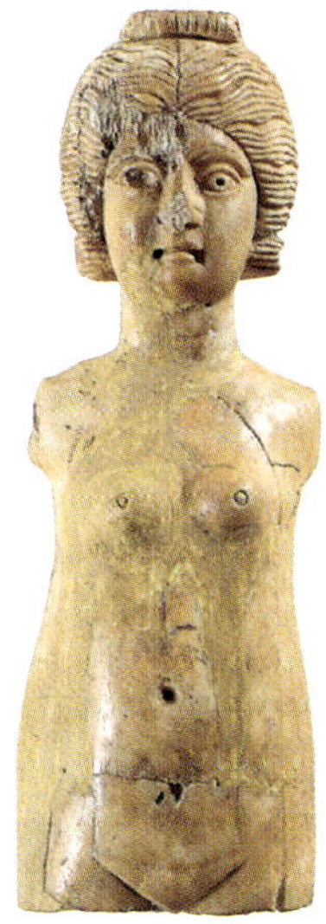

Oben:
Elfenbeinerne Gelenkpuppe, aus Segobriga, etwa 250– 280 n. Chr.; Cuenca, Museo Arqueológico. Die Datierung des Spielzeugs wahrscheinlich aus römischer Herstellung und Zeugnis der Weiterexistenz einer vermögenden lokalen Schicht noch am Ende des 3. Jhs., ergibt sich v. a. aus der für die Zeit des Gallienus und Aurelians typischen Frisur.

Alcantara, Brücke über den Tago, erbaut wahrscheinlich zu Beginn des 2. Jhs. (manche schlagen auch eine Datierung in flavische Zeit vor) von zwölf lusitanischen Gemeinden, deren Namen auf den Inschriften an der Brücke erwähnt sind. Dort ist auch von der Überzeugung des Architekten Gaius Lucius Lacer zu lesen, dass das eigene Werk „in den folgenden Jahrhunderten auf immer überdauern werde“. Die bemerkenswerte Arkadenhöhe von über 50 m ist durch das mächtige Winterhochwasser des Flusses gerechtfertigt, das bis unter die Spitze der Bögen gelangen kann.

Itus reditus, marmornes Exvoto mit Fußabdrücken, aus Rosinos de Vidriales, 1.–3. Jh. n. Chr.; Zamora, Museo Provincial. Die Platten mit zwei Fußpaaren in entgegengesetzter Richtung wurden von den Pilgern vielleicht v. a. für Gottheiten orientalischer Herkunft wie Isis oder Nemesis aufgestellt. Die Bedeutung sollte gewiss Glück verheißend sein „guter Eingang und guter Ausgang".

geren Tempo, das zum Teil auf das Fehlen einer betuchten örtlichen Mittelklasse zurückgeht, welche die Bauarbeiten hätte finanzieren können. Eine neue bemerkenswerte städtebauliche Reform wurde anschließend durch die Gewährung des latinischen Bürgerrechts (Anm. 16) unter Vespasian in Gang gesetzt.

An den Küsten des Atlantiks befanden sich die Gewerbe zur Fischverarbeitung. Wahrscheinlich war die in Troia an der Sado-Mündung gefundene Betriebsstätte die wichtigste Anlage zur Zubereitung von *garum* und Fischkonserven in der Region; sie arbeitete schon in der ersten Hälfte des 1. Jahrhunderts und war vermutlich im Besitz reicher Eigentümer im nahen Salacia. Am Unterlauf des Sado, doch auch des Tago (Tejo) wurden Brennöfen für Amphoren gefunden, die so gut wie sicher mit der Produktion und dem Handel des *garum* zusammenhängen.

Unter den zahlreichen *villae rusticae* (Gutshäusern), die häufig nur teilweise ausgegraben wurden, besitzt die von São Cucufate bei Vidigueira besondere Bedeutung; angelegt im 1. Jahrhundert, erfuhr dieses Gebäude auf zwei Ebenen mit oberem Hauptgeschoss und mit für Lagerräume bestimmtem Erdgeschoss im folgenden Jahrhundert bauliche Veränderungen und wurde im 4. Jahrhundert luxuriös umgebaut. Die Ansiedlung eines Klosters im 13. und 14. Jahrhundert bewahrte auf großartige Weise die Baustrukturen, die heute eines der besterhaltenen Beispiele einer spätantiken *villa rustica* der ganzen römischen Welt darstellen.

Die Provinz Tarraconensis nahm mehr als die Hälfte der gesamten Iberischen Halbinsel ein und war durch die Präsenz einer Vielzahl von Völkern und soziokulturellen Traditionen charakterisiert, die eine Gesamtschau erschweren. Am Ende des 2. Jahrhunderts v. Chr. wurde das Gebiet schon von zwei Straßenachsen gequert, wurden die ersten

Das Theater von Mérida, augusteisch. Es wurde nach einem durch die Konzeption des Pompejustheaters zu Rom inspirierten Schema erbaut: ein kleine Halle hinter der Säulenstellung – an derselben Position befand sich in Rom die Exedra mit der Statue des Pompejus, zu seinen Füßen Caesar getroffen von den Schlägen der Verschwörer – war der zur Repräsentation der kaiserlichen Familie bestimmte Ort mit den Statuen des Tiberius und Germanicus sowie dem Porträt des Augustus „Velatus" (mit verhülltem Haupt) im Gewand des Pontifex Maximus.

Mosaik mit Leopardenjagdszene, aus der Villa von Las Tiendas bei Mérida, 4. Jh.; Mérida, Museo Nacional de Arte Romano.

Applik, einen gegen einen Iberer kämpfenden Legionär darstellend; León, Museo Catedralico y Diocesano.

Maßnahmen zur städtebaulichen und architektonischen Ordnung getroffen und hatte eine Bildhauerschule ihre Arbeit aufgenommen, deren Erzeugnisse aus lokalem Stein in ihren Merkmalen und Tendenzen denjenigen aus dem Gebiet mittelitalischer Munizipien sehr ähnlich waren. Das politische und verwaltungsmäßige Aussehen der Region wurde jedoch erst durch Augustus festgelegt; die Provinz wurde in Bezirke eingeteilt, ohne dass irgendwelche Rücksicht auf zuvor existierende ethnische Einteilungen genommen worden wäre. Das Straßennetz, das seinen Ausgang von der alten Pyrenäenstraße nahm und dann zu den verschiedenen Hauptorten führte, wurde in einer fächerartigen Struktur beträchtlich ausgebaut. Der Princeps gliederte der Tarraconensis, einer kaiserlichen Provinz, auch einige Gebiete am Eingang zur Sierra Morena an,

vielleicht um direkt die Erzvorräte zu kontrollieren. Besondere Aufmerksamkeit wurde der Ausstattung der Häfen wie dem von Ampurias und den Leuchttürmen wie dem heute noch sehr gut erhaltenen Herkulesturm von La Coruña gewidmet. Auf die augusteische Zeit geht vielleicht auch der Aquädukt von Tarragona zurück, derjenige von Segovia dagegen, eines der Meisterwerke römischer Architektur auf der Iberischen Halbinsel, ist in die letzten Jahre des 1. Jahrhunderts zu datieren. Während der Kaiserzeit schuf die öffentliche urbane Bautätigkeit repräsentative Anlagen, die Gebäude für Schauspiele, Forum, Thermen und Tempel umfassen konnten; in der ländlichen Architektur dagegen scheinen auch hier wie in den übrigen Gebieten Iberiens die großen Residenzen der späten Kaiserzeit mit ihren reichen Mosaiken vorzuherrschen.

Bronzestatuette eines Faustkämpfers, aus Mérida, 2. Jh. n. Chr.; Mérida, Museo Nacional de Arte Romano. Die Person in Kampfhaltung trägt eine kurze Tunika und hat die Hände durch den *caestus* (Schlagriemen) geschützt.

Die gallischen Provinzen: Narbonensis – Aquitania – Lugdunensis – Belgica

Der südliche Küstenstreifen Galliens besaß für die Römer ab der ersten Hälfte des 2. Jahrhunderts v. Chr. eine enorme strategische Bedeutung, da er die Verbindung mit der Iberischen Halbinsel über Land gewährleistete; die Notwendigkeit der Überwachung der Gebiete zwischen der Rhône und Ampurias (in Nordspanien) hatte dagegen eine aktive Präsenz im Roussillon und im Languedoc unverzichtbar gemacht. Die wichtigste Stadt, die Kolonie Massalia (Marseille), welche die Griechen an der Rhônemündung gegründet hatten und um die herum sich weitere Küstenhandelsplätze gruppierten, war schon seit Jahrhunderten ein blühendes Handelszentrum, das Waren aus dem gesamten Mittelmeerraum passierten. Ein Hilfersuchen der Massalioten (deren militärische Macht nicht ihrer ökonomischen entsprach), die durch die wachsende Macht der Salluvier, eines keltischen Stammes im unmittelbaren Hinterland, bedroht waren, lieferte Rom dann den Vorwand zum militärischen Eingreifen in der Region. Wiederholte Kriegsoperationen führten zur Niederlage der gallischen Bevölkerung an der Küste und im gebirgigen Hinterland und ermöglichten sowohl die Trassierung der Via Domitia, welche die Alpen mit den Pyrenäen verband, als auch die Gründung einer ersten Garnison an der Mündung der Rhône in Aquae Sextiae (Aix-en-Provence). Im Jahre 118 v. Chr. entstand Narbo Martius (Narbonne), das Sitz des Provinzstatthalters werden sollte; wenige Jahre später wurde das gesamte Gebiet zwischen Italien und Frankreich mit dem Sieg des Marius über die Kimbern und Teutonen unterworfen und entwickelte sich nach und nach zu einer blühenden Region, die Plinius der Ältere „eher Italien als Provinz“ nannte (*Naturalis Historia* III, 4, 31). Es ist nicht klar, wie die erste Verwaltungsgliederung der Region aussah, auch der effektive Zeitpunkt der Schaffung der Provinz ist nicht gesichert; vielleicht wurde sie erst unter Pompeius eingerichtet. Neben den neugegründeten Kolonien überdauerten

Kalksteinrelief mit Szene eines Flusstransports, aus Cabrières d'Aygues, 2. Jh. n. Chr.; Avignon, Musée Calvet, Musée Lapidaire. Die 1910 gefundene Platte stellt oben eine Konsole mit sieben Amphoren dar, drei davon strohumwickelt und offenbar die typischen Gefäße zum Transport von Wein aus Südgallien an die verschiedenen Märkte des Reiches. Rechts ziehen zwei Burschen (ein dritter ist nicht mehr sichtbar) eine Art Lastkahn, auf dem sich zwei typische gallische Fässer befinden.

Das Amphitheater von Nîmes; seine Datierung in die Achtzigerjahre des 1. Jhs. ist nunmehr auf der Basis stratigrafischer Untersuchungen gesichert, die seine gegenüber dem Amphitheater des benachbarten Arles spätere Erbauung bestätigen.

auch viele vorrömische befestigte Dörfer, die häufig ihre größte Glanzzeit während des 2. Jahrhunderts v. Chr. erreichten. Die Landschaft der Region muss sich binnen kurzem mit dem Aufkommen von Weingärten und Olivenhainen radikal verändert haben, welche von vermögenden Italikern gepflanzt wurden; alle Handelsaktivitäten und Finanzgeschäfte wechselten aus der Hand griechischer Kaufleute zu Händlern, die aus Italien kamen. Durch eine Reihe archäologischer Funde konnten die Wege rekonstruiert werden, auf denen der Wein aus den Mittelmeergebieten über die Märkte der Gallia Narbonensis die keltischen Stämme des Binnenlandes erreichte.

Als Caesar 58 v. Chr. Statthalter der Provinz geworden war, legte er dort die Grundlage für den langen Gallienfeldzug; Augustus, der das Gebiet mehrere Male zusammen mit Agrippa besuchte, gründete zahlreiche Städte. In der gesamten nunmehr befriedeten Region entwickelten sich Handel und Landwirtschaft, doch auch Handwerk und Kunstproduktion.

Das hier besprochene Gebiet ist seit Jahren Gegenstand systematischer archäologischer Untersuchungen, die es möglich machten, die zahlreichen Aspekte der intensiven, tiefgreifenden Romanisierung und ihrer Ausdrucksformen auf figurativem und städtebaulichem Feld zu erfassen. Ein außergewöhnliches Zeugnis der Art und Weise der Besiedlung des Gebiets, der vom Staat oder der Verwaltung der Kolonie unterhaltenen Ländereien, des unbebaut gelassenen, gepachteten oder den Veteranen zugewiesenen Landes, liefert ein marmorner Plan aus vespasianischer Zeit. Dieser wurde in Bruchstücken im Stadtzentrum von Orange gefunden und geduldig wieder zusammengesetzt; er gibt exakt und mit gut erkennbaren geografischen Bezügen – wie dem Verlauf der Rhône – die Katasterkarte der umliegenden landwirtschaftlichen Flächen wieder. Nach korrekter Erschließung des Katasters war es möglich, einige systematische Prospektionen durchzuführen, die dokumentierten, dass die ländliche Geschichte viel komplexer war, als sie aufgrund der einfachen Lektüre der antiken Zeugnisse erscheint. So wurden beispielsweise einige Landstriche in der Ebene, die Dränagemaßnahmen benötigten, bald aufgegeben, obwohl sie auf der Katasterkarte zugewiesen oder verpachtet waren. Der Marmorplan muss

Vincent van Gogh, *Les Alyscamps*, November 1888; Otterlo, Rijksmuseum Kröller-Müller.

zusammen mit zwei weiteren Flächenplänen, ebenfalls in Bruchstücken gefunden (diese beziehen sich freilich auf die Kataster von Arles und Valence), in einem Tempel von Orange aufgestellt gewesen sein.

Das Voranschreiten der Grabungen im Stadtgebiet und die Untersuchung der Architekturanlagen ließen immer größere Zweifel am geometrischen Charakter der Baukomplexe aufkommen und erwiesen eine extreme Variabilität in der Anwendung des klassischen Schemas der *domus* so-

Arles, Ansicht der Alyscamps. Einstmals Teil einer ausgedehnten Nekropole und heute zauberhafter Spazierweg zwischen Zypressen, Pappeln, Sarkophagen und Überresten von Grabmälern, inspirierten die Alyscamps sowohl Vincent van Gogh als auch Paul Gauguin während ihres Aufenthaltes in der provençalischen Stadt.

Orange, Detail des Triumphbogens, eines imposanten Monuments auf der Ideallinie des Pomeriums. Die Datierung in tiberische Zeit ist aus der Interpretation einer – durch die auf dem Architrav verbliebenen Befestigungslöcher verlorener Bronzebuchstaben rekonstruierbaren – Inschrift abgeleitet. Es besteht noch eine lebhafte Diskussion darüber, aus welchem Anlass der Bogen gebaut wurde; heute neigt man zu einer ersten Widmung an Germanicus, dessen Verdienst ein wichtiger Sieg „zwischen den Alpen und den Pyrenäen" war.

Orange, die Statue des Augustus in einer Nische des hohen Bühnenbaus des Theaters.

wie in deren Ausmaßen; es konnte sich um kleine Wohnsitze mit einer Fläche unter 200 Quadratmetern handeln, aber auch um sehr weitläufige Residenzen auf einer bebauten Fläche von über 3000 Quadratmetern. In dieses Panorama fügt sich gut eine *domus* von Saint-Romain-en-Gal (Vienne), die mit ihren 2500 Quadratmetern Fläche und ihren vier an das Ende des 1. und in das 2. Jahrhundert n. Chr. zu datierenden Ebenen mit den reichsten Häusern Pompejis vergleichbar ist.

In Fréjus wurden die Reste eines Militärlagers untersucht, das wahrscheinlich mit der Überführung der Flotte nach der Schlacht von Actium in Verbindung steht. In Marseille dagegen wurde ein Stück des antiken Hafens mit der geschlossenen Anlage eines Kais aus Quaderblöcken, einer weiten Lagerhalle und eines großen Steinbeckens, das als Süßwasserreservoir diente, zutage gefördert. Das Wrack eines Lastschiffs aus dem 2. oder 3. Jahrhundert, das parallel zur Hafenkrümmung gefunden wurde, bezeugt die frühzeitige Verlandung des Hafenbeckens, zu dessen Schutz auch der Bau eines Reinigungsbeckens im 2. Jahrhundert nutzlos war.

Die Eroberung der drei gallischen Provinzen – Aquitania, Lugdunensis und Belgica – wurde von Caesar ab 58 v. Chr. in einer Reihe aufeinander folgender und miteinander verknüpfter Interventionen durchgeführt, die darauf zielten, einen Stamm anzugreifen, um einen anderen zu schützen. Nach dem Sieg über die Germanen, die nach Zentralgallien vorgestoßen waren, verbündeten sich fast alle Völker zwischen Garonne und Seine mit Caesar, und binnen kurzem folgten ihnen auch Aquitanier und Belger. Im Jahre 53 v. Chr., während Caesar die Grundlagen für neue Eroberungen in Britannien und jenseits des Rheins legte, ging ein Gutteil der gallischen Stämme, die sich wahrscheinlich klargemacht hatten, dass das Bündnis mit Rom in Wirklichkeit Unterwerfung bedeutete und dass die Wohltaten der römischen Herrschaft nur auf eine Minderheit gerichtet waren, eine Koalition unter Führung des Vercingetorix ein, des Anführers der Arverner. Die Aufständischen verbarrikadierten sich in der Erwartung von Verstärkung in der Stadt Alesia, doch Caesar wurde, nachdem er das Entsatzheer niedergerungen hatte, auch mit den Belagerten fertig; Vercingetorix wurde zusammen mit den anderen

Anführern gefangen genommen, nach Rom gebracht und verurteilt, nachdem er im Triumphzug Caesars in Ketten mitmarschiert war. Im Jahre 50 v. Chr. waren auch die letzten Aufstandsherde erstickt und die gallischen Territorien befriedet. Die endgültige Ordnung erfolgte jedoch erst mit der Neugliederung in augusteischer Zeit, als dank Agrippa auch die Basis eines Verkehrsnetzes in der Region geschaffen war.

Die Provinz Aquitanien wurde von Augustus durch Umgruppierung der Gebiete des alten Aquitaniens, die sich vom Lauf der Garonne bis zu den Pyrenäen erstreckten, und das weiträumige Gebiet südlich der Loire geschaffen, das auch die unwegsame Zone des Zentralmassivs umfasste. So ergab sich eine interessante Mischung verschiedener Traditionen und Kulturen: Während die Bewohner des Gebiets südlich der Garonne seit jeher unter dem Einfluss der iberischen Nachbarvölker standen, insbesondere der Bergvölker der Pyrenäen, waren die zwischen Zentralmassiv und Atlantikküste ansässigen Volksgruppen eng mit der keltischen Welt verbunden. Im Laufe der Jahrhunderte entwickelten diese zwei Welten, wenngleich sie ihre besonderen Merkmale beibehielten, eine eigenständig aquitanische Kunst, die aus der Mischung verschiedener Elemente, iberischer und keltischer, erwuchs, vermittelt durch römische Kanones vor allem auf dem Feld des Städtebaus.

In der Verwaltungsgliederung der Region wurden die Stämme des alten Aquitaniens in sieben Städten vereint, an die zwei von der Narbonensis abgetrennte Gebiete angehängt wurden; die gesamte Kaiserzeit über waren sie als die *Novem populi* („neue Völker") bekannt. Diese dürften sich so gut wie sicher eines Sonderstatuts und der Präsenz eines lokalen Beamten erfreut haben, welcher dem Provinzstatthalter entsprach. Wie wir von Tacitus wissen, war die Verwaltung Aquitaniens, das zunächst Mediolanum Santonum (Saintes), dann Limonum (Poitiers) und schließlich Burdigala (Bordeaux) zur Hauptstadt hatte, in der ersten Phase der Kaiserzeit eine sehr begehrte Aufgabe und bildete eine notwendige Etappe für die senatorischen Lega-

Glanum (Saint-Rémy-de-Provence), Juliermausoleum, etwa 30–25 v. Chr.
Das Monument ist in Wirklichkeit ein von drei Brüdern einer Familie von *Iulii* – dem Namen nach zu urteilen dürften diese das Bürgerrecht in der Zeit Iulius Caesars erhalten haben – ihren Vorfahren geweihtes Kenotaph; diese sind in den Statuen des Rundtempelchens (*tholos*) dargestellt, der auf dem Mausoleum ruht.

Glanum (Saint-Rémy-de-Provence), Ansicht des archäologischen Gebiets mit dem sogenannten „Antenhaus".

Carcassonne, Abschnitt des mächtigen Befestigungsgürtels, errichtet vielleicht schon ab Beginn des 3. Jahrhunderts, doch in moderner Zeit durchgreifend restauriert, mit halbrunden Türmen und Ausfallpforten zur Verteidigung der kleinen Stadt, die an den Ufern der Aude lag.

Rückseite einer Silbermünze der Häduer mit dem Namen des Dumnorix, 60–50 v. Chr. Der Krieger hält in der Rechten eine Kriegstrompete und in der Linken wahrscheinlich den Kopf eines getöteten Feindes.

Mediolanum Santonum (Saintes), Tiberius, Germanicus und Drusus gewidmeter Triumphbogen, erbaut 18–19 n. Chr. aus Anlass der Vollendung der von Agrippa beschlossenen Straße zur Schaffung eines gemeinsamen aquitanischen Zentrums in Lyon.

ten, die nach dem Konsulat strebten. Mit der Neuordnung Diokletians wurde Aquitanien in drei Provinzen geteilt, deren Verwaltungsstrukturen noch zu Beginn des 5. Jahrhunderts funktionierten, als Honorius die Provinzen noch zu einer Versammlung nach Arles einlud; wahrscheinlich jedoch begann bald darauf unter dem Druck der Westgoteneinfälle eine Periode fortschreitenden Niedergangs.

Die Bewohner Aquitaniens waren mit der römischen Welt schon am Ende des 2. Jahrhunderts v. Chr. in Kontakt getreten, als nach der Gründung von Narbonne und der Besiedlung des Küstenstreifens die italischen Kaufleute die griechischen Mittelspersonen in der Abwicklung des Verkehrs zu den Märkten im Binnenland abgelöst hatten. Die Handelsgeschäfte mit Mittelmeerprodukten und insbesondere mit dem begehrten und teuren italischen, aber auch dem spanischen Wein, die mit aquitanischen Volksgruppen getätigt werden konnten, die an das Trinken von Gerstenbier gewöhnt waren, verschafften den Händlern der Narbonensis beachtliche Gewinne – eine Amphore italischen Weins wurde gegen einen Sklaven getauscht. In kurzer Zeit übernahmen die Aquitanier in der Gegend von Bordeaux die Rolle von Mittlern zum Markt jenseits des Ärmelkanals, wohin sie den Wein vom Mittelmeer weiterexportierten, bis sie sich schließlich eigene Weingärten zulegten. In claudischer und neronischer Zeit kreieten sie eine neue Rebsorte, die *biturica*, die den Anfang zu einer echten Veränderung auf dem Agrarsektor, vor allem in Handel und Wirtschaft bildeten. Anfänglich wurde der Wein aus Aquitanien in Amphoren exportiert, die jedoch schnell durch ein neues, revolutionäres Behältnis abgelöst wurden, das dauerhaft Erfolg haben sollte: das Fass aus gallischem Holz.

Neben der prosperierenden Weinproduktion verdankte Aquitanien seine wirtschaftliche Blüte auch dem Getreideanbau in den weiten Tälern und Schluchten, wo es Wasser in Fülle gab, den Eisenvorkommen des Périgord, den Goldminen des Limousin, nicht zuletzt dem goldhaltigen Sand einiger Bergflüsse. Die Gegend war berühmt wegen ihrer Thermalbadeorte sowie der Produktion und Zubereitung köstlicher Speisen wie Lachs, den Austern des Medoc und dem Käse des Gévaudan. Die Aquitanier schafften es geschickt, die Ressourcen ihres Gebietes auszunutzen, um eine lebhafte Betriebsamkeit auch auf gewerblichem Gebiet zu entfalten, sodass vom Ende der Herrschaft des Augustus bis zur Zeit Trajans in der ganzen Region zahlreiche Produktionszentren für Sigillata-Keramik entstanden; Teller, Schalen, Schüsseln und das gesamte zum Herrichten der Tafel notwendige Geschirr wurden mit seltener handwerklicher Fertigkeit hergestellt und dank einem derart beachtlichen kaufmännischen Geschick exportiert, dass sie auf vielen Märkten die gleichzeitig angebotenen italischen Waren verdrängten. Die Technik der Serienfertigung und der Verzierung der Matrizen mittels der Verwendung von Punzen ermöglichte auf leichte Weise eine fast industriemäßige Organisation der Anlagen, deren bekannteste die von La Graufesenque gegenüber dem heutigen Millau am Zusammenfluss von Tarn und Doubie ist. Hier stellten in weniger als einem Jahrhundert hunderte von Töpfern Millionen von Vasen her, die in riesigen Öfen gebrannt wurden, welche auf ein Mal jeweils bis zu vierzigtausend Stück brennen konnten. Die genaue archäologische Erforschung des Platzes erlaubte es, einige Öfen zu rekonstruieren, wobei auch eine beeindruckende Anzahl von Vasen zutage kam; insgesamt fanden sich hundertsiebzig Einschubpositionen mit den Namen der Töpfer. Bis zu den ersten Jahren des 2. Jahrhunderts setzten die größeren Keramikbetriebe – La Graufesenque, aber auch Montans und Banassac – ihre intensive Tätigkeit fort, umgeben von Anlagen von viel geringerer Größenordnung. Anschließend, wahrscheinlich durch die Konkurrenz afrikanischer Produkte und wegen eines Wechsels im Geschmack der Kundschaft, vielleicht aber auch, weil die zu schnelle Abholzung der Wälder in der Nähe der Produktionsorte das zum Brennen des Geschirrs notwendige Brennmaterial hatte knapp werden lassen, gerieten die Betriebe in eine Phase des Niedergangs, und ihre Produkte wurden nunmehr zumeist nur auf die Märkte Nordeuropas exportiert. Eine Ausnahme bildeten die Werkstätten von Lezoux, welches das größte Produktionszentrum für das gesamte 2. Jahrhundert blieb, und seine Tätigkeit ununterbrochen bis in die Zeit der Spätantike fortsetzte.

Das Landschaftsbild der Provinz muss durch die Existenz isolierter Gutshöfe und ausgedehnter bebauter Felder zwischen zahlreichen Dörfern bestimmt gewesen sein, doch auch durch ländliche Märkte, Poststationen, und um Thermenanlagen herum entstandene Agglomerationen, vor allem in den ebenen Gebieten zwischen Loire und Garonne. Die alten bewohnten Zentren, zumeist an Straßenläufen gelegen und mit Forum, Heiligtum und Gebäuden für Ver-

Lyon, das Odeon, in hadrianischer Zeit im oberen Teil der Stadt erbaut. Der Bau stand neben dem Theater, das, errichtet im 1. Jh. und mit der Cavea an einen natürlichen Hang gelehnt, während des folgenden Jahrhunderts durch eine vorschriftsmäßige Cavea erweitert wurde, bis es ein Fassungsvermögen von zehntausend Zuschauern erreichte.

Mosaik mit Zirkusszene, aus Lyon, 2. Jh. n. Chr.; Lyon, Musée de la Civilisation Gallo-Romaine.

Gelbgrüner Glasbecher, nach Matrize verziert mit Gladiatorenkampfszene und Reliefinschrift, aus La Cornier, Chavagnes-en-Paillers, Mitte 1. Jh.; Corning (NY), Corning Museum of Glass. Die Szene mit kämpfenden Gladiatorenpaaren wird von den Namen der Kämpfenden begleitet: Spiculus steht zu Füßen, während Columbus auf dem Boden liegt, Calamus und Holes stehen so wie Petraites und Prudes (vielleicht in Wirklichkeit ein Prudens) einander gegenüber; Proculus hingegen hat Columbus schon besiegt und hält den Palmenzweig in Händen.

gnügen und Entspannung ausgestattet, haben Spuren fast immer anonym hinterlassen, ohne im modernen Namen eine Spur des alten zu bewahren. Der Niedergang und die Aufgabe der Dörfer und kleinen Städte hängen eng mit der Krise des 3. Jahrhunderts zusammen, in deren Folge die wichtigsten Straßenstationen an den großen Reisewegen und die bis ins Mittelalter frequentierten Heiligtümer in Gebrauch blieben. Auch die zahlreichen *villae rusticae*, von denen zumeist nur die Herrenhäuser bekannt sind, wurden zweifellos sehr lange genutzt, wie es bis in die Spätantike zu datierende Wiederaufbauten und Umbauten bezeugen.

Wie in den anderen Regionen des Imperiums bildete auch in Aquitanien das Wegenetz ein fundamentales Element des Verwaltungsapparates und spielte eine erstrangige Rolle im wirtschaftlichen Leben. Das Programm zur Einrichtung des Straßennetzes und des damit verbundenen Netzes aus Flüssen und Kanälen, von Agrippa mit der Schaffung der Provinz festgelegt und im Laufe des 1. Jahrhunderts v. Chr. vervollständigt, zielte auf die Bestimmung der Hauptverkehrsadern zur Verbindung der Hauptorte und nutzte zumeist alte gallische Pisten. In Aquitanien wie im Rest Galliens hatten die Wasserstraßen zweifellos eine beträchtliche Bedeutung, und wenn uns auch das Fehlen epigrafischer Zeugnisse zur Flussschifffahrt hindert, die Transportfrequenz auf den Binnengewässern korrekt zu bewerten, ist doch der Fund eines kleinen Schatzes von viertausend Sesterzen aus dem 1. (kaiserzeitlichen) Jahrhundert in der Garonne ein klares Indiz dafür. Die Verbreitung des Christentums in der Provinz erfolgte nicht vor dem 4. Jahrhundert, als die christlichen Gemeinden unter Konstantin organisiert wurden, doch anschließend gab es eine ziemlich schnelle Entwicklung, was auch in Aquitanien zu einer intellektuellen Blüte im Geist der Zeit führte. Das besondere Merkmal der Region war jedoch die Entstehung einer Künstlerschule Aquitaniens, in der sich hervorragende Keramiker und Mosaizisten profilierten, doch vor allem fähige Kunsthandwerker, welche ihre Marmorsarkophage mit vegetabilischen und floralen Motiven verzierten. Der künstlerische und intellektuelle Glanz der aquitanischen Schule zog sich durch die ganze Spätantike bis zu den Einfällen der Gaskogner hin, die das Ende der antiken Ära markieren.

Die 57 v. Chr. begonnene Eroberung Nordgalliens war durch blutige Episoden und harte Repression gekennzeichnet, da der einheimische Widerstand sich auch nach der Schlacht von Alesia fortsetzte. Als 50 v. Chr. die letzten Aufstandsherde beseitigt waren, wurde die Region von

Augustodunum (Autun), Porte d'Arroux, einer der vier monumentalen Zugänge, die in die Stadtmauer der augusteischen Zeit eingefügt waren. Das nicht weit von der vorrömischen Siedlung Bibracte entfernt liegende Zentrum war ganz aus einer Mauer mit einer Wand aus regelmäßigen fast quadratischen Blöcken umgeben. Die Stadtanlage von Autun von fast trapezoidaler Form war durch die Existenz einer Reihe von Wasserläufen beeinflusst.

Augustus als kaiserliche Provinz organisiert; sie erhielt ein Verwaltungssystem, das existente Organisationsstrukturen verschiedener Städte bewahrte. Die Gebietsgrenzen hatten wahrscheinlich die der vorherigen einheimischen Stämme zur Grundlage, und es war weder die Gründung römischer Kolonien noch die dauernde Stationierung von Legionstruppen vorgesehen. Die Stammesverbände der Gallia Belgica gehörten ethnisch zu einer kelto-germanischen Bevölkerungsgruppe, welche die Unterwerfung unter die römische Autorität schlecht erduldete; gegen diese gab es schon seit der Zeit des Tiberius verschiedene Aufstände, bis Postumus 258 n. Chr. das *Imperium Galliarum* schuf, ein autonomes Reich mit Trier als Hauptstadt, das bis 273 n. Chr. überdauerte. Ab der zweiten Hälfte des 3. Jahrhunderts erfuhr die Provinz tiefgreifende Veränderungen vor allem in den Grenzzonen, wo die Bedrohungen durch Germanen- und Sachseneinfälle immer drückender wurden. Mit der Verwaltungsreform Diokletians wurde die Gallia Belgica aufgeteilt, der Streifen mit den Befestigungen von der Limes-Linie zu den Gebieten weiter im Inneren wurde erweitert, und zahlreiche Städte und Dörfer wurden mit einer Umfassungsmauer versehen, die häufig vor allem dem Schutz des Stadtzentrums diente. Wie es auch anderswo geschah, wurden bei der hastigen Errichtung der Mauern viele Baumaterialien wiederverwendet, häufig Quadersteine von Grabdenkmälern, aber auch verzierte Fragmente. Das einzige Stadtzentrum, das in dieser Periode keine deutliche Verkleinerung durchmachte, war Trier, das am Ende des 3. Jahrhunderts zum Sitz des kaiserlichen Hofes gewählt wurde.

Wasserbautechnik und Ressourcen

Das System der Wasserversorgung Roms war so fortgeschritten, dass es erst den modernen Industrienationen gelang, es zu übertreffen. Während der Kaiserzeit hatten die elf Aquädukte, welche die Hauptstadt versorgten, eine Tageskapazität von etwa 1 000 000 Kubikmetern Wasser, mehr oder weniger 1000 Liter pro Einwohner, eine bis zu den letzten Jahrzehnten nie mehr erreichte Menge. Da fließendes Wasser nur für die öffentlichen Gebäude sowie wohlhabendere und einflussreiche Privatleute garantiert war, um Missbrauch und Streit zu vermeiden, trugen die Bleileitungen (*fistulae*) den Namen des Besitzers eingestempelt. Die Bewohner der Mietwohnhäuser dagegen mussten sich das Wasser an den überaus zahlreichen öffentlichen Brunnen schöpfen; in Rom waren das im 4. Jahrhundert anscheinend über 1300. Die kleineren Städte sowohl in Italien wie in den Provinzen wurden ebenfalls mit einem sehr effektiven Wasserversorgungssystem ausgestattet, und in jedem Winkel des Reiches wurden imposante Aquädukte errichtet.

Nîmes, die Arkaden des von Agrippa beschlossenen Aquädukts über den Gard zur Versorgung der Stadt mit Wasser, heute bekannt als Pont du Gard.

Theater von Augustodunum (Autun), 2. Hälfte 1. Jh. v. Chr.

Mit der zweiten Hälfte des 4. Jahrhunderts verlor die kaiserliche Autorität vor allem in den nördlichen Gebieten fortschreitend an Gewicht, und es verstärkte sich der Prozess der Germanisierung; schon 337 wurden einige fränkische Stämme von der Regierung Roms dazu autorisiert, sich im heutigen nördlichen Brabant anzusiedeln. Im Südteil der Provinz gab es noch einen gewissen Wohlstand, wie es einige reiche Grabbeigaben und das Fortdauern des Geldumlaufs belegen, bis 395 der Hof von Trier nach Mailand verlegt wurde. Mit dem 5. Jahrhundert wurden alle Befestigungen aufgelassen und die Regierung der nördlichen Regionen den germanischen Anführern anvertraut, die zum römischen Heer gehörten; noch für einige Jahrzehnte repräsentierten sie die nunmehr in vollem Niedergang befindliche kaiserliche Autorität.

Die Provinz Gallia Belgica war für Rom wegen der Kontrolle der Hauptverkehrswege von erstrangiger Bedeutung, die von Italien vor die Tore des Ärmelkanals und die Rheingefilde führten. Die größeren Kommunikationswege nahmen in den Alpentälern ihren Ausgang, vor allem von der Rhône über die Saône, auf einer Seite zum Rhein und zum Moselbecken hin gerichtet, auf der anderen Seite durch das Seine- und Marnebecken zum Ärmelkanal hin. Die erste Phase der Urbanisierung der Belgica, die Verwaltungsgliederung des Gebietes und die Schaffung der Infrastruktur gehen auf die Zeit der Schaffung der Provinz zurück; Regulierungspläne aus augusteischer Zeit erkannte man in zahlreichen Zentren wie Reims und Trier. Urbane Zentren wurden in dem Gebiet an wichtigen Straßenkreuzungen oder am Zusammenfluss von Flüssen geschaffen, doch auch zahlreiche Rastplätze und Poststationen, die den Heeren auf dem Marsch dienten und oft den

Fresko mit Bauern bei der Arbeit vor einem Landhaus; Trier, Rheinisches Landesmuseum. Die Person rechts trägt den typischen Kapuzenmantel, der zum Schutz gegen das strenge Winterklima unverzichtbar war, bekannt auch von Statuetten und Grabreliefs aus verschiedenen Gegenden Mitteleuropas.

Kern fester Wohnsiedlungen bilden; dazu gab es militärische Sperrposten mit hölzernen Wachttürmen, die während des 4. Jahrhunderts in Stein erneuert wurden. Um die Mitte des 1. Jahrhunderts ergab sich ein neuer Impuls für die Entwicklung von Städten, die mit gemauerten Monumenten und manchmal einer Umfassungsmauer versehen wurden, nämlich aus den Plänen zur Unterwerfung Britanniens, als Kaiser Claudius Gesoriacum Bononia (Boulogne) zunächst zur Flottenbasis für die Eroberung der Insel und dann zum Verbindungshafen zu den unterworfenen Territorien wählte.

Dörfer und Weiler, vor allem die direkt mit dem Straßen- und Flussnetz verbundenen, prosperierten das gesamte 2. Jahrhundert und die erste Hälfte des 3. Jahrhunderts über, während im 4. Jahrhundert die instabile politische Situation zur Besetzung der ländlichen Siedlungen durch Soldatenbauern führte, die zur Kontrolle des teilweise verlassenen Gebietes bestimmt waren. Boulogne und die Küsten des Ärmelkanals wurden befestigt, zahlreiche Villen auf dem Lande dagegen – ihre Besitzer hatten sie verlassen, die Limeszone war dadurch ohne beständige Versorgung geblieben – wurden teilweise von kleinen Landleuten und Viehzüchtern wiederbesiedelt; vor allem in den nördlichen Regionen entvölkerten sich die ländlichen Weiler. Im Gegensatz dazu zeigen Trier und das Moselbecken in einigen Villen mit prachtvollen Mosaiken und reichem plastischen und malerischen Dekor noch Zeichen von Prosperität.

Die gesamte römische Zeit hindurch blieb die Landwirtschaft der Hauptreichtum der Gallia Belgica; diese hatte vor allem zwischen der Mitte des 1. und 3. Jahrhunderts ihre Blütezeit, für eine systematische Nutzung des Bodens sorgten überall angelegte Landgüter. In einigen Fällen handelte es sich um sehr große Anlagen mit einer bebauten Fläche, die 5000 Quadratmeter erreichen konnte; diese hatten reich verzierte Räume. Zumeist jedoch bildeten die Villen Gutshöfe von mittlerer Größe mit sehr einfachen, oft im Laufe der Jahre erneuerten und erweiterten Gebäuden; diese waren von Wirtschaftsflächen zwischen 100 und 400 Hektar umgeben. Auf den Gutshöfen wurde neben der gemischten Landwirtschaft auch die Aufzucht von Pferden, Gänsen und Schafen praktiziert, aber ebenso wie auf den ausgedehnten Schlammböden der Picardie und der Hesbaye der Anbau von Getreide in Monokultur. Charakteristisch für die Ackerbauern im nördlichen Gallien ist der Einsatz eines interessanten, originellen technischen Geräts, das anderswo wenig bekannt ist: Maschinelle Werkzeuge zum Pflügen, zum

Mitte:
Bronzestatuette eines in einen Mantel gekleideten Bauern, wahrscheinlich dabei, einen Pflug zu schieben; möglicherweise zu einer Gruppe von Kleinskulpturen zugehörig; Trier, Rheinisches Landesmuseum.

Unten:
Trier, Kaiserthermen.
Erbaut von Konstantin als große Badeanlage, wurden sie später von Gratian (375–383) umgebaut, der die hydraulischen Einrichtungen entfernte und das Gebäude vermutlich in eine Residenz oder einen Repräsentationssitz verwandelte.

Trier, Porta Nigra.
Erbaut ca. 180–200 zusammen mit dem Mauergürtel, wurde das Tor während des Mittelalters unter Hinzufügung einer Apsis an den Ostturm in eine Kirche umgebaut.

Transport, zum Mähen und zum Düngen müssen die Arbeit auf den Feldern angenehmer gemacht haben. Zu den wirtschaftlichen Ressourcen der Provinz gehörte auch die Nutzung des Holzes aus den Wäldern und die Gewinnung von Marmor und Stein, von Steinsalz und einigen Metalladern; an der Kanalküste waren einige Salinen angelegt. Die handwerkliche Produktion – hauptsächlich Gießereien, wo auch kostbare Emailfibeln hergestellt wurden, Betriebe zur Lederverarbeitung und Keramikwerkstätten – war für den internen Konsum und zur Befriedigung der Bedürfnisse der am germanischen Limes und in Britannien stationierten Truppen bestimmt. Großen Erfolg hatten im 2. und 3. Jahrhundert die geschäftigen Sigillata-Werkstätten in der Argonne, an Mosel und Saar, die ihre Erzeugnisse in alle nördlichen und westlichen Provinzen des Imperiums exportierten. Sehr aktiv müssen die regionalen Marktplätze gewesen sein, die, oft um die Poststationen herum entstanden, für die Verteilung im Inneren sorgten, aber auch die Handelsplätze insbesondere von Seeland (Niederlande), die zur Lagerung der Produkte und zum Export an den germanischen Limes und nach Britannien bestimmt waren.

Das Gebiet der Gallia Lugdunensis, ein enger Streifen zwischen Seine und Loire von Lyon bis zum Ärmelkanal und Atlantik, war von einer festen, homogenen Gruppe keltischer Stämme besiedelt, die immer in der Lage waren, innerhalb der keltischen Koalition als Katalysator zu fungieren. Das grundlegende Element für die Vereinigung der gallischen Gemeinschaften war im Wesentlichen religiös und nahm einen alten keltischen Brauch wieder auf, der auch von Caesar in *De bello Gallico* (VI, 13, 10) berichtet wird: Jedes Jahr fand auf dem Gebiet der Carnuten, das man als den Mittelpunkt Galliens ansah, eine Versammlung von Druiden statt, die zu allen gallischen Stämmen gehörten, und zwar einer Tradition zufolge, die nach Caesars Ansicht aus Britannien importiert war. Nach der Verwaltungsgliederung der Provinzen in augusteischer Zeit wurde das unweit außerhalb Lyons errichtete Roma-Augustus-Heiligtum Sitz der Versammlung; der Komplex bestand aus dem Altar der gallischen Provinzen, der Roma und Augustus geweiht war, sowie einem zum Teil noch heute erhaltenen Amphitheater. Hier versammelten sich zur Wahl eines Priesters die sechzig Delegierten der gallischen Stäm-

Relief mit Lehrer und zwei Schülern, von denen einer gerade anhebt, aus einer Buchrolle zu lesen, aus Noviomagus (Neumagen), Ende 2. Jh. n. Chr.; Trier, Rheinisches Landesmuseum. Der *grammaticus*, der Lehrer an öffentlichen Schulen, muss sehr streng gewesen sein und griff häufig zu körperlicher Züchtigung; dazu benutzte er den Stock, um auf die Hände zu schlagen, oder eine regelrechte Peitsche, um dem undisziplinierten und unwissenden Schüler saftige Hiebe auszuteilen.

me, die durch im Wald verstreut aufgestellte Statuen und Reliefs dargestellt wurden. Das imposante Heiligtum von Lyon war zweifellos ein auffallendes Monument, doch auch andere heilige Stätten wurden zu bedeutenden Drehscheiben der Romanisierung. Die zumeist in abseits gelegenen Regionen errichteten Heiligtümer umfassten oft neben Forum und Basilika ein charakteristisches Theater/Amphitheater, in dem die ovale oder elliptische Cavea (Zuschauerraum) die Bühne einschloss und das Gebäude zur Aufnahme von Theaterschauspielen genauso geeignet machte wie von Gladiatorenspielen und Hetzjagden. Einer der ersten Effekte der Romanisierung in der Provinz war die Anlage neuer urbaner Zentren in anfänglich nur von kleinen bäuerlichen Weilern bestandenen Gegenden, darunter Lugdunum-Lyon selbst, das 43 v. Chr. auf zwei Hochebenen zu Seiten der Saône gegründet wurde. Die Wahl fiel zumeist auf Plätze am Zusammenfluss von Flüssen und auf offene und unter militärischem Aspekt leicht kontrollierbare Orte, sodass beispielsweise die Einwohner des befestigten keltischen Dorfes Bibracte in die neue Stadt Augustodunum (Autun) umgesiedelt wurden, die in etwa zwanzig Kilometern Entfernung auf der Hochebene erbaut wurde.

Das Leben in der Provinz behielt einen allgemeinen Wohlstand, der durch die Existenz luxuriöser Villen in typisch griechisch-römischer Bauweise bis zur Mitte des 3. Jahrhunderts bezeugt ist, als die Gegend von den ersten Invasionen betroffen war; insbesondere die Ortschaften an der Loire erlitten 258 die Einfälle fränkischer und sächsischer Seeräuber von der Nordsee, die in wenigen Jahren Caesarodunum (Tours) erreichten. Vor dem Ende des Jahrhunderts waren Alamannen, Franken und Sachsen in die ganze Lugdunensis eingedrungen, verwüsteten und brandschatzten manche Städte; andere statteten sich mit Befestigungen aus, und im Westteil der Provinz explodierten soziale Konflikte. Wahrscheinlich festigten sich in dieser Periode die Namen mancher moderner Städte, deren Bezeichnung vorzugsweise keltischen Stämmen folgten und nicht ihrem römischen Namen, etwa Lutetia Parisiorum (Paris) und Caesarodunum Turonum (Tours).

Ungemein reich an Flüssen, war das Territorium der Gallia Lugdunensis extrem fruchtbar und garantierte eine üppige Korn- und Weinproduktion, vor allem in Burgund, wo die Einführung der von den Römern importierten Rebe die Entwicklung eines prosperierenden Weingewerbes ermöglichte; zum Vertrieb benutzte man Holzfässer, wie sie auch in Aquitanien in Gebrauch waren. In der Bretagne wurde neben dem Weinbau auch Getreideanbau und Viehzucht betrieben, und an den Küsten bildeten Produktion und Vertrieb von *garum* und Fischkonserven die Grundlage des Seehandels sowohl in den in Condevicnum/Portus Namnetus (Nantes) und Brest geschaffenen großen Häfen wie auch in den kleineren, die allesamt gut mit dem Binnenland verbunden waren. In manchen kleinen ländlichen Ansiedlungen entwickelte sich ein Metallverarbeitungshandwerk, insbesondere Bronze, zur Ausrüstung der Truppen.

Eine Stärke der Provinz war das um Lugdunum konzentrierte Straßennetz, Hauptort des Gebietes und einziges Zentrum der Einnahme der *Quadragesima Galliarum*, der Steuer von einem Vierzigstel auf transportierte Waren. Das Wegesystem war zudem eng in das Flussnetz integriert, wie es auch die Inschriften belegen, die an die Vereinigungen und Korporationen von Schiffern erinnern; in Lyon befand sich auch das *milliarium aureum*, der goldene Meilenstein, von dem aus die Entfernungen zu den anderen Zentren gezählt wurden.

Nuppengläser, mit farbigen Tropfen verziert, 4. Jh.; Mainz, Landesmuseum.
Die Glasateliers von Köln stellten schon ab dem 2. Jh. handwerklich höchst qualitätvolle Ware her und vermochten außerdem mit farbigen Tropfen verzierte Gläser sowie mit Fäden aus Glaspaste oder anderen Applikationen geschmückte Gefäße herzustellen. Die Glaskünstler aus Köln erreichten eine außerordentliche Virtuosität mit Flaschen von ganz ungewöhnlicher Form und – v. a. im 4. Jh. – in der Herstellung auf die Weise gravierter Gefäße, dass die Illusion eines einige Millimeter hohen auf den Glaskörper aufgetragenen Netzes entstand (Diatretgläser).

Rechts:
Der Augustusbogen in Susa. Er wurde 9–8 v. Chr. zur Erinnerung an den Vertrag zwischen Rom und den lokalen Völkerschaften erbaut.

Unten:
Susa, Porta Savoia, 2. Hälfte 3. Jh. n. Chr.
Die imposante Verteidigungsmauer von Susa, noch heute im Stadtbild gut erkennbar, wurde während der Bedrohung durch Barbareneinfälle unter Benutzung sehr vieler Architektur-, Skulpturen- und Inschriftenfragmente errichtet. Das eingeschlossene Stadtgebiet war viel kleiner als das städtische Zentrum zu Beginn der Kaiserzeit, sodass auch der Augustusbogen und das gesamte vermutete Forumsareal ausgeschlossen blieben.

Seite gegenüber:
Das *Tropaeum Alpium* von La Turbie, von Augustus im Jahre 7 oder 6 v. Chr. an der Grenze zwischen Italien und der Provinz Alpes Maritimae als symbolisches Monument zur Eroberung der Alpen errichtet. Es war auf große Entfernung von allen Seeleuten und Reisenden zu sehen, die sich von Italien nach Gallien und der Iberischen Halbinsel begaben.

Die Alpenprovinzen (Alpes maritimae – Alpes Cottiae – Alpes Graiae atque Poeninae) – Raetia et Vindelica

Obwohl die Kontrolle der Täler höchste strategische Bedeutung hatte, war der westliche Alpenbereich weder in die Verwaltungsstruktur der Cisalpina noch der transalpinen gallischen Provinzen einbezogen; nur Cottius, König der das Hochtal von Susa bewohnenden Bevölkerungsgruppe, hatte durch Aushandlung eines Vertrages gute Beziehungen zu Rom geknüpft, während die übrigen Völkerschaften Roms Autorität in keiner Weise anerkannten. Im Jahre 25 v. Chr. war Augustus zum ersten Mal in der Alpenregion interveniert und vernichtete dabei die Salasser im Aosta-Tal, doch die Militäroperationen und politischen wie diplomatischen Manöver kamen zwischen 17 und 14 v. Chr. mit der Schaffung der Provinzen Alpes Maritimae und Alpes Cottiae zum Abschluss. Anschließend wurde zu einem nicht festgestellten Zeitpunkt, doch früher als das 2. Jahrhundert, im oberen Rhônetal die Provinz Alpes Atrectianae et Poeninae (später umbenannt in Graiae et Poeninae) geschaffen, die einzige Alpenregion, die dank einer gewissen Entwicklung von Landwirtschaft und Viehzucht auch einen gewissen ökonomischen Wert besaß; die Bedeutung der anderen Provinzen bestand stets einzig in der Kontrolle der Täler.

Augustus wies das Gebiet von Nizza (Nicaea) den Seealpen zu, womit die Provinz einen Zugang zum Meer erhielt, der an der Mündung des Var keilförmig zwischen der Narbonensis und Ligurien lag. Im unmittelbaren Hinterland wurde 7–6 v. Chr. an der Via Iulia Augusta das *Tropaeum Alpium* errichtet, ein grandioses nach dem Schema des klassischen Mausoleums ausgeführtes Monument, das zur Markierung der Grenze Italiens in einer so erhabenen Position diente, dass es für alle, die über Land oder Meer zwischen Italien und Gallien ihren Weg nahmen, sichtbar war. Das Tropaeum („Trophäe“) wurde von Hadrian und Caracalla restauriert und während des Mittelalters in einen Festungsturm umgewandelt; auch jetzt noch ist es auf dem felsenreichen Gebirgskamm an der Küstenstraße zu sehen, die Italien mit Frankreich verbindet.

Die Unterwerfung der Cottischen Alpen erfolgte friedlich durch einen zwischen Rom und den lokalen Völkern ausgehandelten Vertrag, die von Cottius, dem König der Segusiner vertreten wurden; als nunmehr römischer Burger wurde er auch erster Statthalter der Provinz. Das Ereignis ist auf dem Fries des Bogens dargestellt, der 9–8 v. Chr. in Susa errichtet und Augustus gewidmet wurde; an diesem symbolträchtigen Bogen arbeiteten Künstler aus der Hauptstadt Rom, welche die allgemeine Anlage konzipierten, und örtliche Künstler, die den Fries schufen, zusammen. Dargestellt sind auf diesem die mit den Vertragsverhandlungen zwischen den Römern und den föderierten Alpenstädten abgehaltenen feierlichen Zeremonien.

Rechts:
Nach 166 n. Chr. in Castra Regina (Regensburg) verborgener Münz- und Juwelenschatz; Regensburg, Historisches Museum. Der *terminus post quem* für das Verbergen der in einem Bronzetopf versteckten Preziosen ist durch das Prägedatum der jüngsten Münze gegeben, eines Denars Mark Aurels. Unter den Juwelen finden sich vier Goldringe und Gemmen, zwei goldene Ohrhänger, silberne Armreifen und Fibeln. Die Münzen umfassen – neben drei Bronzestücken Hadrians – 25 Aurei, zu datieren von Nero bis Antonius Pius, und gut 610 Denare, von denen die ältesten auf den Beginn des 2. Jhs. v. Chr. zurückgehen.

Unten:
Ansicht der Basilika von Cambodunum (Kempten).

Eroberung und Romanisierung der rätischen Alpentäler und der weiten bayerischen Hochebene gehörten zu den Gestaltungs- und Schutzmaßnahmen der Nordgrenzen Italiens, vielleicht auch in der Absicht einer Ausdehnung der Reichsprovinzen nach Germanien hin. Die Region war nur zum Teil in die Militärmaßnahmen von 17 bis 14 v. Chr. einbezogen; einige Jahrzehnte später war die Unterwerfung vollendet, als Tiberius das Gebiet in eine Provinz umwandelte. Die Eroberung Rätiens muss große Resonanz gehabt haben, da ihrer bis hin zu den Reliefs des Sebasteions (Kaisertempels) von Aphrodisias gedacht wurde. Unter Domitian wurde die Nordgrenze der Provinz hinter die Donau verlegt, für zwei Jahrhunderte verlor die Gegend ihren Charakter als Grenzgebiet. Von Diokletian in zwei Provinzen geteilt, wurde Rätien nach der Aufgabe der Gebiete hinter der Donau das Verteidigungsbollwerk Italiens und blieb es bis zum definitiven Rückzug der römischen Truppen mit dem Fall des Weströmischen Reiches.

Es ist nicht leicht, die bei der Eroberung Rätiens erfolgten verschiedenen Etappen und die Strategie zu klären, doch die archäologischen Untersuchungen an einigen augusteischen Militärsiedlungen in der Schweiz und verschiedene mit dem anschließenden Germanenkrieg zusammenhängende Funde – besonders in den augusteischen Militärlagern in Dangstetten und Marktbreit – füllen zum Teil die Lücken der literarischen Quellen. Die Romanisierung der Provinz, eines wegen seiner Straßen und seines Verkehrssystems für Rom bedeutenden Gebiets, betraf das Voralpengebiet und einige weitere Täler, ohne jedoch bis in die Alpenregionen weiter innen vorzustoßen. Die der Region von den Römern gegebene Gliederung ist bis jetzt nicht klar und hatte wahrscheinlich auch keine stabile Struktur; wir wissen zum Beispiel, dass das Wallis, ein Gebiet, welches die Kontrolle über den Großen Sankt Bernhard und den Reschenpass ermöglichte, vormals Rätien zugewiesen worden war und anschließend an die Graiischen Alpen angeschlossen wurde. Während der gesamten Kaiserzeit ist die Geschichte der Provinz durch die fortwährende Stärkung der Befestigungen und die Einrichtung des rätischen Limes im 2. Jahrhundert n. Chr. bestimmt, ganz entsprechend der Expansion des römischen Staates nach Norden. Die archäologischen Forschungen brachten zwei verschiedene Befestigungslinien an den Tag, eine aus der Zeit des Tiberius zur Verteidigung der Straße von Bregenz nach Gauting in der Nähe Münchens und die andere, weiter vorgerückte, in claudischer Zeit am Oberlauf der Donau von Hüfingen nach Oberstimm beim heutigen Ingolstadt angelegte; gleichzeitig wurde der Verlauf der Via Claudia den Erfordernissen angepasst und der Militärbezirk in eine reguläre Provinz mit Statthalter umgestaltet. Diese Maßnahmen bildeten vielleicht die notwendigen Präliminarien zum anschließenden Vormarsch Roms in das Gebiet jenseits der Donau während der Periode der Flavier.

Freskenfragment vom Magdalensberg (Österreich), ca. 20 v. Chr.; Klagenfurt, Landesmuseum für Kärnten. Das nach den Regeln des 2. pompejanischen Stils hergestellte Gemälde gehört zu einem Dekorationszyklus, dem Werk eines Künstlers aus dem hellenisierten Bereich des südöstlichen Mittelmeers, das die Residenz eines reichen italischen Kaufmanns geschmückt haben muss.

Ovilava (Weis, Österreich), Grabrelief mit Ehepaar, heute eingemauert in die Fassade eines Hauses am Stadtplatz (Nr. 18).

Die Donau-Balkan-Provinzen: Noricum – Pannonia – Dalmatia – Moesia

Eine vollkommen besondere, privilegierte Situation war im Königreich Noricum im östlichen Alpengebiet gegeben, das wegen seiner strategischen Lage als Scharnier der Handelsverbindungen mit Nordeuropa und wegen seiner beachtlichen Erzressourcen wirtschaftliche Beziehungen zu Rom unterhielt; diese wurden ab der ersten Hälfte des 2. Jahrhunderts v. Chr. auch durch Verträge geregelt. Insbesondere betrafen die Vereinbarungen die gemeinsame Ausbeutung eines ausgedehnten alluvionalen Goldvorkommens und die Organisation abgestimmter Aktionen zur Verteidigung der römischen Interessen in der Alpenzone gegen den wachsenden Druck der Kimbern. Die wirtschaftliche Situation Noricums konsolidierte sich während des gesamten 1. Jahrhunderts v. Chr. vor allem dank der Verarbeitung norischen Eisens, das zur Herstellung wertvoller, ausgesprochen gesuchter Manufakte in einer stahlähnlichen Legierung genutzt wurde. Schon um 70 v. Chr. begann das Königreich, Silbermünzen zu prägen. In derselben Periode begannen römische Händler, sich in den Zentren der norischen Stämme niederzulassen; dabei gründeten sie auch regelrechte Handelskolonien, die durch Freundschaftspakte mit den örtlichen Gemeinwesen geschützt und begünstigt waren. Das wichtigste Zentrum war der Handelsplatz vom Magdalensberg, der um die Mitte des 1. Jahrhunderts v. Chr. als Ort zur Verteilung sowie des An- und Verkaufs der Waren en gros entstanden war, die von den Märkten des Mittelmeerraums, aus Aquileia insbesondere, in die Ostalpen und nach Nordeuropa wie ins Baltikum auf der uralten Strecke der Bernsteinstraße hier passierten. Die Einrichtung der Handelskolonie führte zu einem frühzeitigen Romanisierungsphänomen der Ostalpenregion, das auch durch reiche Funde von in einigen Wohnungen vom Magdalensberg erhaltenen Wandmalereien bezeugt ist.

Bronzestatue vom Magdalensberg (Österreich), Kopie eines Originals des 1. Jhs. n. Chr.; Wien, Kunsthistorisches Museum.
Die Originalstatue, errichtet von den beiden Freigelassenen Aulus Publicius Antiochus und Tiberius Barbius Tiberianus, wurde 1502 gefunden; schon dreißig Jahre später tauchte die erste Kopie auf, sehr schnell ging die Erinnerung an die Reproduktion verloren, sodass die Arbeit des 16. Jhs. vom Museum gekauft wurde, während das heute verlorene Original sich in Spanien befand. Erst 1983 wurde nach einer Analyse der technischen Beschaffenheit der Statue die tatsächliche Entstehungszeit des Stücks wieder entdeckt.

Die Periode der höchsten Blüte des Noricum waren die mittleren Jahrzehnte des 1. Jahrhunderts v. Chr., als das Königreich nach der Zurückdrängung eines Einfalls der Boier durch eigene Kräfte die Funktion einer Versorgungsreserve für Caesars in der Cisalpina stationierte Truppen übernahm, und sich während des Bürgerkrieges durch die Entsendung von dreihun-

Stele des Legionärs Aurelius Bitus, aus Aquincum (Budapest); Budapest, Aquincum Múzeum és Romkert.

Bronzenes Votivrelief für Iupiter Dolichenus, unbekannte Herkunft, 2. Hälfte 2. / 1. Hälfte 3. Jh. n. Chr.; München, Archäologische Staatssammlung.
Der Kult des Iupiter Dolichenus, ursprünglich ein hethitisch-hurritischer Gott der Fruchtbarkeit und des Donners, wurde von Soldaten, Sklaven und Kaufleuten in den Westen eingeführt und wurde im 2. und 3. Jh. in vielen Militärzentren sehr populär. Die Gottheit wird gewöhnlich in römischer Soldatenkleidung, auf einem Stier stehend und einen Blitz und eine Doppelaxt in Händen, dargestellt.

dert Reitern auf die Seite des Kriegsherrn schlug. In den Jahren, die auf Caesars Tod folgten, erreichte das Noricum mit der Annexion der Ebenen des heutigen Ungarns seine größte Ausdehnung. Am Ausgang des 1. Jahrhunderts v. Chr. muss das Handelslager vom Magdalensberg die Funktion einer Hauptstadt des Königreichs übernommen haben und wurde mit einer mächtigen Umfassungsmauer ausgestattet, die mehr propagandistischen und repräsentativen als strategischen Absichten diente. In augusteischer Zeit änderten sich die Beziehungen zu Rom radikal, weil das Noricum, das für die expansionistischen Ziele nach Germanien ein Hindernis darstellte, wie die alpinen Nachbarvölker zum Gebietserwerbsprogramm gehörte. Die Besetzung erfolgte jedoch in friedlicher Weise, da die Bewohner des Königreichs im Bewusstsein der Unausweichlichkeit ihrer Lage keinerlei Widerstand leisteten. Im Gegenzug erhielten sie eine bevorzugte Behandlung, die ihnen die Wahrung ihrer Traditionen und einer gewissen zumindest formalen Autonomie sicherte. In den folgenden Jahrzehnten trug eine größere Einwanderung römischer Händler und Geschäftsleute zur Gründung neuer Handelssiedlungen bei, die ihrerseits dann die Keimzellen selbständiger Städte bildeten. In claudischer Zeit wurde die Region als Provinz eingerichtet und von einem Statthalter mit Sitz in Virunum (Klagenfurt) verwaltet.

In der gesamten Region bezeugen die archäologischen Funde eine intensive Kolonisierung sowohl in den Städten wie auf dem Lande, wo an den Durchgangsstraßen Poststationen und Rastplätze sowie zahlreiche Villen und

Rekonstruktion einer kleinen hydraulischen Orgel, 1931 in Aquincum (Budapest) unter den Ruinen des Kollegiums der *centonarii* (Feuerlöschtrupps) gefunden, 1. Hälfte 3. Jh. n. Chr.; Rom, Museo della Civiltà Romana. Eine Inschrift erinnert daran, dass das Instrument dem Kollegium der Feuerwehrleute von einem Stadtrat der Kolonie geschenkt wurde. Der Fund der Orgel von Aquincum macht es möglich, zusammen mit den Beschreibungen Herons von Alexandria und Vitruv den komplizierten Mechanismus zu verstehen, der das Funktionieren dieses Musikinstruments regelte, das aus 52 Pfeifen besteht und mit vier Registern ausgestattet ist.

Aquincum (Budapest), Ansicht der Reste der größeren Thermen mit dem Museum im Hintergrund, 1.–2. Jh. n. Chr.

Relief mit Darstellung des Mucius Scaevola mit der Hand über dem Herdfeuer, aus Intercisa (Dunaujvaros, Ungarn), 2. Jh. n. Chr.; Rom, Museo della Civiltà Romana. Mucius Scaevola drang in das Gebiet der Etrusker mit der Absicht ein, Porsenna zu töten, und erschlug irrtümlich einen Schreiber; im Angesicht des Königs beschloss er, die Hand zu bestrafen, die das Ziel verfehlt hatte, und legte sie auf den brennenden Rost. Dies soll eine der Heldentaten gewesen sein, die den Etruskerkönig dazu brachten, mit den Römern am Ende des 6. Jhs. v. Chr. Frieden zu schließen.

Landgüter entstanden. Sie standen in Verbindung mit dem Erzabbau, der in der Kaiserzeit reglementiert und organisiert wurde, wie es die Inschriften aufzeigen, die *conductores* und *procuratores* der *ferrariae Noricae* und ihr Personal erwähnen (Anm. 28). Die kulturelle Entwicklung der Provinz führte, auch dank dem Vorhandensein von Marmorbrüchen, zur Blüte handwerklicher und künstlerischer Qualitätsarbeit, deren Erzeugnisse – in nach dem Geschmack der Provinz abgewandelter klassischer Tradition – bis in die Donauregion exportiert wurden.

Eros auf einem Rebenblatt aus Bernstein, vielleicht eine Allegorie des Herbstes, aus einem römischen Grab von Topusko (Kroatien), 2.–3. Jh.; Zagreb, Arheološki Muzej u Zagrebu.

Die lange Periode der Stabilität und des ruhigen kulturellen Aufstiegs dauerte bis zum Ende des 2. Jahrhunderts, als infolge der Einfälle von Quaden und Markomannen ein erster Stillstand eintrat, wobei es zu beträchtlichen Schäden und Zerstörungen kam. Die Städte erholten sich schnell und erreichten nach und nach eine neue Periode des Wohlstands, während der jedoch die Verteidigungsbedürfnisse eine höhere Bedeutung als die kulturellen gewannen. In der Mitte des 3. Jahrhunderts waren die Einfälle der Alamannen und Jutunger Grund für riesige, irreversible Verwüstungen. Und nach der Teilung der Provinz im Zuge der diokletianischen Neuordnung erlebten die Stammesverbände des Noricum eine ruhige Zeit bescheidener Blüte; in der Mitte des 5. Jahrhunderts wurde die nun nicht mehr verteidigungsfähige Donaugrenze von den Italikern aufgegeben, die nach Italien abwanderten.

Die römische Durchdringung Richtung Drau und Donau hatte schon im 2. Jahrhundert v. Chr. als Werk von Kaufleuten begonnen, die auf die Märkte Nordosteuropas ausgriffen. Unter Augustus, der darauf zielte, sich die Kontrolle über die Territorien nördlich des Alpenbogens zu sichern, fanden die ersten von Tiberius geführten Militäroffensiven statt. Zwischen 12 und 9 v. Chr. erreichte er auf der Höhe von Sirmium (Sremska Mitrovica) die Donau, und 10 n. Chr. wurde die Provinz Illyricum eingerichtet. Die Verwaltungsordnung, vor allem im 1. Jahrhundert, war nicht dauerhaft; die Region wurde in das Obere und das Untere Pannonien sowie Dalmatien geteilt. Verschiedene Gebiete wurden wiederholt angegliedert oder geteilt und mit anderen Verwaltungseinheiten vereint, etwa im Falle von Emona (Ljubljana), das zuerst Pannonien zugeschlagen und später zu Beginn des 2. Jahrhunderts an die Regio X angebunden wurde. Auf lange Zeit besaß Pannonien die Rolle des Verteidigungsbollwerks für die Reichsgrenzen, bis die Eroberung Dakiens vonseiten Trajans die Grenze nach Osten hinter die Donau verlegte. Für die Provinz ist dies die Zeit größter Prosperität, die in der Mitte des 3. Jahrhunderts endet, als alle Donauprovinzen gegen die wachsende Gefahr von Goteneinfällen eine starke Konzentration von Militär mit Zentrum Sirmium unter der Führung eines einzigen Befehlshabers, des *dux Illyrici*, erlebten. Die Aufgabe Da-

Kopf einer jungen Frau, vielleicht das Porträt der Plotilla, aus Solin, Split, Anfang 3. Jh. n. Chr.; Zagreb, Arheološki Muzej u Zagrebu. Obwohl die Zuweisung des Porträts nicht sicher ist, erlauben es die außergewöhnliche Machart des Stückes und einige charakteristische Merkmale, die Skulptur an bekannte Darstellungen der Frau Caracallas heranzurücken; sehr charakteristisch für die Zeit ist die sogenannte „Melonenfrisur" mit einer Reihe – in diesem Fall zwölf – großer und in einem Knoten über dem Nacken zusammengefasster Wülste.

kiens gegen Ende des 3. Jahrhunderts brachte Pannonien seinen Charakter als Grenzregion zurück; wenig später wurde die Provinz von Diokletian unter Verwaltungsgesichtspunkten neu organisiert und geteilt. Auf diese Zeit geht wahrscheinlich die Einrichtung eines durchgehenden Verteidigungsgrabens im Osten Pannoniens und im Norden Obermoesiens zurück (*limes Sarmaticus*). Die Krise der Reichsordnung wurde jedoch immer deutlicher, bis sich nach der Schlacht von Adrianopel im Jahre 378 Goten, Hunnen und Alanen zwischen Donau und Save niederließen und ein Teil Pannoniens aufgegeben wurde; die regulären Limes-Truppen wurden dem mobilen Heer Illyriens angegliedert, die Grenzverteidigung den restlichen Grenztruppen und den Verbündeten zugewiesen. Um den beständigen Einfällen zu entgehen, flüchteten sich die Bewohner der Region in die Gegend des Plattensees und nach Dalmatien, doch noch in der zweiten Hälfte des 5. Jahrhunderts existierten mit Mauern umgebene Städte, Militärlager von kleiner Größe und Bevölkerungsgruppen, die hinter dem Limes siedelten. In den südlichen Gebieten Pannoniens, die nunmehr an das Ostreich angegliedert waren, setzte sich römisches Leben noch lange fort, wenn auch mit einigen Unterbrechungen.

Die ersten römischen Interventionen an den Küsten Dalmatiens erfolgen in der zweite Hälfte des 3. Jahrhunderts v. Chr. in Form des kurzen, gegen das Reich der Illyrer geführten Krieg, welche mit ihren Piratenzügen die Aktivitäten der italischen Händler auf den transadriatischen Routen behinderten. Nachdem Rom in den ersten Jahrzehnten des folgenden Jahrhunderts an den Küsten der südlichen Adria einen starken Vorposten eingerichtet hatte, gewann es mit der Gründung Aquileias und der Unterwerfung der Istrier die Kontrolle auch über die nördliche Adria. Wiederholte, im Laufe über eines Jahrhunderts durchgeführte militärische Operationen führten zur Eroberung des gesamten Küstengebiets und der dahinter befindlichen Gegenden.

Ein umfassendes Romanisierungsprogramm wurde schon von Caesar vorbereitet; er sorgte dafür, dass sich Gruppen römischer Bürger, zumeist zur Mittel- und Aristokratenschicht gehörige Händler und Kaufleute, also seine Bündnispartner im politischen Kampf, in den Küsten-

Oben:
Silberfibel mit Bügel in Form eines stilisierten Rinderkopfes, aus Hrtovici, Ruma Vojvodina (Kroatien), 2. Jh. n. Chr.; Zagreb, Arheološki Muzej u Zagrebu.

Links:
Peristyl des Diokletianspalastes zu Split, ein weiter, rechteckiger unüberdachter Raum, flankiert von Arkadenportiken mit grauen oder rosa Granitsäulen, auf ihnen korinthische Kapitelle. Wahrscheinlich hatte er Verbindungsfunktionen zwischen zwei Zonen des riesigen Palastes. Die seitlichen Portiken fungierten auf einer Seite als Zugang zum Jupitertempel – der heutigen Taufkirche des hl. Johannes – und auf der anderen zum Mausoleum, der heutigen Kathedrale.

Einhenkelige Tasse aus farblosem Glas, als Urne zur Aufnahme verbrannter Knochen wiederverwendet, aus einem Grabfund von Zagreb-Stenjevec, 1. Jh. n. Chr.; Zagreb, Arheološki Muzej u Zagrebu.

städten ansiedelten, wohl um so über eine solide Basis für die Expansion ins Landesinnere zu verfügen. Die beträchtliche Präsenz von Geschäftsleuten, die zumeist aus Norditalien übergesiedelt waren, führte sehr schnell zur systematischen Erhebung von Hafenzöllen. Dieses System stand im Widerspruch zum Verfahren der Griechen in Issa (Lissa), die – unter dem Schutze Roms – eine Organisation aufgebaut hatten, welche die Kontrolle über den Seeverkehr auf der mittleren und südlichen Adria innehatte. Sehr schnell waren die Griechen, die Caesar vergebens um Hilfe gebeten hatten, gezwungen, vor der Aggressivität der Italiker zu weichen, die sie schnell in den Ruin trieben; als Reaktion schlugen sie sich im Bürgerkrieg auf die Seite des Pompeius. Der Prozess der Organisation und Einteilung des Territoriums, der in augusteischer Zeit zu Ende gebracht wurde, sah zweifellos die Zenturiation (Anm. 15) weiter Landstriche und die Aufteilung in Stücke von begrenzten Ausmaßen zwischen 20 und 50 Morgen vor, wie man sie noch heute sowohl an den Küsten wie auf den Inseln antrifft; erst in der Spätantike veränderte die Ausbreitung der Latifundien die Landschaft vollständig. Die Wirtschaft Dalmatiens hing im Wesentlichen vom Küstenstreifen ab, wo zahlreiche Villen, häufig mit privatem Landeplatz versehen, Wein und Öl für den Export an die weiten Häfen des Mittelmeers produzierten, von der Iberischen Halbinsel bis zum Schwarzen Meer; florierend waren auch die Salinen, während die Anlagen zur Herstellung von *garum* vielleicht später entstanden. Im Hinterland Liburniens wurden die Hölzer der weitläufigen Wälder ausgebeutet, in einigen Gegenden des Binnenlandes gab es aktive Erzgruben, und das Gebiet von Split war wegen der Marmorbrüche bekannt. Wesentliches Element in der wirtschaftlichen Entwicklung der Region waren immer Handel und Tausch der Produkte mit dem Hinterland, auch wenn das Straßennetz Dalmatiens im Unterschied zu den Verhältnissen in den anderen Provinzen aus einer einzigen Haupttangente an der Küste bestand, der Via Dalmatica, von der verschiedene Straßen ins Binnenland – vorzugsweise für zumeist militärischen Gebrauch – abzweigten; schon in der Mitte des 1. Jahrhunderts v. Chr. war die Errichtung dieser Verkehrswege abgeschlossen und die notwendigen Verteidigungsmaßnahmen vorbereitet. Die Städte der Provinz scheinen nicht streng geplant zu sein, tendieren jedoch sowohl in der Verteilung der Räume als auch in den Bautypen dazu, sich dem klassischen Schema der römischen Stadt anzunähern.

In der Spätantike streiften die Barbareneinfälle nur die nördlichsten Gebiete der Provinz, während anderswo weder archäologische noch dokumentarische Spuren an einen Durchzug der Westgoten denken lassen.

Bronzehelm, gefunden während Ausbaggerungsarbeiten des Flusses Kupa bei Sisak (Kroatien), Anfang 1. Jh. n. Chr.; Zagreb, Arheološki Muzej u Zagrebu. Der Helm hat vorn einen Schirm und einen konischen Aufsatz zur Helmbuschbefestigung; auf dem Nackenschutz trägt er nach unten die Aufschrift „C. LUCCI VARRONIS".

Die Provinz Moesien war unter ethnischem Aspekt eines der weniger homogenen Gebiete, da sie ein Mosaik von Völkern umfasste, die von in den Bergzonen des Balkans ansässigen Völkern bis zu den Geten, Sarmaten, Skythen und den Griechen der alten Kolonien an den Küsten des Schwarzen Meeres reichten. Die Einteilung in Moesia Superior und Inferior, Ober- und Untermoesien, spiegelte sowohl den geografischen Unterschied zwischen den Berggebieten und der großen Ebene des Unterlaufs der Donau wieder, als auch formalisierte sie die tiefgreifende kulturelle Differenz zwischen Gebieten, in denen man nach der Unterwerfung unter Rom lateinisch sprach, und einem Bereich, in dem das seit Jahrhunderten dominierende Griechisch später faktisch niemals verdrängt wurde.

Die militärischen Operationen, die zur Unterwerfung der Region führten, fanden ab der zweiten Hälfte des 1. Jahrhunderts v. Chr. im Laufe mehrerer Jahrzehnte zu verschiedenen Zeiten statt und waren immer von der Notwendigkeit geleitet, die schon unterworfenen Territorien vor äußerem Druck zu schützen. Eine erste Verwaltungsgliederung erfolgte unter Tiberius, doch erst unter Diokletian gelangte man zur endgültigen Ordnung. Wie Pannonien verlor auch Moesien mit der Angliederung an Dakien seine Funktion als Grenzprovinz und machte bis zu den letzten Jahrzehnten des 3. Jahrhunderts eine Periode relativer Stabilität durch, als Aurelian sich zurückzog und die dakischen Territorien aufgab. Dafür schuf er zu eigenem Schaden eine Pufferprovinz auf einem Streifen, der sich am rechten Donauufer erstreckte. Die Lage Moesiens an der Straße für jeden nach Konstantinopel gerichteten Einfall rief eine frühe Krise hervor, der schnell die Ablösung vom Imperium folgte.

Der Romanisierungsprozess in der Provinz war ziemlich begrenzt, und die Urbanisierung erfolgte als ein nur in den Grenzgebieten und an der zur Adria führenden Straße nennenswertes Phänomen. Das für die Region charakteristische Element ist zweifellos das Verteidigungssystem, das eng mit dem wechselnden Schicksal der römischen Präsenz am Unterlauf der Donau zusammenhängt. Jüngere archäologische Untersuchungen zeigten, wenn auch noch nicht erschöpfend, auf, wie die größere oder geringere Bedeutung von Feldlagern und Befestigungen eine spürbare Varianz ihrer Ausmaße bestimmte. Die Forschungen brachten die Strukturen von sechsundsechzig Befestigungsanlagen ans Licht, dazu sechzehn befestigte Städte am Ufer der Donau und elf im Binnenland.

In claudischer Zeit bestanden die Militärlager, die vor allem die Grenzlinie zu überwachen, weniger sie zu verteidigen hatte, aus Erdwällen und hatten geringere Dimensionen; unter den Flaviern dagegen wurden sie größer, wahrscheinlich um eine bessere Kontrolle der zunehmenden Aktivitäten der Daker zu gewährleisten. Unter Trajan wurde der Bau neuer imposanter befestigter Lager mit quadratischem Grundriss und abgerundeten Ecken eingeleitet; sie hatten an die Innenseite der Mauern angebaute Türme und quadratische Türme zur Verteidigung der Tore, die nach dem Rückzug aus Dakien zusätzlich verstärkt wurden. Unter Valentinian I. wurden fast alle Militärfestungen, die durch Brände verwüstet und am Ende der Regierung Constantius' II. zerstört wurden, erneuert; gegen Mitte des 5. Jahrhunderts ließ eine Reihe von Brandschatzungen die Feldlager endgültig in Schutt und Asche versinken. Das bekannteste Monument der Provinz ist zweifellos das Tropaeum Traiani von Adamclisi, das, im äußersten Osten der Region aufgestellt, das Gebiet der unteren Donau beherrschte. Das Denkmal – heute in umstrittener Weise mit den Abgüssen der in den umliegenden Dörfern verstreut gefundenen Dekorationsteile rekonstruiert – feierte die Eroberung Dakiens mittels einer figürlichen Erzählung aus Schlachtszenen und gefangenen Barbaren.

Ansicht des Cardo von Nicopolis ad Istrum, dem heutigen Nikjup in Bulgarien.

Die griechischen Provinzen: Macedonia – Achaia – Epirus – Creta et Cyrenaica – Cyprus

Mit der Schlacht von Pydna 168 v. Chr. begannen die Römer, eine Kontrolltätigkeit über das makedonische Königreich auszuüben, indem sie seine militärischen und ökonomischen Möglichkeiten begrenzten und seine Einflusssphäre allein auf das örtliche Umfeld zu reduzieren suchten. Schließlich schufen sie 146 v. Chr. nach der Zerstörung Korinths die Provinz Macedonia, der auch Achaia angegliedert wurde. Im 1. Jahrhundert v. Chr. ist die Präsenz italischer Kaufleute in verschiedenen Städten belegt, und um die Mitte des Jahrhunderts wurde die Region zum Schauplatz des Bürgerkriegs zwischen Caesar und Pompeius. Mit der Neuordnung in augusteischer Zeit wurde Achaia von Macedonia getrennt und in eine selbständige Provinz mit nicht genau definierten Nordgrenzen umgewandelt, zu der alle Gebiete des klassischen Griechenlands gehörten.

Im 2. Jahrhundert wurde auch Epirus autonom, wenngleich es weiter enge Verbindungen zu Macedonia aufrechterhielt. Während der Kaiserzeit muss die Kontrolle der Zentralregierung immer rigider geworden sein; verschiedene Kaiser besuchten die Region. Philippus Arabs ließ einige städtische Zentren befestigen und verlegte in dem nutzlosen Versuch, den Einfällen der Karpen (246–247) zu begegnen, eine imposante Militärmacht in die Provinz. Es folgten in kurzem Abstand die Einfälle von Goten und Herulern, die eine Situation völliger Anarchie herbeiführten und 267 die Plünderung Athens vornahmen; im 4. und 5. Jahrhundert bewirkten die beständigen Attacken von Goten, Hunnen, Ostgoten und Bulgaren sowie die Einfälle von Piraten an der Küste einen langsamen Niedergang des

Philippi, Ansicht des Forum Romanum am durch die Stadt führenden Abschnitt der Via Egnatia.

Korinth, Blick auf Ruinen der antiken Stadt aus dem Wiederaufbau in römischer Zeit.

Relief mit Szene aus einer Amazonomachie, von der Bühnenfront des Theaters von Korinth, hadrianisch; Korinth, Archäologisches Museum von Altkorinth.

Lebens in den städtischen Zentren und den Dörfern auf dem Lande, in denen nun schrittweise eine Entvölkerung einsetzte. Die Provinz Achaia jedoch verblieb auch im Anschluss an die Reform Diokletians bis zur Zeit Justinians in einer fast unveränderten Verwaltungsordnung.

Sofort nach der Schaffung der Provinz Macedonia wurde der Verlauf der Via Egnatia festgelegt und ihr Bau in Angriff genommen, der Hauptverkehrsader der Region, die sich über 535 Meilen von Durrës (Albanien) bis hin nach Thrakien erstreckte. Der Reichtum der dokumentarischen Quellen und der archäologischen Befunde machte es möglich, die Straßentrasse vollständig zu rekonstruieren, an der Rastplätze (*mansiones*) und Poststationen (*stationes*) verteilt waren, und Fahrbahnreste sowie zahlreiche Meilensteine festzustellen, welche die fortwährenden Erhaltungsarbeiten bezeugen. Gut dokumentiert sind auch die Strecken des sekundären Straßennetzes. In der Kaiserzeit wurde auch in Achaia das Wegenetz, das in den vorangegangenen Epochen, sei es aus Gründen der Verteidigung,

Athen, Ostfassade des Hadrianstores. Die griechischen Inschriften auf beiden Fassaden des Bogens, der auf der Grenze zwischen alten und neuen Stadtvierteln liegt, unterscheiden eine „Stadt des Theseus" und eine „Stadt des Hadrian und nicht des Theseus", womit die große Bedeutung der städtebaulichen Maßnahmen Hadrians bekräftigt werden soll.

Athen, Hadriansbibliothek.
Die Herrschaft eines Philhellenenkaisers wie Hadrian hinterließ im Stadtbild einen unauslöschlichen Eindruck: Die beiden bedeutendsten Maßnahmen waren zweifellos die Vollendung des Tempels des Olympischen Zeus und die Schaffung einer großen Bibliothek. Der große Zeustempel war im 6. Jh. von den Peisistratiden begonnen worden, im 4. Jh. weitergebaut von Antiochos IV. von Syrien, von Sulla geplündert und nie fertig gestellt.

Unten:
Statue eines Liegenden ohne Kopf, aus der Villa des Herodes Atticus in Eva, ca. 120–130 n. Chr. Herodes Atticus verwandte einen beträchtlichen Teil seines immensen Vermögens auf Bauwerke und Wohltätertum; außerdem beteiligte er sich am politischen Leben – 143 war er Konsul – und widmete sich intensiv literarischen Studien, die ihn unter seinen Zeitgenossen herausragen ließen.

Seite gegenüber:
Ausgrabung der Villa des Herodes Atticus in Eva (Astros) in Arkadien, ca. 120–130 v. Chr.
Die imposanten Reste der prachtvollen Residenz, die Herodes Atticus, der steinreiche athenische Freund Hadrians und seiner Nachfolger, in Astros besaß, wurde 1906 dank der vorhandenen Inschriften sicher identifiziert.

sei es wegen der Bequemlichkeit der entsprechenden Seewege weit entwickelt wurde, durch den Ausbau eines ziemlich dichten Straßennetzes verstärkt.

Seit der hellenistischen Zeit war Macedonia vom allgemeinen Phänomen der Entvölkerung der ländlichen Gebiete und der Bevölkerungskonzentration in den Städten betroffen; es ist schwierig, den auf die römische Präsenz zurückgehenden Einfluss auf das makedonische Territorium zu erkennen, der mit Gewissheit nur in solchen Gebieten festzustellen ist, die in Koloniegründungen einbezogen waren. Epirus dagegen, eine im Wesentlichen gebirgige Region mit wenigen bewohnten Zentren, blieb von der Existenz von Anlegeplätzen und Zentren an der Küste bestimmt, in denen die Waren des Land- und Seeverkehrs gehandelt und getauscht wurden; von diesen ist nur ein einziges Zeugnis erhalten: Auf den Felswänden eines zwischen Butrint und Apollonia gelegenen Steinbruchs, der vom 6. Jahrhundert v. Chr. bis zum 3. Jahrhundert n. Chr. ausgebeutet wurde, wurden von den Seefahrern etwa 1500 Inschriften eingeritzt, welche eine Chronik von Fahrten von Reisenden verschiedener Herkunft über die Adria erzählen; unter diesen findet sich auch Pompeius.

Nach einer Zeit des Niedergangs und Rückgangs machten sich die Zentren Achaias in der langen Friedensperiode, die auf die Bürgerkriege folgte, auf den Weg der Erholung, wenngleich die spärlichen Ressourcen es der Region nicht erlaubten, den Wohlstandsgrad anderer Provinzen des Imperiums zu erreichen. Das Programm der Bau-Erneuerung zielte in einem schon so umfassend urbanisierten Gebiet nicht auf Planung und Errichtung neuer Städte, sondern vielmehr auf die Einpassung von Gebäuden und Monumenten in schon wohlstrukturierte Stadtanlagen.

Die wirtschaftlichen Reichtümer Griechenlands waren von der Art her ziemlich weit gestreut und hingen wesentlich von der geografischen Beschaffenheit des Landes ab; weite, wenig urbanisierte Gebiete waren auf Viehzucht ausgerichtet – insonderheit Ätolien und Akarnanien waren wegen ihrer Pferde berühmt –, andere dagegen auf die Landwirtschaft wie Boiotien, ein im Übrigen ziemlich flaches Gebiet, und Thessalien, dessen Korn auch exportiert wurde. Was die Betriebsorganisation der Landwirtschaft betrifft, scheinen Latifundien nicht verbreitet gewesen zu sein, auch nicht in der Spätantike, wiewohl weit ausgedehnte Besitztümer wie die des Herodes Atticus bekannt sind. In Blüte stand die Ausbeutung der Steinbrü-

che, wahrscheinlich alle unter kaiserlicher Kontrolle, insbesondere des hochwertigen Marmors von den Kykladen, von Euboia und aus Thessalien; verschiedene Zentren behielten eine bemerkenswerte Bedeutung für den Handel, obschon der Hafen von Piräus sein Handelsvolumen verringert haben dürfte. Delos, wohin die ersten italischen Geschäftsleute schon gegen Mitte des 3. Jahrhunderts v. Chr. gelangt sein dürften, wurde zum Stützpunkt des ökonomischen Einflusses Roms über die Ägäis; zum Freihafen erklärt – mit der anschließenden Aufhebung von Zöllen –, gewann die Insel am Kreuzweg des Handels zwischen Okzident und Orient eine ganz neue Bedeutung. Auf Delos wurde jede Art Waren gehandelt, doch die wichtigste Ware bildeten zweifellos die Sklaven; Strabon zufolge konnten dort an nur einem Tag zehntausend von ihnen ausgeschifft und verkauft werden. Die Jagd auf Sklaven war vor allem das Werk von Piraten aus Kreta und Kilikien, die ihre Streifzüge auf dem Mittelmeer, aber auch an den Küsten des Schwarzen Meeres veranstalteten. Die nach Delos verbrachte Beute wurde in einem eigens dafür bestimmten Gebäude verkauft, der sogenannten „Agorá der Italiker". Der Bau, der größte der Insel, folgte exakten funktionalen Kriterien: ein weiträumiger von zweistöckigen Portiken umgebener Hof, mit nur zwei engen Öffnungen nach außen, um jeden Fluchtversuch zu verhindern. Die außergewöhnliche Blüte von Delos währte nicht lange; nach zwei in der ersten Hälfte des 1. Jahrhunderts v. Chr. durchgemachten Plünderungen verlor die Insel vollständig ihre strategische Bedeutung, auch weil nunmehr die Häfen im Westen direkte Beziehungen zu den Anlegeplätzen im Osten geknüpft hatten und das Piratentum besiegt worden war.

Verschiedene Städte Attikas, insbesondere jedoch Athen und die neue Kolonie Korinth, waren von beträchtlichen architektonischen und städtebaulichen Maßnahmen betroffen, die oft vom Kaiser oder reichen Privatleuten finanziert wurden. Sie zielten darauf, die alten Stadtzentren prachtvoll auszustatten: Die Agora-Anlagen wurden gepflastert und – auch durch den Bau von *stoaí* (Säulenhallen) – regelmäßig ausgerichtet; die Hauptstraßenachsen wurden durch die Errichtung von Bögen an der Einmündung in die Agorá betont; viele Veranstaltungsgebäude, vor allem Theater und *odeia* wurden erneuert. Während der augusteischen Zeit und anschließend in der hadrianisch-antoninischen Epoche, wurden neue Bauten in Angriff genommen, die von der attischen Architektur des

Schule und Kindererziehung

Die ersten Lehrer, zumeist aus dem soeben eroberten Griechenland gekommene Sklaven – erschienen in Rom bei wohlhabenden Familien ab dem 3. Jahrhundert v. Chr.; bald darauf wurden auch die ersten öffentlichen Schulen eröffnet, die unter den Portiken am Forum betrieben wurden. Hier unterwies der *grammaticus* die kleineren Kinder, indem er sie die Werke der wichtigsten lateinischen Autoren lehrte wie die *Annales* des Ennius. Diese mussten die jungen Römer als Grundlage der Moral, der bürgerlichen Tugenden und der Liebe zum Vaterland auswendig lernen. Die größeren Jungen nahmen dagegen Unterricht bei einem Rhetor, der sie Theorie und Praxis der Redekunst lehrte. Erst die jungen Leute aus den betuchteren Familien konnten es sich erlauben, ihre Ausbildung mit einem Aufenthalt in Griechenland abzuschließen. Diese letzte Etappe in der Unterweisung der jungen Römer, die gewöhnlich in einer berühmten Philosophie- oder Rhetorikschule wie in Athen oder auf Rhodos erfolgte, entsprach unserer universitären Ausbildung.

Oben: kleiner, von jüngeren Schülern zum Rechnenlernen benutzter Abakus, kaiserzeitlich; Rom, Museo Nazionale Romano.

Links: Tintenfass, aus Pompeji; Neapel, Museo Archeologico Nazionale.

Mosaik aus dem Landsitz des Herodes Atticus in Eva (Astros), ca. 120–130 v. Chr., während der Ausgrabung.

5. und 4. Jahrhunderts v. Chr., neu interpretiert durch den hellenistischen Kanon, inspiriert waren. Gegen Mitte des 2. Jahrhunderts v. Chr., kurz vor der Zerstörung Korinths, hatten die griechischen Künstler eine neue Kunstströmung kreiert, die als Neoattizismus bezeichnet wird und durch die Themen und Stilformen der Skulptur der vorangehenden Jahrhunderte vom strengen Stil bis zum Späthellenismus inspiriert ist; fast drei Jahrhunderte lang sollte dieser von der offiziellen römischen Kunst programmatisch übernommen werden. Die marmorne Großplastik reproduzierte vor allem die berühmtesten Werke der Vergangenheit, wobei sie gewöhnlich als Porträtstatuen nachgebildet wurden; dazu setzte man in oft befremdender Manier auf ideale Körper von klassischem Typus Porträtzüge auf. Eine dazu parallele Produktion dekorativer Reliefs scheint in der antoninischen Ära zu Ende zu gehen; an ihre Stelle trat eine Sarkophagproduktion von qualitativ hohem Niveau. Diese waren für eine Kundschaft mit Geschmack und Bildung bestimmt und

Statue der Isis mit dem Schleier, weißer Marmor, aus Gortyn, Kreta, 1.–2. Jh.; Iraklion, Archäologisches Museum.

vor allem mit mythologischen Themen und Götterfiguren verziert; sie wurden in alle Provinzen des Imperiums exportiert. Das Hauptherstellungszentrum war Athen, wo zahlreiche eng untereinander verbundene Werkstätten eine extrem einförmige Produktion monopolisiert hatten. Die Athener Werkstätten produzierten Sarkophage und Porträts bis zur ersten Hälfte des 3. Jahrhunderts, als nach den Zerstörungen durch die Heruler die griechische Kunstpraxis endgültig untergegangen zu sein scheint.

Im Jahre 96 v. Chr. fiel beim Tod des letzten Herrschers die Cyrenaïca als Erbschaft an den römischen Staat, der sich etwa zwanzig Jahre lang darauf beschränkte, die Gebiete zu verwalten und den Städten ihre Autonomie zu belassen. Im Jahre 75 v. Chr. wurde im Anschluss an einige Unruhen die Provinz geschaffen, der kurz darauf die Insel Kreta angegliedert wurde; die beiden Gebiete sollten, wenngleich mit oft verschiedenem Schicksal bis zur Reform Diokletians vereint bleiben.

Die Cyrenaïca wurde von zwei Hauptverkehrswegen durchschnitten, einem parallel zur Küste und einem weiter im Inneren auf der mittleren Stufe des Bergmassivs; untereinander waren sie durch Wege verbunden, welche durch die Betten der Wadis verliefen wie im Fall der Straße, die Cyrene mit seinem Hafen verband. Im gesamten durchorganisierten Territorium prosperierte die Landwirtschaft, die Gegend war mit zuweilen befestigten Gutshöfen und Dörfern übersät, in denen die öffentlichen Gebäude fast ausschließlich aus Basiliken und kleinen Thermenanlagen bestanden, die türkischen Bädern ähnlicher waren als eigentlichen Thermen. An der vor den trockenen Südwinden durch das Relief des Djebel geschützten Küste wurden Reben und Obstbäume angebaut, während die Hochebene zu Getreideanbau und Viehzucht diente. Sichtbar sind noch heute die Spuren der Vorkehrungen zur Wasserregulierung – Wasserreservoire sowie Terrassenmauern als Sperre gegen die Wadis und zur Ansammlung fruchtbaren Bodens – sowie der in die Felswände geschlagenen Bauten, oft Wohnungen, aber auch Einrichtungen zur Verarbeitung der Agrarprodukte. Neben den Landgütern der Privatleute war das Territorium der Cyrenaïca durch das Vorhandensein der *agri regii* charakterisiert, Ländereien der Ptolemäer, die kaiserliches Eigentum geworden und durch Grenzsteine abgegrenzt waren, welche die Privatleute vom Eindringen abhalten sollten.

Zwischen der Mitte des 2. und der Mitte des 3. Jahrhunderts war Kreta Zentrum intensiver Handelsbeziehungen zu den nahen Küsten Kleinasiens, doch auch zu den Märkten des westlichen Mittelmeeres und zu Afrika. Dies ist auch die Periode größerer Blüte der kretischen Städte, obschon einige Zentren ein neues Gären der Bautätigkeit, vor allem bei den Kultgebäuden, zwischen dem Ende des 4. und dem 6.–7. Jahrhundert erlebten, und Knossos existierte bis zum 5. Jahrhundert fort. Die Importe von Tischkeramik währten sehr lange, sodass in Gortyn, dem Haupthandelszentrum der Insel, in Afrika und auf Zypern produzierte Keramik bis zum 7. Jahrhundert bezeugt ist. Für die Kenntnis der lokalen Produktionstätigkeit war der Fund zahlreicher zur Amphorenherstellung bestimmter Brennöfen sehr wichtig; in diesen erreichte der kretische Wein ferne Märkte, insbesondere Italien und Gallien. Die Betriebe lagen zumeist nicht fern vom Meer in der Nähe großer *villae rusticae*, die vielleicht der Weinproduktion dienten. In den letzten Jahrzehnten erwiesen die archäologischen Grabungen auf Kreta, dass der Westteil der Insel zwischen der Mitte des 4. und dem Ende des 6. Jahrhunderts einer höchst bemerkenswerten Anhebung der Küste unterlag, welche zehn Meter erreichte; dieser entspricht im östlichen Bereich eine Senkung in geringerem Maße. Wahrscheinlich handelte es sich um zahlreiche, heftige seismische Erschütterungen auch im Abstand von Jahren; bekannt sind beispielsweise das Erdbeben von 365 oder die von 448, welche offensichtlich das Leben der kretischen Städte belastet haben.

Zypern, das am Ende der hellenistischen Zeit von einem Bruder des ägyptischen Königs Ptolemaios Auletes regiert und 58 v. Chr. an Rom angeschlossen wurde, wurde 22 v. Chr. unabhängige Provinz. In der ganzen Kaiserzeit genoss die Insel eine gewisse Ruhe – Ausnahme bildete ein gewaltsamer jüdischer Aufstand, der gegen Ende der Zeit Trajans niedergeschlagen wurde – und Zypern wurde von Justinian in die Gebiete des Ostreichs eingegliedert; in der Mitte des 7. Jahrhunderts wurde es von den Arabern erobert. Auch in römischer Zeit genoss die Insel weiterhin sowohl ihre günstige geografische Lage, die sie zur idealen Wegkreuzung für den kulturellen und wirtschaftlichen Austausch mit dem Orient machte, als auch ihre natürlichen Ressourcen, die Kupferminen, die ihr den Namen gaben, die Wälder, den fruchtbaren Boden und das fischreiche Meer.

Ansicht der Ausgrabungen im Bereich des Prätoriums von Gortyn, der Residenzstadt des Statthalters von Kreta.

Cyrene, Heiligtum: Die neuen monumentalen Propyläen, errichtet nach dem jüdischen Aufstand, hadrianisch-antoninische Zeit; sie liegen hinter den alten griechischen Propyläen.

Kleinasien: Asia – Bithynia et Pontus – Galatia – Cappadocia – Lycia et Pamphylia – Cilicia

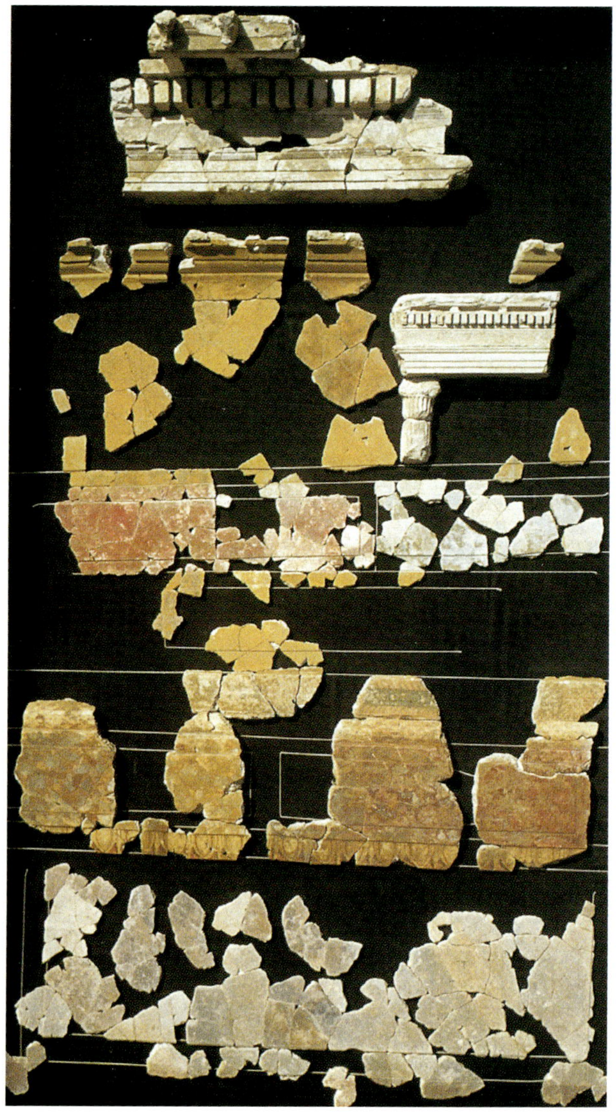

Wieder zusammengesetzte Fragmente einer Wandmalerei aus Stuck, aus Erythrai (Türkei).

Die Provinz Asia wurde 127 v. Chr. geschaffen, indem die griechischen Küstenstädte an Mysien, Lydien und Kilikien angegliedert wurden. Ungefähr ein Jahrhundert lang bewahrten die Zentren der Region eine gewisse Autonomie, doch ihre Wirtschaft blieb ziemlich zerrüttet, und sie mussten unter der Verwicklung in die Bürgerkriege leiden. Mit der Neuorganisation in augusteischer Zeit begann auch für Asia eine lange Periode des Friedens, der Prosperität und kontinuierlichen Entwicklung; das intensiv urbanisierte Territorium war eines der bevölkerungsreichsten des Imperiums. Ephesos, Sitz des Statthalters, wurde zum Haupthafen, und Pergamon sowie Smyrna entwickelten sich stürmisch; Milet dagegen, das wegen seiner Parteinahme für Mithridates bestraft worden war, blieb stets in der zweiten Reihe. In der frühen Kaiserzeit wurden die Küstenstädte und das Tal des Mäanders wiederholt von heftigen Erdstößen erschüttert; 17 n. Chr. wurde Sardes praktisch zerstört, daher wurden öffentliche Maßnahmen und fiskalische Erleichterungen zum Wiederaufbau notwendig. Wahrscheinlich wurde bei dieser Gelegenheit die erste der großen Säulenstraßen erbaut, die für die kleinasiatischen Städte charakteristisch sind. In julisch-claudischer Zeit gewann Aphrodisias, Sitz einer besonderen Bildhauerschule, immer größere Bedeutung. Diese konnte die Nähe der Marmorbrüche nutzen und kopierte und imitierte klassische und pergamenische Vorbilder, indem sie diese aus dem originalen Zusammenhang entfernte und in architektonische Kontexte einfügte. Die Zeit großen Glanzes kam für Asien mit Beginn der Epoche Diokletians, der herausragende Leute zu Administratoren wählte und die Bahn für monumentale Anlagen wie die Agora, die Tore und die große Kolonnadenstraße in Hierapolis freimachte. Bis zu den ersten Jahrzehnten des 3. Jahrhunderts blieben die Städte der Provinz das Zentrum eines höchst aktiven intellektuellen Lebens, das auf allen Feldern von Kunst und Wissenschaften das kulturelle Leben des Reiches beeinflusste.

Glasschale mit aufgesetzten und eingedrückten Tropfen, aus Zypern, 4. Jh. n. Chr.; London, British Museum.
Die Schale gehört zu einem beträchtlichen Fundus von Objekten aus Grabungen auf Zypern, die zwischen 1876 und 1879 von Alessandro Palma di Cesnola finanziert und in einer großen Sammlung vereinigt wurden, danach aber ab 1883 unter verschiedenen Museen und Privatsammlungen aufgeteilt wurden.

In den wichtigsten Städten Asiens setzte sich eine Luxusarchitektur durch, die ihren Höhepunkt während der Herrschaft Hadrians erreichte; die städtischen Zentren wurden immer pompöser und wurden mit neuen architektonischen Durchblicken und imposanten Entwürfen bereichert, die von den weiten Kolonnadenstraßen beherrscht wurden. Diese großen urbanistischen und architektonischen Unternehmungen waren auch dank der Tätigkeit der Künstlerschulen möglich geworden, die um die Brüche mit dem begehrten farbigen Marmor Anatoliens entstanden waren. Neben den Bildhauern von Aphrodisias, die – in Rom schon am Ende des 1. Jahrhunderts aktiv – die gesamte römische Kunst für mehr als hundert Jahre spürbar beeinflussten, sind Werkstätten von Marmorkünstlern auch in anderen Städten wie Hierapolis und Tralleis bekannt. Insbesondere die um die Marmorbrüche von Dokimion entstandenen Ateliers wurden ab der hadrianischen Zeit wegen ihres gewaltigen Exports von dekorierten Sarkophagen aus farbigem Marmor berühmt, deren Herstellung mit der Herrschaft des Gallienus endete.

Nach der Epoche des Severus Alexander wurden große Bauprojekte in Asien immer seltener, und im größeren Teil der Zentren wurde bis Diokletian kein öffentliches Gebäude mehr errichtet. Eine allgemein verbreitete Krise machte sich kurz nach der Mitte des 3. Jahrhunderts infolge eines zerstörerischen Erdbebens und der ersten Barbareneinfälle bemerkbar, die zur Plünderung von Ephesos führten und Rhodos erreichten. Diokletian teilte die Provinz bei seiner Reform, daraufhin erlebte sie eine neue Periode der Blüte, bis sie in der Mitte des 4. Jahrhunderts zu den reichsten Provinzen des Imperiums zählte. Der Niedergang der Region erfolgt gegenüber dem Westen mit Verzögerung, doch recht schnell scheint der demografische Rückgang lediglich die Hauptorte der diokletianischen Provinzen auszusparen, wenngleich Aphrodisias im 5. und 6. Jahrhundert noch Ort einer blühenden Statuenproduktion ist.

Bithynien, das vom 74 v. Chr. ohne Erben gestorbenen König Nikomedes IV. Rom als Erbschaft hinterlassen worden war, wurde bei der Neuordnung des Pompeius im Anschluss an die endgültige Niederlage des Mithridates mit Pontus vereint; nach neuen territorialen Erweiterungen wurde es 27 v. Chr. senatorische Provinz, um unter Mark Aurel unter kaiserliche Kontrolle zu gelangen. Die Region erfüllte wegen der Lage von Byzanz als Wächterin über den Bosporus eine beachtliche strategische und ökonomische Bedeutung, andere Hafenstädte wie Sinope, Hera-

Fries vom Hadrianstempel zu Ephesos; Ephesos, Archäologisches Museum.

kleia oder Amastris kontrollierten den Warenverkehr zwischen dem kleinasiatischen Binnenland und dem südrussischen Becken; die an Flussmündungen gelegenen Städte fungierten als Zugangspforten zum Landesinneren. Bithynien besaß auch ein bemerkenswertes politisches Gewicht, da es die Landverbindung zu den Ostgrenzen des Reiches bildete, sodass Trajan in der Phase der Vorbereitung seines Feldzugs gegen die Parther einen Sonderbeauftragten dorthin entsandte, der die Ressourcen zu sammeln und zu organisieren hatte. Der Gesandte war Plinius der Jüngere, seine Korrespondenz mit Trajan bildet eine äußerst wertvolle Informationsquelle über die Organisation der Städte und die Aufgaben des römischen Statthalters.

Die Provinz bewahrte immer eine deutliche Sonderstellung, die aus ihrer politischen und administrativen Vergangenheit resultierte. Der Ostteil stellte weiterhin einen Unruheherd dar, denn es war auch so, dass sich die historisch auf feudalen Organisationsformen beruhenden Territorien, die manchmal von Priestern regiert wurden, nur schwer in das römische Staatssystem einfügen ließen.

Galatien, das nach dem Tod des letzten Herrschers von Augustus als Provinz begründet wurde, war zumeist von keltischen Stämmen bewohnt, die Landwirtschaft und Viehzucht betrieben und in verstreuten Dörfern lebten. Die Region war durch die Existenz großer Latifundien gekennzeichnet, welche direkt aus der Hand hellenistischer Herrscher in kaiserliches Eigentum oder in den Besitz reicher Bewohner der griechischen Küstenstädte übergingen wie die Plancii von Perge, einer Stadt in Pamphylien, die ausgedehnte Besitztümer in Pisidien und Galatien besaßen, oder die Paccii von Attaleia, ebenfalls in Pamphylien, Eigentümer von Ländereien in Lykaonien. Weniger zahlreich dagegen waren städtische Zentren; sowohl Augustus als auch seine Nachfolger fügten einige Veteranenkolonien hinzu. Auch der Hauptort der Provinz, Iconium (Ikonion-Konya) ist fast ganz unbekannt. Wir wissen jedoch, dass es zu Zeiten Strabons eine kleine, aber prosperierende

Ephesos, Peristylhof eines Hauses im Komplex der sogenannten „Hanghäuser", einer Terrassenhausanlage aus dem 1.–3. Jh.; man gelangte nur über steile Gassen hinein, welche die Häuserblocks gliederten. Der sehr gute Erhaltungszustand der Gebäude machte es möglich, neben Fresken und Mosaiken auch Bronze- und Marmormöbel, Hausgerät und Dekorationsgegenstände zu bergen.

Ephesos, Säulenfassade der Celsus-Bibliothek, ab 110 im Auftrag des Konsuls Gaius Iulius Aquila errichtet und 135 von seinen Erben vollendet. Der große Bau wurde direkt neben der Agorá, dem Marktplatz, als Grabmonument für Gaius Iulius Celsus Polemaenus erbaut, den Vater des Finanziers dieses Unternehmens. An der Rückwand des weiträumigen Lesesaals, der mit Galerien und Regalen auf zwei Reihen ausgestattet ist, stand eine Statue der Athena, darunter befand sich die Grabkammer mit einem schönen Girlandensarkophag.

Reliefsarkophag mit Darstellung der Athena im Kampf gegen die Giganten, aus Aphrodisias (Türkei), 2. Jh. n. Chr.; Istanbul, Arkeoloji Müzesi.

Stadt gewesen sein muss und dass dort zum Zeitpunkt des Besuchs des Paulus eine jüdische Kolonie ansässig war, ein Hinweis auf blühende Handelstätigkeit.

Das Gebiet Galatiens ist wenig bekannt, doch die Region bewahrt eines der für die Geschichte des Imperiums interessantesten Dokumente: Auf den Cellawänden des in Ancyra (Ankara) zwischen 25 und 20 v. Chr. errichteten Augustus-Roma-Tempels sind auf griechisch und lateinisch die *Res Gestae* eingraviert, die einzige Kopie des politischen Testaments des Augustus, das nahezu vollständig erhalten ist. Die Originalinschrift war auf Bronzetafeln am Eingang zum Mausoleum des Kaisers in Rom aufgestellt, und zahlreiche Kopien dürften im ganzen Reich verbreitet gewesen sein.

Im Laufe des 3. Jahrhunderts wurde Galatien mehrere Male von Heeren auf dem Marsch nach Italien durchquert und hatte unter den Einfällen der Goten zu leiden, die Pessinûs verwüsteten. Nach der diokletianischen Teilung setzte in der Region ein langsamer, jedoch irreversibler Niedergang ein, der auch durch zahlreiche Hungersnöte sowie das Verschwinden der städtischen Zentren markiert ist. Kappadokien, das sich auf weiten Hochebenen in einer mittleren Höhe von über 1000 Metern erstreckt, mit abwechselnden weiten Latifundien und Wüstenzonen, gelangte im 2. Jahrhundert v. Chr. als Klientelstaat in den Machtkreis Roms und wurde von Tiberius in eine Provinz umgewandelt. Die großen Grundbesitztümer mit wenig wasserreichem Land zur extensiven Getreidewirtschaft und großen Gebieten für Weidewirtschaft und Viehzucht, insbesondere der berühmten Pferde und Esel, gehörten zum Gutteil zum kaiserlichen Besitz, wenngleich beträchtliche Besitztümer lange in der Hand von Heiligtümern blieben; in Komana beispielsweise arbeiteten auf den riesigen Gütern des Heiligtums der Artemis Tauropôlos bis zu sechstausend heilige Sklaven. Eine Reihe befestigter, auf Bergen an den Hauptzugangswegen zu der Region errichteter Kastelle ist wahrscheinlich als Erbe aus vorrömischer Zeit anzusehen.

Statue eines jungen Kentauren, grauer Marmor, aus Tivoli, Villa Hadriana, 1. Hälfte 2. Jh. n. Chr.; Rom, Musei Capitolini.
Das Werk wurde zusammen mit einer einen alten Kentauren darstellenden Statue 1736 in der Villa von Tivoli während einer Grabungskampagne gefunden, die Kardinal Furietti initiierte. Die beiden Skulpturen wurden von Künstlern der berühmten Schule von Aphrodisias zur Ausschmückung der kaiserlichen Residenz geschaffen.

Kappadokien war nie stark urbanisiert und zählte nach dem Geografen Strabon gerade nur zwei Städte, Caesarea und Tyana, eine von Caracalla gegründete Kolonie; der größere Teil der Bevölkerung dagegen wohnte weiterhin in Dörfern und Weilern, die von den riesigen kaiserlichen Besitztümern eingeschlossen waren. Die Provinz gewann zum Zeitpunkt der Einrichtung des Limes am Euphrat größere Bedeutung, und die Hauptstadt selbst, Caesarea (Kayseri), besaß ein repräsentatives Zentrum mit gepflasterten Straßen und Palästen; die Stadt war ein Produktionsort für Stoffe und Waffen für das am Limes stationierte Heer, während die Festung Melitene am Oberlauf des Flusses in neronischer Zeit Ausgangsbasis für die Feldzüge des Corbulo (Anm. 29) waren. Hinter der neuen

Grenze wurde die Infrastruktur zur strategischen Unterstützung eingerichtet, ein Straßennetz und eine Reihe von bis zum 3. Jahrhundert mehrmals umgebauten Festungen.

Das Legionslager von Melitene blieb zumindest bis zum 4. Jahrhundert in Gebrauch; neben ihm entwickelte sich eine große Stadt, die unter Trajan *municipium* (Anm. 12) wurde. Der Hafen von Trapezunt dagegen wurde auch durch die Anlage neuer Molen ausgebaut, was die Versorgung der Truppen am Limes nötig machte, und die Stadt wurde Standort der pontischen Flotte (*classis Pontica*).

Die Region erlebte 134 eine erste Welle von Einfällen der Alanen, und von 256 bis 260 war sie Ziel des verheerende Einfalls Schapurs I., der die Stadt dem Erdboden gleichmachte; mit ihm begann ein Jahrhundert von Überfällen und Beutezügen von Invasorenheeren. Zu Beginn des 4. Jahrhunderts wurde der Limes verstärkt und erneuert, es wurden Arbeiten an der Militärstraße von Melitene nach Trapezunt durchgeführt und die Präsenz der Armee in der Region erhöht; das sicherte Kappadokien noch fast drei Jahrhunderte Ruhe, die Bevölkerung in den Dörfern wuchs, aus denen oft blühende Zentren religiösen Lebens wurden.

Links:
Hierapolis (Pamukkale, Türkei), Grabdenkmal im Bereich der Kalksteinhänge. Die Nekropolen von Hierapolis sind sicher die weitläufigsten und spektakulärsten der gesamten Provinz Asia; unter ihren Gräbern aus Quaderblöcken finden sich rechteckige Bauten mit Totenbetten im Innern, mit Flachdach oder Giebeldach, runde Tumuli oder Würfelgräber mit Sarkophagen.

Unten:
Das Theater von Hierapolis (Pamukkale, Türkei), Ende 2. Jh. Die Cavea ist noch heute gut erhalten, teilweise verloren dagegen die Reliefdekoration mit Darstellung des Septimius Severus und der kaiserlichen Familie in würdevoller Haltung.

Sardes (Türkei), Gymnasium mit Kolonnade der Palästra und Hof für den Kaiserkult, 2.–3. Jh.

Die Provinz Lycia et Pamphylia stellt ein heterogenes territoriales Gebilde dar, das dem Römerstaat zu verschiedenen Zeiten und mit unterschiedlichen Methoden angegliedert wurde. Die alten Städte und Küstenebenen Pamphyliens wurden zusammen mit dem ganzen pergamenischen Reich geerbt, hingegen behielten die Städte des alten Städtebundes der rauen Bergregionen Lykiens am äußersten südwestlichen Rand Anatoliens bis zur Herrschaft des Claudius formell ihre Unabhängigkeit. Die endgültige Ordnung der Region erfolgte mit der Einverleibung eines Landstrichs auf der Hochebene Pisidiens und seiner prachtvollen felsthronenden Städte erst unter der Herrschaft Vespasians.

Der schon im 2. Jahrhundert v. Chr. entstandene lykische Bund, der die Macht des nahen Rhodos niederhalten sollte, hatte seinen Sitz und sein Bundesheiligtum in Xanthos und blieb die gesamte Römerzeit über aktiv. Die Städte Lykiens, oft von den großen Handelslinien isoliert, bewahrten in römischer Zeit Monumente und Aussehen der vorangegangenen Jahrhunderte bis zu einer erneuten städtebaulichen Entwicklung in flavischer Zeit. Das wichtigste städtische Zentrum war Xanthos, Haupthafen und Handelszentrum der Region blieb stets Patara; hier wurde der Zugang zum Hafen um 100 mit einem dreibogigen Tor verschönert. Dessen Bauten wurden anschließend von Hadrian erweitert, der auf Inschriften als Retter und Gründer der Stadt erwähnt wird. Die Zeit der Prosperität und des Wohlstands von Lykien, die auch durch die Errichtung von durch vermögende örtliche Persönlichkeiten finanzierte Monumente bestimmt ist, zog sich bis zur Krise des 3. Jahrhunderts hin, nach der anscheinend nur

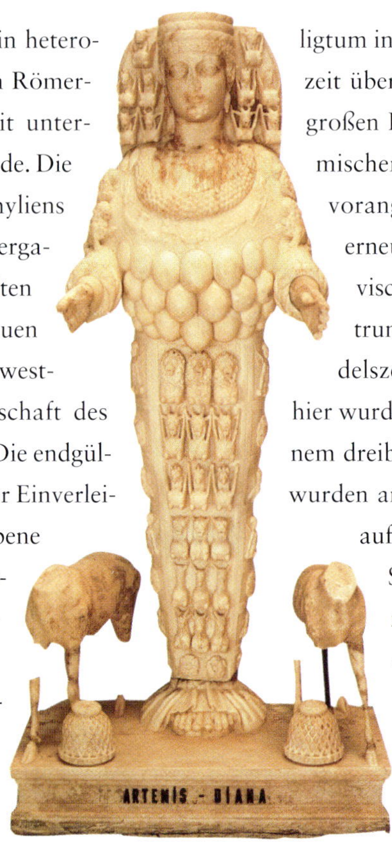

Statue der Artemis von Ephesos, Göttin der Fruchtbarkeit, hadrianisch; Selçuk (Türkei), Arkeoloji Müzesi.
Der ursprünglich von der thrakischen Chersones stammende Kult kam über die Phokäer aus Marseille nach Rom; eine Statue der Göttin von Ephesos war im Dianatempel auf dem Aventin aufgestellt (Anm. 30).

die Küstenstädte Momente der Erholung erlebten. Allerdings sind die archäologischen Daten über viele Zentren extrem spärlich, weshalb man den Verlauf der Ereignisse nur schwer feststellen kann.
In Pamphylien waren die städtebaulichen und architektonischen Maßnahmen Roms markanter, da – vor allem im 2. Jahrhundert – in allen größeren Zentren der Region große Repräsentativkomplexe und prunkvolle Gebäude errichtet wurden. Die archäologischen Untersuchungen in einigen nunmehr gut bekannten Städten wie Side, Perge und Aspendos belegten, dass die urbanen Zentren um von Portiken und Läden flankierte Straßenachsen angelegt und der repräsentative Anblick der Städte durch die Anlage der Kolonnadenstraßen, von Marmorgebäuden und prunkvollen Theaterfassaden betont wurde. In Aspendos beispielsweise hatte der Aquädukt bis zu dreißig Meter hohe Siphons zur Einleitung des Wassers in das Nymphäum, welches den Prospekt der Agora abschloss. Zahlreiche vor allem in Perge und Side gefundene Statuen belegten eine spezielle Skulpturenproduktion Pamphyliens, die sich in der Zeit der Flavier und Severer durch die Eleganz und Raffinesse hervorhob, mit der die klassischen Vorbilder reproduziert wurden. In der ersten Hälfte des 3. Jahrhunderts scheint die Bautätigkeit nach und nach ihren Schwung zu verlieren; ab der Mitte des Jahrhunderts war die Region von den Einfällen der Goten im Norden und der Isaurier im Osten betroffen. In Side wurde nach Auflassung der alten Stadtmauer aus hellenistischer Zeit um 360 eine neue Verteidigungsmauer errichtet, wozu die Mauern des Theaters wiederverwandt und ein Gutteil der Stadt des 3. Jahrhunderts ausgeschlossen wurde. Auf eine neue Periode relativen Wohlstands im 5. Jahrhundert, als Side und Perge Bischofssitze wurden, folgte im anschließenden Jahrhundert der endgültige Niedergang.
Der Urbanisierungsprozess in Kilikien, der schon von Pompeius im Rahmen eines Programms eingeleitet wurde, das die Piraten sesshaft machen sollte, fand mit Gründungen verschiedener lokaler Dynasten, insbesondere Antiochos' IV. von Kommagene und der Kleopatra, eine Fortsetzung. Die Grenzen der Region blieben bis zur Verwaltungsordnung Vespasians ziemlich instabil, welcher eine Periode von Stabilität und Fortschritt folgte, während derer eine neue Urbanisierungsphase eingeleitet wurde. Die – bis heute recht begrenzten und unsystematischen – archäologischen Untersuchungen belegten das Vorhandensein von Elementen, die für Anlagen und Architektur der kleinasiatischen und syrischen Zentren typisch sind wie die großen Kolonnadenstraßen, die gewöhnlich die Stadt mit dem eigenen Hafen verbinden und der Straße einen festlichen Charakter verleihen sollten.

Rekonstruktion des Pronaos des Augustus-und-Roma-Tempels zu Ankara, an dem eine Kopie des *Monumentum Ancyranum*, also der *Res Gestae*, des „Tatenberichts" des Augustus eingemeißelt war; Rom, Museo della Civiltà Romana.

Xanthos (Türkei), Ansicht des römischen Theaters mit dem unteren Teil der Cavea (Stufenreihen).

Das Gebiet Kilikiens war während der Kaiserzeit, doch auch am Anfang der byzantinischen Zeit mit vielen *villae rusticae* übersät, die auf die soziale und wirtschaftliche Ordnung der Region ein Licht werfen; andererseits offenbaren Zisternen, Reste von Aquädukten und Hafenbauten die Existenz eines dichten Infrastrukturnetzes. Das durch Meilensteine, Brückenreste und – auch in den Fels gehauene – Straßentrassen bezeugte Straßensystem wurde ab Beginn der claudischen Zeit angelegt, und schon unter Hadrian war es so ausgebaut, dass man auf ihm auch die unwegsameren Zonen erreichte.

Die letzte Reise: Totenwache, Begräbniszüge, Gräber

Ammaedara (Haidra, Tunesien), Grabtempelchen, 2.–3. Jh.

Oben rechts: Ansicht eines Teils der Nekropole von Cantone im Amplero-Tal, Abruzzen, 1. Jh. v. Chr./1. Jh. n. Chr.

Die Zeremonien, welche den Toten auf seiner Reise in die ewige Wohnstatt begleiteten, folgten einem streng kodifizierten Ritual, das uns die antiken Quellen minutiös überliefert haben. Der Verstorbene wurde sorgfältig gewaschen, mit aromatischen Substanzen eingerieben und bekleidet, ehe Verwandte und Freunde sich zu einer langen Totenwache versammelten. Diese war durchzogen von den Klagerufen der Frauen, an denen sich oft Klageweiber beteiligten, fremde Frauen, die eigens dazu bezahlt wurden. Am Ende der Totenwache, die oft mehrere Tage währte, fand die *pompa* statt, der Begräbniszug, der in mehr oder minder geregelter Weise durchgeführt wurde, je nachdem ob es sich um ein öffentliches Begräbnis oder um eine private Zeremonie handelte. Die weniger vermögenden Schichten bedienten sich einfacher Totengräber, um den Leichnam zu seiner letzten Ruhestatt zu tragen, während sich die vermögenderen Familien eine aufwendige Durchführung leisten konnte, die auch die Anwesenheit von Trompeten- und Flötenspielern vorsah. Am Begräbniszug nahmen auch die Vorfahren, besser: ihre Wachsmasken, teil; das Recht, diese Porträts aufzubewah-

ren, galt als Privileg, auf das stolz zu sein und derer eine größere Zahl zu besitzen, als Zeichen alten Adels galt. Trotz zahlreichen Versuchen, Exzesse einzudämmen, war das Begräbnis in der mittleren und späten Zeit der Republik ein prunkvolles Ereignis geworden, vor allem wenn es sich wie im Fall der von Pompeius organisierten feierlichen Exsequien für Sulla um eine öffentliche Feier handelte. Bis zum 2. Jahrhundert n. Chr. war die Form der Erdbestattung vielleicht auf kulturelle und geografische Randgebiete begrenzt, nor-

Reiche Grabbeigaben aus einem Frauengrab aus Wehringen (Rätien), ca. 200 n. Chr.; München, Archäologische Staatssammlung. Die in ein Tuch aus chinesischer Seide gewickelte Asche der vermögenden Dame war in einer mit Bleideckel verschlossenen Glasurne deponiert. Unter den Gegenständen, welche die Verstorbene begleiteten, stechen zwei bronzene Dreifüße hervor.

malerweise wurde eine Einäscherung vollzogen. Die niedersten Klassen benutzten zweifellos die billigste Form, die direkte Verbrennung: Der Scheiterhaufen wurde direkt über der Grube vorbereitet, und man beließ die kalzinierten Knochen mit Erde und den verkohlten Resten der Bahre vermischt, auf die der Körper gebettet worden war; die Grabbeigaben wurden auf dem Scheiterhaufen oder zu Seiten der Grablegung aufgestellt. Der üblichere Ritus jedoch sah vor, dass der Körper in einem eigens dazu bestimmten Krematorium verbrannt wurde, das im Inneren des Gräberareals angelegt war; es war auf komplexe, bisweilen effektvolle Weise aus hohen mit Draperien und Girlanden geschmückten Holzpyramiden hergerichtet. Der gesamte Katafalk wurde mit Parfums und aromatischen Substanzen als Ehrerbietung an den Verstorbenen besprengt, doch wahrscheinlich auch, um die von der Verbrennung ausgelösten Ausströmungen zu überdecken. Zeugnis dieser von den Quellen beschriebenen Praxis sind die Tausende kleiner Glasbehältnisse in sehr eigentümlichen Formen, die unter den Grabbeigaben gefunden wurden. Am Ende der Zeremonie wurden die verkohlten Reste in einer Urne aus Stein oder Marmor, doch auch aus Glas, Terrakotta oder Holz, gesammelt und in der Erde bestattet oder in den Loculi eines Einzel- oder Kollektivgrabes deponiert.

Im 2. und der ersten Hälfte des folgenden Jahrhunderts ersetzte die Erdbestattung sehr langsam die Einäscherung, und für lange Zeit existierten die beiden Formen nebeneinander, sodass ein in der Aemilia gefundener Doppelsarkophag die sterblichen Reste eines körperbestatteten Ehemannes neben der eingeäscherten Ehefrau enthielt. Die Verstorbenen wurden jetzt in – auch reich verzierten – Sarkophagen aus Terrakotta, Stein oder Marmor bestattet, doch häufiger wurden sie in Holzkästen geborgen; die Armen dagegen wurden in die nackte Erde gelegt, zumeist in ein Tuch gewickelt. Das römische Gesetz schrieb streng vor, dass die Nekropolen außerhalb der Stadtmauern und der Stadtgrenzen zu liegen hätten, und sah eine Art Katastereinteilung für die Landparzellen vor, sodass die Grabinschriften zuweilen die Größe des Landstückes aufwiesen, das zum Grab gehörte. Die Römer fürchteten die Schändung der Gräber, die als kriminelles Vergehen galt, jedoch regelmäßig vorkam, wie es die beständige Wiederbenutzung von Sarkophagen in späteren Gräbern oder ihre Wiederverwendung als Baumaterial bezeugen. Große Sorge erregte auch die unrechtmäßige Aneignung, und in manchen Fällen sah der Besitzer des Grabes Strafen für die Erben vor, die das Grab verkaufen oder dort Mitglieder anderer Familien bestatten würden.

Rom, im Colombarium der Vigna Codini, wahrscheinlich in spätaugusteischer Zeit erbaut, doch auch danach viele Jahrzehnte weiter in Gebrauch. Die drei in die 2. Hälfte des 1. Jhs. zu datierenden Porträts werden heute im Museo Nazionale Romano aufbewahrt.

Rom, Grabmal der Caecilia Metella, an der Via Appia für die Tochter des Quintus Caecilius Metellus Creticus erbaut, 2. Hälfte 1. Jh. v. Chr.

Oben:
Sesterz des Caracalla aus Rom, zwischen 211 und 217 n. Chr. mit dem Porträt seiner Mutter Iulia Domna; Rom, Museo Nazionale Romano, Palazzo Massimo alle Terme, Medaillensammlung.

Mitte:
Granat auf einem Ring aus Goldblech, aus Bechele (Syrien), 2. Jh. v. Chr.; Paris, Bibliothèque Nationale de France, Cabinet des Médailles. Die Intagliogemme stellt Isis gleichgesetzt mit der griechischen Göttin Demeter mit Korn- ähren in einer Hand dar.

Der Osten: Syria et Palaestina – Iudaea

Nach der Schlacht von Magnesia 189 v. Chr. hatten die Römer der Autonomie der großen Seleukidendynastie definitiv ein Ende bereitet und waren in den Besitz des Königreichs Syrien gelangt; die Eroberung der Region ging schrittweise voran, mit den in der ersten Hälfte des 1. Jahrhunderts v. Chr. durchgeführten Feldzügen in den Osten erfolgte eine Konsolidierung bis zur vollständigen Unterwerfung, als Pompeius sie 62 v. Chr. zur Provinz zurückstufte, sowie bis zur Verwaltungsneuordnung in augusteischer Zeit. Die weiträumige Region, die sich von den Küsten des Mittelmeers bis an die Ufer des Euphrats erstreckte, wurde der direkten Kontrolle durch den Kaiser unterstellt, wenngleich sie im Inneren kleinere Königreiche, Priesterstaaten und autonome Städte besaß, deren Unabhängigkeit Rom respektierte. Vor allem handelte es sich um kleine Gebiete in Nordsyrien, wo Gruppen von Dörfern unter der Führung eines einzigen Oberhauptes zusammengeschlossen waren.

Das Amt des Statthalters von Syrien war eine der wichtigsten römischen Magistraturen und sah das Kommando über vier in diesem Gebiet stationierten Legionen vor, das an der Grenze zum Furcht ausstrahlenden Partherreich lag. Erst mit der Eroberung Arabiens, Assyriens und Mesopotamiens in trajanischer Zeit verlor Syrien für kurze Zeit seine strategische und militärische Bedeutung; es erreichte eine Phase der Stabilität und relativen Wohlstands mit der Festigung der politischen und wirtschaftlichen Rolle der Städte des Binnenlandes wie Palmyra, Doura-Europos, Emesa und Damaskus und der vollständigen Erneuerung der vom heftigen Erdbeben 115 n. Chr. verwüsteten Zentren, darunter Apameia und Antiochia. Einigen Unruhen und einem kurzen Einfall der Parther zum Trotz stand Syrien noch während des 3. Jahrhunderts in Blüte, vor allem nach der Einrichtung der Grenzlinie unter Septimius Severus, der unter Wahrung der Interessen Roms einen beachtlichen Handelsaustausch förderte. Nach dem Intervall des Königreichs von Palmyra – von ihm wird im folgenden Kapitel die Rede sein – wurden die Ostgrenzen des Imperiums unter Diokletian weiter verstärkt, und ein neues System von Straßenverbindungen wurde eingerichtet. Erst die Einfälle der Perser und die arabische Eroberung werden den endgültigen Kollaps der Wirtschaft der Region markieren, ihm folgt der Rückzug aus den Städten und der Exodus der großen Familien sowie des orthodoxen Klerus nach den Provinzen Kleinasiens und nach Konstantinopel. Syrien besaß sowohl auf strategischer Ebene als auch auf wirtschaftlichem Gebiet eine beachtliche Bedeutung, und

Mosaik aus einer Vorstadtvilla von Daphne, Vorort von Antiochia, 325–330 n. Chr.; Paris, Musée du Louvre. Der Fußboden bietet eine fein ausgearbeitete Komposition in mehreren Registern und kombiniert inmitten einer üppigen Pflanzendekoration die großen allegorischen Figuren der Jahreszeiten und Genreszenen; unter den der Jagd gewidmeten Szenen erkennt man den Meleager-Mythos und Gaben an Diana.

zwar dank der fruchtbaren ausgedehnten Weiten der nördlichen Gebiete (seit jeher bekannt als „fruchtbarer Halbmond") wie der im Westen, dank der Blüte von Gewerbezweigen wie der Purpur- und Glasverarbeitung und dem Prosperieren zahlreicher Handelszentren und Karawanenstädte.

Diese waren Mittler zwischen dem Orient und den Häfen des Mittelmeeres, in die kostbare Waren aus Arabien, Indien und China strömten. Die alten Phönikerstädte erlebten dank der neuen Sicherheit auf den Meeresrouten nach den erfolgreichen Kampagnen des Pompeius gegen die Piraten eine erneute Blüteperiode. Die Provinz war noch Zentrum eines regen, intensiven intellektuellen Lebens, das sich aus den kulturellen Einflüssen der griechischen und semitischen, aber auch der römischen Traditionen speiste, die gleichzeitig in der Region präsent waren.

Zum Zeitpunkt des Anschlusses an das Imperium war die urbane Entwicklung in Syrien schon sehr fortgeschritten, und die Römer trugen zu ihr nicht in nennenswerter Weise bei, auch weil die intensive Einwanderung von Italikern im Anschluss an die Eroberung sehr schnell wieder absorbiert wurde und die Region nur marginal von Ansiedlungen von Veteranenkolonien betroffen war. Die urbanistischen und architektonischen Maßnahmen, die sich in schon existierende Anlagen einfügten, waren jedoch massiv, und die Bautätigkeit schritt ohne Pause voran; bisweilen war das durch Restaurierungs- und Erneuerungsmaßnahmen nach den häufigen Erdbeben notwendig. Häufig jedoch kam ein Geist des Wettstreits unter den verschiedenen Städten auf, die sich dank ihrer enormen, von Landbesitzern, Kaufleuten und Unternehmern aufgehäuften Reichtümer spektakuläre städtebauliche Maßnahmen erlauben konnten. Die repräsentative Ausgestaltung der

Die große Kolonnadenstraße von Apameia (Syrien), 2. Jh. n. Chr.

Städte manifestierte sich hauptsächlich im Bau der großen Kolonnadenstraßen, imposante von Portiken flankierte Verkehrsachsen, welche in Antiochia wie in Gerasa, Apameia und anderen Zentren Syriens das gesamte Stadtgebiet querten. Während der gesamten Römerzeit blieb das Gebiet dicht bevölkert, und auf dem Lande entstanden Villen und bäuerliche Wohnungen mit einem stark standardisierten Grundriss ohne distinktive Merkmale und über fünf Jahrhunderte unverändert.

Unter den römischen Monumenten Syriens nehmen die Heiligtümer eine herausragende Stellung ein, darunter vor allem der gigantische Tempelkomplex, der Heliopolis (Baalbek) überragt, eine zwischen den Ketten des Libanongebirges und dem Antilibanon gelegene Stadt. Das Heiligtum hebt sich durch seine Anlage heraus, die den Unebenheiten des Geländes folgt, zudem durch die Existenz zahlreicher zusätzlicher Monumente und vor allem durch die große Üppigkeit des Dekors. Ebenfalls einzigartig und reich geschmückt ist der Baal-Tempel in Palmyra, der durch Zinnen und Kapellen sowie ein Terrassendach charakterisiert ist, das wahrscheinlich mit dem Kult in Verbindung stand, in dem vielfältige orientalische Elemente erkennbar sind.

Die Analyse der syrischen Bildhauerschulen in der Kaiserzeit zeigte auf, dass im ganzen Land ein Kunsthandel mit weit gespanntem Vertrieb von Kopien und Nachbildungen von Vorbildern der klassischen griechischen Plastik aktiv war; der stark hellenistische Geschmack der syrischen Kundschaft der Kaiserzeit ist auch durch zahlreiche neuattische Sarkophage belegt, die im Orontes-Tal und in anderen Zentren der Region gefunden wurden. In der Mosaikkunst dagegen zeigt sich eine vollständig andere Tendenz, die durch eine enge Abhängigkeit vom klassischen Repertoire charakterisiert ist. Daher tradierten die zahlreichen Mosaizistenwerkstätten, vor allem in Antiochia, auf Generationen weiterhin Modelle, die für ein importiertes Repertoire typisch sind, sowie Themen, die allesamt nicht in lokaler Manier uminterpretiert wurden. Be-

Stolz auf unseren Mut ... sterben wir, bevor die Feinde uns in die Knechtschaft geführt haben.

(Flavius Iosephus, Der jüdische Krieg, VII, 8)

Seite gegenüber: Ansicht der Nekropole zu Tyros (Libanon) aus römischer Zeit. Die alte Phönikerstadt gelangte schon in hellenistischer Zeit in den Machtkreis Roms und wurde von Septimius Severus zur Kolonie erhoben; sie bildete ein blühendes Handelszentrum und war zudem Stätte höchst berühmter und geschätzter Purpurfärberei-Betriebe.

Die Kleidung

Die alten Römer stellten ihre Kleidung vornehmlich aus Wolle her, die sehr preiswert war und in verschiedenen Regionen des Reiches hergestellt wurde. Die besten Wollstoffe kamen aus Milet und der Gallia Belgica, die vor allem für die schweren, rohen, für die strengen Klimate Mittelnordeuropas geeigneten Gewebe berühmt war. Nur die vermögenderen Klassen konnten sich Kleider aus Baumwolle, Leinen oder dem überaus feinen Gewebe von der griechischen Insel Kos erlauben, das Plinius zufolge die Frauen nackt erscheinen ließ (*Naturalis Historia,* XI, 26, 76). Schon ab dem 3. Jahrhundert v. Chr. wurde chinesische Seide importiert, die roh in den Westen gelangte; erst dort wurde sie gefärbt, gewebt und anschließend an den punischen Handelsplätzen Tyros (Sur) und Beryttos (Beirut) gehandelt. Erst in der Epoche Justinians, als zwei Mönche aus China einige Seidenraupen mitbrachten, wurden in Konstantinopel die ersten Betriebe zur Raupenzucht und Seidenproduktion eingerichtet, sodass den östlichen Märkten das Monopol auf das äußerst teure Garn genommen wurde.

Piazza Armerina (Sizilien), Villa von Casale, Detail aus dem Mosaik, Anfang 4. Jh. Die Personen tragen die typische Kleidung der späten Kaiserzeit, d.h. bunt gefärbte oder bestickte Tuniken.

sondere Merkmale weisen dagegen Architektur und Kunst des Hauran auf, einer Grenz- und Durchgangsregion (Anm. 31), die hinsichtlich ihrer Hauptverkehrswege immer isoliert blieb und an der Peripherie auch der Zirkulationswege der maßgeblichen kulturellen Tendenzen verharrte.

Im Bereich der Provinz Syrien und Palästina nimmt Iudaea eine besondere Stellung ein, das erst 6 n. Chr. in eine Provinz umgewandelt wurde, jedoch schon seit einem halben Jahrhundert in engen Beziehungen zu Rom stand. Nach einer langen Periode schmerzhafter Ereignisse erfolgte ein erster Eingriff zur Normalisierung durch Pompeius zum Zeitpunkt der Neuorganisation der östlichen Regionen des Imperiums. Zwei Jahrzehnte lang jedoch erlebte Iudaea noch eine instabile Lage, die 40 v. Chr. kippte, als ein parthisches Heer das Land besetzte und Jerusalem eroberte. Um den Invasoren entgegenzutreten, rief der römische Senat Herodes, den Sohn Antipaters, als „Verbündeten" zum König von Iudaea aus, eine stark sowohl mit Caesar als auch mit Pompeius verbundene Persönlichkeit, die sich im Exil in Rom befand. Erst drei Jahre später, als er mit Unterstützung der Armee Mark Antons nach Jerusalem zurückkehrte, konnte der Herrscher die Macht tatsächlich übernehmen, die er bis zu seinem überraschenden Tod im Jahre 4 v. Chr. innehielt.

Dank der Unterstützung Roms vereinte Herodes das Gebiet von Iudaea, Idumaea (Edom), Samaria und der griechischen Küstenstädte in einem Staat; mit Geschick regierte er sein Land während der ersten Jahrzehnte der Kaiserzeit. Es gelang ihm, das Gleichgewicht zwischen den

Sarkophag mit Darstellung eines Lastschiffes, aus Sidon (Libanon), 2. Jahrhundert n. Chr.; Beirut, Musée Nationale.

Tyros (Libanon), der im 2. Jh. n. Chr. errichtete monumentale Triumphbogen.

Heliopolis (Baalbek, Libanon), Inneres der Cella des sogenannten „Bacchus-Tempels".
Die Stadt Heliopolis, gelegen zwischen den Bergketten des Libanon und Antilibanon, erlebte ihre größte Blüte im 2. Jh.; die Stadtanlage wird vom gewaltigen Tempelkomplex beherrscht, dessen Errichtung sich über zwei Jahrhunderte, vom 1. bis zum 3. hinzog; er hat ein Ausmaß, das die Größe der Stadt übertrifft.

Pyxis, opakes weißes Glas, hergestellt aus drei verschiedenen Modeln, aus Sidon (Libanon), 1. Viertel 1. Jh. v. Chr.; London, British Museum. Man konnte weitere wahrscheinlich von Handwerkern aus Sidon mit den gleichen Modeln hergestellte Gefäße identifizieren; auch diese Exemplare sind zumeist aus opakem weißen Glas.

Traditionen seines Volkes und den Bedürfnissen des mächtigen Verbündeten aufrechtzuerhalten. Nach der Konsolidierung seiner Herrschaft widmete er sich einem ambitionierten Plan einer echten Umgestaltung des Landes durch die Gründung neuer Zentren und die Realisierung kühner Architektur- und Städtebauprojekte, die auch dank der Einführung innovativer Bautechniken und von den Römern importierter Baumaterialien noch heute das großartige Zeugnis seiner Regierung bilden. Herodes verfolgte über die ganze Dauer seiner Herrschaft eine Politik der Konsenssuche und der Unterstützung der römischen Macht; im Zentrum seiner neuen Hauptstadt ließ er einen Roma und Augustus geweihten Tempel bauen, und die wichtigsten Städte des Reiches erhielten ihren Namen nach den römischen Kaisern, während die kleineren Zentren den Namen nach Familienangehörigen des Dynasten bekamen. Die Südgrenze von Herodes' Reich und anschließend der Provinz Iudaea erstreckte sich längs der Ebene von Beer Scheba, einer noch recht fruchtbaren Gegend am Rande der Wüste. Seit der Eisenzeit durch eine Linie von Festungen geschützt, verlor sie ihre Verteidigungsfunktion mit dem Anschluss des Nabatäerreiches an das römische Imperium. Der größere Teil des Gebiets war in Gruppen kleiner Städte und zu lokalen Machtzentren vereinigter Dörfer geteilt, während die griechischen Küstenstädte, deren wichtigste Gaza war, von Beamten verwaltet wurden, die von einem Stadtrat gewählt waren; der König regierte durch einen Befehlshaber, der die Aufgabe hatte, Sicherheit und Ordnung zu gewährleisten.

An der Küste gründete Herodes an einem Ort, an der zunächst ein Beobachtungsturm stand, die neue Stadt Caesarea mit ihrem zu Ehren des Augustus Sebastós (Anm. 32) genannten repräsentativen Hafen; die natürliche Bucht, ausgestattet mit Molen, Kais und Lagerhäusern, verschönert durch einzelne Ehrenmonumente und Kultgebäude, wurde zu einem Hafen, den Vitruv als „wie aus dem Handbuch" bezeichnete. Der Anlegeplatz, in einem Küstengebiet ohne Ankerplätze gelegen, gewann sogleich für das Land eine beachtliche Bedeutung und geriet in Konkurrenz zum alten phönizischen Hafen Ptolemaïs, der außerhalb des Reiches Judäa lag. Die Stadt wurde mit zahlreichen, imposanten öffentlichen Gebäuden ausgestaltet, darunter

Heliopolis (Baalbek, Libanon), Ansicht des sogenannten Bacchus-Tempels. Unter den zahlreichen Bauten, die sich zeitlich dem ersten Jupiter-Baal-Tempel zugesellten, befindet sich zweifellos der achtsäulige, auf einem hohen Podium stehende als „Bacchus-Tempel" bekannte Bau; vermutlich war er der Venus-Atargatis geweiht.

Mosaik mit Darstellung der Stadt Jerusalem, gefunden in einer Kirche von Madaba (Jordanien), 6. Jh.

Tempel, ein Hippodrom, ein Aquädukt und ein Theater, in dessen Innerem eine Inschrift gefunden wurde, die einen der ersten von Rom gesandten Präfekten erwähnt, Pontius Pilatus. Caesarea, Hauptstadt des Reiches, war auch das Zentrum, von dem die stark hellenisierten und für die kulturellen Einflüsse des Westens offenen Städte der Küstenebene abhingen; dagegen wurden die Gebiete des Binnenlandes, Zentralgaliläa, Samaria und Judäa von Jerusalem angezogen, der einzigen weiteren großen Stadt des Königreichs zur Zeit des Herodes. Höchst bedeutsam waren Herodes' Baumaßnahmen in der heiligen Stadt; sie werden einerseits durch die Beschreibung des bewohnten Zentrums bezeugt, die Flavius Iosephus zum Zeitpunkt der Zer-störung gegeben hat, andererseits durch die zahlreichen archäologischen Untersuchungen, die in den letzten Jahren durchgeführt wurden. Das ehrgeizigste Projekt war zweifellos die Errichtung des neuen Tempels auf einer Esplanade von doppelten Ausmaßen gegenüber derjenigen, auf welcher der nach der Befreiung aus der babylonischen Gefangenschaft am Ende des 6. Jahrhunderts v. Chr. errichtete Tempel ruhte. Die Arbeiten währten zehn Jahre, und die Abschlussarbeiten dauerten noch über ein halbes Jahrhundert bis 64 n. Chr., nur sechs Jahre vor der endgültigen Zerstörung durch Titus. Der Tempel wurde nicht mehr aufgebaut, doch die im 16. Jahrhundert von Suleyman dem Prächtigen befestigten Fundamentreste werden noch heute als „Klagemauer" verehrt; auf der jetzt von zwei prachtvollen Moscheen, der Al Aqsa und dem Felsendom, bestandenen Esplanade ist nichts

Die Synagoge von Kfar Bar'am (Israel), die älteste ganz Galiläas, die noch einige Bauteile aus dem 2.–3. Jh. aufweist.

Die Arkaden des unter der Herrschaft des Herodes zur Wasserversorgung von Caesarea, der neuen Hauptstadt Judäas, erbauten Aquädukts.

vom eigentlichen Tempel übrig, noch gibt es Spuren eines anderen anschließend von Hadrian errichteten Tempels. Ein charakteristisches Element der Monumentalbaukunst der herodianischen Zeit, das zum Teil auch seine Vorgänger ausgezeichnet hatte, war der Bau großartiger Paläste, gigantischer in den Städten errichteter Prachtbauten, doch vor allem prächtiger Palastburgen auf den Höhen oberhalb des Toten Meeres. Die mächtige zylindrische, turmbewehrte Festung Herodion umschloss eine prunkvolle Wohnanlage mit zahlreichen um einen Innenhof angeordneten Räumen, und war vermutlich zur Aufnahme der sterblichen Hüllen des Herodes in einem der Türme bestimmt; der große Komplex dagegen am Fuß der Anhöhe war als Kultort vorgesehen. In der Festung von Masada wiederum, auf einem steilen Felssporn in Sichtweite des Toten Meeres erbaut und auf drei Seiten durch Mauern und Kasematten befestigt, war der gesamte Hang der Nordseite wegen seiner stärker vor der Sonne geschützten Lage von den Repräsentationsräumen des Palastes belegt; die um 30 v. Chr. beendete und nach dem Tod des Herrschers aufgegebene Zitadelle wurde von einer Gruppe abtrünniger Zeloten wiederbenutzt, die sich dort während des ersten Jüdischen Krieges verbarrikadierten und einen lange währenden Widerstand begannen, der mit dem kollektiven Selbstmord der etwa 400 Belagerten endete.
Kurz nach Herodes' Tod wandelten die Römer Judäa in eine Provinz um und vereinten es anschließend mit Syrien; so entstand die Provinz Syria et Palaestina. Nach der Bil-

Scythopolis (Beth Sean, Israel), die Kolonnadenstraße, die Theater und Amphitheater miteinander verband.

Ansicht von Caesarea (Israel), der von Herodes dem Großen prächtig wieder aufgebauten Stadt; er versah sie auch mit einem künstlichen Hafen (*portus Augusti*).

dung der Provinz wurden noch neue Zentren gebaut, unter denen Tiberias, reich an warmen Quellen, Bedeutung besitzt; es wurde von Herodes Antipas 18 n. Chr. nahe dem gleichnamigen See zur Ehre des Kaisers Tiberius gegründet. Die Stadt wurde anschließend eine Rabbinerschule; hier versammelte sich zum letzten Mal der Hohe Rat und wurden die Mišna (Anm. 33) und der palästinensische Talmud kodifiziert. Der direkte Anschluss an das Imperium hatte zahlreiche innere Spannungen entfesselt, die zum ersten Jüdischen Krieg führten, zur Einnahme Jerusalems und zur Zerstörung des Tempels, allesamt Episoden, an die auf den Reliefs erinnert wird, welche den Titusbogen zu Rom schmücken. Ein neuer Aufstand brach während der Regierungszeit Hadrians aus, bei dem er erneut die Oberhand über die Hebräer behielt; er wandelte Jerusalem in Aelia Capitolina um und errichtete auf dem Kalvarienberg einen der Venus geweihten Tempel. Nach dem Edikt Konstantins entstanden in der Stadt die ersten Kultgebäude an den Stätten des Glaubens. Zu Beginn des 7. Jahrhunderts von den Persern zerstört, wurde Jerusalem – ganz Judäa – 638 von den Arabern, angeführt vom Kalifen Omar, besetzt.

Die Zitadelle von Herodion, von Herodes in 12 km Entfernung von Jerusalem auf dem Gipfel eines Hügels erbaut und durch einen künstlichen Erdwall getarnt, sodass die Gebäude nur nach und nach sichtbar wurden. Um zum Palast aufzusteigen, musste man 200 Steinstufen erklimmen und einen in den Fels gehauenen Weg, der von Wachttürmen beherrscht war, passieren.

Seite gegenüber:
Die Ausgrabungen von Scythopolis (Beth Sean, Israel). Die archäologischen Untersuchungen förderten beträchtliche Spuren des zerstörerischen Erdbebens von 749 n. Chr. zutage.

Ägypten (Aegyptus)

Bemalter und vergoldeter Sarkophag von Taminis, Tochter des Spemminis, und bemalter und vergoldeter Frauensarkophag, aus der Oase Faijum, 50 v. Chr.–50 n. Chr.; London, British Museum.

Die Schlacht von Aktion (Actium) stellt für die antike Geschichte einen Wendepunkt dar, mit dem die Wissenschaft das Ende der Zeit des Hellenismus zusammenfallen lässt: Die Niederlage Mark Antons machte aus Oktavian den neuen Herrn des Reiches, und der Sieg über Kleopatra, die letzte Königin der Ptolemäerdynastie, überantwortete Ägypten mit seinen uralten kulturellen Traditionen und seinen immensen Reichtümern an Rom. Die weite Region, die reichste und bevölkerungsstärkste des Imperiums, wurde bei der augusteischen Verwaltungsgliederung als Privatbesitz des Princeps eingeordnet, zu der die prominenteren Senatoren und Ritter ohne Erlaubnis des Kaisers keinen Zugang hatten; sie blieb militärisch besetzt, wenngleich ihre strategische Bedeutung immer geringer wurde. Diese Regelung erklärt sich durch die große ökonomische und politische Bedeutung eines Landes, das sowohl der Kornspeicher Roms war als auch eine der größten produktiven Quellen der römischen Welt bildete. Die weiten Landstriche, die das Hochwasser des Nils fruchtbar machte, garantierten eine enorme Getreideproduktion, die vom Hafen in Alexandria nach Rom geschickt wurde; sie lieferten auch Wein und Papyrus, und in verschiedenen Zentren wie in Assuan wurden Granit, Porphyr und Alabaster abgebaut. Im Laufe des 1. Jahrhunderts konsolidierte sich ein breiter Streifen an der Südgrenze, dessen Hauptzentrum neben seiner Funktion als Militärstation auch eine Durchgangsetappe zum blühenden Handel bildete, der in Nubien und Athiopien begann; die Handelsposten im Delta dagegen bildeten den Endpunkt der Handelsrouten aus Indien. Die internen Verbindungen ins Land waren durch die Flussschifffahrt sichergestellt, aber auch über einige Karawanenpisten, die dem Nillauf folgten,

Unten:
Statue aus weißem Marmor, Darstellung des Nils, aus Tivoli, Villa Hadriana, späthadrianisch; Tivoli, Villa Hadriana, Antiquarium. Die 1954 in einem Wasserabflusskanal gefundene Skulptur war vermutlich zusammen mit der bald darauf gefundenen Statue des Tibers an den Seiten des sogenannten Euripus, eines Abflusskanals, aufgestellt.

Seite gegenüber:
Mosaik mit Nilszenen, 1982 in Rom in der Via Nazionale gefunden, Ende 1. Jh. v. Chr.; Rom, Antiquarium Comunale. Das Paneel bildete wahrscheinlich den Mittelteil eines größeren Mosaikfußbodens.

Philai, Trajans-Pavillon, Anfang 2. Jh. n. Chr. Die Monumente von Philai wurden 1960 nach dem Bau des Assuan-Staudamms vom Nilwasser überflutet. Die ganze Anlage wurde in den Siebzigerjahren behutsam zerlegt und auf einer nahen Insel wieder aufgebaut.

um sich dann zum Roten Meer und zum Mittelmeer hin zu verzweigen, wie auch zu den Nachbarländern, durch den Sinai Richtung Petra sowie in die libysche Wüste. Die Wohnsiedlungen verteilten sich im Niltal, an den Höhen des Sinai, an einigen großen Oasen wie dem Faijum sowie an der Grenze zu Libyen die Oase Siwa; diese war auch durch das Ammon-Heiligtum bekannt, das in Betracht des Karawanenverkehrs immer eine beachtliche Bedeutung hatte. Das Leben im römischen Ägypten wurde oft durch starke soziale Spannungen gestört, die auch auf die Unduldsamkeit gegenüber der von Rom auferlegten strengen Disziplin und gegenüber den häufigen Gegensätzen mit den jüdischen Gemeinden zurückgingen. Im 3. Jahrhundert führte dann die Verschärfung der inneren Konflikte zu einer harten Unterdrückung durch Caracalla in Alexandria. Im Lauf des Jahrhunderts wurde ein Versuch der Usurpation durch Diokletian verhindert, der Ägypten in vier Provinzen teilte und wahrscheinlich der letzte römische Kaiser war, der das Land besuchte. Diese Ordnung blieb im Wesentlichen bis zur byzantinischen Zeit unverändert; die

Jahrhunderte bis dahin waren von Disputen und religiösen Kämpfen bestimmt, aus denen hervorragende Denkergestalten hervorgingen, dazu waren politische und wirtschaftliche Gegensätzen zu Byzanz vorherrschend. Die arabische Eroberung in der Mitte des 7. Jahrhunderts setzte dem Zeitalter der Antike ein Ende.

Nebenan: vergoldete Kartonage, aus Arsinoë, 1. Jh. n. Chr.; Turin, Museo Egizio. Dank einer Aufschrift auf dem Ring, der das Tuch am Kopf befestigte, konnte man die Grabmaske als die der Priesterin Iset-Reschit identifizieren; außerdem trug er neben dem Namen der Verstorbenen auch den ihres Amtsortes, Arsinoë.

Links: Mumie eines Jungen mit gemaltem Porträt, aus der Oase Faijum, 100–120 n. Chr.; London, British Museum.

Das Ägypten der Ptolemäerzeit, ab der Einnahme durch Alexander d. Gr., brachte zwei verschiedene, gut erkennbare Kunst- und Architekturströmungen hervor, die einerseits mit der Wiederaufnahme pharaonischer Traditionen und andererseits mit den typischen figurativen Programmen der hellenistisch-römischen Kunst zusammenhängen. Ein sehr interessantes Zeugnis der auf der Wiedergewinnung stilistischer Konventionen des klassischen Ägyptens basierenden architektonischen Einflüsse findet sich in einem Komplex von Monumenten, der sich ursprünglich auf der Insel Philai (Philae) befand; die Gebäude wurden zwischen 1972 und 1980 in einer spektakulären Aktion auf die Insel Agilkia versetzt, um sie vor den Wassern des Nasser-Sees zu bewahren, der sich im Anschluss an den Bau des Staudamms von Assuan gebildet hatte (Anm. 34). Der majestätische Komplex besteht aus zahlreichen von den letzten Pharaonen und den Herrschern der Ptolemäerzeit errichteten Kultgebäuden, in die sich harmonisch Baumaßnahmen aus augusteischer Zeit sowie der Pavillon Trajans mit seinen vierzehn Säulen einfügen, auf denen glockenförmige ägyptische Kapitelle ruhen. Die römischen Kaiser, die wahrscheinlich, wenngleich sie Funktionen als Pharaonen ausübten und deren Rituale erfüllten, wenigstens im ersten Abschnitt der Kaiserzeit nicht als solche angesehen wurden, erschienen auf den Kultbauten der vorangehenden Epochen als religiöse Oberhäupter Ägyptens. In Malerei und Plastik war der Hauptunterschied zur Vergangenheit der Ausschluss der Mitglieder der kaiserlichen Familie aus den Darstellungen, sodass in Dendera im ptolemäischen Teil König und Königin dargestellt waren, im römischen jedoch wurde zweimal das Bild Neros wiedergegeben, der auf diese Weise beide Prozessionen leitete. Die Strömung hellenistischer Tradition dagegen ist vor allem in Stadtanlage und Architektur Alexandrias repräsentiert, wo 48 v. Chr. durch einen Brand die berühmte Bibliothek zerstört wurde. Augustus installierte im Ostteil der Stadt ein befestigtes Militärlager, von dem nur wenige

Grabporträt eines Mannes, Wachsmalerei auf Zedernholz, aus der Oase Faijum, 100–120 n. Chr.; London, British Museum.

Spuren erhalten sind; Hadrian dagegen ergriff in dem Gebiet zahlreiche anspruchsvolle Wasserbaumaßnahmen, um es mit Alexandria und dem Rotem Meer zu verbinden. Die bedeutendste urbanistische Maßnahme Hadrians war zweifellos die Gründung von Antinoupolis am Mittellauf des Nils, eine dem Gedenken an Antinoos gewidmete Stadt, den Geliebten des Kaisers, der in dem großen Fluss ertrunken war; das Zentrum wurde mit einer orthogonalen Anlage geplant, innerhalb derer Kolonnadenstraßen und auf vier Seiten angelegte Bögen an die architektonischen Lösungen der Städte des römischen Ostens erinnerten.

Auf künstlerischem Feld bilden die bedeutendsten Werke des römischen Ägyptens zweifellos die Porträts aus dem Faijum; sie sind auf Holz oder Leinwand gemalt und haben sich dank den besonderen Klimabedingungen in der großen Oase am linken Nilufer in Nähe des Deltas und auch an anderen Orten erhalten. Die Porträts, die wahrscheinlich zu Lebzeiten in Auftrag gegeben wurden, damit man sie dann auf den Mumien der Verstorbenen anbringt, liefern wichtige Kenntnisse über diese Malerei, die in allen Regionen des Reiches weit verbreitet gewesen sein muss und die aufgrund der Vergänglichkeit des Trägermaterials verloren gegangen ist.

Besonderes Merkmal der Region über die gesamte Kaiserzeit waren die zahlreichen Handwerksbetriebe, die vor allem in Alexandria, aber auch den anderen Zentren der Provinz weiterhin Werke von höchster Qualität schufen, die im ganzen Imperium gehandelt wurden. Insbesondere erreichte die Glasverarbeitung ein ausgezeichnetes Niveau der Perfektion; Beispiele dafür finden sich bis in die fernsten Regionen exportiert, so wie das Glas, auf dem der Leuchtturm von Alexandria dargestellt ist; man fand es im Palast der Kušana-Könige in Afghanistan.

Bronzeporträt des Augustus, aus Meroë (Sudan), 27–25 v. Chr.; London, British Museum. Wie in den *Res Gestae* (I, 26) zu lesen, „gelangte das [römische] Heer in Äthiopien bis zur Stadt Nabata, in deren Nähe Meroë liegt".

Schminke und Parfum

Die römischen Frauen machten bemerkenswerten Gebrauch von kosmetischen Produkten; farbige Tonerde wurde für das Make-up und Schönheitsmasken benutzt, ein schwarzes Pulver ähnlich dem ägyptischen Kajal, diente zur Verschönerung der Augen, und um Haare sowie Perücken zu färben, benutzte man verschiedene Substanzen wie das aus Ägypten importierte Henna sowie *sapo,* eine rote Tinktur auf der Basis von Ziegenfett vermischt mit in Germanien hergestellter Buchenasche. Öle und parfümierte Salben waren zweifellos Luxusartikel, auch wenn verschiedene örtliche Produzenten diese Erzeugnisse abgekupfert haben dürften, um sie zu mäßigen Preisen zu verkaufen; die reichen Familien benutzten sicher ihre eigenen Ländereien, um zum persönlichen Gebrauch bestimmte Salböle herzustellen. Im Gegensatz zu heutigen Gepflogenheiten erfolgte die Extraktion der Duftessenzen durch Auflösung in fetten Substanzen; anschließend wurden ihnen dann die nötigen Zusatzstoffe hinzugefügt, um den Verdunstungsprozess zu verlangsamen.

Kamm mit dem Namen der Besitzerin (Modestina), 2. Jh. n. Chr.; London, British Museum.

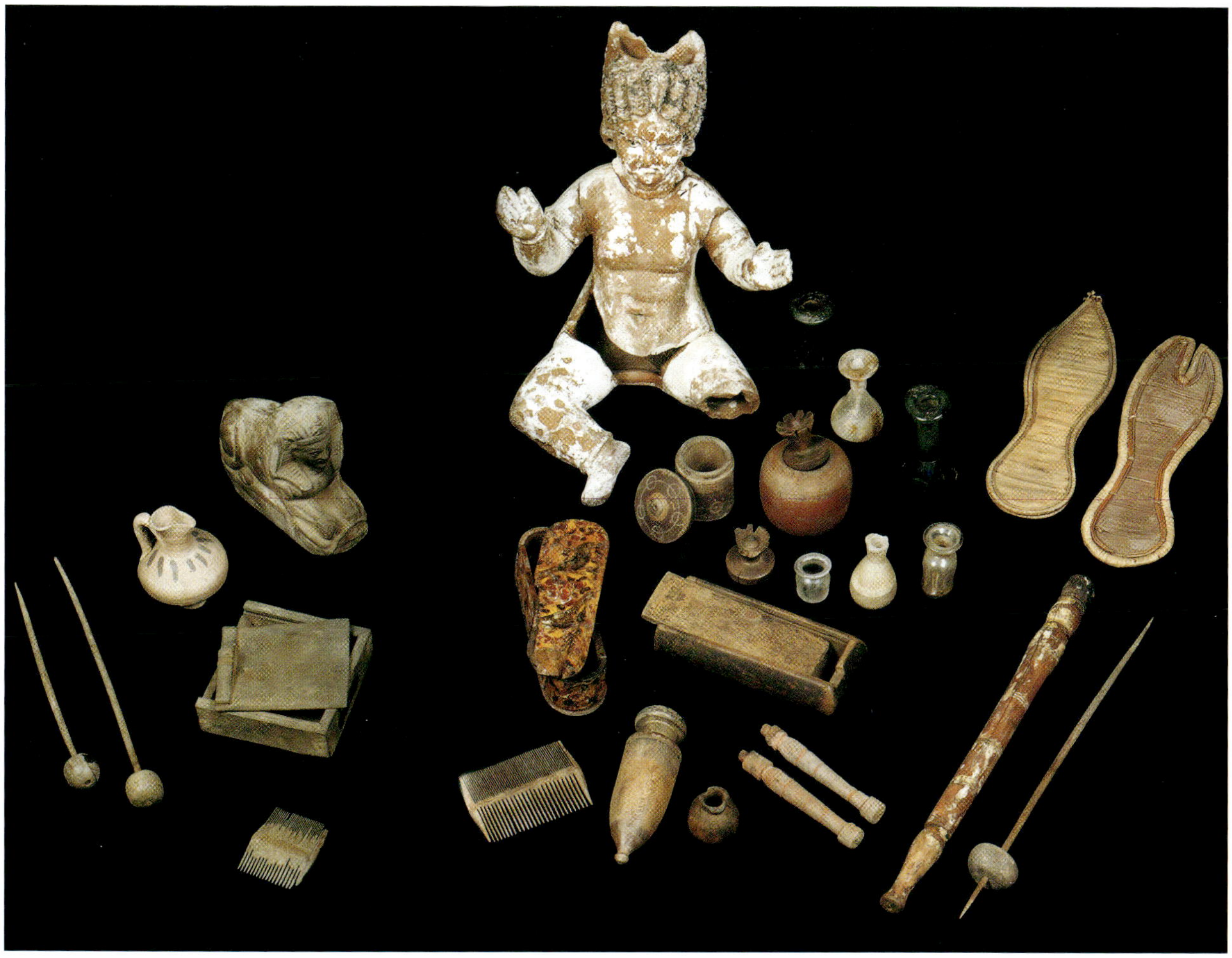

Teil der Beigaben aus einem Kindergrab; zu erkennen sind neben anderen Gegenständen einige Spielzeuge, aus Hawara (Ägypten), spätes 2. Jh. n. Chr.; London, Petrie Museum.

Africa proconsularis et Numidia – Mauretania (Tingitana – Caesariensis)

Bis zur ersten Phase der republikanischen Zeit war Rom über eine lange Reihe von Verträgen, die es mit Karthago verband, in Kontakt zum mittelmeerischen Afrika getreten, und im Laufe des zweiten Punischen Krieges hatte ein römisches Heer zum ersten Mal die Meerenge von Sizilien überquert. Mit der totalen Zerstörung seiner historischen Rivalin hatte sich Rom eine Position der Vorherrschaft im Mittelmeerbecken gesichert, doch gleichzeitig hatte es sich mit einer recht begrenzten Kontrolle der riesigen Gebiete zufrieden gegeben, die zuvor der karthagischen Hegemonie unterworfen waren; als erste Grenzsicherung diente ein schmaler Gebietsstreifen im Hinterland Karthagos. der durch eine Reihe von Grenzsteinen markiert war. Schon einige Jahrzehnte nach dem Abschluss der Punischen Kriege hatte sich Gaius Gracchus die Notwendigkeit klar gemacht, eine neue Siedlung anzulegen, welche die alte punische Stadt zu ersetzen hätte, um die landwirtschaftlichen Reichtümer der Region und ihre Lage als natürlichen Endpunkt zahlreicher Handelswege, die aus dem Innern des Kontinents und den angrenzenden Ländern herführten, aufs Beste zu nutzen. Erst Caesar jedoch gründete ein neues Karthago, indem er dort nach dem Ende des Konflikts mit Pompeius eine Veteranenkolonie einrichtete. Unter

Teller aus afrikanischer Terra sigillata, aus Belo (Bolonia, Cadiz), ca. 324–430; Madrid, Museo Arqueológico Nacional.
Der Teller, eine einfache Schüssel mit gebogenen Wänden und flachem Boden, trägt ein Reliefdekor mit verschiedenen Motiven: Abraham und Isaak unterwegs, ein Baum, ein Mischkrug.

Rechts:
Leptis Magna (Libyen), die während der unter Septimius Severus durchgeführten Umgestaltung errichtete Basilika. Zusammen mit zahlreichen anderen Gebäuden und repräsentativen Baukomplexen baute der Kaiser die Stadt vollständig um und machte sie in nur fünfzehn Jahren zu einem der größten Zentren des ganzen Gebietes.

Unten:
Das Theater von Sabratha (Libyen), 2.–3. Jh. n. Chr.
Der größte Teil der Theater des römischen Afrikas – und es gab fast keine Stadt, die keines besaß –, lassen sich in die Zeit ab dem 2. Jh. datieren. Aufgrund der unterschiedlichen Geländeformationen hatten sie gemauerte Caveae wie in Sabratha, solche an den Hang gebaute wie in Thugga oder solche, die die Hanglage nur zum Teil für den Bau künstlicher Strukturen ausnutzten wie in Lepcis Magna oder Thamugadi.

Augustus und seinen Nachfolgern wurde die Südgrenze der Provinz im Laufe zweier Jahrhunderte schrittweise nach Süden verlegt, ohne dass man jedoch auf lange Zeit eine dauerhafte Befestigungslinie einrichtete. Bei der in augusteischer Zeit durchgeführten Verwaltungsneugliederung war Africa Proconsularis mit Numidia vereint worden, doch schon unter Caligula wurden die beiden Gebiete faktisch erneut getrennt, da die Provinz Africa Proconsularis Sitz des Zivilstatthalters blieb, während in Numidia das Militärkommando stationiert wurde. Zu Beginn des 3. Jahrhunderts machte Septimius Severus, gebürtig aus Leptis Magna, die Trennung der beiden Provinzen offiziell. Nach der Krise der zweiten Hälfte des Jahrhunderts teilte Diokletian die Gebiete im Rahmen seiner Neugliederung des Reiches weiter auf, die bis zur Epoche Justinians mehr oder weniger unverändert blieb; die Besetzung durch die Wandalen von 429 bis 534 war eine viel weniger verheerende Periode, als man in der Vergangenheit meinte, und erst die arabische Invasion zur Mitte des 7. Jahrhunderts veränderte das Gleichgewicht definitiv.
Die archäologischen Prospektionen und Forschungen erbrachten Zeugnisse für einige fundamentale Aspekte zu Wirtschaft und Bevölkerung der Africa Proconsularis und widerlegten auch die Hypothese einer fehlenden Koloni-

Detail eines fragmentarischen Mosaiks mit Bankettszene, aus Karthago, 4. Jh. n. Chr.; Tunis, Bardo-Museum. Die Darstellung des Symposions ist außerordentlich realistisch und zeigt die Gewohnheit, beim Bankett Musikanten auftreten zu lassen, welche die Atmosphäre aufheitern und die Teilnehmer unterhalten sollen; hier musizieren sie auf der Syrinx (Hirtenflöte) und mit Krotaloi (Kastagnetten).

Oben:
Büste des Septimius Severus, aus Ostia; Rom, Museo Nazionale Romano, Palazzo Massimo alle Terme. Das Porträt aus griechischem Marmor ist auf 196 zu datieren, das Jahr, in dem der neue Kaiser sich als Adoptivsohn Mark Aurels und Bruder des Commodus proklamierte.

sierung der Bergregionen; die gesamte Provinz wurde in tiefgreifender Weise romanisiert, wenngleich in einem recht langsamen Prozess. Der Reichtum der landwirtschaftlichen Produktion, v. a. von Getreide oder Öl, das ununterbrochen bis in das 7. Jahrhundert exportiert wurde, und die bedeutende Entwicklung der Werkstätten, die Tafelkeramik herstellten, bewirkten einen Status allgemeinen Wohlstands; diesen belegt die Entwicklung einer imposanten Monumentalarchitektur, die sich durch die Jahrhunderte bis in die byzantinische Zeit erhalten hat. Die ältesten afrikanischen Werkstätten für Sigillata-Geschirr, die in die flavische Zeit zu datieren und auf dem Gebiet von Karthago zu lokalisieren sind, begannen, ihre Produkte gegen Ende des 1. Jahrhunderts zu exportieren; im 2. Jahrhundert und bis zur Mitte des 3. Jahrhunderts erreichte das Geschirr aus diesen Betrieben dann alle Häfen des Mittelmeers, aber auch zahlreiche Orte Zentraleuropas und die Küsten des Schwarzen Meeres. Zu Beginn des 3. Jahrhunderts erfuhren die afrikanischen Ateliers in ihrer Tätigkeit einen neuen Impuls, indem sie auch Öllampen herstellten – bis zu dem Zeitpunkt ein Privileg italischer Keramiker – und eine neue Linie immer stärker

Rechts:
Abschnitt des Aquädukts von Zaghouan (Tunesien), 2. Jh.

Marmorner Stierkopf, Votivgabe des Gaius Fabius Saturninus und seiner Angehörigen, aus Karthago, 3. Jh. n. Chr.; Paris, Musée du Louvre.

Oben:
Kleines anthropomorphes Trinkgefäß; Tunis, Bardo-Museum.

Sufetula (Sbeitla, Tunesien), rückwärtiger Teil der am Forum gelegenen Tempel.

standardisierter und vereinfachter Produkte einführten; diese gab der Funktionalität der Form den Vorzug und schaffte es, alle Märkte der Mittelmeerküsten bis ins Binnenland hinein zu monopolisieren. Die Tafelkeramik wurde auf den Lastschiffen mittransportiert, die von den verschiedenen afrikanischen Häfen, mit riesigen Mengen an Getreide und Amphoren voll von Öl und Fischsaucen beladen, aufbrachen; es ist daher offensichtlich, dass die Ausbreitung dieses Geschirrs eine direkte Konsequenz dessen ist, dass die Provinzen Afrikas sich als grundlegender ökonomischer und produktiver Teil des römischen Reiches durchsetzten. Neue Impulse und Anpassungen an den Geschmack der Kundschaft führten zu einer anhaltenden Entwicklung der afrikanischen Keramikwerkstätten, die der Produktion von Tafelgeschirr auch die von Küchengefäßen an die Seite stellten; nicht einmal die Invasion der Wandalen unterbrach ihre Tätigkeit, die sich ohne erkennbare Einbrüche bis in das 7. Jahrhundert fortsetzte; ihr Ende fand sie wahrscheinlich im Anschluss an die arabische Eroberung und die Unterbrechung der Handelsrouten zum nördlichen Mittelmeer. Diese riesige Menge an Tellern, Schüsseln, Tabletts, Pfannen und Gefäßen für verschiedene Zwecke, die über etwa fünfhundert Jahre die afrikanischen Handwerksbetriebe verließ und das ganze Mittelmeergebiet überschwemmte, wird von den antiken Quellen ganz ignoriert, und nur die archäologischen Zeugnisse vermochten es, ein Licht auf dieses Phänomen zu werfen.

Ein recht bedeutsamer Aspekt der mittleren und späten Kaiserzeit in den Provinzen Afrikas war eine bemerkenswerte Blüte des Christentums, dessen erste Zeugnisse auf das 3. Jahrhundert zurückgehen. Die neue Religion verbreitete sich schnell, und schon im folgenden Jahrhundert waren verschiedene urbane Zentren mit Kirchen ausgestattet; zudem kam der Martyrerkult auf und dokumentierte die tiefe Verbundenheit der Menschen Afrikas mit der neuen Lehre. Die vollständige Aufgabe des Heiden-

Unten:
Ausschnitt des Mosaikfußbodens der Villa maritima von Dar Buc Ammera, Zliten, an der Küste Tripolitaniens, Ende 1. – Anfang 3. Jh. In einer komplexen, gegliederten Mosaikdekoration sind zwei Streifen enthalten, die in sehr lebhafter, realistischer Weise den Ablauf eines Tages mit Spielen im Amphitheater zeigen: Auf einer Seite – am meisten zerstört – finden sich die Jagden (*venationes*), die morgens stattfanden; auf der anderen Seite die Gladiatorenkämpfe, die nachmittags abliefen; beide Szenen werden von einer Gruppe Musikanten begleitet. Die Datierung des Mosaiks und der Villa sind noch umstritten.

Detail des Mosaiks aus El Alia (Tunesien); Tunis, Bardo-Museum. Die Szene stellt in einer detailliert beschriebenen Landschaft einen Bauern dar, der Wein in einen Mischkrug schüttet, davor seine nach traditioneller einheimischer Bauweise errichtete Strohdachhütte.

Neptunsmosaik, aus La Chebba (Tunesien), Mitte des 2. Jhs.; Tunis, Bardo-Museum. Das runde Feld in der Mitte der ganzen Dekoration zeigt Neptun auf einer Quadriga.

tums dürfte über einen langsamen Transformationsprozess erfolgt sein, doch das Bild, das wir heute von den afrikanischen Städten haben, ist durch einen großen Reichtum an christlichen Denkmälern gekennzeichnet. Auch nach der arabischen Eroberung überlebten viele Gemeinden über verschiedene Jahrhunderte unter Bewahrung einer kirchlichen Hierarchie.

Viele Stätten des heutigen Tunesiens sind seit fast einem halben Jahrhundert Gegenstand intensiver archäologischer Untersuchungen, und für Karthago wurde ein spezielles Programm aufgelegt, das eine internationale Zusammenarbeit begründete, an der über zehn wissenschaftliche Institutionen aus verschiedenen Nationalitäten teilnehmen; innerhalb eines genau abgegrenzten und ge-

Mosaik mit Darstellung des Triumphs des Dionysos über tyrrhenische Piraten, aus Dougga (Tunesien), 3. Jh.; Tunis, Bardo-Museum. Die Szene, vermutlich nimmt sie den Mythos aus dem siebten homerischen Hymnus auf, zeigt den Gott im Begriff, einen Piraten zu durchbohren, der gerade von einem Panther verfolgt flieht und sich ins Meer stürzt, um seine schon in Delfine verwandelten Gefährten zu erreichen.

schützten Bereichs führten intensive Untersuchungen zur Erschließung zahlreicher Monumente und zur Eröffnung kleiner lokaler Museen sowie außerdem zu einer tiefgreifenden Veränderung der Kenntnisse über die antike Stadt und ihr Territorium.

Die Nordwestregion des mittelmeerischen Afrikas, welche das Königreich Mauretanien einnimmt, wurde Oktavian von König Bocchus II., der 33 v. Chr. starb, als Erbe hinterlassen. Das Land blieb etwa acht Jahre lang unter der Kontrolle Roms, währenddessen an der Küste verschiedene Kolonien gegründet wurden. Anschließend wurde es in einen Klientelstaat (Anm. 25) umgewandelt, der Iuba II. von Numidien anvertraut wurde, einem jungen Mann, der nach der Niederlage des mit den Pompeiusanhängern verbündeten Vaters in der Schlacht von Thapsos in Rom aufgewachsen und Studienkollege Oktavians war. Das Reich hatte über mehr als ein halbes Jahrhundert Bestand, bis Caligula 40 n. Chr. den letzten Herrscher ermorden ließ. Die Region, die von Claudius in die Provinzen Tingitana und Caesariensis umgewandelt wurde, war Ziel einer beträchtlichen Munizipalisierung; dabei wurde denjenigen Gemeinden das römische Bürgerrecht gewährt, die im Romanisierungsprozess die stärksten Fortschritte machten. Die gesamte Kaiserzeit über bewahrte Mauretanien Prosperität und war recht friedlich, obschon die Urbanisierung

Links:
Das Kapitol von Dougga (Tunesien). Der Kapitolstempel der afrikanischen Stadt wurde höchstwahrscheinlich 166 oder 167 dank der Generosität einer sehr vermögenden Familie erbaut, die einige Jahre danach auch den Bau des Theaters finanzierte. Der Reichtum von Dougga, gut erkennbar an der Pracht seines repräsentativen Zentrums, ging auf die Kultivierung der weiten, fruchtbaren Ebenen unterhalb der Anhöhe zurück, auf der die Stadt lag.

Das Amphitheater von El Djem (Tunesien), 230–250. Die Anlage mit einem Fassungsvermögen von 30 000 Zuschauern wurde vermutlich auf Initiative Gordians I. – als dieser steinreicher Statthalter von Africa war – erbaut und ist das einzige Amphitheater der römischen Welt ganz aus Stein; dieser kam aus den ca. 30 km entfernten Steinbrüchen.
Das großartige Amphitheater, das größte Afrikas nach dem von Karthago, hatte jedoch ein einzigartiges Schicksal, da es gut zehn Jahre, bevor es endgültig aufgegeben wurde, noch in Gebrauch war.

Seite gegenüber:
Die Rückseite eines Grabes aus der Nordnekropole von Ghirza (Libyen), 4. Jh.
Die großen Grabmonumente der Nordnekropole sind wahrscheinlich auf zwei Gruppen zurückzuführen, vielleicht Ausdruck der Macht zweier großer, einflussreicher Familien, und außerdem könnten sie die Blüte eines Zentrums widerspiegeln, das sich in seiner glanzvollsten Epoche befand.

Oben:
Mosaik mit einem Zug aus Satyrn und Mänaden, die den kindlichen Dionysos begleiten, aus El Djem (Tunesien), Ende 2. Jh.; Tunis, Bardo-Museum.

gegenüber Africa Proconsularis viel beschränkter blieb; zudem war die römische Präsenz uneinheitlich, neben ihr existierten weiter Gebiete, die noch mit der tradierten lokalen Stammesorganisation verbunden blieben.

Mauretania Caesariensis war durch eine an Buchten und natürlichen Häfen reiche Küste charakterisiert, welche eine fruchtbare Schwemmlandebene zum Meer hin begrenzte; hinter dieser bestimmte ein geomorphologisch vielfältiges Territorium mit abwechselnden Ebenen und Gebirgen – der Hochebene der Schotts (Salztonebenen) und dem Sahara-Atlas – die südliche Grenzlinie der Provinz, die stets wenig präzise festgelegt war. Im 2. und 3. Jahrhundert erlebte die Region wegen der wiederholten Einfälle der maurischen Stämme eine Periode großer Instabilität, die auch durch die häufige Errichtung von Mauergürteln zur Verteidigung der städtischen Zentren bezeugt ist. Das 4. Jahrhundert dagegen war durch den Aufstieg bedeutender Familien charakterisiert, die sowohl beachtliche ausgedehnte Ländereien besaßen als auch öffentliche Ämter oder Militärkommandos bekleideten; einige Mitglieder dieser Geschlechter waren die treibenden Kräfte einer Revolte, die in den letzten Jahrzehnten des Jahrhunderts ausbrach. Die Eroberung durch die Wandalen und das Verschwinden der römischen Macht bildeten die Voraussetzungen für das Entstehen „römisch-afrikanischer" Staaten, die ihre Macht in byzantinischer Zeit festigten, indem sie die Tradition römischer Urbanität mit der Stammesorganisation der Mauren vermischten.

In den Bergregionen des Binnenlandes erleichterten die günstigen Bedingungen mancher Täler und Ebenen die

Mosaik mit Darstellung eines Landsitzes, aus Tabarka (Tunesien), 4. Jh., Tunis, Bardo-Museum. Die Mosaikfußböden der afrikanischen Villen stellen oft in recht realistischer Weise die großen Besitztümer der Landaristokratie dar und sind eine große Hilfe bei der Rekonstruktion der Architektur und der Ausschmückungen der Landgüter.

Rechts: Forum und Kapitol von Thuburbo Maius (Tunesien), Ende 2.–Anfang 3. Jh.

Seite gegenüber: Decumanus Maximus und Trajansbogen in Thamugadi (Timgad, Algerien). Die Stadt wurde im Jahre 100 als Veteranenkolonie der III. Legion, stationiert in Lambesi, in Numidien gegründet. Die Stadtanlage ist extrem rechtwinklig und bekundet damit ihre Ursprünge als in einer zuvor unbewohnten Zone angelegtes neues Zentrum.

Entwicklung des Anbaus von Getreide, Oliven und Reben, während die zu den Salzseen abfallenden Hochebenen und die Grenze der Wüste lange für die Transhumanz (Anm. 11) genutzt wurden. Das Straßensystem blieb wegen der Rauheit des Gebietes recht einfach; es gab eine Hauptstraße an der Küste, welche von der Cyrenaïca aus die Provinz Tingitana erreichte, und eine weitere Straße, die, endgültig im Laufe des 2. Jahrhunderts, im Binnenland parallel zur ersten angelegt wurde; beide waren miteinander durch zahlreiche Sekundärstraßen verbunden. Die Städte entstanden vor allem an der Küste, wo auch die beiden Hauptzentren liegen, Iol-Caesarea (Cherchel) und Tipasa; im Binnenland dagegen blieb die Urbanisierung wenig intensiv, sie war charakterisiert durch die Entstehung zahlreicher städtischer Kerne und befestigter Dörfer mit hauptsächlich strategischer Funktion sowie von oft ebenfalls befestigten Landhäusern und Gutshöfen, die Öl produzierten.

Unten: Detail einer Mosaikszene: ein Handelsschiff wird gelöscht und die Waren werden gewogen, aus Sousse (Tunesien), Kaiserzeit; Tunis, Bardo-Museum.

Von besonderem Interesse ist der Verwaltungssitz der Provinz, Iol-Caesarea, ein alter punischer Handelsplatz, der dann Hauptstadt des Königreichs Mauretanien wurde. König Iuba II. hatte das Zentrum zu Ehren des Augustus in ein „afrikanisches Rom“ verwandeln wollen, wozu er einen sieben Kilometer langen Mauergürtel errichten ließ; dieser umschloss ein viel ausgedehnteres Gebiet als das faktisch urbanisierte Areal. In derselben Periode entstanden in Cherchel ein Theater und ein Amphitheater, deren Erbauung der Errichtung des ersten festen Amphitheaters zu Rom fast ein Jahrhundert vorausging.

Mauretania Tingitana umfasste entsprechend dem heutigen Marokko den äußersten Westzipfel des mittelmeerischen Afrikas; eine weite Ebene wird vom Atlasgebirge begrenzt und öffnet sich vorwiegend zum Atlantik hin. Der Fund von Schwarzfirnisgeschirr bei den letzten archäologischen Untersuchungen, einem typisch italischen Produkt der späten Republik, und Weinamphoren, die aus den südlichen Regionen Italiens stammen, bildet den Beweis für die frühe handelsmäßige Durchdringung des Gebiets der späteren Tingitana durch Rom. Die Wirtschaft der Region war zumeist mit der Produktion von *garum* und von Fischkonserven verbunden; zu deren Verarbeitung – wie der von Agrarerzeugnissen – dienten zweifellos einige große an der Küste gefundene Anlagen. Zahlreiche Pressen für die Olivenpressung belegen eine Ölproduktion, die aber vielleicht ausschließlich den regionalen Märkten diente.

DAS IMPERIUM AUF DEM HÖHEPUNKT

Das Problem der Nachfolge, Entstehung und kurze Dauer der julisch-claudischen Dynastie; der Prozess der Machtkonzentration und die Rolle der Armee; die neue Expansionswelle unter Trajan und das Jahrhundert des Friedens und großen Wohlstands; die militärische Wende des Septimius Severus und der unvermeidliche Niedergang bis zum Zusammenbruch.

Vorhergehende Seite:
Die Gemma Claudia, Mitte des 2. Jhs. n. Chr.; Wien, Kunsthistorisches Museum. Die Gemme aus fünf Schichten stellt die vier Personen der Kaiserfamilie dar, Claudius, Agrippina Minor, Tochter des Germanicus und Agrippina Maior, deren Gesichter aus zwei gegenüber angeordneten Füllhörnern herausschauen. Vielleicht handelt es sich um ein Hochzeitsgeschenk zur vierten Eheschließung des Kaisers im Jahre 49.

Unten:
Von Claudius emittierter Aureus mit Büste des Drusus (Avers) und dem in Rom zu Ehren des Drusus erbauten Triumphbogens (Revers).

Rechts Mitte:
Kameo mit Porträt des Kaisers Claudius, aus Corfinio, 1. Jh. n. Chr.; Neapel, Museo Archeologico Nazionale.

Rechts unten:
Ziegelplatte mit Stempel, letztes Viertel 1./Ende 2. Jh.; León, Museo de León. Die Aufschrift „LEG(io) VII G(emina) F(elix) bezieht sich vermutlich auf den Namen der im Lager stationierten Legion. Die quadratische kleine und recht dünne Ziegelplatte (21 cm Seitenlänge, 5 cm Dicke) wurde für die Säulen (*pilae*) gebraucht, welche die *suspensurae* (erhöhte Böden) in den geheizten Thermenanlagen trugen.

Die schwierige Frage der Nachfolge innerhalb des Prinzipats; die geschickte Politik des Augustus und die leidvolle Wahl des Erben

Das schwierigste Problem für den Prinzipat war die Nachfolge, eine besonders dornenreiche Frage, da Augustus sich das Image des Erneuerers der republikanischen Institutionen gegeben hatte. Er hatte unmittelbar nach Abschluss der Festlegung seiner Rolle innerhalb des Staates damit begonnen, an einen Erben zu denken; von Anfang an hatte er sich für einen Weg eingesetzt, die Macht innerhalb der Familie weiterzuleiten, und zwar nicht durch einen nach orientalischen Vorbildern eingerichteten Mechanismus, sondern eher durch eine Wiederbelebung der gentilizischen Adelstradition. Unter diesem Aspekt war eines der nützlichsten Elemente zur Legitimation der Vorherrschaft der *gens Iulia* bei der Regierung der *res publica* die Anerkennung seiner göttlich-heroischen Abkunft durch ein präzises Programm zur Neuinterpretation der Ursprünge Roms. So verfasste Vergil, ein dem Kreis des Maecenas und August selbst nahe stehender Dichter, wenngleich er dem archaischen Vorbild der homerischen Dichtungen folgte, ein modernes Werk, die *Aeneis*, in dem die Elemente der Legende organisch neu formuliert wurden, um in der Gestalt des Aeneas den Stammvater der Familie Caesars – und somit des Augustus – und den Gründer des Geschlechts und der Macht der Römer zu bestätigen. Einer der zentralen Momente der Dichtung ist der Passus im 6. Gesang, in dem der Trojanerheros in die Unterwelt hinabsteigt und die feierliche Prophezeiung seines Vaters Anchises hört, in welcher er das ruhmreiche Schicksal ihres Geschlechts und Roms beschreibt, das zum Herrschen über die Völker bestimmt ist: „Darin werden deine Fertigkeiten bestehen: dem Frieden deine Ordnung aufzuerlegen, die Unterworfenen zu schonen und die Hochmütigen zu bekämpfen" (Vergil, *Aeneis*, 851–853). Ein weiteres grundlegendes Monument des augusteischen Programms zur Konstruktion einer Dynastie ist die Ara Pacis, der „Friedensaltar", ein reich verzierter imposanter Marmoraltar, der mit allegorischen Szenen der Entstehung Roms und des Aeneasmythos die Darstellung einer langen Prozession verbindet, die den offiziellen Festzug vom Tag der Inauguration ins Gedächtnis ruft: Hinter den Liktoren und Priestern, unter denen sich Augustus selbst im Gewand des Pontifex Maximus befindet, schreiten alle Mitglieder der Familie des Princeps einher, einschließlich der kleinsten Kinder. In der Realität konnte die Prozession in der dargestellten Form nie stattfinden, weil Augustus 13 v. Chr., als der Altar geweiht wurde, noch nicht Pontifex Maximus und Agrippa bei seiner Inauguration vier Jahre später schon tot war. Es ist daher offenkundig, dass das Relief nicht nur ein tatsächliches Ereignis beschreiben, sondern vielmehr wie auf einer offiziellen Fotografie alle Mitglieder des Kaiserhauses unsterblich machen sollte. Die Bestimmung eines Nachfolgers stellte sich auch aus praktischem Gesichtspunkt keineswegs einfach dar, da Augustus, als er Caesars Nachfolge antrat, keine Söhne hatte, sondern nur eine Tochter, Julia, und zwar von seiner ersten Frau Scribonia. Es war daher für den Princeps nötig, die Zukunft seiner Dynastie durch eine Politik der Verheiratung seiner Tochter und der Adoption der Neffen zu regeln; immer jedoch war es seine Sorge, seinen designierten Nachfolgern einen „republikanischen" Anschein zu bewahren, indem er ihnen die nötigen öffentlichen Ämter verlieh, wenngleich in einer gegenüber der gewöhnlichen Karriere stark verkürzten Laufbahn.

Porträts aus weißem Marmor von Livia, Germanicus und Drusus Minor, aus Asido (Medina Sidonia, Cadiz), tiberische Zeit, Cadiz, Museo Arqueológico de Cadiz. Die drei Porträtköpfe gehörten sicher zu einem einzigen in der Provinz geschaffenen Statuenzyklus, der in nicht sehr akkurater Manier klassische Typen der kaiserzeitlichen Porträtkunst nachahmte.

So arrangierte er die Hochzeit zwischen Julia und ihrem Cousin Marcellus, der etwa zehn Jahre früher Konsul wurde, als es das Gesetz gestattete. Nur vier Jahre später starb der junge Mann, und die achtzehnjährige Witwe wurde mit Marcus Vipsanius Agrippa verheiratet, Augustus' Freund und faktisch zweiter Mann im Staate; 17 v. Chr. wurden ihre Söhne Gaius und Lucius vom Großvater adoptiert, der in die beiden Kinder seine Hoffnungen legte, sich eine direkte Nachkommenschaft gesichert zu haben. So verwandte er große Anstrengungen auf ihre Erziehung, Unterweisung und politische Ausbildung. Schon in jungem Alter wurden sie in den Senat aufgenommen und mit Ehrenämtern und -magistraturen ausgezeichnet, wurden zu *principes iuventutis* oder Führer der Jugend ernannt und weihten in dieser Eigenschaft den Tempel von Nîmes; sie erhielten zahlreiche offizielle Widmungen und wurden auf vielen Statuen porträtiert. Doch beide starben in jugendlichem Alter, und im Jahre 4 n. Chr. sah sich der Princeps erneut ohne Erben. Nunmehr über sechzigjährig – er war 63 v. Chr. geboren –, musste sich Augustus von neuem mit einer Reihe komplizierter Adoptionen, dem schwierigen Problem der Nachfolge stellen; dazu wurde das Schicksal der Julier-Familie mit dem der *gens Claudia* verknüpft, zu der Tiberius und Drusus gehörten, Söhne aus der ersten Verbindung seiner Frau Livia. Der Princeps adoptierte Agrippa Postumus, den jüngeren Bruder von Gaius und Lucius, der kurz darauf wegen seines umstrittenen Verhaltens verbannt wurde, sowie Tiberius, der nach dem Tode Agrippas Julia geheiratet hatte. Dieser Letztere wurde vom Schwiegervater gezwungen, seinerseits Germanicus zu adoptieren, den Sohn seines Bruders Drusus, der fünfzehn Jahre zuvor infolge eines Sturzes vom Pferd gestorben war. Tiberius, der eine glänzende Karriere als Militärbefehlshaber hinter sich hatte, war nunmehr ein Mann mittleren Alters – er war 42 v. Chr. geboren – und genoss nicht die Sympathie des Adoptivvaters; auch seine Eheschließung mit Julia hatte sich als Irrtum erwiesen, denn die Ehefrau war wegen Ehebruchs schon im Jahre 2 n. Chr. verbannt worden. Zum Zeitpunkt seiner Designierung für die Nachfolge befand sich Tiberius auf Rhodos, wohin er sich seit einigen Jahren zurückgezogen hatte; nach Italien zurückgekehrt, erhielt er die *tribunicia potestas* und das *imperium proconsulare*, Ämter, die auch auf institutioneller Ebene seine Nachfolge als Princeps vorbereiteten, und zugleich nahm er seine Tätigkeit als Befehlshaber im Germanienfeldzug wieder auf. Beim Tode des Augustus 14 n. Chr. erfolgte die Machtergreifung des designierten Erben ohne Unruhen, und der neue Princeps zeigte sich sofort dem Senat gegenüber ehrerbietig, ganz im Bewusstsein der Notwendigkeit eines Kompromisses, der die durch das Ableben der charismatischen Gestalt des Augustus hinterlassene Leere füllen konnte. Die beiden folgenden Jahrhunderte waren die Zeit der *pax Romana*, des inneren Friedens und einer begrenzten, auf einzelne Episoden reduzierten Aggressivität nach außen; die Truppen waren an den Grenzen stationiert, und der größere Teil der Bevölkerung kannte Kriege nur über Erzählungen und aus der Lektüre.

Bronzesesterz Vespasians, 71 n. Chr. zum Gedenken an die Unterwerfung Judäas herausgegeben (Revers); Rom, Museo Nazionale Romano, Palazzo Massimo alle Terme, Medaillensammlung.

Vergoldete Bronzestatue des Genius des römischen Volkes, aus Augsburg, 50 n. Chr.; München, Archäologische Staatssammlung.

DIE PAX ROMANA

Von der Konsolidierung des Prinzipats zur militärischen Wende der Severer

Porträt Vespasians, gefunden in der Nähe der Via Giulia im Tiberbett, ca. 70–79 n. Chr.; Rom, Museo Nazionale Romano, Palazzo Massimo alle Terme. Das Gesicht des Imperators, wahrscheinlich auf ein ursprüngliches Porträt Neros aufgearbeitet, ist von seinem Realismus geprägt, ganz im Gegensatz zur idealisierenden Porträtkunst der julisch-claudischen Zeit.

Die Nachfolger des Augustus

Bei der Bestimmung seines Nachfolgers hatte Augustus eine komplizierte Kombination privaten Rechts – der Möglichkeit des *pater familias*, seine Nachfolge ohne direkte männliche Nachkommen zu regeln – und öffentlichen Rechts angewandt, als er Tiberius mit den außerordentlichen Vorrechten ausstattete, die nunmehr den Inhaber der absoluten Macht auszeichneten. Auch wenn diese Praxis sehr schnell zur gewohnten Methode wurde, den eigenen Nachfolger zu bestimmen, blieben bis zu Nero die wahre Legitimation der Macht ohne Zweifel die Blutsbande. Beim Tode des Tiberius übernahm sein Neffe Caligula, der junge Sohn des Germanicus, obschon nicht offiziell beauftragt, die Macht ohne jede Opposition und erhielt vom Senat sofort das ganze Bündel an Vorrechten, die Augustus im Laufe der Jahre angehäuft und die Tiberius nie vollständig akzeptiert hatte. Der junge Princeps zeigte sich indes nicht auf der Höhe der Situation; er benutze Zeremonien und Verhaltensweisen, die für Herrscher des hellenistischen Orients typisch waren, beanspruchte für sich und seine Familienangehörigen göttliche Ehren und schuf ein Klima des Terrors, bis er nach nur vier Jahren Herrschaft durch eine Verschwörung ermordet wurde. Mit seinem Tod trat das letzte Mitglied der *gens Iulia*, ein direkter Abkömmling des Augustus, ab. Die Nachfolge wurde daher ein Problem, obschon die Notwendigkeit der Ernennung eines neuen Imperators nie bezweifelt wurde. Die Wahl fiel auf Claudius, Neffen des Tiberius und Onkel des Caligula, einen fleißigen, spröden Fünfzigjährigen, der von den Prätorianern ausgerufen und vom Senat akzeptiert wurde. Um die Blutsbande zur vorherigen Dynastie hervorzuheben, nahm er den Namen Tiberius Claudius Caesar Augustus Germanicus an und eröffnete damit die Gewohnheit, dem eigenen Namen die Titel Caesar und Augustus anzufügen. Als er 54 starb, gelang es Agrippina, seiner vierten Ehefrau, die auch seine Nichte war, den von Claudius adoptierten Sohn namens Nero Claudius Germanicus, den sie mit ihrem vormaligen Ehemann hatte, auf den Thron zu bringen. Eine in der römischen Gesellschaft tief verwurzelte Akzeptanz der Dynastie war sicherlich einer der Gründe für die relativ lange Herrschaft des neuen Princeps. Erst nach der Brandkatastrophe 64 in Rom und seiner Entscheidung, ein riesiges Gebiet im Stadtzentrum für die Errichtung der Domus Aurea, des Goldenen Hauses, zu enteignen, eines Komplexes aus Palästen und Parks, die an Großartigkeit und Luxus alles übertroffen haben müssen, was bis zu diesem Zeitpunkt zu sehen gewesen war, folgten Verschwörungen und Rebellionen, die in der Proklamation des Statthalters der Provinz Taraconensis, Servius Sulpicius Galba, zum Kaiser gipfelten. Der Senat erkannte ihn an, und Nero, zum Staatsfeind erklärt, tötete sich

Rechts:
Sarkophag der Kleopatra, Tochter des Soter, aus Theben, Anfang 2. Jh. n. Chr.; London, British Museum.

selbst. Damit begann eine neue Phase der Machtausübung, die an das alte Ideal der „Freiheit des römischen Volkes" anknüpfte, das nicht mehr als Rückkehr zum republikanischen Regime, sondern als Recht des Senats verstanden wurde, den Herrscher zu wählen, und als das des Volkes, seine Wahl zu bestätigen.

Unsere Kaiserin[35] /
verzehrt sich in Tränen, /
und Nero verschmäht sie für Poppaea.

(C. Monteverdi, Die Krönung der Poppaea, Libretto von G.F. Busenello)

Dem Tod Neros folgte ein hektisches Jahr; auf dem Thron wechselten sich vier Kaiser ab, von denen drei die Macht dank der Ausrufung durch die Truppen und die anschließende Ratifizierung durch den Senat erlangt hatten. Der vierte von ihnen, Titus Flavius Vespasianus, Statthalter über Judäa, Vater zweier erwachsener Söhne, sollte für zehn Jahre regieren. Zunächst wurde die Nachfolge durch den älteren Sohn Titus und nur zwei Jahre später durch den jüngeren Domitian nie in Zweifel gezogen, obgleich der Letztere in fünfzehn Jahren Herrschaft Ziel zahlreicher Komplotte war, da er nie als guter Herrscher galt und sein Recht auf die Regierung mithin bestritten wurde. Seine Ermordung 96 ermöglichte es dem Senat schließlich, das Ideal der Wahl des Besten bei der Nachfolge zu verwirklichen, wodurch etwa ein Jahrhundert Prosperität und Wohlstand eröffnet wurde. Die Wahl fiel auf Marcus Cocceius Nerva, ein Mitglied einer alten Senatorenfamilie, der seinerseits – mit derselben von Augustus erdachten Kombination aus privatem und öffentlichem Recht – den Statthalter der Germania Superior, Marcus Ulpius Traianus, zum Nachfolger bestimmte; 98 wurde dieser ohne Schwierigkeiten Imperator, während er sich fern von Rom befand. Seine fast zwanzig Jahre dauernde Herrschaft, eine Zeit großer Prosperität für das Reich, war von militärischen Erfolgen und neuen Annexionen markiert und endete mit seinem Tod in Kilikien. Sein Thronnachfolger war ein Verwandter, Publius Aelius Hadrianus, der vielleicht, als jener im Sterben lag, adoptiert wurde und jedenfalls klarer Kandidat für die Nachfolge war. Erst gegen Ende seiner langen aufgeklärten Herrschaft beschloss Hadrian, ebenfalls ohne Söhne, das Problem der Erbschaft des Reiches mithilfe ei-

Postumes Porträt Trajans, aus dem Kalkofen des Hauses des Serapis zu Ostia, ca. 119 n. Chr.; Ostia Antica, Museo Ostiense. Nur der Zufall hat diese Skulptur erhalten, die wie viele alte Marmorstücke zu dem Kalkofen verbracht worden waren, um dort zu Kalk verbrannt zu werden.

Das jüdische Volk

Die Einnahme Jerusalems, der Brand des Salomonischen Tempels und die harte Unterdrückung der Besiegten, dazu der dramatische Widerstand einer Gruppe Zeloten (Anm. 36), die in der Festung von Masada belagert wurde, werden vom Historiker Flavius Iosephus mit großer Genauigkeit erzählt, einem auf Seiten der Römer stehenden Juden, der ein tiefer Kenner der politischen und religiösen Gründe war, welche die Juden zu einem ebenso verbissenen wie nutzlosen Widerstand trieben. Weitere Aufstände – auch in der ersten Hälfte des 2. Jahrhunderts, als die anderen Völker des Imperiums schon gut in die römische Gesellschaft integriert waren – wurden unter beachtlichen Schwierigkeiten trotz Ungleichgewicht der Streitkräfte im Felde niedergeworfen. Der jüdische Irredentismus wurde von der Überzeugung gestützt, das auserwählte Volk zu sein, und von der Idee, dass die römische Herrschaft mit der Einhaltung des Gesetzes unvereinbar sei. Andererseits zeigten sich die Repräsentanten Roms häufig unnachgiebig gegenüber dem einzigen Volk des Reiches, das die griechisch-lateinische Kultur bewusst ablehnte, um seinen eigenen Traditionen treu zu bleiben.

Masada, die große Festung, die Herodes der Große in der Wüste Judäas erbauen ließ, und die etwa drei Jahre lang von den letzten Verteidigern Jerusalems nach der römischen Eroberung wiederbenutzt wurde.

Giovanni Paolo Pannini, *Inneres des Pantheons*, Öl auf Leinwand, ca. 1740; Kopenhagen, Statens Museum for Kunst.

ner komplizierten Lösung zu regeln; diese sah die Adoption des Titus Aelius Caear Antoninus (Antoninus Pius) vor, der seinerseits zur Adoption zweier junger Männer mit dem Titel Caesar verpflichtet wurde, nämlich Lucius Verus und Marcus Aurelius, der Letztere Neffe seiner Frau. Die beiden Adoptivbrüder herrschten beim Tod des Antoninus Pius bis zum Ableben des Lucius Verus zusammen acht Jahre; zehn Jahre später bestimmte Mark Aurel, der seit neunzig Jahren erste Princeps, der einen legitimen männlichen Erben hatte, seinen Sohn Marcus Aurelius Antoninus Commodus für die Nachfolge; damit fand die glückliche Zeit der Adoptivkaiser ein Ende, erneut wurde die dynastische Erbfolge eingeführt. Der sehr junge Erbe, gleichsam unvermittelt mit der Macht konfrontiert, war gewiss seines Vaters nicht würdig und erwies sich schnell als überaus schlechter Herrscher. Seine Regierung endete mit einer Palastverschwörung und einem Mord. Es folgten erneut hektische Monate, in deren Verlauf verschiedene Personen zum Kaiser ausgerufen wurden; man ging sogar daran, die Macht zu versteigern. Der reiche Bankier, der sie so zu erobern schaffte, Didius Iulianus, wurde sehr schnell vom Senat entthront und zum Tode verurteilt. Es war der Statthalter Pannoniens, Lucius Septimius Severus, der dank der Unterstützung durch das Heer als Sieger aus dem Streit hervorging; um seine Position zu stärken, beschloss er, sich selbst von der Familie der Antoninen adoptieren zu lassen. Er rief sich als Bruder des Commodus und Sohn Mark Aurels aus; seinem eigenen Sohn Lucius Septimius Bassianus (Caracalla) erkannte er den Titel Caesar und den Namen Marcus Aurelius Antoninus zu. Die Dynastie der Severer schien mit dem Tode Caracallas zum Verschwinden bestimmt; er starb 217 ohne Erben während eines Feldzugs gegen die Parther. Zum Kaiser proklamiert wurde der Prätorianerpräfekt Marcus Opellius Macrinus, ein Mann aus dem Ritterstand, der zweifellos nicht mit der Gunst des Senats rechnen konnte. Mit geschickten politischen Manövern und dank der Unterstützung der im Osten stationierten Armee gelang es der Witwe des Septimius Severus, Iulia Domna, einen ihrer Neffen auf den Thron zu bringen, nämlich Sextius Varius Avitus Bassianus (Elagabal), Oberpriester des Gottes Heliogabalus von Emesa; dieser übernahm alle kaiserlichen Vollmachten in Syrien, ohne die Ratifizierung des Senats abzuwarten. Die Großmutter sah vielleicht die kurze Dauer seiner Herrschaft voraus und zwang ihn dazu, einen Cousin zu adoptieren, Gessius Bassianus Alexianus, der unter dem Namen Marcus Aurelius Severus Alexander und mit Respekt vor der vorgesehenen formalen Prozedur von 222 bis 235 herrschte, als er zusammen mit seiner Mutter in einem Militärlager am Rhein ermordet wurde. Die Soldaten riefen den Offizier Gaius Iulius Verus Maximinus zum Kaiser aus und eröffneten so eine neue Epoche, in der das Hauptproblem für das Reich in der Verteidigung der Grenzen lag und die Macht daher in den Händen dessen bleiben sollte, der die Grenzen schützen konnte, oder anderenfalls an die Armee übergehen.

Der Princeps und die Macht

Der Herrscher vereinigte in sich eine so große Machtfülle, dass er wahrhaftig der einzige Angelpunkt war, um den sich das Leben des ganzen Reiches drehte. Er stand an der Spitze des Verwaltungs- und Justizapparats, war Pontifex Maximus, doch auch Befehlshaber der bewaffneten Streitkräfte, Kontrolleur der öffentlichen Finanzen, Gesetzgeber und oberster Zensor. Er nahm an Prozessen teil, ohne an das Gesetz gebunden zu sein, und konnte Urteile sprechen sowie die Entscheidungen der Gerichtshöfe ändern oder besser „eine Berichtigung der Ungerechtigkeit der Gerechtigkeit" vornehmen (Fronto, *Ad M. Antoninum de eloquentia*, 2.6). Die Fälle wurden, jedenfalls im 2. Jahrhundert, in Form von Petitionen häufig direkt dem Kaiser vorgelegt, so wie es Paulus (im 1. Jh.) getan hatte, als er gegen die Entscheidung des Prokurators von Judäa vorging, ihn in Jerusalem zu verurteilen.

Links:
Porträt des Antinoos als Dionysos, aus Rom, 2. Viertel 2. Jh.; Sankt Petersburg, Ermitage.

Rechts:
Porträt der Vibia Sabina, aus Tivoli, Villa Hadriana, 1. Hälfte 2. Jh.; Tivoli, Villa Hadriana, Antiquarium.
Vibia Sabina, Nichte Trajans, hatte im Jahre 100 Hadrian geheiratet; ihre Ehe, wenngleich ohne Kinder, dauerte bis zum Tode der Sabina 136 oder 137; die Kaiserin, welche die Ehre hatte, auf Münzen mit dem Titel einer Augusta zu erscheinen, wurde vergöttlicht und postum vom Ehemann mit Münzen geehrt.

Die Machtgrundlage der Kaiser bildete die Armee, die ihren Eid im Namen des Kaisers und nicht auf den Staat leistete und ihm absolut treu war. Der beträchtlichste Teil der Truppen blieb in den entferntesten Provinzen an den Grenzen stationiert; in einem unmittelbar außerhalb Roms eingerichteten Militärlager waren nur die Prätorianerkohorten untergebracht *(castra praetoria)*, die Leibgarde des Imperators, die seine Sicherheit gewährleistete und zur Verfügung stand, sollte ein bewaffneter Eingriff nötig sein.

Die mächtige, effektiv gedrillte Armee Roms wurde während der ersten beiden Jahrhunderte des Kaiserreiches nur wenige Male für bedeutende Feldzüge eingesetzt; den größeren Teil der Zeit war sie mit Polizeiaufgaben und Grenzüberwachung beschäftigt. Um einen der möglichen Gründe für diese Lage zu verstehen, ist es nötig, in die republikanische Zeit zurückzublicken, als die römischen Armeen von starken Generälen geführt wurden, die glänzende Siege errangen und prunkvolle Triumphe feierten.

All dies sollte jedoch mit dem Aufkommen des Prinzipats aufhören; schon nach 19 v. Chr. war es nur den Mitgliedern der Kaiserfamilie gestattet, den Ruhm eines Triumphzugs zu genießen; die übrigen Kriegsherren dagegen mussten sich mit geringeren Ehrungen begnügen – mit den Nachfolgern des Augustus blieb der Princeps der Einzige, dem die Ehre der Eroberung neuer Länder zukam.

So wurde es wesentlich, die Wünsche mancher besonders unternehmensfreudiger Statthalter wie Corbulo (Anm. 29) hinzuhalten, der die römische Kontrolle auf die rechte Rheinseite auszudehnen versucht hatte, bevor er von Claudius zur Ordnung zurückgerufen wurde; die wenigen militärischen Unternehmungen resultierten einzig aus der persönlichen militärischen Fähigkeit mancher Kaiser. Für alle anderen war es vielleicht einfacher, eine Situation der Ruhe und des Friedens aufrechtzuerhalten und sich auf die Niederschlagung

Büste Hadrians aus pentelischem Marmor, aus Italica (Spanien), späthadrianisch; Sevilla, Museo Arqueológico Provincial. Das qualitativ hochwertige Porträt stellt den Kaiser in einem Harnisch dar, der mit einem stilisierten Gorgohaupt geschmückt ist.

von Revolten und Unterdrückung von Aufständen zu beschränken.

Der Prozess der Machtkonzentration vollzog sich sehr schnell; schon Tiberius hatte vor, die *plebs urbana* zu entmachten – ein machtvolles, aber in keiner Weise vorhersehbares Element des römischen politischen Systems –, indem er ihre traditionellen Rechte abschaffte, die sich als unverträglich mit dem monarchischen System erwiesen hatten, und indem er die Wahl der Magistrate in den Senat verlagerte, sodass die Wahlversammlungen einfach die Rolle der Ratifizierung der Senatsentscheidungen übernahmen. Im Lauf weniger Jahrzehnte verlor das Volk, das unter Augustus wenigstens noch formal seine Gesetzgebungsbefugnis behalten hatte, indem es im Allgemeinen den vom Senat getroffenen Entscheidungen (*senatusconsulta*) zustimmte, auch dieses Recht. In kurzer Zeit reduzierte sich die gesamte Gesetzgebungstätigkeit auf die Billigung von *senatusconsulta*, die direkt von den Kaisern angeregt wurden. Die Kaiser übten ab der Mitte des 2. Jahrhunderts die Praxis, Briefe zu verfassen, welche die Grundlage für die Ausformulierung der *senatusconsulta* sein sollten; in Wirklichkeit jedoch wurden sie sehr bald zum endgültigen Text, der zu unterschreiben und zu billigen war.

Ein weiteres von den Kaisern genutztes Instrument waren die Edikte, gewöhnlich Verfügungen allgemeinen, informativen Charakters, die jedoch auch normative Bedeutung haben konnten so wie die *constitutio Antoniniana*, mit der Caracalla 212 das Bürgerrecht auf alle freien Reichsbewohner ausdehnte.

Schatz aus zweiundfünfzig Aurei (Goldmünzen), geprägt von der Zeit Neros bis in die Zeit Mark Aurels, vermutlich während der Markomannenkriege in Augsburg vergraben; München, Archäologische Staatssammlung, und Augsburg, Römisches Museum.

Verwaltung und Finanzen

Der effiziente Verwaltungsapparat, der es dem Kaiser erlaubte, ein gigantisches Reich mit einer relativ geringen Anzahl Beamter zu regieren, basierte hauptsächlich auf der lokalen Autonomie und daher auf der fortschreitenden, bewussten Urbanisierung aller Regionen des Reiches. Die einzelnen Städte, um die Gebiete variabler Größe lagen, unterschieden sich sehr auch durch Reichtum und Bevölkerung; annähernde Schätzungen lassen annehmen, dass Alexandria und Antiochia vielleicht 300 000 Einwohner erreichten, während Karthago, Ephesos und Smyrna kaum ein Drittel davon zählten, und der größte Teil der anderen urbanen Zentren muss wenigstens 10 000 Einwohner gehabt haben. Jede einzelne Stadt bekam ohne jede Verpflichtung seitens der Zentralregierung alle hauptsächlichen Verwaltungsaufgaben übertragen, da die öffentlichen Ämter ohne Vergütung von Personen aus den vermögenden Schichten bekleidet wurden; diese ihrerseits zahlten für das Privileg des Zugangs zu den öffentlichen Ämtern einen Betrag an die Gemeinde. Grundlegend für das Funktionieren der Stadt war auch die „Freigebigkeit“ der reichen Bürger, die Geldsummen zur Realisierung von Einrichtungen zu öffentlichem Nutzen spendeten; diese wurde normalerweise durch einen kollektiven Dank vergolten, der eine Gedenktafel oder auch die Aufstellung einer Statue des Wohltäters vorsah. Die Provinzstatthal-

Büste Mark Aurels aus Gold von 22 Karat, aus Aventicum (Avenches, Schweiz), ca. 170–180. Avenches, Römermuseum.

ter waren mit der Rechtspflege und der Aufrechterhaltung der inneren Ordnung betraut, einer nicht immer leichten Aufgabe in den Regionen, in denen die Präsenz an Militärkontingenten begrenzt war. Man ging somit gewöhnlich den Weg harter Unterdrückung der Volksunruhen, die wie regelrechte Aufstände behandelt wurden, sowie der Bestrafung nicht nur der Teilnehmer an den Tumulten, sondern auch derjenigen, die nicht dazu beigetragen hatten, ihnen entgegenzuwirken. Die Statthalter griffen darüber hinaus in Krisenzeiten auch in die Finanzverwaltung der Städte ein, um diejenigen, die Korn und andere Lebensmittel speicherten, zum Verkauf des Überschüssigen auch zu einem niedrigeren als dem Marktpreis zu zwingen.

Für die gesamte Dauer des Prinzipats wurden Rom – das die Zahl von einer Million Einwohnern erreichte – und Italien weiterhin von den Provinzen nach einem Prinzip finanziert, das nie infrage gestellt wurde, auch nicht mit der fortschreitenden Ausweitung des Bürgerrechts auf die Provinzialen. Die Städte in Italien, und Rom insbesondere, behielten einen außergewöhnlichen Status völliger Autonomie, die vom Machtzentrum losgelöst war. Erst unter Mark Aurel wurden die Grundlagen zur Schaffung einer Ordnung gelegt, welche die Munizipien (Anm. 12) an die Kaiser banden, zumindest an die Justizverwaltung. In Rom waren die Kaiser immer darauf bedacht, sich bei der städtischen Plebs beliebt zu machen; sie sorgten für ihre Ernährung und ihr Vergnügen. Die Organisation der *an-*

Porträt der Iulia Domna, Anfang 3. Jh.; Rom, Museo Nazionale Romano, Palazzo Massimo alle Terme.

Troja, Ansicht der Stufenreihen des erhaltenen Odeons aus römischer Zeit.

Porträt Caracallas; Rom, Museo Nazionale Romano, Palazzo Massimo alle Terme. Gefunden während der Ausgrabung einer herrschaftlichen Vorstadtvilla, ist es vermutlich in den Anfang der Regierungszeit des Princeps zu datieren, vielleicht vor den Feldzug gegen die Parther.

nona (Anm. 8) befand sich in ständiger Entwicklung, und es gelang, die Bedürfnisse einer riesigen Bevölkerung auch dank technischen Neuerungen zu befriedigen, beispielsweise Wassermühlen, die ab dem 3. Jahrhundert verwendet wurden, als die Kornzuteilungen durch die Verteilung von Mehl ersetzt wurde. Auf der anderen Seite waren Vergnügungen und Zeitvertreib durch Veranstaltungsbauten sichergestellt, die eine Höchstzahl an Zuschauern fassen konnten, zudem durch immer größere Thermenanlagen sowie immer wieder neu in den Kalender eingeführte Feste: So konnte der Kaiser dem Volk Spiele und Spektakel bieten.

Die Organisation des Steuerwesens blieb die ganze Dauer des Prinzipats über exakt so, wie Augustus es vorgesehen hatte, und die Einnahmen, auf die der Staat zählen konnte, waren neben dem, was aus der Nutzung des *ager publicus* sowie aus dem Erzabbau anfiel, die Steuern. Die direkten Abgaben lasteten ausschließlich auf den Provinzen, mit Ausnahme der wenigen Städte, die Finanzimmunität genossen, und wurden in den verschiedenen Regionen auf unterschiedliche Weise erhoben. Alle Provinzen zahlten eine Vermögenssteuer. Die Nichtbürger entrichteten auch eine Personensteuer (*tributum capitis*). Auf allen Einwohnern des Reichs dagegen lasteten indirekte Steuern oder Zölle, welche in den Häfen und an den Zollstellen erhoben wurden, die sich an den Reichsgrenzen befanden, doch zuweilen auch innerhalb der Provinzen. Sie waren von variabler Höhe und konnten – wie an den Zollstationen am Euphrat – bis zu 25 Prozent vom Wert der Transportware erreichen. Die Bürger zahlten Steuern auf Erbschaften und Auktionserträge, die zur Auffüllung der Militärkasse dienten. Obwohl häufig Naturalsteuern erhoben wurden, waren die Abgaben in Geldform vorgesehen, sodass fast das ganze Imperium sich sehr schnell in ein einziges Münzsystem eingebunden fand.

Das kaiserliche Vermögen, das eng mit dem Amt des Princeps verknüpft war und auch vererbt wurde, wenn es keine verwandtschaftlichen Bande gab, wuchs im Laufe der Zeit unmäßig an; Grund war die Gewohnheit, die gesamten Besitztümer, die nicht legal vererbt werden konnten, sowie die Vermögen von Verurteilten einfließen zu lassen, zudem galt die schon unter Augustus geübte Praxis, testamentarische Vermächtnisse von Freunden oder besonders vermögenden Schützlingen einzufordern. Unter seinen Nachfolgern wurde dieser Brauch faktisch zur Verpflichtung für alle begüterten Reichsbewohner.

Die Staatseinkünfte waren vermutlich kaum ausreichend, um das Heer zu unterhalten, die Bedürfnisse der Stadt Rom zu befriedigen, den Staatsapparat aufrechtzuerhalten und die vom Princeps durchgeführte Bautätigkeit zu unterstützen. Im Allgemeinen gaben die Kaiser alles aus, was in die öffentlichen Kassen floss, trotz dem Anwachsen der Finanzen durch neue Gebietsannexionen. Aus diesem Grunde bestimmte schon Nero in den letzten Jahren seiner Herrschaft, die Einkünfte durch eine Verminderung des Silbergehalts der Münzen zu erhöhen; die Folge war ein fortschreitender Wertverlust des Geldes.

Rechts:
Denar Hadrians, emittiert zwischen 119 und 122; dargestellt ist die Verteilung von Geld an das Volk durch den Kaiser (Revers); Rom, Museo Nazionale Romano, Palazzo Massimo alle Terme, Medaillensammlung.

Seite gegenüber:
Der Caracalla-Bogen in Volubilis (Marokko). Im ganzen römischen Afrika existieren zahlreiche typologisch sehr unterschiedliche Ehrenbögen, von einfacheren bis zu komplexeren Formen; sie stehen an signifikanten Punkten des Stadtbildes und werden zuweilen zum Verbergen mehr oder weniger sichtbarer Straßenabbiegungen benutzt.

Die Thermen, ein kleiner Luxus zum Nutzen aller

Aryballos mit Verschluss und kleiner Kette zum Aufhängen, Bronze.

In die Thermen gingen alle: Männer und Frauen, Junge und Alte, Arme und Reiche. Letztere waren sogar, obwohl sie private Bäder benutzen konnten, unter den fleißigsten Besuchern der öffentlichen Einrichtungen; sie begaben sich unter Begleitung von Sklaven und Klienten dorthin, die ihnen beim Einparfümieren mit Ölen beistanden und sie mit Massagen stärkten. Sogar der Kaiser und seine Familienmitglieder besuchten die öffentlichen Bäder und mischten sich unter die Menge. Je nach Gewohnheit und körperlicher Kondition konnte das Bad eine einfache hygienische Maßnahme sein, doch auch raffinierter Luxus. Augustus „schützte seine so schwache Gesundheit mit großer Aufmerksamkeit: Vor allem nahm er sehr selten ein Bad. Stattdessen ließ er sich massieren oder nahm Schweißbäder am Feuer, dann ließ er sich mit lauem oder in voller Sonne erwärmtem Wasser abduschen. Doch jedes Mal, wenn er wegen seines Nervensystems ein Meerwasserbad nehmen oder in den Thermen von Aquae Albulae baden sollte, beschränkte er sich darauf, auf einem Holzschemel sitzen zu bleiben ... und abwechselnd Hände und Füße einzutauchen" (Sueton, *Augustus* 82). Commodus dagegen nahm sieben oder acht Vollbäder am Tag, und Kaiser Gordian badete vier- oder fünfmal täglich im Sommer und während der Wintersaison.

Ab dem 2. Jahrhundert v. Chr. hatten Frauen in von den Männern getrennten Bereichen Zutritt zu den öffentlichen Bädern; wenn dies nicht möglich war, wurden Öffnungszeiten am Morgen festgelegt wie z. B. in einem spanischen Gesetz aus hadrianischer Zeit, das den Zutritt zu den Thermen morgens für die Frauen vorsah; nachmittags dagegen waren die Anlagen den Männern vorbehalten, die vormittags in den Gruben arbeiteten. Einige kaiserliche Vorkehrungen, getroffen sowohl unter Hadrian wie unter Mark Aurel und Severus Alexander, die den gemischten Besuch der öffentlichen Bäder vermeiden sollten, lassen denken, dass dies ein unter den Sitten der römischen Gesellschaft ziemlich verwurzelter Brauch war. Der Eintritt zu den Einrichtungen kostete sehr wenig oder war sogar gratis; über das Funktionieren des Betriebs wachten sowohl in Rom wie in den kleineren Städten die Ädilen (Anm. 37), die hier für die Hygienekontrolle, die Temperaturein-

Linkes Bild: Ansicht der Palästra in den Thermen von Civitas Mactaritana (Maktar, Tunesien).

Rechtes Bild: In den Caracalla-Thermen zu Rom.

Badebecken der Thermen von Bath (England), das noch heute durch die römischen Leitungen gespeist wird.

haltung und die Korrektheit von Konzessionsvergaben verantwortlich waren. In jeder Anlage gab es neben dem Betreiber oder Eigentümer Eingangswächter, Garderobenwächter, Heizungsarbeiter, Masseure und solche, die wir heute „Kosmetiker" nennen würden, also mit Epilation, Mani- und Pediküre usw. Beschäftigte. Eine der größten Sorgen der Thermenbetreiber war die Versorgung mit Brennmaterial; nicht alle Arten Holz waren geeignet, da beispielsweise Olivenholz fetten Rauch produzierte, der die Verzierungen in den Räumen beschädigte, und Lolch (Gräserart) verursachte Kopfschmerz und Schwindel bei den Badenden. Zuführung von und Versorgung mit Wasser waren in Rom und den anderen Zentren durch die Stadtverwaltung gewährleistet; nach Gebrauch wurde das Wasser in der Kanalisation entsorgt, oft nachdem es zur Reinigung der Latrinen verwendet oder – wie im Fall der Caracallathermen – zum Betrieb großer Mühlen rezykliert wurde. Zu Beginn des 1. Jahrhunderts v. Chr. wurde die indirekte Raumheizung mittels Warmluft eingeführt, die durch dafür bestimmte Hohlräume in Fußböden und Wänden geleitet wurden. Diese Erfindung trug zu einer deutlichen Verbesserung der hygienischen und sanitären Bedingungen für die Badenden bei, da es innerhalb der Räumlichkeiten zu konstanten Temperaturen führte. In den Thermen konnte man ganz nach Geschmack verschiedene Abfolgen wählen; eine ganz normale „Tour" begann im Umkleideraum, wo man die Kleider ablegte, um sich anschließend zu salben und gymnastische Übungen in der Palästra zu machen; dann ging es in das „türkische" (eigtl. „spartanische") Bad (*laconicum*), wo man reichlich schwitzte, und gelangte anschließend zum Warmwasserbecken (*calidarium*) sowie in einen Raum mit kleinen Becken voll lauwarmen Wassers (*tepidarium*). Die letzten Etappen bildeten ein großer nicht geheizter und gewöhnlich reich geschmückter Saal (*frigidarium*) sowie das überdachte Schwimmbecken (*natatio*).

Toiletten-Set mit Strigilis (Ölschaber), Patera (Griffschälchen) und kleine Vase, 1. Jahrhundert: Neapel, Museo Archeologico Nazionale.

DIE GRENZEN DES REICHES

Vom Hadrianswall zum Euphrat, von der Donau zur Grenze der afrikanischen Wüste

Sesterz des Antoninus Pius, 143–144 in Rom geprägt, mit Darstellung der Britannia (Revers).

Unten: Mosaik mit Gladiatorendarstellung, aus einer Villa von Bignor (Sussex).

Bis zur größten Ausdehnung

Die beiden auf den Tod des Augustus folgenden Jahrhunderte waren durch wenige echte Gebietseroberungen und die Annexion zahlreicher Klientenstaaten und von Regionen geprägt, die schon als Protektorat zum Herrschaftsbereich Roms gehörten. In Asien stießen die Reichsgrenzen bis an den Oberlauf des Euphrats, hinter dem das Partherreich lag, und reichten – wie auch in Afrika – infolge einer Verlagerung des Limes immer weiter an die Ränder der Halbwüsten. In Europa dagegen beschränkte sich die Expansion auf Britannien, Dakien und die als *agri Decumates* bekannten Gebiete (in Südwestdeutschland); größere Anstrengungen dagegen richteten die Römer auf die sichere Befestigung der Rhein-Donau-Grenze. Über lange Zeit, solange die Gebiete jenseits der beiden großen Flüsse nur von mit Rom verbündeten Völkern bewohnt wurden, beschränkten sich die Truppen am germanischen Limes darauf, Polizeiaktionen und Zollkontrollen durchzuführen. Nachdem die Lage durch das Auftauchen nomadisierender Gruppen komplizierter geworden war, überstürzte sie sich 166–167, als eine Koalition aus Germanen und Sarmaten gleichzeitig die gesamte Donaugrenze angriff und so die Unmöglichkeit der Verteidigung der Flussgrenze enthüllte. Die hektische Zeit, die der Invasion folgte, führte die Armee Mark Aurels bis nach Böhmen, nach Mähren und Sarmatien. Doch sein plötzlicher Tod und die Nachfolge durch den Sohn Commodus, des jun-

gen Princeps ohne militärisches Talent, der zudem vom Wunsch erfüllt war, so schnell wie möglich in die Hauptstadt zurückzukehren, bewirkten einen Stopp des Vormarschs und die endgültige Aufgabe der Gebiete jenseits der Donau; Rhein und Donau wurden zur Grenze nicht nur für die Barbaren, sondern auch für die Römer. Das empfindliche Gleichgewicht sollte nur wenige Jahrzehnte währen, da die Anfälligkeit der gewaltig langen Flussgrenze in ihrer ganzen Dramatik wieder deutlich wurde, als sich am Ende des 2. und zum Beginn des folgenden Jahrhunderts innerhalb der germanischen Stammesverbände eine durchgreifende politische und organisatorische Revolution vollzog. Die verschiedenen Stämme fanden trotz der beständigen Zwistigkeiten die Kraft, starke Bündnisse einzugehen – die Alamannen am Oberlauf des Rheins und die Franken weiter südlich –, die sich in Kriegszeiten zusammenschlossen, um sich im Frieden wieder zu trennen. Schon Caracalla musste 213 den Alamannen gegenübertreten, und nur vierzig Jahre später markierte der Tod des Severus Alexander in Mainz während der Vorbereitungen zu einem Feldzug gegen die Germanen den Beginn einer langen qualvollen Krisenzeit für das Reich.

Die Urbanisierung dieser Randregionen war häufig eng mit der Existenz militärischer Einrichtungen und der Entwicklung von Handwerker- und Kaufmannsvierteln verbunden; diese Leute fungierten zumeist als Mittler zum agrarischen Hinterland, um die Lebensmittelbedürfnisse der Truppen zu befriedigen, die in Festungen und Militärlagern entstanden. In vielen Fällen wurden die Ansammlungen provisorischer Wohnstätten, in denen wenigstens in den frühesten Phasen Händler und Handwerker wohnten, im Laufe der Jahre in festere Bauten umgewandelt, sodass regelrechte urbane Kerne entstanden; andererseits waren es bisweilen die militärischen Einrichtungen, die Lager und Befestigungen selbst, die sich zu zivilen Wohnsiedlungen entwickelten.

Britannien

Im Jahre 55 v. Chr. beschloss Caesar, den Ärmelkanal zu überqueren, um „zu sehen, welche Art Leute dort wohnte, sich ein Bild von Orten, Häfen und Zugängen zu verschaffen, Informationen, über die im Allgemeinen auch die Gallier nicht verfügten“ (Caesar, *De bello Gallico* IV, 20). Im folgenden Jahr kehrte er nach Britannien zurück und beschrieb es sehr genau, doch war er gezwungen, die Insel eilig zu verlassen, um nach Gallien zur Niederwerfung des Aufstands der Arverner zurückzukehren. Ein Jahrhundert fast machten die Römer keine Anstalten mehr, den Kanal zu überqueren, während sich einige Stammesverbände von belgischer Herkunft ausdehnten, den eigenen Herrschaftsbereich festigten und gute Beziehungen zu Augustus einrichteten. Im Lauf der Zeit jedoch trieb die Nachbarvölker ihre zu große Aggressivität dazu, Rom um Eingreifen zu ersuchen. Im Jahre 43 schickte Claudius vier von Rhein und Donau kommende Legionen nach Britannien, außerdem zahlreiche Hilfstruppen, und in kurzer Zeit brachte es die Unterwerfung aller Gebiete südlich der Humber-Mündung zwischen Yorkshire und Lincoln-

Fresko mit Darstellung eines Oranten, aus der römischen Villa von Lullingston in Kent, 4.–5. Jh. Das einfache kleine Landgut aus der Mitte des 1. Jhs. wurde um 100 vollständig umgebaut und etwa achtzig Jahre später vergrößert. Ab severischer Zeit war es eine Zeitlang verlassen und wurde um 290 wieder bewohnt. In konstantinischer Zeit wurden ein Triklinium und eine Eingangshalle mit schönen Mosaiken hinzugefügt. Danach wurden einige Räume für christliche Kultzwecke benutzt, wie es die Freskowand mit Orantenfiguren belegt.

Stele eines römischen Zenturio, aus Colchester, Mitte 1. Jh.; Colchester Castle Museum. Der Zenturio der Legio XX Marcus Favonius Facilis gehörte wahrscheinlich zu den römischen Truppenkontingenten, die nach Britannien einfielen, und fand den Tod, als er während der ersten Jahre der Eroberung der Insel im Heer diente.

Seite gegenüber:
Mosaik mit der Geschichte von Dido und Aeneas, aus dem *frigidarium* der Thermen einer römischen Villa in Low Ham in Somerset, 1. Hälfte 4. Jh. n. Chr.; Tuanton, Somerset County Museum.

Links:
Moderne Rekonstruktion der Festung von Vindolanda (Chesterholm), wo außer den Legionären 343 Mann der Hilfstruppen lebten; diese waren in den Werkstätten beschäftigt, in denen wahrscheinlich auch die Schilde und Schwerter hergestellt wurden, welche die im Lager stationierten Soldaten brauchten.

shire zu Ende. Der Imperator selbst verbrachte sechzehn Tage auf der Insel und wirkte an der Kapitulation elf britannischer Könige mit. Umgehend wurde organisatorisch eine Provinz geschaffen und der Sitz des Statthalters nach Camelodunum (Colchester) gelegt, wo die Kolonie Claudia Victricensis entstand; weitere Gründungen folgten, darunter Londinium.

In den folgenden Jahrzehnten wurde der römische Herrschaftsbereich trotz einer ernsthaften Erhebung im Jahre 60, die durch Unterschlagungen der neuen Verwalter verursacht wurde, nach und nach Richtung Wales und Nordengland ausgedehnt, bis zur Eroberung des heutigen Schottlands zwischen 78 und 83 durch den Statthalter Iulius Agricola. Als nunmehr die gesamte Insel unter der Kontrolle Roms stand, verfügte Domitian den Rückzug der Truppen aus den Highlands, wahrscheinlich mit dem Ziel, die Effektivstärke herabzusetzen; die Grenze wurde nach und nach bis zur Mündung der Flüsse Tyne und Solway verlegt. Hier ließ Hadrian, der Britannien 122 besuchte, eine befestigte Grenzlinie mit der Absicht errichten, die Trennung zwischen den römischen Besitzungen und dem nicht unterworfenen Teil der Region zu markieren, doch auch um potenzielle Rebellen unter Kontrolle zu halten. Eine neue, weiter vorverlegte Demarkationslinie – ein Graben zwischen zwei Erdwällen – wurde von Antoninus Pius in Zentralschottland geschaffen und besaß nur kurze Dauer; sie wurde schon von seinen Nachfolgern aufgegeben, welche die Nordgrenze des Reiches an den Hadrianswall zurückverlegten. Der letzte, kurzzeitige Versuch einer Expansion war Werk des Septimius Severus, der die drei letzten Jahre seines Lebens in Britannien verbrachte und 211 in Eburacum (York) starb.

Nach einer langen Zeit des Friedens und der Blüte wurde am Ende des 4. Jahrhunderts ein Usurpationsversuch niedergeschlagen, und es kam zu den ersten Einfällen von Barbarenvölkern, die Stammesverbände aus Irland und auch sächsische Stämme umfassten; sie kamen von der anderen Seite der Nordsee. Die Ordnung wurde durch die Maßnahmen des Kaisers Theodosius wiederhergestellt, doch sehr schnell fand sich die Insel während der germanischen Invasionen Galliens zu Beginn des 5. Jahrhunderts vom Rest des Imperiums abgetrennt, sodass die Kontrolle durch Rom nachließ und das römische Britannien faktisch zu existieren aufhörte.

Becher aus in drei Formen geblasenem Glas, aus den Beigaben eines Aschengrabes aus Colchester, Mitte 1. Jh.; London, British Museum. Das Gefäß zeigt drei Dekorstreifen: unten die Darstellung eines Quadrigarennens im Zirkus, in der Mitte eine Reihe von Aufbauten um die Spina (Wendesäule) des Zirkus, oben eine Inschrift mit den Namen der vier Wettkämpfer.

Vor der römischen Besatzung hatte kein Zentrum Britanniens eine echte Urbanisierung erfahren, weder im Bereich der repräsentativen Bebauung noch dem der Organisation des täglichen Lebens; städtebauliche Anstrengungen gehen ausschließlich auf Maßnahmen der römischen Verwaltung zurück, welche die indigenen herrschenden Schichten dazu drängte, Städte zu schaffen und einen urbanen Lebensstil anzunehmen. Über das gesamte 1. Jahrhundert jedoch gab es anscheinend keine Bauten aus Mauerwerk, wie es auch die verheerenden Brände bezeugen, die Camulodunum, das Munizipium Verulamium (St. Albans) und das Geschäftszentrum von Londinium während der Erhebung im Jahre 60 zerstörten. Zu Beginn des folgenden Jahrhunderts dagegen scheinen viele Zentren nunmehr über öffentliche Gebäude aus Ziegel und Stein zu verfügen; am Ende des 2. Jahrhunderts bewehrten sich die Städte mit Mauergürteln aus Rohziegeln, die schrittweise durch festere Bauwerke ersetzt wurden. Die archäologischen Untersuchungen belegten, dass es auf dem Lande dagegen mindestens siebzehn ländliche Gebäude gab, die auf den Typ der *villa rustica* zurückzuführen waren, fast alles Landgüter von bescheidenen Ausmaßen, die zumeist auf schon zuvor existierenden ländlichen Bauten entstanden. Eine Ausnahme bildeten einige schon im 1. Jahrhundert errichtete Anwesen wie die von Fishbourne bei Chichester; sie war mit Mosaiken und importiertem Marmor geschmückt und wird als mögliche Residenz eines lokalen Herrschers betrachtet. In der Folgezeit tauchten auch in manchen bescheideneren Landgütern Mosaikfußböden auf, doch erst im Laufe des 4. Jahrhunderts, wo man in manchen Ge-

Ein Abschnitt des Hadrianswalles, der äußersten nördlichen Grenze des Reiches, der sich noch heute durch die Landschaft Englands zieht.

genden der Region auf einen beachtlichen Wohlstand trifft, entwickelten sich einige Paläste mit zahlreichen aufwendig ausgestalteten Räumen, die an einem oder mehreren Innenhöfen lagen. Diese stehen vielleicht im Zusammenhang mit der Entwicklung der Landwirtschaft in diesem Gebiet, deren Bedeutung zu bestimmen wir noch nicht in der Lage sind. Verteilung und Bestand der ländlichen Gebäude lassen daran denken, dass wenigstens in den älteren Phasen die Struktur des Gebietes vor allem auf der Besiedlung durch Kleineigentümer basierte, wenngleich wahrscheinlich auch viel größere Gutshöfe existierten, deren Leitung Kolonen übertragen wurde.

Camulodunum (Colchester), Ansicht der Stadtmauern. Vor der Anlage der Stadtmauer anlässlich der Eroberung war der Ort die Wohnstatt des Cunobelinus, des Anführers der Belgerstämme, die nach Britannien übergesiedelt waren.

Charakteristisches Merkmal der römischen Besatzung Britanniens war zweifellos die Präsenz der in den zahlreichen Festungen stationierten Armee, die am Hadrianswall (17) oder am antoninischen Limes (vielleicht 19) errichtet waren, aber auch in den Zitadellen, die zum Netz der Militärstraßen gehörten. Die von Hadrian veranlasste Befestigung bildete ein gewaltiges Bollwerk, das noch heute in verschiedenen Landstrichen Englands gut zu sehen ist. Die etwa 120 Kilometer lange Mauer war von einem Graben mit Erdwall sowie einer Straße flankiert, die für die Beweglichkeit der Truppen wesentlich war; in mehr oder weniger regelmäßigen Abständen standen Forts für die Legionärs- und die Hilfstruppen, dazu in Abständen von einer Meile voneinander kleinere Befestigungsbauten, zwischen diesen wieder zwei kleine Meldetürme. Vermutlich, so scheinen es die jüngeren archäologischen Untersuchungen zu belegen, war ein ähnliches System von Befestigungsbauten, wenngleich vielleicht weniger regelmäßig, am Wall des Antoninus Pius eingerichtet. Die auf der Insel stationierten Truppen – wenigstens zehn Prozent der gesamten Heereskraft des Imperiums – waren außer an den Grenzen auch in zahlreichen Forts und sowohl temporären wie permanenten Militärlagern aufgestellt, die gewöhnlich an der Kreuzung wichtiger Verkehrswege oder Flussfurten, doch auch in manchen indigenen befestigten Dörfern angelegt waren. Die archäologischen Untersuchungen ergaben, dass der größte Teil der ersten urbanen Siedlungskerne in Form kleiner ziviler Ansiedlungen in der Nachbarschaft einer Militärbasis entstand; diese fungierten als Handels- und Handwerkerzentren, von denen auch die Landbevölkerung des Gebietes angezogen wurde. Ein außergewöhnliches Dokument des militärischen Lebens am britannischen Limes liegt in Form hunderter beschriebener Holztäfelchen vor, die im Fort von Vindolanda (Chesterholm) am Hadrianswall ans Licht gefördert wurden; es handelt sich zumeist um Briefe und Dokumente zu Rechnungen und Lebensmittellieferungen, außerdem um dokumentarische Texte zum täglichen Leben und der Tätigkeit der Garnison am Ende des 1. und dem Anfang des folgenden Jahrhunderts.

Die Kontrolle des Seeverkehrs mit den Häfen Galliens wurde durch eine Flotte gewährleistet, der *classis Britannica*, die ihren Standort in Boulogne an der gallischen sowie in Dover und Lympne an der britannischen Küste hatte. Im Lauf des 3. Jahrhunderts müssen die Flottenkontingente aufgrund der zahlreichen Angriffe vom Meer her beträchtlich verstärkt worden sein; am Ende des zweiten und am Beginn des folgenden Jahrhunderts wurde ein neues Verteidigungssystem an der Südostküste eingerichtet. Wenigstens etwa zehn befestigte Verteidigungsanlagen waren Teil eines komplexen Systems, das zum ersten Mal wohl schon von Probus am Ende des 3. Jahrhunderts geplant und eingerichtet wurde; es sollte beide Küsten des Ärmelkanals schützen. Weiter entstanden zahlreiche Forts bis zur Mitte des 4. Jahrhunderts, während in den anschließenden Jahrzehnten eine Kette von Wachttürmen und Signalposten an der Nordostküste eingerichtet wurde.

Becher in der sogenannten „Feinwandtechnik" (*sottile*), verziert mit der Szene eines Zirkusrennens, aus Colchester; Colchester Castle Museum.

Die römischen Armeen: ein Heer aus Berufssoldaten

Paradehelm eines Reiters, aus Teilenhofen, Mitte 2. Jh.; München, Archäologische Staatssammlung.

Die Zahl der Legionen, 25 beim Tode des Augustus, wuchs im Laufe des 1. und 2. Jahrhunderts schrittweise, bis sie unter Septimius Severus 33 erreichte; gleichzeitig wurden auch die Hilfstruppen vermehrt, also die unter den Provinzbewohnern rekrutierten Einheiten. Annähernden Schätzungen zufolge muss sich die Gesamtzahl des römischen Heeres zu Beginn des 3. Jahrhunderts auf 400 000 bis 500 000 Soldaten unter dem Befehl von etwa 5000 Zenturionen und 500 oder 600 höheren Offizieren belaufen haben. Die militärische Laufbahn sah bei jeder Beförderung die Versetzung zu einer anderen Einheit vor, deswegen konnte ein Zenturio, der als einfacher Soldat eingetreten war, auch zehn Legionen wechseln, bevor er „primipilus" bzw. Kommandeur der ersten Zenturie wurde; in manchen Fällen ermöglichte es ihm die Zuerkennung des Ritterranges, seine Karriere unter den höheren Offizieren fortzusetzen. Diese wurden direkt vom Kaiser ernannt, und bisweilen leisteten sie ihren Dienst auf beschränkte Zeit, nur als notwendige Etappe zur Beförderung bei der politischen Karriere. Der Militärdienst dauerte etwa 25 Jahre, während derer es verboten war zu heiraten; doch sehr oft verbanden sich die Soldaten mit Frauen am Ort, gründeten faktisch Familien, die in den Siedlungen lebten, welche um die Kasernen herum entstanden. Fast immer blieben die Veteranen am Ende der Dienstzeit am Ort und zogen dann mit ihren Frauen und Kindern zusammen. Wenn die Situation es erlaubte,

Luftansicht der Spuren des Römerlagers bei Ingolstadt.

war es – allerdings nur den Offizieren – gestattet, ihre Ehefrauen in das Lager holen; so im Falle des Flavius Cerialis, Kommandeur einer der Batavereinheiten, die im Fort von Vindolanda am britannischen Limes stationiert waren: Der Fund einiger an die Frau des Cerialis adressierter Briefe, in denen auch seine Kinder erwähnt werden, belegt ohne Zweifel die Anwesenheit der Frau an der Seite ihres Mannes. Die Kriegsmaschinerie des Reiches bewahrte lange ihre Perfektion und Effizienz; die Soldaten waren vorbildlich trainiert, die Bewaffnung technisch fortgeschritten, auch weil die Soldaten fast immer auf eigene Werkstätten zur Herstellung der Waffen und, allgemeiner, der notwendigen Ausrüstung bauen konnten. Insbesondere die Handwerker aus dem Rhein-Donau-Gebiet, Erben der alten Metallurgiezentren der keltischen Stämme, traten durch Herstellung von Geräten von sehr hoher technischer Qualität hervor und waren die Erfinder der ersten wirklich effizienten Schutzvorrichtung für den Kopf, nämlich eines aus einem einzigen Stück Stahl geschmiedeten Helms. Diese relative Autonomie in der Produktion der Ausrüstung führte sehr schnell zu einer unterschiedlichen Ausrüstung der Legionen, welche an die verschiedenen klimatischen Situationen, aber auch die unterschiedlichen Kriegstaktiken angepasst wurden, die bei den Nachbarvölkern in Gebrauch waren. Roms Armeen, die faktisch das erste wirkliche Berufsheer der Geschichte bildeten, behielten lange eine unbestrittene Überlegenheit über alle Feinde und entwickelten sich, trotz der langen Perioden fast vollständiger Inaktivität, technisch beständig weiter; dabei bewahrten sie einen Grad des Trainings, der ihnen auf Jahrhunderte erlaubte, unvorhergesehenen neuen Drohungen effektiv zu begegnen. Die höheren Offiziere jedoch waren häufig Dilettanten, welche das Kommando nur als notwendigen Schritt ansahen, in der gewöhnlichen Beamtenkarriere einen Schritt weiterzukommen. Solche Ansprüche führten zu beträchtlichen Widersprüchen, da es vorkam, dass sich Personen völlig ohne taktische Fähigkeiten und angemessene militärische Kenntnisse in der Regierung von Provinzen wie Pannonien oder Britannien fanden, in denen ein Gutteil des kaiserlichen Heeres stationiert war; so geschah es, dass zu Beginn des 3. Jahrhunderts der Historiker Cassius Dio, welcher das militärische Leben schlechterdings verachtete, Statthalter der Provinz Pannonia Superior mit all ihren Festungen und militärischen Stellungen wurde.

Teller aus Terra sigillata mit Graffito (CORNELI), das den Legionär Cornelius als Besitzer ausweist, aus Asciburgium (Moers-Asberg, Deutschland), 1. Jh.; Duisburg, Kultur- und Stadthistorisches Museum.

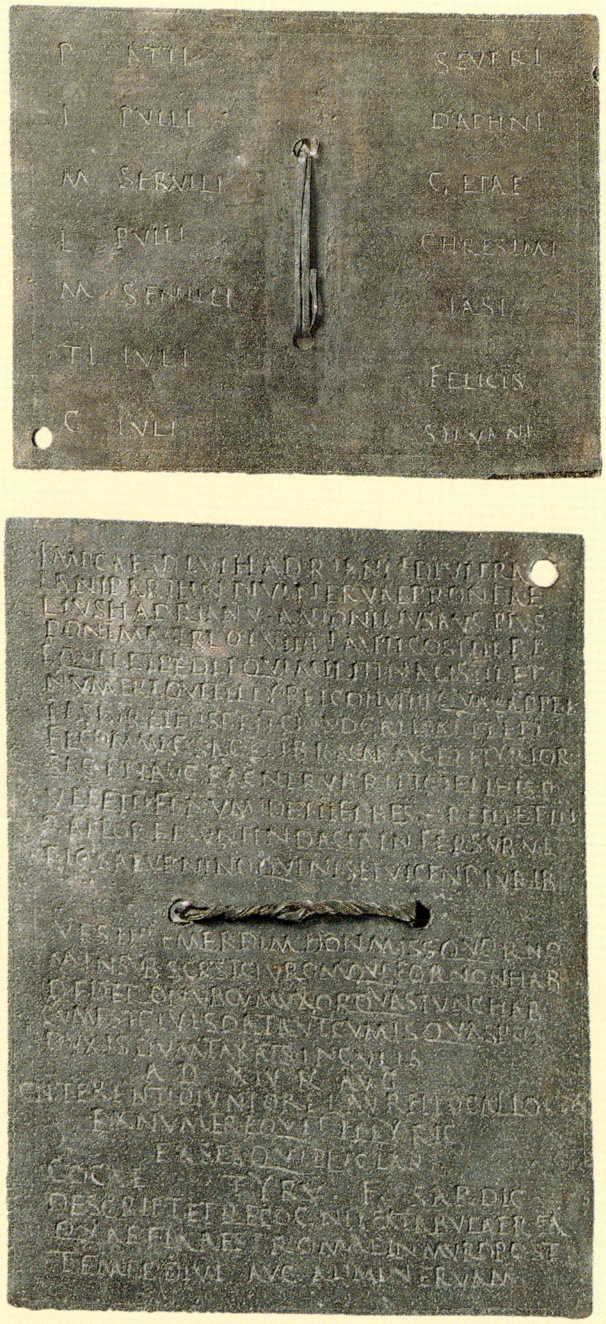

Militärdiplom, datiert auf den 19. Juli 146, unbekannte Herkunft, München, Archäologische Staatssammlung.

Linkes Bild:
Flasche mit linsenförmigem Körper, aus den Beigaben einer Bestattung in einem Bleisarkophag, gefunden in Köln, Luxemburger Straße, 2. Hälfte 3. Jh.; Köln, Römisch-Germanisches Museum.

Rechts Bild:
Kleine Amphore in Form einer Traube, blaues Glas mit Griffen aus opakem gelben Glas, vielleicht aus Köln, 3. Jh.; Köln, Römisch-Germanisches Museum.

In dieser Zeit war die Zivilverwaltung der Provinz von der militärischen getrennt, die ihrerseits in drei verschiedene Kommandos unterteilt war – wann sie eingerichtet wurden, wissen wir nicht. Obwohl Strabon von Gold-, Silber- und Eisengewinnung berichtet, außerdem von Lederbearbeitung und Zucht von Jagdhunden, hing die Wirtschaft Britanniens wahrscheinlich im Wesentlichen von der Landwirtschaft ab; nur die Silberproduktion erreichte bedeutsame Mengen. Lohnend dagegen dürfte die Abholzung zur Holzgewinnung gewesen sein, Holz wurde als Brennmaterial für die Bäder, zum privaten Heizen und als Baumaterial gebraucht. Ab dem 1. Jahrhundert ermöglichte die Wirtschaft der Gegend eine recht angenehme Lebensführung, wie es die Importe von Luxusprodukten zumeist über den Markt von London belegen, aber auch von in Gallien und im Rheingebiet hergestellten Keramikwaren; aus Italien dagegen kam Metall- und Glasgeschirr, die Baetica lieferte Wein und Öl. Die schnelle Entwicklung bei Handel und Import ging, obgleich sich auch nach und nach ein einheimischer Markt durchsetzte, zumeist auf die Notwendigkeit zurück, die Bedürfnisse der in der Provinz ansässigen Italiker und vor allem des Heeres zu befriedigen; Getreide wurde zu einem festen Preis verkauft, und die starke Nachfrage nach Fellen führte zur Einrichtung zahlreicher Gerbereien, von der eine – etwas nördlich von York – direkt der Kontrolle des Militärs unterstellt war.

Unten:
Bronzestatuette Jupiters, aus Marslev (Dänemark), römische Zeit; Kopenhagen, Nationalmuseet.

Der Rhein-Donau-Limes

Nach der schweren im Teutoburger Wald (Anm. 23) erlittenen Niederlage hatte Augustus beschlossen, auf seine Pläne zur Eroberung der Gebiete zwischen Rhein und Elbe zu verzichten, die schon seit zwanzig Jahren teilweise auch durch den Bau von Befestigungen, Straßen und sonstiger Infrastruktur besetzt waren, alles Maßnahmen, die zur Unterstützung der an der Nordsee stationierten Flotte dienten.

Die weiten Ebenen im unteren Becken der Maas und die bergigen Gegenden am Oberlauf des Rheins blieben unter der Kontrolle Roms, obwohl die Situation nicht besonders klar war, denn die römischen Garnisonen verlagerten ihre Standorte, rückten vor oder zogen sich zurück, je nach Aktionsdrang des im Amt befindlichen Statthalters. In claudischer Zeit rückte, während die Eroberung Britanniens im Gange war, ein besonders unternehmungsfreudiger General, Gnaeus Domitius Corbulo, erneut in die niederrheinischen Gebiete vor und errang zahlreiche Siege, bis der Kaiser ihm befahl, sich zurückzuziehen und das rechte Rheinufer aufzugeben. Wahrscheinlich ist diese offenbar exzentrische Entscheidung von dem Bedürfnis herzuleiten, einen Statthalter daran zu hindern, Aktionen zu Gebietseroberungen zu unternehmen, da diese inzwischen ein exklusives Privileg des Kaisers waren. Nach der Unterdrückung einer Revolte 69–70 und einem von Domitian zwischen 83 und 85 gegen die Chatten, ein am Oberlauf der Weser siedelndes Volk, geführten Krieg, waren die Germanen aus den rheinnahen Gebieten entfernt; die Verwaltungsordnung der Region wurde festgelegt und außerdem eine stabile Grenzlinie eingerichtet.

Seite gegenüber:
Glasbecher mit aufgemalten Tierfiguren, aus Nordrup, 1.–2. Jh.; Kopenhagen, Nationalmuseet.

Oben:
Zweihenkelige Silberbecher (*skyphoi*) mit vergoldetem Reliefdekor, aus dem Grab von Hoby, 1. Jh.; Nationalmuseet. Die 1920 auf der Insel Lolland gefundene Grabbeigabe gehört zu einem Mann mittleren Alters, wahrscheinlich ein lokaler Anführer, der mit seinen Reichtümern begraben wurde, darunter die beiden von einem griechischen Handwerker signierten Silbertassen sowie ein aus Capua stammendes Tablett. Auf den Tassen ist der Name „Silius" eingraviert, der gleiche Name, wie ihn die Person trug, die zwischen 14 und 21 Statthalter der Germania Superior war; vielleicht hat er die wertvollen Gegenstände dem heimischen Anführer geschenkt, als er Bündnisverhandlungen führte.

Bei der neuen Einteilung der Provinzen Germania Inferior und Germania Superior wurden Letzterer der gallische Distrikt Besançon und Langres, die von den keltischen Helvetiern bewohnten Gebiete, und die Territorien nördlich der Donau zwischen Rhein und unterem Main, die *agri Decumates*, zugeordnet, die sich bis dahin in einem recht unklaren Verwaltungsstatus befanden.

Rechts:
Polychromer Mosaikfußboden, aus Köln, Haus des Dionysos, Anfang 3. Jh.; Köln, Römisch-Germanisches Museum.
Die *domus*, die den Namen des Mosaikthemas trägt, wurde 1941 während der Arbeiten zu einem Luftschutzkeller gefunden und ist jetzt in das 1974 eröffnete Museum einbezogen; dieses ist um die Räume der römischen Residenz herumgebaut und berücksichtigt deren ursprüngliche Lage und Orientierung.

Germanien, in dem für zwei Jahrhunderte relative Ruhe geherrscht hatte, besaß die offenkundige strategische Funktion, die prosperierenden, befriedeten Gebiete der gallischen Provinzen zu schützen. Die Urbanisierung war eng mit der Militarisierung der Region und den folgenden Regelungen der künstlichen Grenzlinie verbunden, die sich ein wenig nördlich von Confluentes (Koblenz) vom Lauf des Rheins entfernte, um einen Gebietsstreifen rechts des Flusses einzuschließen. Das signifikanteste archäologische Zeugnis bildet daher gerade der Verlauf des befestigten Limes; die den militärischen Aspekten gewidmeten Studien wurden systematisch durchgeführt, sodass die chronologische Folge der an der Rheingrenze angelegten Forts inzwischen sehr gut geklärt ist. Das gesamte Verteidigungssystem wurde nach und nach verstärkt und gefestigt: Am Ende des 1. Jahrhunderts bildete sie einfach eine durch Holztürme überwachte Straße, der in hadrianischer Zeit eine Palisade hinzugefügt wurde; einige Jahrzehnte später wurden die Türme in Stein erneuert, und am Ende des 2. und zu Beginn des 3. Jahrhunderts wurde ein Graben ergänzt. Neben den eigentlichen Festungen entstanden zahlreiche *castra* zur Truppenstationierung, unter denen die sicher datierbaren wie Haltern und Oberaden für die historische Forschung eine besondere Bedeutung besitzen; die genannten Lager wurden auf der rechten Rheinseite während des Vormarschs des Drusus zwischen 19 und 12 v. Chr. erbaut und nach der Niederlage im Teutoburger Wald (9 n. Chr.) aufgegeben. Die Analyse der Objekte und Baureste dieser Lager ist für eine Untersuchung der wirtschaftlichen und sozialen Organisation der Armee auf dem Höhepunkt der augusteischen Zeit grundlegend und liefert ein genaues Abbild der Gerätschaften bzw. der Gegenstände überhaupt, die zum Zeitpunkt der Aufgabe des Lagers in Benutzung waren.
Die heutige politische Zersplitterung des Gebietes der römischen Germania, aufgeteilt unter Holland, Deutschland, Frankreich und die Schweiz, und die auf den Zweiten Weltkrieg zurückgehenden Zerstörungen, die zu einer umfassenden und dabei nicht immer kontrollierten Bautätigkeit in den Nachkriegsjahren führten, haben archäologisch relevante Objekte vernichtet und damit die

archäologischen Untersuchungsmöglichkeiten beträchtlich eingeschränkt, insbesondere der Wiederaufbau in Mainz und Köln, den Hauptstädten der beiden antiken Provinzen. Fast unbekannt ist die Privatarchitektur, bekannt dagegen sind zu einem Gutteil die öffentlichen Gebäude, vor allem in Xanten, der einzigen Stadt, in der das moderne Zentrum nicht über dem römischen liegt. Unter den bedeutendsten Monumenten der Region befindet sich zweifellos das Mausoleum des Drusus in Mainz, ein

Links:
Griffschale, aus Köln, Luxemburger Straße, 3. Jh.; Köln, Römisch-Germanisches Museum. Sie gehörte zu einem recht gewöhnlichen Service mit Kleeblattkanne; beide Objekte sind aus farblosem Glas mit Applikationen aus farbloser und blauer Glaspaste. Die zahllosen Funde im Rheingebiet lassen eine Serienproduktion vermuten.

Oben:
Glas mit appliziertem Muscheldekor, aus den Beigaben zu einem Aschengrab aus Köln, Luxemburger Straße, 4. Jh.; Köln, Römisch-Germanisches Museum.

Rekonstruktion des zum Rhein gerichteten Tempels in Castra Vetera (Xanten).

Rechts:
Moderne Rekonstruktion des Tropaeum Traiani von Adamclisi (Rumänien).

zylindrisches Denkmal, das in einer höher gelegenen Zone der Stadt gefunden wurde und in Wirklichkeit ein dem verstorbenen Kriegsherrn gewidmetes leeres Ehrengrab (Kenotaph) gewesen sein muss; denn wir wissen, dass Drusus in Rom begraben wurde.

Nach der Mitte des 3. Jahrhunderts wurde die Verteidigung der Rheingrenze wegen der häufigen Einfälle germanischer Völker ein immer schwierigeres Unterfangen; sie zwangen die Römer zum Bau einer Reihe von Festungen an dem kleinen Fluss Iller zwischen Rhein und Donau. Während dieser langen Zeit politischer Instabilität wurde die gesamte Region zu einem Revier von Münzdepots und einiger spektakulärer Schätze aus Edelmetallen wie die von Kaiseraugst, Eining und Weißenburg; vielleicht wurden sie von den legitimen Eigentümern in dem Versuch versteckt, sie vor Plünderungen zu bewahren, oder sie waren selbst Beute von Raubzügen wie die etwa tausend Bronzestücke, die 275–277 in Gallien von Germanen geraubt wurden.

Thrakien war über etwa zweihundert Jahre nach der Schlacht von Pydna und der Annexion Makedoniens ein unabhängiges Königreich unter dem Protektorat Roms geblieben; unter Claudius wurde das Gebiet in eine Provinz umgewandelt und beschritt den Weg zu einer langen Periode des Friedens und der Prosperität, die vor allem mit ihrer strategischen geografischen Lage zusammenhing. Eine intensive Bautätigkeit, in der ein starker Einfluss der hellenistischen Zentren Kleinasiens erkennbar ist, Herkunftsort vieler Emigranten, führte zur Gründung von Städten und Dörfern, doch vor allem von saisonalen Marktzentren, die an den Hauptverkehrswegen nach Asien lagen; auf dem Lande dagegen entstanden zahlreiche *villae rusticae*.

Kultur und Kunst Thrakiens profitierten sehr von den Kontakten mit dem Rest der römischen Welt, und das beschleunigte Wachstum des urbanen Lebens schuf zweifellos sehr günstige Bedingungen für die Durchdringung der klassischen Kultur in all ihren Manifestationen, von der Erziehung zum Theater, zur Dichtung und zur

Unten:
Grabrelief mit Szene eines Weintransports auf der Mosel, aus Noviomagus (Neumagen), Ende 2. bis Anfang 3. Jh.; Trier, Rheinisches Landesmuseum.

Seite gegenüber:
Detail des Frieses auf der Trajanssäule zu Rom mit der Darstellung von Dakern, die einen Wald abholzen, um die Verteidigungsanlagen für eine befestigte Siedlung zu vervollständigen.

Rechts:
Amphitheater von Aventicum (Avenches, Schweiz), 2. Hälfte 1. Jh.

Oben:
Silberschatz von Kaiseraugst, aus dem *castellum* von Augusta Raurica, Mitte 4. Jh. n. Chr.; Augst, Römermuseum. Der Schatz wurde im Winter 1961–1962 innerhalb des Lagers gefunden und umfasst ein außergewöhnlich reiches Tafelgeschirr, das vielleicht dem Kommandanten des *castellum* gehörte. Das zusammen mit 186 Münzen und drei Silberbarren in einer Kiste verpackte Geschirr war zu Füßen der Kastellmauer vergraben, die jedoch nach 350 im Anschluss an die Verständigung zwischen Constantius und Maxentius zerstört wurde.

Kunst. Charakteristisch war die Produktion zahlreicher Statuetten und Votivreliefs, die den anonymen thrakischen Reiter darstellen, einen alten lokalen Heroengott, dessen Kult neben dem römischen Pantheon überlebt hatte. Wie schon in vorrömischer Zeit nehmen Goldschmiedekunst und Metallhandwerk einen Platz ersten Ranges in der kunsthandwerklichen Produktion sowohl Thrakiens wie auch Moesiens ein; deren Erzeugnisse fanden auch außerhalb der Region einen breiten Markt.

Im Unterschied zu anderen Grenzgebieten erlebte Thrakien niemals eine beträchtliche Stationierung von Truppen, wurde hingegen umfassend als Basis zur Rekrutierung der Armeen genutzt. Zwischen 238 und 268 erlebte die Provinz schwere Einfälle und Verwüstungen seitens der Goten und anderer Barbarenvölker, die den Beginn der Krise der Spätantike markieren; von Diokletian geteilt, schwebte sie lange zwischen dem Westreich und dem Ostreich, um dann endgültig Byzanz zugewiesen zu werden.

Rechts:
Drei übereinander gestellte, bei einem misslungenen Brand verformte Schüsseln, aus Butovo (Bulgarien), 2.–3. Jh.; Veliko Târnovo, Archeologičeski Muzej.

Die von Trajan durchgeführte Eroberung Dakiens wird minutiös auf dem langen Fries der Trajanssäule erzählt, die der Imperator auf seinem Forum zu Rom errichten ließ, aber auch auf den Einzelbildern am Tropaeum Traiani in Adamclisi; die schriftlichen Quellen hingegen sind fast vollständig verloren. Der römische Eingriff war in den ersten Jahren des 2. Jahrhunderts nötig geworden, um der wachsenden Macht des Reiches des Decebalus jenseits der Donau entgegenzutreten, der versucht hatte, auch eine breite antirömische Allianz zu fördern. Der erste Feldzug 101–102 endete mit der Eroberung der Hauptstadt des Reiches, Sarmizegetusa, und wahrscheinlich mit der Auferlegung harter Konditionen für die Kapitulation. Der Waffenstillstand hielt jedoch nicht lange, und nur drei Jahre später unternahm Trajan einen neuen Feldzug, der ihn nochmals zur Eroberung der Hauptstadt führte; endgültig besiegt, tötete Decebalus sich selbst. Im selben Jahr 106 wurde das Territorium zwischen den Karpaten und der Donau, das vom Fluss Tibiscus (Theiss) bis zum Schwarzen Meer reichte, in die Provinz Dakien umgewandelt. Doch schon Hadrian verzichtete auf einen Teil der Region nach einer Revolte, welche die Verteidigungsfähigkeit der römischen Armee auf eine harte Probe stellte. In der zweiten Hälfte des 3. Jahrhunderts zog sich Aurelian aus der Provinz zurück und schuf südlich der Donau die Dacia Ripensis, einen kleinen Streifen von Gebieten, die Moesien weggenommen worden waren; diese mussten als Puffer zwischen den weiter außen liegenden Regionen des Reiches und den im transdanubianischen Gebiet siedelnden Völkern dienen.

Zum Zeitpunkt der römischen Eroberung kannte Dakien so gut wie keine Urbanisierung, und auch in den einhundertundfünfzig Jahren der Unterwerfung unter Rom behielt es seinen vorwiegend ländlichen Charakter; die Bevölkerung war auf Weiler und Dörfer verteilt, doch auch auf kleine Forts und Militärlager, die Wirtschaft basierte auf Landwirtschaft und Viehzucht sowie auf Erzabbau. Trotzdem war die Durchdringung durch die lateinische Kultur sehr tiefgreifend, sodass noch heute in dem entsprechenden Gebiet, Rumänien, eine romanische Sprache gesprochen wird. Wie auch anderwärts war das dichte, sofort nach der Eroberung eingerichtete Straßennetz eines der Hauptmittel der Romanisierung; die Routen führten vom Lauf der Donau, zuweilen von Wachttürmen geschützt, bis in das Landesinnere. In den Berggegenden Transilvaniens jedoch waren die Talebenen durch ein System von Festungen abgesperrt, die miteinander durch Straßen verbunden waren. In dieser stark militarisierten Region sind mindestens achtzig befestigte Militärlager, Zitadellen und kleine Forts bekannt, nur wenige ausgegraben, die wie im Falle von Sucidava und Apulum oft den ursprünglichen Kern ziviler Siedlungen bilden. Auf die erste Zeit der Besatzung geht die Anlage des Limes mit einem Wall zurück, hinter dem eine Reihe von Erdlagern aufeinander folgte, die nach den Markomannenkriegen oder

Links:
Bogen des Dativius Victor, aus Mainz (Mogontiacum), Mitte 3. Jh. n. Chr.; Mainz, Landesmuseum Mainz. Der kleine (im Museum rekonstruierte) Bogen (am ursprünglichen Ort steht eine Kopie) war dem Iupiter Optimus Maximus geweiht, der einem Wunsch des Dativius Victor folgen sollte, eines Decurio (Stadtrat) der Civitas Taunensium; dargestellt auf dem Schlussstein Jupiter und Juno auf dem Thron sitzend, um sie herum die Tierkreiszeichen, auf den Pfeilern Reben.

Oben:
Paraden-Maskenhelm aus Bronze und Eisen, aus der thrakischen Nekropole von Catălka im Gebiet von Haskovo (Bulgarien); Stara Zagora, Historisches Museum.

Rom, Konstantinsbogen: Statue eines dakischen Gefangenen aus Pavonazzetto-Marmor, trajanisch. Der vom Senat aus Anlass des Besuches Konstantins in Rom zur Feier seines zehnten Herrschaftsjahres erbaute Bogen wurde in kürzester Zeit unter Wiederverwendung von Monumentteilen aus früherer Zeit hochgezogen; dazu gehörten die vier Statuen dakischer Gefangener, ursprünglichen zierten sie ein Gebäude des Trajansforums.

Rechts:
Goldene Halskette, aus dem Schatz von Nikolaevo (Bulgarien), 3. Jh. n. Chr.; Sofia, Naconalen Archeologičeski Muzej.
Die Kette besteht aus drei feinen Kettenschnüren vom *isthmion*-Typ mit Attaschen in Form eines stilisierten Schlangenkopfes als Verschluss; in der Mitte ein am Rand mit acht Edelsteinen geschmücktes Medaillon, in das eine Goldmünze Caracallas von 215 eingefasst ist.

zu Beginn des 2. Jahrhunderts in Stein erneuert wurden; in den weiter exponierten Zonen existierte ein dichtes äußeres Netz kleinerer befestigter Stützpunkte und Wachttürme.

Auch die Städte und allgemeiner die zivilen Siedlungen Dakiens sind wenig bekannt, das erschöpfendste Zeugnis bleibt das der Hauptstadt Sarmizetegusa, die unter dem Namen Colonia Ulpia Traiana wieder gegründet wurde und in der regelmäßige Grabungskampagnen durchgeführt werden. Ziemlich erschöpfende Informationen über die Einrichtungen und die Anlage der Stadt ergeben sich jedoch aus den inschriftlichen Zeugnissen vor allem bezüglich der intensiven Bautätigkeit, die in severischer Zeit zur Umgestaltung und Restaurierung der während der Kriege gegen die Markomannen zerstörten Bauten gefördert wurde. Die letzte Periode der Prosperität in den ersten dreißig Jahren des 3. Jahrhunderts wird durch eine bemerkenswerte Entwicklung des Stadtzentrums von Apulum und durch die Wiederaufnahme des Abbaus in den Goldminen belegt. Nach dem Rückzug Aurelians aus Dakien existierte Sarmizegetusa noch bis ins 4. Jahrhundert weiter, und wahrscheinlich war, wenigstens in den der Donau nächstgelegenen Gebieten, das städtische Leben nicht mit dem Ende der römischen Besatzung plötzlich unterbrochen.

Oben:
Bronzene Herkulesbüste, aus Mogilovo in der Gegend von Haskovo (Bulgarien), Ende 2. Jh.; Stara Zagora, Historisches Museum.

In der Provinz waren zweifellos Bildhauerwerkstätten tätig, die den Marmor aus den benachbarten Brüchen nutzten, um sehr schulmäßige, der klassischen Tradition nachgestaltete Werke zu produzieren. Lebendiger war die Bronzebearbeitung in Sucidava, wo Statuetten danubischer Reiter und Spiegelrahmen mit Pflanzen- und Tierdekor gefertigt wurden, die man auch südlich der Donau handelte. In Blüte stand auch die Tätigkeit der Keramikerateliers, die Geschirr und Lampen herstellten, die ziemlich sicher für den heimischen Markt bestimmt waren. Das gesamte künstlerische Leben der Provinz scheint mit der militärischen Krise einen Abschluss zu erreichen, sodass das Typenrepertoire der zahlreichen Grabporträts in der antoninischen Zeit oder am Beginn der severischen stehen bleibt.

Bronzemodel mit Darstellung eines thrakischen Kriegers, aus Abritus (Razgrad, Bulgarien), 2.–3. Jh. n. Chr.; Razgrad, Historisches Museum. Der Model wurde zur Herstellung kleiner metallener Votivplatten verwendet, deren bevorzugtes Motiv die alte Gottheit des thrakischen Reiters war.

Der Orient und Afrika

Etwa ein Jahrhundert lang führten Augustus' Nachfolger gegenüber dem Orient dieselbe Politik des Verzichts auf Expansionen weiter, die der erste Princeps eingeleitet hatte, sodass neben der friedlichen Annexion einiger Vasallenstaaten die einzige militärische bewaffnete Maßnahme die Unterdrückung des in den letzten Jahren von Neros Herrschaft ausgebrochenen und 73 von Titus und Vespasian niedergeworfenen jüdischen Aufstands war. Der Bruch des empfindlichen Gleichgewichts in den Beziehungen zum benachbarten Partherreich war Folge einer Handlung Trajans, der den Euphrat überschritt und Armenien dem Imperium einverleibte; dann rückte er vor bis zur Partherhauptstadt Ktesiphon und dem persischen Golf. Sein Nachfolger Hadrian gab die kaum eroberten Territorien auf, um die Grenze an dem großen Fluss wieder zu stabilisieren; weitere Vormärsche der römischen Armeen gab es jedoch unter Lucius Verus, Septimius Severus und schließlich Caracalla, dessen Ermordung den Stopp der Offensive gegen die Parther bewirkte, welche den Krieg in den entscheidenden Punkten siegreich beendeten. In den ersten Jahren der Herrschaft des Severus Alexander führte die Errichtung der Sassanidendynastie zur Entstehung des zweiten Perserreiches, eines mächtigen und aggressiven Staates mit einem politischen Programm militärischer Expansion, das direkt auf die imperialen Traditionen der Achämeniden zurückgriff und seine Rechte auf die alten persischen Besitzungen von Indien bis zum Mittelmeer beanspruchte. Das erste unvermeidliche Aufeinandertreffen mit Rom erfolgte fast unmittelbar im Anschluss an den Sassanidenangriff auf das römische Protektorat Armenien und wurde von Severus Alexander positiv entschieden, der die Episode vielleicht nur als einen weiteren Akt der endlosen Streitereien mit den Parthern betrachtete.

Die Besetzung der Territorien östlich des Euphrats im Anschluss an die letzten militärischen Feldzüge Trajans war von kurzer Dauer, und es gibt nur wenige greifbare Zeugnisse der römischen Präsenz in der Region. Für Armenien, das vielleicht über kurze Zeit der militärischen Kontrolle Roms unterstellt wurde, um dann in den vorherigen Status eines Protektorats zurückzukehren, besitzen wir nur einige in Artaxata gefundene lateinische Inschriften, hingegen gibt es keine Nachrichten zur Gründung von Kolonien oder zu einer Vorverlegung des Limes über den Euphrat hinaus. Auch nach dem offiziellen Rückzug Hadrians war Armenien wegen seiner bedeutenden strategischen Lage Objekt einer genauen Überwachung durch Rom, das weiterhin Herrscher nach seinem Gefallen einsetzte und auch die Stationierung von Legionärstruppen vor Ort aufrechterhielt. Die Lage Mesopotamiens scheint weniger provisorisch gewesen zu sein, denn die endgültige Aufgabe erfolgte erst nach der Mitte des 4. Jahrhunderts; die Besetzung war jedoch niemals stabil und die fortgesetzten Veränderungen am Limes sind ein Hinder-

Fresko mit Darstellung des Heiligtums des Dagon, das von der Bundeslade zerstört wird, aus der Synagoge von Doura-Europos (Syrien), 1. Hälfte 3. Jh. n. Chr.; Damaskus, Nationalmuseum. Die Malereien, welche die Wände des jüdischen Tempels mit Themen aus der biblischen Tradition schmücken, darunter auch die Auffindung des neugeborenen Moses in einem Korb am Nil, zeugen von nicht besonders starkem Respekt vor den Geboten des Gesetzes.

nis dafür, den wirklichen Verlauf der Grenzlinie festzustellen, die jedenfalls zumeist am Tigris gelegen haben muss; zum Zeitpunkt der größten Expansion muss das römische Heer bis Gaddala gelangt sein, wo man in kurzer Entfernung voneinander die Reste zweier Festungen gefunden hat, einer römischen und einer parthischen. Sofort nach der Eroberung wurde Mesopotamien vor allem wegen seiner wichtigen strategischen Rolle und der Bedeutung als Transitweg mit einem Straßennetz ausgestattet, das zur Verlegung von Truppen in Richtung Tigris gedient haben dürfte. Eine Reihe von Festungswerken, übrigens erst teilweise erforscht, scheint nicht früher als im 3. Jahrhundert gegründet worden zu sein, sodass also nichts von einer Limesanlage erhalten ist, die man zuerst Trajan und dann Lucius Verus zuweisen könnte. Komplizierter und noch unbestimmter ist die Situation Assyriens, über dessen genaue Lage die antiken Autoren offenbar viele Unklarheiten hatten; die modernen Gelehrten tendieren dazu, es mit dem Gebiet Adiabene (heute Chadjab in Syrien) in Nordmesopotamien gleichzusetzen, dem Ziel eines siegreichen Feldzugs Trajans. In Wirklichkeit fehlen archäologische Zeugnisse römischer Präsenz östlich des

Fragment eines Kalksteinsarkophags, aus Palmyra (Syrien), 2.–3. Jh. n. Chr.; Museum von Palmyra. Die dargestellte Person trägt ein Parthergewand, eine in Palmyra recht übliche Kleidung, obgleich viele Männer lieber den griechischen Mantel trugen; das Langschwert mit verziertem Knauf weist auf einen Militär von hohem Rang.

Die Parther, ein Kriegervolk

Die aufeinander folgenden, unvermeidlichen Zusammenstöße mit dem Partherreich seit dem desaströsen Feldzug des Crassus, der bei Carrhae (heutige Südosttürkei) 53 v. Chr. sein Ende fand, zeigten, dass das Militärsystem der Parther vom römischen substanziell verschieden war. Die Parther verfügten über eine mächtige Kavallerie, sehr viele Bogenschützen und gepanzerte Truppen, also Kriegereinheiten, die vollständig von einer schweren, kaum verwundbaren Metallrüstung bedeckt waren, welche auch die Pferde schützte. Angesichts der offenkundigen parthischen Macht war Rom gezwungen, politisch die faktische Parität, auch was die Gebietskontrolle betraf, anzuerkennen; diese führte dann wieder zu einer langen Periode von Reibereien und des Wechsels proörmischer Herrscher und proparthischer Könige auf dem Thron Armeniens. Katastrophale Folgen hatte der nominell von Lucius Verus zwischen 161 und 165 gegen die Parther geführte Feldzug; die römischen Truppen erlangten einige Siege und plünderten Seleukeia und Ktesiphon, doch zogen sie sich die Pest zu und verbreiteten die Epidemie in Europa. Die größeren Verluste entstanden zweifellos unter den Militärs, doch man rechnet, dass die Pest einen demografischen Rückgang von fast zehn Prozent der Gesamtbevölkerung des Reiches bewirkt haben muss, d. h. etwa fünf oder sechs Millionen Menschen tötete.

Relief vom in Ephesos zur Feier des Siegers über die Parther errichteten Monument, 170 n. Chr.; Wien, Kunsthistorisches Museum.

in einer totalen Katastrophe, die zum Gutteil auf Wassermangel zurückging. In der Folgezeit wurde die Politik Roms an den beiden Ufern des Jordans für einige Jahrzehnte mit Blick auf ein gewisses Gleichgewicht zwischen dem Reich Judäa und dem Nabatäerreich auf die Aufrechterhaltung einer Kontrolle über die Lokalregierungen beschränkt. Nach der Bestattung der beiden Abkömmlinge des Herodes und der Umwandlung von dessen Reich in eine Provinz (die Konsequenz war eine politische Stabilisierung der auf der rechten Jordanseite gelegenen Gebiete) erfuhr das Nabatäerreich unter der Führung Aretas IV. eine Phase bemerkenswerter Entwicklung und Prosperität, zweifellos begünstigt durch die Unterstützung Roms. Die archäologische Forschung hat für diese Periode eine ausgreifende Urbanisierung des Gebiets und eine intensive Bautätigkeit in Petra und allen an der Karawanenpiste ge-

Detail eines großen in einer römischen Villa in Philippopolis (Shabba, Syrien) gefundenen Mosaiks, 2. Hälfte 3. Jh.

Gerasa (Jordanien), südliches Stadttor.

Tigris fast völlig, und auch offizielle Belege, sei es epigrafischer oder numismatischer Art, für eine Eroberung oder die Gewinnung der Kontrolle über die Region fehlen völlig. Die Provinz Assyrien ist daher als das ephemerste der erworbenen römischen Gebiete zu betrachten, und es ist überdies zweifelhaft, ob es sich um eine wirkliche Besetzung handelte.

Sehr gut dokumentiert ist dagegen die von Trajan vorgenommene Formierung der Provinz Arabia im Anschluss an die Annexion des ausgedehnten Nabatäerreiches. Ein erster römischer Feldzug zur arabischen Halbinsel erfolgte schon zu Anfang der augusteischen Zeit, vielleicht vom Wunsch des Princeps diktiert, eine Kontrolle über das Volk der Sabäer einzurichten, das in den südöstlichen Gebieten der Halbinsel siedelte und dank des Handels mit aus dem Orient stammenden Gewürzen und Duftessenzen reich geworden war. Das Unternehmen, an dem auch nabatäische und hebräische Kontingente teilgenommen hatten, endete

Die imposanten Reste der Bühnenfassade (*scaenae frons*) des Theaters von Gerasa (Jordanien).

legenen Städten belegt; diese Piste verband Gaza und Petra und bildete die Hauptverkehrsader zum Mittelmeer. Die zweite Hälfte des 1. Jahrhunderts verlief mit wechselnden Ereignissen, die auch mit den Geschehnissen in den Nachbarregionen wie dem jüdischen Aufstand in Verbindung standen. Es kam zu einem langsamen, aber nachhaltigen Nachlassen der Bedeutung von Petras Rolle im Karawanenhandel und einer konstanten Entwicklung der in der fruchtbaren Hauran-Ebene gelegenen Stadt Bosra. Nach dem Tode König Rabbels II. im Jahre 106 aus nicht recht geklärten Gründen – möglicherweise hing er mit der Notwendigkeit zusammen, angesichts eines grandiosen Feldzugs gegen die Parther die Kontrolle über den gesamten Raum des östlichen Mittelmeers auszuüben – beschloss Trajan, das Nabatäerreich dem Imperium einzuverleiben. Die Besetzung wurde vom Statthalter Syriens durchgeführt und wird in ziemlich friedlicher Weise erfolgt sein, wenn auch vielleicht nicht ganz ohne militärische Schritte. Wir wissen nämlich, dass Trajan niemals den Beinamen „Arabicus" führte – wohl hingegen den Namen „Dacicus" –, und die Münzen, die das Ereignis feierten, tragen die Aufschrift „Arabia adquisita" und nicht „Arabia capta", wie es gewöhnlich bei militärisch erworbenen Gebieten der Fall war (Anm. 38).

Das Gebiet der Provinz entsprach dem des alten Nabatäerreiches, doch es wurden ihm auch drei Städte angeschlossen – Philadelphia-Amman, Gerasa und Adraha-Der'a –, die zuerst zur Provinz Syrien gehörten, wahrscheinlich um die Verwaltung und die militärische Kontrolle über die gesamte angrenzende Region an der Straße zu vereinfachen, die Bosra mit dem Roten Meer verbindet. Die Provinz bedeckte ein ziemlich weites Gebiet, das den Negev, den Sinai und einen Gutteil der arabischen Halbinsel bis zu zwei fast 1000 Kilometer von der Hauptstadt entfernten Oasen umfasste, in denen die römische Präsenz durch Graffiti des Militärs sowie einen – Mark Aurel und

Lucius Verus geweihten – Tempel belegt ist. Der Verwaltungssitz wurde nach Bosra gelegt, wo auch das Lager einer aus Ägypten verlegten ständigen Garnison (*Legio III Cyrenaica*) eingerichtet wurde; die alte Hauptstadt Petra dagegen wurde mit dem Ehrentitel „metropolis" ausgezeichnet. Unmittelbar nach der Annexion begann man mit dem Bau der Via Traiana Nova, einer etwa 340 Kilometer langen Straße, welche die Grenze Syriens mit dem Roten Meer verband und dabei einer seit dem 2. Jahrtausend existierenden Trasse folgte. Der Charakter der Meilensteine, alle auf das Jahr 111 oder später datiert, als Propagandamedium maß jedoch dem Imperator nicht nur die Pflasterung, sondern auch die eigentliche Eröffnung der Straße überhaupt zu.

Mit der Besetzung Arabiens hatte Rom auch vollständig die Kontrolle der Karawanenpisten übernommen, die den Jemen mit dem Persischen Golf verbanden. Wahrscheinlich verlief die Hauptstrecke nunmehr weiter nördlich auf der Straße nach Palmyra, doch sicher ist, dass Hadrian auch den südlichen Karawanenweg erneuerte, der an Petra vorbeiführte; dazu unterhielt er gute Beziehungen zu einigen in der Nähe der Stadt ansässigen Stämmen und band die Nabatäer in die Kontrolle und Verteidigung der Pisten und des Territoriums ein.

Fußbodenmosaik mit Darstellung der Tierkreiszeichen, aus einer römischen Villa bei Karthago, 2. Jh.; Tunis, Bardo-Museum.

Der größte Teil der Städte Arabiens erfuhr seine höchste Entwicklung im 2. und 3. Jahrhundert, insbesondere stand Bosra in Blüte, wo mindestens sechs Kolonnadenstraßen sowie Bögen, Tetrapyla (viertorige Bögen) an den Kreuzungen, Thermen, Märkte, Nymphäen und ein Theater angelegt wurden. Die einzige römische Gründung in der Provinz, die auf Kosten Syriens unter Septimius Severus ausgebaut wurde, war 244 Philippopolis, ein urbanes Zen-

Bosra (Syrien), der Cardo mit Nymphäum, 2. Jh. n. Chr. Im 2. Jh. wurde die Stadt zu einem der reichsten Zentren im Osten mit breiten, von Kolonnaden gesäumten Straßen.

Theater von Bosra (Syrien), Mitte 2. Jh.
Die Anlage fasste etwa 18 000 Zuschauer und war mit einer Zeltbahn bedeckt; die Bühne war durch ein Holzdach geschützt. Während der Aufführung wurde parfümiertes Wasser zum Verdampfen gebracht; die von der Stoffbahn aufgehaltenen Dämpfe fielen als kleine Tropfen auf die Zuschauer herab.

trum mit vierseitigem Grundriss und rechtwinklig zueinander verlaufenden Straßen; es verfügte über ein Heiligtum zum Kaiserkult und ein Theater, dessen Bau Philippus Arabs in seiner Heimatstadt veranlasste.

In der Mitte des 3. Jahrhunderts war der gesamte Nahe Osten durch die ersten Überfälle des neuen mächtigen, von Šapur I. geführten Perserreichs und die Sezessionsbewegung der Stadt Palmyra betroffen, der es in der Spanne eines Jahrzehnts gelang, ihre Hegemonie über ein ziemlich ausgedehntes Territorium zu errichten. Im Jahre 270, als sich schon ein Gutteil Syriens wahrscheinlich unter palmyrenischer Vorherrschaft befand, muss auch Arabien einen Einfall vonseiten palmyrenischer Heere erlebt haben. Diese zerstörten in dem Versuch, sich die Kontrolle über alle Transitwege nach Indien zu sichern und auch Ägypten zu besetzen, das Legionslager und den Tempel des Iupiter Ammon in Bosra; dabei massakrierten sie die Truppen, um ein Militärkontingent zu vernichten, das in der Lage gewesen wäre, ihren Vormarsch zu verlangsamen oder zum Halten zu bringen. Epigrafische Belege und archäologische Zeugnisse bestätigen den Bericht von dem Feldzug, und man fand Spuren von Zerstörung und Brandschatzung in Petra und anderen Plätzen Arabiens. Nach dem Sieg Aurelians endete die Isolierung, welche die Region in der kurzen Periode der palmyrenischen Suprematie erlebt hatte und die auch durch Münzfunde belegt ist – der Handelsverkehr wurde wieder regelmäßig aufgenommen. Unter Diokletian wurde die Provinz aufgeteilt und das eigentliche Arabien auf Hauran allein reduziert,

Die Bühnenfassade (*scaenae frons*) des Theaters von Bosra. Die Architektur des Theaters wurde genauestens untersucht, um die Frage der Akustik zu klären: Sogar die Dekoration der ganz mit Marmor verkleideten Bühnenwand trug dazu bei, die Stimme der Schauspieler ins Publikum zu leiten.

Petra, Al-Khazneh al-Farun, 1. Jh. Die Datierung dieses imposanten Monuments, wahrscheinlich das Grab eines der Nabatäerkönige, wurde lange diskutiert, viele legen es in hadrianische Zeit. Eine genaue stilistische Untersuchung der architektonischen Gesamtanlage weist jedoch auf eine frühere Datierung.

Rechts:
Petra, Ansicht der charakteristischen Felsengräber.

Seite gegenüber:
Ed-Deir in Petra, Anfang 2. Jh. Das Monument, dessen Datierung und Zweckbestimmung noch umstritten sind, wurde in byzantinischer Zeit als christliche Kapelle wiederbenutzt und verdankt dieser Zeit seine Bezeichnung als „Kloster".

eine reiche, dicht bevölkerte und prosperierende, aber leicht kontrollierbare Agrarregion; Petra und die südlichen Gebiete dagegen wurden getrennt, vielleicht um die Bedrohungen durch die Nomadenstämme einzudämmen. Im Jahre 363 wurde Arabien von einem heftigen Erdbeben verwüstet, das in Petra archäologisch gut dokumentiert ist, wo einige alte Gebäude nicht mehr wiederhergestellt wurden; anschließend erlebte es in byzantinischer Zeit eine neue Blüte verschiedener urbaner Zentren, vor allem wegen deren Nähe zum heiligen Land, die bis zur arabischen Eroberung 636 währte.

Die politischen und kriegerischen Ereignisse, die den Nahen Osten und insbesondere die Grenzgebiete zunächst zum Parther-, dann zum Sassanidenreich betrafen, hatte auch auf das Leben der Provinz Syrien eine bedeutende Auswirkung. Syrien wurde nach einer Periode fast vollständiger Isolierung während der Regierung der palmyrenischen Herrscherin Zenobia in die Beziehungen zum Westen reintegriert, erlebte jedoch den Zusammenbruch von Wirtschaft und Handel der bedeutenden Karawanenstadt Palmyra, die von Nisibis als Zentrum des Handels und Verkehrs mit Persien abgelöst wurde. Erhebliche Maßnahmen wurden auch zu Konsolidierung und Ausbau des Straßennetzes unternommen, das am syrischen Limes entlangführte, aber auch zur Ausrüstung und Befestigung der Militärposten am Euphrat und der Grenzlinie zu den Wüstengebieten. Die Mauergürtel aus hellenistischer Zeit wurden mehrere Male erneuert und verändert; das geschah auch in äußerst hastiger Weise unter dem Druck einer Notlage, wie es ein in Apameia im 3. Jahrhundert errichteter Turm belegt, bei dem zahlreiche Grabstelen von Soldaten der II. parthischen Legion wiederverwendet wurden. An der Grenzlinie wurden auch manche Burganlagen wie Doura-Europos verstärkt, die um 300 v. Chr. als makedonische Festung errichtet und dann bis zu ihrer Zerstörung durch die Sassaniden kurz nach der Mitte des 3. Jahrhunderts lange als Bollwerk im Kampf gegen die Parther diente.

In Afrika richteten Augustus' Nachfolger keine neuen Provinzen ein, erweiterten aber Mauretanien durch einen Vormarsch bis an den Rand der Wüste beträchtlich. Das Verteidigungssystem der Tingitana, angelegt wahrscheinlich

Die Propyläen von Gadara (Jordanien), gesehen von der Ost-West-Achse.

schon in der Mitte des 1. Jahrhunderts, blieb bis zum Ende des 3. Jahrhunderts unverändert. Es umfasste neben einem Netz an Wachttürmen zahlreiche Militärlager, von denen zwölf durch archäologische Untersuchungen bekannt sind; es waren dort 9000 Soldaten stationiert, Kavallerieregimenter und Infanteriekohorten. In den letzten Dezennien des 3. Jahrhunderts wurde der südlichste Streifen der Provinz, wahrscheinlich im Anschluss an eine Zeit von Unruhen, von der Verwaltung in Rom aufgegeben; in den nördlichen Gebieten dagegen wird das Leben das ganze 4. Jahrhundert über ohne außergewöhnliche Veränderungen weitergegangen sein, wenngleich über die Phasen der Spätantike wenig bekannt ist, und gänzlich unbekannt sind die Ereignisse nach dem Durchzug der Wandalen.

In der Caesariensis wurde die Grenze nach und nach weiter ins Binnenland verlegt, danach auch entsprechend die durch Sekundarstraßen verbundenen Verteidigungslinien und Städte, die zur Kontrolle der außerhalb der Besetzung liegenden Zonen dienten. Unter Trajan erreichte der Limes die Höhen des Aurasischen Waldes, wo 100 n. Chr. in Thamugadi (Timgad) eine Veteranenkolonie gegründet wurde; im Süden und Norden der Gebirge hingegen wur-

Die Karawanenwege

Im 2. und 1. Jahrhundert v. Chr. wurde infolge der schlechten Beziehungen zwischen dem Partherreich und dem Syrien der Seleukidenherrscher der natürliche Verbindungsweg zwischen dem fernen Osten und den Mittelmeerregionen unterbrochen. Der Transport der chinesischen und indischen Handelswaren wurde anschließend über die Karawanenwege geführt, welche die arabische Halbinsel durchquerten. Gegen Mitte des 1. Jahrhunderts v. Chr. verstärkte die Entdeckung der Periodizität des Monsuns enorm den Seeverkehr zwischen Indischem Ozean und Rotem Meer, da die Schiffe zu Sommerbeginn die Südostwinde nutzen konnten, um nach Indien zu gelangen, um sich dann nach einer Wartezeit im Herbst der entgegengesetzten Winde zur Heimkehr zu bedienen. Der enorme Zuwachs des Seeverkehrs führte als Konsequenz zu einer Weiterentwicklung der Karawanenpisten, welche die Häfen am Roten Meer mit denen des Mittelmeers verbanden. Auf dieser Strecke passierten kostbare Waren – Gold, Silber, Seide, Perlen, Ebenholz, Elfenbein, Edelsteine, exotische Tiere –, aber auch Produkte des täglichen Gebrauchs wie Baumwolle, Weihrauch oder Myrrhe, die weithin zur Herstellung von Medikamenten und bei religiösen und funerären Handlungen eingesetzt wurden.

Terrakottastatuette, ein Paar Frauen auf einem Kamel darstellend, aus Hama (Syrien), 1.–2. Jh.; Kopenhagen, Ny Carlsberg Glyptothek.

Ansicht des Theaters von Petra, 1. Jh.
Die Anlage – anfänglich hielt man sie für einen Bau aus der Anfangszeit der römischen Verwaltung – lässt sich wahrscheinlich aufgrund der Grabungen der Sechzigerjahre in das 1. Jh. datieren. Das mehrfach umgebaute Gebäude wurde endgültig vom Erdbeben 363 zerstört.

den Straßen, Militärlager und kleinere Befestigungen errichtet. Bedeutende Maßnahmen wurden von Septimius Severus getroffen, der die feindlichen Maurenstämme zu integrieren suchte, welche die Bergzone bevölkerten; dazu errichtete er eine Reihe Festungen und Lager, und binnen fünfzehn Jahren verwandelte er seine Geburtsstadt Leptis Magna in eines der größten afrikanischen Zentren. Der Eingriff des Severus in das Zentrum des städtischen Lebens von Leptis nahm vor allem im Bau eines neuen Forums Gestalt an: Der Platz im eigentlichen Sinne, der Tempel der Kaiserfamilie sowie die Basilika wurden mit den Straßen verbunden; dazu diente eine Reihe von Räumen, die in der Tiefe gestaffelt waren und so die Differenz in der Ausrichtung auf die äußere Begrenzungslinie verdeckten; der ganze Komplex wurde zudem durch eine auffällige, imposante Verzierung mit Figuren verschönert.

Bei der diokletianischen Neuordnung wurde im östlichen Bereich der Caesariensis die Provinz Mauretania Sitifensis geschaffen, ein an gewellten Ebenen reiches Gebiet, die eine der Hauptreserven des Reiches an Getreide bildeten; in Tälern weiter im Binnenland wurde intensiv Weinbau betrieben. Während des 4. Jahrhunderts scheint sich die Bautätigkeit der Provinz vor allem auf Sitifis zu konzentrieren, die Hauptstadt der neuen Provinz, die einigermaßen prosperierte, bis der Durchzug der Wandalen den Städten und dem Verwaltungsapparat schwere Schäden zufügte. Trotz der formellen Rückgabe eines Teils der Gebiete in einem 442 vereinbarten Vertrag nahm die römische Präsenz immer weiter ab, bis sie verschwand.

Anthropomorpher Baitylos (Anm. 39), Ende 1. Jh. v. Chr.–1. Jh. n. Chr.; Amman, Archäologisches Museum.

DAS ENDE DER RÖMISCHEN WELT

Die Macht in den Armeen und die militärischen Befehlshaber, die Jahrtausendfeier Roms, die unmögliche Verteidigung des Rhein-Donau-Limes und die diokletianische Neuordnung; der Christianisierungsprozess von der Konvertierung Konstantins bis zu den Edikten Theodosius' I.; die Ablösung vom Orient und die „Barbarisierung" der herrschenden Klasse.

Die Legitimitätskrise der kaiserlichen Macht unter den gleichzeitigen Schlägen äußerer Gefahren und innerer Thronstreitigkeiten

Vorhergehende Seite:
Silberteller mit Darstellung eines Sassanidenherrschers, der die Krone Šapurs II. (309–379) trägt; London, British Museum.

Der Staatsstreich Maximinus', wahrscheinlich durch das Bedürfnis veranlasst, gegenüber den Barbaren jene Offensivreaktion zu entfesseln, die der legitime Princeps nicht hatte unternehmen wollen, markierte mit dem Auftritt der Heeresoffiziere auf der Bühne einen kritischen Punkt in der Geschichte der kaiserlichen Macht. Der neue Imperator bewies, dass ein starker General bei der Führung des Heeres in der Lage war, effektiv auf die äußere Gefahr zu reagieren; er zersprengte die Alamannen und führte siegreiche Feldzüge gegen die am Mittellauf der Donau ansässigen Völker. Die Kosten dieser aggressiven Politik waren äußerst hoch, und Maximinus war zur Festsetzung und rigorosen Eintreibung stark erhöhter Abgabenlasten gezwungen. Eine Revolte führte zur Ausrufung eines neuen Herrschers, des schon achtzigjährigen Prokonsuls von Africa Marcus Antonius Gordianus, der unter Beteiligung seines gleichnamigen Sohnes an der Macht vom Senat anerkannt wurde. Der römischen Elite, fern von allen Erwägungen militärischen Charakters, wurde auf diese Weise die Macht

Naqš-i Rustam (Iran), Felsenskulptur, ca. 260–270.
Das Relief findet sich in der Nähe des Grabes Dareios des Großen und stellt den Kaiser Philippus dar, wie er als Akt der Unterwerfung vor dem Perserkönig Šapur auf die Knie sinkt; dieser hält Valerian, der 260 bei Edessa gefangen genommen wurde, am Handgelenk.

zurückgegeben, die sie für weitere dreißig Jahre innehaben sollte. Darauf begann eine hektische Zeit, während derer Usurpationen und oft rapide Wechsel in der Leitung eines Reiches aufeinander folgten, das unter dem beständigen Druck sich vermehrender äußerer Gefahren stand. Der Druck auf die an der unteren Donau ansässigen Völker nahm ständig zu, die schon zu Beginn des 3. Jahrhunderts durch die Ankunft der Goten nach Süden gedrängt wurden; diese wiederum ließen sich in den Steppen am Schwarzen Meer nieder und schufen eine Koalition aus Germanen, Sarmaten und Dakern; auch der Krieg mit Persien kannte keine Unterbrechungen.

Vom 21. bis 23. April 248 feierte der Kaiser Iulius Philippus, ein Araber, der mit den Goten Frieden ausgehandelt hatte, das Jahrtausendjubiläum der Entstehung Roms mit würdigen Feierlichkeiten, Spielen und Spektakeln, doch im folgenden Jahr wurde er bei Verona von Gaius Messius Quintus Decius besiegt und getötet, einem Senator von vielleicht soldatischer Abstammung. Decius, der auch einen langen Krieg gegen die Goten und ihre Verbündeten führte, versuchte vergebens, der Invasionsgefahr mit einer religiösen, auf die Gewinnung der Gunst der Götter gerichteten Politik zu begegnen; er übernahm das Amt des *restitutor sacrorum*, des Erneuerers der offiziellen Kulte, und befahl der ganzen römischen Gesellschaft, die Götter zu bitten, ihre Gunst auf das Geschick des Imperiums zu übertragen und die zu bestrafen, die sich weigerten, das zu tun; so begann die erste große, wenngleich kurze, antichristliche Verfolgung. Nach der x-ten Thronusurpation wurde der Konflikt mit den Goten zeitweise aufgehoben und der Frieden erkauft. In der Zwischenzeit jedoch waren die Sassaniden in Persien Herrscher Mesopotamiens geworden und standen im Begriff, nach Syrien und Kleinasien auszugreifen, während in Europa neben den schon seit langem die Grenzen bestürmenden Gruppen auch Franken und Sachsen aktiv wurden; an die mittlere Donau waren auch die Wandalen gelangt, und einem Teil der Goten war die Niederlassung auf der Krim erlaubt worden. Über einige Jahre wurde der Donaulimes mehrere Male von Kriegerbanden unterschiedlicher Herkunft angegriffen, die sich unter verschiedenen Fahnen zu dem Zweck vereint hatten, die Gebiete des Imperiums zu verwüsten und zu plündern, das in jenen Jahren auch von einer neuen, heftigen Pestepidemie gegeißelt wurde, die zwanzig Jahre andauern sollte.

Mosaik aus der *Aula Teodoriana Süd* der Patriarchalbasilika von Aquileia, ca. 314–320. Das Mosaik, der heutige Fußboden des zentralen und rechten Schiffes der Basilika, stellt die Geschichten von Jonas dar, der in einem von Fischen jeder Art bevölkerten Meer vom Walfisch verschlungen und wieder ausgespuckt wurde. In die Mitte ist – wahrscheinlich unmittelbar nach dem Tode des Bischofs Theodor – eine Inschrift eingefügt, die an Bau und Weihung der Aula erinnert.

Rom, Katakombe der Heiligen Marcellinus und Petrus: Fresko mit Darstellung eines Begräbnisarbeiters, 2. Hälfte 4. Jh.

DIE KRISE DES 3. JAHRHUNDERTS: DER ANFANG VOM ENDE

Von der Militäranarchie zur Tetrarchie: Die Neuorganisation des Imperiums

Auf dem Weg zur Reichsteilung

In der Mitte des 3. Jahrhunderts wurde es offenbar schon klar, dass es unmöglich war, zu herrschen und in Rom zu residieren, und dass die Anwesenheit des Kaisers gleichzeitig im Orient wie in den illyrischen Provinzen notwendig war; daher gelangte man zur Bildung eines aus drei Herrschern bestehenden Kaiserkollegiums, Valerian, seinem Sohn Gallienus und einem noch minderjährigen Neffen; sie sollten die verschiedenen Bereiche des Imperiums lenken. Diese Lösung sollte jedoch mit der Niederlage und Gefangennahme Valerians durch den Sassanidenkönig Šapur I. und der Tötung seines Neffen durch einen Offizier, Marcus Cassianius Latinius Postumus, tragisch scheitern, der sich anschließend zum Kaiser ausrief und die Regierung der gallischen Provinzen und Britanniens übernahm. Mehr als um eine Usurpation des Throns handelte es sich wahrscheinlich um eine Form der Selbstverteidigung einer durch Überfälle verwüsteten Region, welche die Zentralregierung nicht eindämmen konnte. In der Zwischenzeit wurde ein anderer Versuch der Machtergreifung durch Septimius Odaenathus zurückgedrängt, einen ehe-

Jean-Baptiste Hilaire, *Vorbeizug zweier großer Karawanen in Palmyra durch das Tal der Mausoleen*, 1790, Öl auf Leinwand; Paris, Galerie Didier Aaron & Cie.

maligen Konsul aus Palmyra, der den Persern einige Niederlagen beigebracht hatte und zum Kommandanten der römischen Orientarmee ernannt worden war.

Diese neue politische Konstellation, die ein Jahrzehnt dauern sollte, führte zu einer deutlichen Verbesserung der Beherrschung der Lage. Postumus gelang es mit seiner von der Zentralmacht völlig selbständigen Regierung, die verheerenden Überfälle einzudämmen, darunter den, der am Ende der Fünfzigerjahre die Pyrenäen heimgesucht hatte; Odaenathus im Osten dagegen hielt die persischen Angriffe nieder. Viel komplizierter noch war die Lage in den direkt Gallienus unterstellten Gebieten am Donaulimes und am Schwarzen Meer, wo das Verschwinden der im Bosporus stationierten Flotte Überfällen von Herulern und Goten den Weg eröffnet hatten. Die fortwährenden gewaltsamen Machtergreifungen schufen dann weitere Schwierigkeiten bei der Verteidigung des Reiches; so konnten die Goten 261–262, nachdem sie an Bord von Fischerbooten den Hellespont überquert hatten, einen spektakulären Raubzug an den Küsten Kleinasiens durchführen, bei dem sie auch den Artemistempel von Ephesos zerstörten, ohne vonseiten der römischen Armeen im Ostbalkan und in Kleinasien auf Widerstand zu treffen, da diese durch einen vorhergehenden inneren Machtkampf vernichtet worden waren. Im Laufe weniger Jahre jedoch erreichte die Kontrolle der äußeren Gefahr auch dank einer verbesserten Heeresführung mit der Auswahl mobiler Sonderabteilungen, die zu schnellem Ortswechsel und Eingreifen fähig waren, eine beachtliche Verbesserung. Im Jahre 266 beschloss Gallienus, der die Barbaren für erledigt hielt, seine Aufmerksamkeit gegen Postumus zu richten, um das Reich wieder unter eine Führung zu bringen. Die Operationen wurden jedoch durch die härteste Phase der Kriege gegen die Goten unterbrochen, die schließlich in Naissus (Niš) vernichtet wurden – noch heute ist umstritten, ob von Gallienus selbst oder seinem Nachfolger.

Wahrscheinlich geht die Ersetzung senatorischer Legaten durch Reiterpräfekte und die Zuweisung außerordentlicher militärischer Kommandos an Ritter auf die Reformmaßnahmen des Gallienus, der auch Angehöriger der Senatsaristokratie war, zurück; in dieser Zeit blieb der einzige Senator, der auch Militärbefehlshaber war, Odaenathus. Diese Vorkehrungen wurden ergriffen, um zu vermeiden, dass in einem Augenblick so schwerer Gefahr für das Reich, das militärische Kommando inkompetenten Leuten übertragen wurde; sie führten zum definitiven Aus-

Tor an der Kolonnadenstraße von Palmyra (Syrien).

Aureus des Marcus Cassianius Latinius Postumus (259?–268).

Geraert Peemans, *Zenobia und Odaenathus an der Spitze ihrer Armeen*, in Brüssel hergestellter Gobelin, 1665–1683; Lucca, Museo Nazionale di Palazzo Mansi.

Seite gegenüber:
Grabrelief aus Kalkstein mit Farbspuren, aus Palmyra (Syrien), 3. Jh.; Rom, Museo Nazionale d'Arte Orientale.
Die eine Frau mit reichem Juwelenschmuck darstellende Stele dürfte einen Loculus verschlossen haben; der zur Rechten der Frau dargestellte Kleine war vermutlich ein vor ihr als Kind gestorbener Sohn.

Links:
Palmyra (Syrien), das Gräbertal mit den charakteristischen Gräbertürmen.

schluss der Senatoren von der Regierung der Provinzen, die zuvor ihre exklusiven Pfründe bildeten. Gallienus war das erste Opfer der Neuordnung der Verhältnisse; der Kaiser wurde durch eine Offiziersverschwörung ermordet und Marcus Aurelius Claudius zum Kaiser proklamiert. Dieser, ein Offizier illyrischer Herkunft, war der erste einer Reihe von Militärkaisern, die fünfzehn Jahre lang in einer eindrucksvollen Kette von Usurpationen und Morden aufeinander folgten, die wahrscheinlich auf den endgültigen Verlust der Legitimität der kaiserlichen Macht zurückgingen. Es ist nämlich wahrscheinlich, dass es für die Heeresoffiziere leichter war, als Imperator einen Angehörigen der Senatselite zu akzeptieren, als dass einer der Ihren über die anderen herrschte; nur die Thronbesteigung einer unbestrittenen Persönlichkeit mit Charisma, Diokletian, sollte der Militäranarchie ein Ende setzen.

Claudius wandte sich unmittelbar gegen die Alamannen und Goten; es gelang ihm, sie zu vernichten, auch dank Hunger und Epidemien, welche die Truppen der Invasoren dezimiert hatten. Als der Kaiser selbst Opfer der Pest wurde, wählte das Heer Lucius Domitius Aurelianus aus der Gruppe der Offiziere, die Gallienus eliminiert hatten, zum neuen Monarchen. Der Herrscher errang einen endgültigen Sieg über die Jutunger und Alamannen, beschloss jedoch, gleicherweise Dakien zu räumen. Ende 271 bemühte sich Aurelian, nachdem er klugerweise befohlen hatte, die Hauptstadt zu befestigen, den Reichsteilen die Einheit zurückzugeben, vor allem da seit einigen Jahren, nach dem Tode des Odaenathus, in Palmyra eine offene Usurpation durch dessen Witwe Zenobia und ihren Sohn Vaballatus erfolgt war. Im Laufe zweier Jahre besiegte Aurelian Zenobia, nahm sie gefangen und erledigte die Nachfolger des Postumus, indem er den letzten Imperator der gallischen Provinzen, Tetricus, besiegte und beide Besiegten nach Rom schleppte, um sie in seinem Triumphzug mitzuführen, dem letzten in der Geschichte der Urbs. Auch Aurelian jedoch wurde Opfer seiner Offiziere, und seinem Tode folgte ein Jahrzehnt neuer Instabilität, markiert von Überfällen am Donaulimes

Ich kann bestätigen, dass diese Frau [Zenobia] von den orientalischen Völkern und den Ägyptern so gefürchtet war, dass keiner von ihnen ... es mehr wagte, sich zu erheben.

(Historia Augusta, Leben Aurelians)

Kopf einer Priesterin aus rosa Kalkstein, aus Palmyra, 1. bis Anfang 2. Jh.; Vatikan, Musei Vaticani, Nachlass Federico Zeri. Die durch die hohe Kopfbedeckung (*modius*), Symbol der Priesterschaft, charakterisierte Skulptur gehörte wohl zu einem Sarkophag oder einem Relief mit Grabbankettszene.

Die in den Vatikanischen Museen rekonstruierte Nische mit den zum Nachlass Federico Zeri gehörenden Skulpturen aus Palmyra.

und von Usurpationen im Inneren des Reiches, trotz der verzweifelten Versuche des Probus zwischen 276 und 282, die Einheit aufrechtzuerhalten.

Eine x-te Revolte im Schoße der Armee führte zum Tode des Probus in Sirmium, in Raetien wiederum wurde Carus zum Imperator ausgerufen, der aus der Narbonensis stammte und sofort seine beiden Söhne Carinus und Numerianus an der Macht beteiligte. Carus und Numerianus brachen sofort zu einem Krieg gegen Persien auf und bemächtigten sich Ktesiphons, doch beide starben unter ziemlich mysteriösen Umständen. Ein kurzer, heftiger Machtkampf unter den Offizieren endete am 20. November 284 in Nikomedia mit der Thronbesteigung des Caius Valerius Diocles, des späteren Diokletians und Kommandanten der *protectores*, eines auserlesenen Korps von Zenturionen, das von Gallienus eingerichtet worden war und als kaiserliche Garde diente.

Die Auswirkungen der Krise

Die Diskussion über die Tragweite der Krise des 3. Jahrhunderts und über ihre Ursprünge – im Wesentlichen innenpolitische Probleme oder äußere Ursachen wie die Invasionen und die schreckliche Pest, die weiter über zwanzig Jahre wütete – ist noch offen; die Fachleute, Historiker und Archäologen, haben häufig unterschiedliche und gegensätzliche Ansichten, auch weil es sehr schwer ist, die Auswirkung der verschiedenen Ereignisse auf die Bevölkerung der Zeit zu bewerten.

Die archäologischen Untersuchungen zeigten, dass in vielen Bereichen des Imperiums, insbesondere auf dem Lande, in den qualvollen Jahren der Militäranarchie materieller Wohlstand und Bevölkerungsgrad keine relevanten Rückgänge erlebten, wenngleich das nur zeigt, dass es keine allgemeine wirtschaftliche Krise gab. In manchen Regionen wie in Pannonien, Nordsyrien und Gallien wurden

Vergoldete Bronzeporträts wohl der Kaiser Claudius Gothicus und Probus, vom Kapitol zu Brescia, 2. Hälfte 3. Jh.; Brescia, Santa Giulia, Museo della Città.

Seite gegenüber:
Ein Abschnitt der aurelianischen Mauern in Rom, ca. 270–275.

Grabstele der Licinia Amias, aus Rom, Bereich der Vatikansnekropole, Anfang 3. Jh. n. Chr.; Rom, Museo Nazionale Romano, Palazzo Massimo alle Terme, Inschriftensammlung.

weite landwirtschaftliche Gebiete infolge feindlicher Überfälle und wahrscheinlich auch wegen eines demografischen Rückgangs im Zusammenhang mit der Epidemie aufgegeben. Die Entvölkerung traf in schwererer Weise die Grenzregionen, die den feindlichen Angriffen ausgesetzt waren; Beweis dafür waren die Versuche, die Gebiete mit ganzen Stämmen gefangener Barbaren wiederzubesiedeln. Opfer der Krise waren mehr die Städte als das Land, ein besonders in Gallien offenkundiges Faktum, wo sich die urbanen Zentren im Anschluss an die verheerenden Einfälle 276–277 mit Befestungen abriegelten, die oft nur einen Teil des Wohngebiets umfassten. In verschiedenen Bereichen erfolgte eine Art Agrarisierung, und die Produktionstätigkeiten verlagerten sich von den Städten auf die großen Landgüter mit den *villae rusticae*. Das einzige Verfahren, um den Unterhaltskosten für die Armee, insbesondere der Kavallerie, deren Rolle immer zentraler wurde, zu begegnen, war eine Vermehrung der Geldemission; ihre Konsequenz war die Verminderung des Edelmetallgehalts, und in wenig mehr als zehn Jahren führte der unaufhörliche Entwertungsprozess zum Zusammenbruch des imperialen Münzsystems.

Nach 253 begann der Silbergehalt in den *Antoniniani*, einer neuen unter Gordian III. eingeführten Münze, die den Sesterz ersetzt hatte, Schwindel erregend zu sinken. Ge-

Szene eines Grabbanketts, aus einem Columbarium an der Via Laurentina bei Ostia, 1. Hälfte 3. Jh.; Vatikan, Musei Vaticani, Museo Gregorio Profano.

waltige Mengen an Münzen wurden in den Prägeanstalten an der Peripherie geschlagen, die zur Befriedigung der Bedürfnisse des Heeres errichtet wurden; faktisch wurden die Märkte von offiziell als Silbermünzen ausgegebene überschwemmt, doch in Wirklichkeit waren sie aus versilbertem Kupfer, das führte sowohl zum Verschwinden der echten Silber- als auch der Bronzemünzen. Es gab einen kurzen, katastrophalen Versuch unter Aurelian, das Münzwesen zu sanieren, doch ab 260 kamen im ganzen Reich die Finanzoperationen infolge der Entwertung zum Erliegen; der Sold des Militärs blieb das ganze Jahrhundert über mit unübersehbarem Kaufkraftverlust unverändert, doch wurde er durch immer häufigere und oft in Gold oder Silber bezahlte Gratifikationen kompensiert.

Die Tetrarchie

Unter Diokletian bekam die Idee der vereinten Regierung mehrerer Herrscher, die schon in den vorangegangenen Jahren bei verschiedenen Gelegenheiten aufgetaucht war, offizielle Gestalt. Schon 285–286 ernannte er einen weiteren Offizier der *protectores*, Marcus Aurelius Maximianus, zum Caesar und übertrug ihm die Aufgabe, sich mit den westlichen Regionen des Reiches zu befassen und insbesondere den Piratenüberfällen ein Ende zu setzen, welche die Küsten bis Spanien hin heimsuchten, vor allem nach dem Abfall des Kommandanten der Britannienflotte Carausius; kurz darauf wurde der Mitregent in den Rang eines Augustus erhoben. Die offenkundige Schwierigkeit, die verschiedenen Grenzen des Reiches zu kontrollieren, führ-

Der große Ludovisi-Sarkophag, aus Rom, Vigna Barnasconi an der Porta Tiburtina, Mitte 3. Jh.; Rom, Museo Nazionale Romano, Palazzo Altemps. Der 1621 gefundene Sarkophag gelangte in die Sammlung Buoncompagni Ludovisi. Aus einem einzigen Block Marmor aus Prokonnesos gearbeitet, ist er mit einer sehr komplexen Kampfszene mit einer beeindruckenden Menge von Personen geschmückt.

te zu der Entscheidung, die Diarchie in eine Tetrarchie umzuformen; am 1. März 293 ernannten Diokletian in Nikomedia und Maximian in Mailand Gaius Galerius Maximianus bzw. Flavius Constantius, ebenfalls Offiziere aus den Reihen der *protectores*, zu dem Zweck zu *Caesares*, zwei starke Befehlshaberposten für die bewaffneten Streitkräfte in den wichtigsten Ländern zu schaffen. Vor dem Ende des Jahrzehnts war die Vorherrschaft Roms in allen Gebieten wiederhergestellt; Carausius wurde geschlagen und die Perser substanziell besiegt, sodass die Tetrarchen sich der Verwaltungsordnung des Reiches widmen konnten.

Das System der Tetrarchie versuchte, verschiedene, oft gegensätzliche Erfordernisse miteinander zu verbinden, etwa die Notwendigkeit, die Einheit des Reichs trotz der Aufteilung der Kompetenzen auf verschiedene Verantwortliche zu erhalten, sowie das Prinzip der Wahl des Besseren, dem die Tendenz zur Bevorzugung der Dynastie entgegenstand; die jedoch hatte die Regierung des Reiches so viele Male der Macht des Zufalls überlassen. Die Lösung bestand darin, die Gruppe der Tetrarchen als eine Familie zu betrachten; die *Caesares*, wenngleich nur wenig jünger als die *Augusti*, wurden als „Söhne" betrachtet, während die Beziehungen zwischen Diokletian und Maximian als die von Brüdern bezeichnet und die Bindungen darüber hinaus durch eine Reihe von Eheschließungen bekräftigt wurden. Über etwa zwanzig Jahre funktionier-

Vorhergehende Seite:
Die Ruinen von Palmyra, im Hintergrund das Kastell von Fakhir al-Din.

te das System ohne bedeutende Erschütterungen, und das Imperium wurde als ein einheitlicher Organismus regiert; die Reformen – sie entsprangen so gut wie sicher Diokletian allein – wurden überall auf dieselbe Weise umgesetzt, und auch die Führung der Außenpolitik scheint durch ein gemeinsames Prinzip geregelt gewesen zu sein. Nur in den Edikten gegen die Christen ist möglicherweise ein Mangel an Einheit innerhalb der Regierungsgruppe zu erkennen.

Das neue Reich

Die militärischen Erwägungen, die zuvor nur selten vorherrschend gewesen, traten an die erste Stelle und ließen alles andere untergeordnet erscheinen. Es war daher notwendig, die Organisation des Reiches an diese neue Lage anzupassen. Dieser Aufgabe nahm sich Diokletian an, doch wurde sie erst von Konstantin zu Ende geführt. Fundamentaler Punkt, schon in der Zeit der Militäranarchie hervorgetreten, war die Notwendigkeit, dass der Herrscher das Gewand des Princeps – d. h. des Ersten unter Gleichen – ablegte, mit dem er sich über weitere zwei Jahrhunderte der Gesellschaft präsentiert hatte und das Augustus und seinen Nachfolgern dazu gedient hatte, die Akzeptanz der neuen Regierungsform zu erhalten; er sollte nur noch Imperator sein, d. h. Befehlshaber, Kriegsherr. Die endgültige Änderung erfolgte jedoch mit der allgemeinen Neuorganisation des Reiches. Über fast drei Jahrhunderte erfolgte die Verwaltung auf der Grundlage des großen Territorialstaats, von dem die einzelnen lokalen Selbstverwaltungen abhingen, die direkt dem Kaiser verantwortlich waren. Die Neuorganisation sah dagegen die Schaffung einer Struktur von Zwischenbehörden vor, die dem Volk den Willen der Zentralgewalt zu übermitteln und gleichzeitig das Wirken der Lokalverwaltungen sowie die Einhaltung der erlassenen Vorschriften zu kontrollieren hatten; faktisch handelte es sich um den ersten Schritt zur Schaffung eines bürokratischen Apparats, eines der griechischen und römischen Welt völlig fremden Elements, das in der Zukunft so viel Bedeutung erlangen sollte, nicht nur in der von den Gesetzgebern vorgesehenen Richtung.

Giulio Romano, *Schlacht Konstantins gegen Maxentius*, Detail mit Konstantin zu Pferde, Fresko, 1517–1524; Rom, Vatikan, Palazzi Vaticani, Saal Konstantins.

Auf zwei Registern mit Reliefs verzierte Grabplatte aus weißem Marmor, aus Rom, Vigna Maccaroni auf dem Aventin, letztes Jahrzehnt 3. bis 1. Jahrzehnt 4. Jh.; Rom, Museo Nazionale Romano. Wahrscheinlich handelt es sich um die Stirnseite eines mit Szenen aus dem Neuen Testament geschmückten Sarkophags.

Goldene Fibel, vielleicht aus Aquileia, 308–309 v. Chr.; München, Archäologische Staatssammlung. Das Schmuckstück trägt auf einer Seite die Inschrift „MAXENTI VINCAS" und auf der anderen „ROMULE VINCAS", d. h. den Wunsch nach einem Sieg für Maxentius und einem langen Leben für seinen Sohn Romulus.

Die tiefgreifende Reform des Staates sah substanzielle Maßnahmen im fiskalischen, administrativen und monetären Bereich vor. Die Steuerreform hatte vor allem der Erhöhung der Einkünfte zu dienen, um den Unterhalt des riesigen und immer kostspieligeren Heeres zu ermöglichen; es wurde festgelegt, dass das gesamte Imperium zu den Aufwendungen für die Truppen und den jungen Staatsapparat beizutragen habe, daher wurde also auch Italien zum ersten Mal besteuert, wenngleich mit noch recht niedrigen Lasten, die einzig den Bedürfnissen Roms dienten. Eingerichtet wurde eine einzige Steuer, die in den verschiedenen Regionen und Städten auf sehr verschiedene Weise berechnet wurde; zur Bemessungsgrundlage konnte sie den Boden allein, das Einkommen der Steuerpflichtigen oder auch eine Kombination beider Möglichkeiten haben. Die Verwaltungsreform war vermutlich aufgrund der Fiskalreform notwendig; das Reich wurde in Diözesen geteilt, die ihrerseits in Provinzen gegliedert waren; diese ihrerseits entstanden durch die Neugliederung der vorhergehenden augusteischen Provinzen. Anschließend wurden die Diözesen in drei Präfekturen zusammengefasst, nämlich Gallien (Britannien, Gallien, Spanien), Illyrien oder Italien (Italien, Afrika, Pannonien, Dakien und Makedonien) und Orient (Thrakien, Asien, Pontos und Orient). Tiefgreifende Veränderungen gab es bei den Aufgaben der Statthalter, die berufen wurden, um die Steuer- und Rechtsverwaltung der Gebiete in ihrer Zuständigkeit durchzuführen, während die alten zivilen und militärischen Befugnisse der Präfekten auf einige zentrale Ämter verteilt wurden (*magister equitum*, *quaestor sacri palatii* und *magister officiorum*). Der Senat, der schon unter Gallienus seiner Aufgaben praktisch entmachtet worden war, wurde unter Konstantin teilweise wieder eingesetzt, doch mit einem wesentlichen Unterschied: Während vorher die Zugehörigkeit zum Senatorenstand ein fundamentales Element als Voraussetzung zum Eintritt in die politische Karriere bildete, war der Zutritt zum Senat jetzt den Magistraten am Ende ihrer Karriere vorbehalten.

Rechts:
Die Reste des vierseitigen Bogens, den Konstantin an den Toren Roms auf der Via Flamina nach der Schlacht an der Milvischen Brücke erbauen ließ, heute einbezogen in das Gehöft von Malborghetto.

Unter Konstantin und seinen Söhnen gelangte man zum Abschluss des Prozesses der zentralen Verwaltungsgliederung, die im Wesentlichen bis zum Ende des 6. Jahrhunderts unverändert bleiben sollte. Ihr besonderes Merkmal war die Herausbildung einer neuen sozialen Klasse, die aus Zehntausenden von Staatsbeamten bestand; diese traten dank des enormen Machtzuwachses der Bürokratie in Erscheinung. Im Lauf der Zeit gewann der *magister officiorum* eine immer größere Bedeutung; geschaffen wurde das Amt von Licinius, seine Hauptaufgaben waren die Kontrolle der Zentralverwaltung und die Aufrechterhaltung der Verbindungen zwischen dem Hof und dem Rest des Reiches über Kuriere, die zu regelrechten Staatsspionen wurden. Der *magister officiorum* regelte auch die Unterredungen mit dem Imperator, sodass es für die Untertanen immer schwieriger wurde, sich ihm zu nähern; so hörten jene Formen persönlicher Kommunikation zwischen Kaiser und Volk auf, die für die ersten zweieinhalb Jahrhunderte des Prinzipats charakteristisch gewesen waren.

Seite gegenüber:
Der Tetrachenbogen zu Sufetula (Sbeitla, Tunesien).

Künste, Handwerk, Korporationen

Marmorkünstler bei der Schaffung einer Marmor-Einlegearbeit, unbekannte Herkunft, 2. Hälfte 4. Jh.; Rom, Museo Nazionale Romano, Palazzo Massimo alle Terme, Inschriftensammlung.

Während in römischer Zeit Literatur und Philosophie geschätzt wurden und der, der sie praktizierte, fast immer zur vermögenden Schicht gehörte, wurden visuelle Künste und Handwerk mit jeder anderen Handarbeit als Tätigkeit auf die gleiche Stufe gestellt, die als der oberen Klassen unwürdig betrachtet wurde, welche für solche Aufträge Sklaven besaß. Es ist in diesem Zusammenhang charakteristisch, dass die wenigen uns überlieferten Nachrichten, die Maler und Bildhauer betreffen, immer mit sonderbaren Episoden und nicht mit ihren Fähigkeiten im Zusammenhang stehen. Als vornehme Betätigung wurde hingegen Medizin und Architektur betrachtet, Felder, auf denen sich auch die Kaiser selbst versuchten, als Erster von allen Hadrian, der beim Bau seiner prunkvollen Residenz in Tivoli mitarbeitete, doch vor allem plante er den Venus-und-Roma-Tempel in Rom. Der berühmteste Architekt der Zeit, Apollodor von Damaskus, Schöpfer von Werken der militärischen und zivilen Ingenieurskunst sowie Erbauer des großen Trajanskomplexes in Rom, wagte es, das Fehlen eines hohen Podiums zu kritisieren, das den Bau tragen sollte, desgleichen die Disproportion der Statuen hinsichtlich der Cella; auf diese Weise provozierte er den Zorn Hadrians, der ihn ins Exil schickte und schließlich hinrichten ließ. Die lateinischen Autoren haben uns das Bild einer müßiggängerischen städtischen Plebs überliefert, die beständig damit beschäftigt war, Spiele und Spektakel im Amphitheater, im Theater und im Zirkus zu verfolgen; tatsächlich jedoch handelt es sich um eine böswillige Sicht, die auf der Geringschätzung beruht, mit der die wohlhabenden Klassen auf die niedrigeren Schichten der Bevölkerung hinabsahen. In Wirklichkeit passten sich die Plebejer, Hunderttausende freier Menschen ohne Vermögen, nur um in kümmerlichen Verhältnissen zu leben, den Möglichkeiten verschiedener Tätigkeiten an, zumeist auf dem Bau, im Kleinhandel und für Dienstleistungen auf Rechnung der Besitzenden. Die Familienoberhäupter konn-

Grabstele mit Schmied bei der Arbeit in seiner Werkstatt, aus Aquileia-Beligna an der Straße nach Grado, Ende 1. bis Anfang 2. Jh.; Aquileia, Museo Archeologico Nazionale.

Linkes Bild: Relief mit Zimmermanns- und Steinmetzwerkzeugen, aus Aquileia, 2. Jh.; Aquileia, Museo Archeologico Nazionale.

Rechts Bild: „Schild" der Taverne *„Ad cucumas"* („Zu den Krügen"), aus Herculaneum, Casa del Salone Nero.

ten monatlich die kostenlosen Getreideverteilungen entgegennehmen und genossen vom Herrscher ausgeteilte Geldgeschenke, ein indes zu sporadisches Ereignis, als dass man es als Erwerbsquelle hätte ansehen können. Die Arbeiter – Handwerker, Künstler und sonstige Berufstätige – konnten sich in vom Staat kontrollierten Vereinen oder Kollegien organisieren; sie waren nach Branchen eingeteilt und hatten das Hauptziel, den Mitgliedern mittels eines obligatorischen Beitrags ein würdiges Begräbnis zu sichern. Im Laufe der Zeit jedoch gingen die Kollegien, obschon aus ihnen wegen des Fehlens der notwendigen Vertragsschließungskompetenz nie gewerkschaftliche Vereinigungen wurden, daran, sich auch mit weiteren Lebensbereichen der Mitglieder zu beschäftigen und organisierten Erholungsaktivitäten sowie Unterhaltung und Zeitvertreib. Die Kollegien trafen sich in einem vermutlich komfortablen Gebäude – der *schola* –, in dem es Versammlungssäle, Gärten und bisweilen auch einen der Schutzgottheit der Vereinigung geweihten Tempel gab. Die von den Mitgliedern eingezahlten Beträge konnten neben dem Betrieb des Gebäudes und der Errichtung sowie dem Unterhalt des Grabmonuments des Kollektivs auch dazu dienen, den Familienangehörigen im Fall des Ablebens eine kleine Pension zu sichern.

Aus den Handwerkervereinigungen wurden schnell sehr mächtige Organisationen, die in manchen Situationen als mögliche Nester für Aufstände und Revolten betrachtet wurden. Die Zentralmacht versuchte ihre Bildung zu vermeiden; daher waren beispielsweise die Kollegien der Schmiede in Nord- und Mittelitalien, in der Gallia Narbonensis und den Donauprovinzen sehr verbreitet, dagegen in Spanien und Britannien selten und in den östlichen Unruheprovinzen fehlten sie vollständig. Zu Beginn des 2. Jahrhunderts schrieb Plinius der Jüngere an Trajan: „In Nikomedia gab es eine große Feuersbrunst, die viele Privathäuser und zwei öffentliche Bauten ergriff. Sie verbreitete sich durch die Macht des Windes, aber auch infolge der Untätigkeit der Menschen, die dablieben, um zu gaffen, und wegen des Fehlens der notwendigen Geräte. Herr, glaubst du nicht, es sei nützlich, ein Schmiedekollegium ins Leben zu rufen, wenigstens 150 Mitglieder? Ich selbst werde dafür Sorge tragen, dass nur Schmiede aufgenommen werden und sie es sich zu keinen anderen Zwecken zunutze machen, als ihnen rechtlich zugestanden wurde; es wird auch nicht schwer sein, so wenige Personen zu überwachen" (Plinius, *Epistulae*, X 33).

Luftansicht der Brennöfen zur Herstellung von Amphoren in der Nähe des heutigen Giancola, Brindisi, 1. Jh. v. Chr.

DER ZUSAMMENBRUCH DES WESTREICHS

Die Verbreitung des Christentums und der unaufhaltsame Aufstieg der Macht der Barbaren

Goldener Solidus der Fausta, Frau Konstantins, emittiert in Nikomedia 324–325 n. Chr. mit dem Porträt der Kaiserin (Avers); Rom, Museo Nazionale Romano, Palazzo Massimo alle Terme, Medaillensammlung.

Die Entstehung einer zweiten Hauptstadt

Nach zwanzig Jahren Regierung dankte Diokletian ab, wahrscheinlich auch aufgrund einer schweren Krankheit, und zog sich zurück, um in seinem luxuriösen Palast zu leben, den er in der Nähe seiner Geburtsstadt erbauen ließ und der den Ursprung der Stadt Split bilden sollte. Maximian seinerseits wurde gezwungen, auf die Macht zu verzichten, während Galerius und Constantius ganz nach dem Prinzip der Wahl des Besten zwei neue *Caesares* ernannten. Der Zusammenbruch des diokletianischen Systems war indes unvermeidlich, da es vom üblichen fatalen Motiv bedroht wurde: den dynastischen Ansprüchen der natürlichen Erben. Schon 306 proklamierten die Truppen der Britannienarmee beim unerwarteten Tode des Constantius in York seinen Sohn Flavius Constantinus zum Kaiser, ohne irgendwie die zuvor von den Tetrarchen getroffenen Verfügungen zur Kenntnis zu nehmen. Die offizielle Ernennung des Sohnes des Constantius zum Caesar rief die direkte Reaktion von Maxentius, Sohnes des Maximian, hervor und bildete den Auftakt zu einem Jahrfünft neuer Instabilität und politischen Kampfes, das im Jahre 312 mit der Schlacht an der Milvischen Brücke in Rom endete; in dieser besiegte Konstantin Maxentius, der auf seiner Flucht im Tiber ertrank. Etwas mehr als zehn Jahre blieb das Reich in den Händen zweier Herrscher, des Licinius im Osten und Konstantins im Westen, doch schon 316 waren die Beziehungen der beiden Koregenten gespannt, die ersten Zusammenstöße waren erfolgt. Im Jahre 324 trat Konstantin Licinius offen gegenüber und besiegte ihn; nach vierzig Jahren wurde die Regierung erneut in den Händen eines Mannes allein vereinigt.

Bronzeporträt Konstantins, aus Niš, nach 320–330; Belgrad, Nationalmuseum. Der Kopf gehörte wahrscheinlich zu einer auf dem Forum von Naïssus (Niš) aufgestellten Statue; die Datierung des Stücks gründet sich auf das Vorhandensein des Diadems.

Nach dem Erfolg über Licinus beschloss Konstantin, zur Feier des unvergänglichen Sieges, der ihm die Herrschaft über das ganze Reich geschenkt hatte, eine Stadt zu gründen. Im Jahre 329 wurden nach einer genauen Zeremonie die Grenzen gezogen, die ungefähr das Achtfache des Gebietes des alten Byzanz einschlossen, und am 11. Mai 330 wurde sie feierlich als Konstantinopolis-Roma eingeweiht, um hervorzuheben, dass es sich um eine zweite Hauptstadt handelte. Der architektonische Schwung war enorm und zog die Plünderung zahlreicher Monumente und den Raub von Kunstwerken, die zur griechischen Welt gehörten, nach sich. Wenn in der ersten Zeit ein gewisser hierarchischer Unterschied erhalten blieb, demzufolge Rom jedenfalls die Hauptstadt des Imperiums blieb, begann der Kaiser schon 332 die ersten Getreideausteilungen in Konstantinopel, wozu er die ägyptische Kornproduktion zum Bosporus umleitete und für Rom das in der Provinz Africa produzierte Getreide bestimmte; ab der Mitte des Jahrhunderts erhielten dann die Senatoren Konstantinopels wie diejenigen Roms den Titel *clarissimi*. Über das gesamte 4. Jahrhundert residierten die Kaiser des Ostens wenig in Konstantinopel, da der Kaiser und sein Hof sich zumeist in Städten in der Nähe der Heeresstandorte an den Grenzen befanden; nur unter Arcadius wurde die Stadt ständiger Verwaltungssitz des Ostens. Trotzdem war das Prestige von Konstantinopel schon ab 330 so, dass es zum Ziel der fähigsten und ehrgeizigsten Persönlichkeiten der östlichen Regionen wurde, und zur Jahrhundertmitte war die Stadt schon unumstrittenes Zentrum der griechischen Reichskultur. Ihre offizielle Umwandlung zum Sitz der politischen und administrativen Macht rührte vielleicht von der günstigen natürlichen Lage der Stadt her, ihrem Reichtum und ihrer Größe, dazu natürlich vom Gedanken, dass sie das zweite Rom sei.

Konstantin dachte daran, seine Nachfolge erneut durch eine Kollegialregierung zu regeln; dazu wollte er die verschiedenen Teile des Reiches seinen drei Söhnen und einem seiner Neffen zuweisen, ein weiterer Neffe sollte den Thron Armeniens erhalten. Beim Todes des Kaisers jedoch, der am 22. Mai 337 erfolgte, blieb der Thron vakant, und erst vier Monate später wurden Konstantins Söhne als neue *Augusti* ausgerufen. Dagegen wurde der Hof von Konstantinopel durch das Massaker an den engsten Mitarbeitern des gerade verschiedenen Kaisers sowie fast aller männlichen Mitglieder der Kaiserfamilie erschüttert. Die Brüder teilten sich das Reich, doch der Zwist erhob sich unmittelbar mit der Forderung des älteren, Konstantins II., die Kontrolle über die anderen auszuüben; im Jahre 340 wurde er von Constans getötet, welcher Herr von zwei Dritteln des Reiches blieb. Zehn Jahre später wurde Constans selbst Opfer der Usurpation des Thrones durch Flavius Magnus Magnentius, einen hohen Offizier des gallischen Heeres; im folgenden Jahr errang Constantius einen entscheidenden Sieg in Pannonien bei Mursa, und die gallische Armee des Magnentius wurde mit ungeheuren Verlusten auch aufseiten der Sieger praktisch vernichtet. Diese Episode brachte der Suprematie der konstantinischen Dynastie, die noch dreizehn Jahre an der Macht bleiben sollte, keinen Kratzer bei, markierte jedoch eine bedeutende Wende in der Geschichte der römischen Armee. Das Massaker von Mursa, ein unsinniger Brudermord, rief eine irreversible Schwächung in einem Heer hervor, das unter der Tetrarchie zu dem Zweck verstärkt worden war, einige Regionen im Nahen Osten wiederzuerobern, dazu die Perser Šapurs und die Völker jenseits der Donau niederzuhalten. Die Einfälle nach Gallien, denen Constantius keinen starken Widerstand entgegensetzen konnte, sind zweifellos eines der Symptome für die Erschöpfung der militärischen Kräfte. Im Jahre 355 wurde der letzte legitime Abkömmling Konstantins *Caesar*, Flavius Claudius Iulianus, der die Aufgabe bekam, sich mit Gallien zu beschäftigen. Hier wurde der neue Herrscher gezwungen, mit den Franken übereinzukommen, indem er ihnen einen weiten Teil der Germania Inferior konzedierte und sie als Verbündete eingliederte. Die

Aureus des Constantius, emittiert zwischen 355 und 361, mit Büste des Kaisers nach links (Avers); Karlsruhe, Badisches Landesmuseum.

Domenico Tasselli, *Inneres der konstantinischen Basilika Sankt Peter*, Fresko, 17. Jh.; Rom, Sakristei von Sankt Peter, Vatikan.

Mailand, Basilika des Hl. Ambrosius, Detail des sogenannten „Anicii-“ oder „Stilicho-“Sarkophags, Ende 4. Jh.
Das Relief stellt Szenen aus dem Alten und Neuen Testament vor einem mauernbewehrten Hintergrund dar, auf dem sich zahlreiche Tore öffnen.

Verbände dieser Regionen blieben dem Reich über ein Jahrhundert im Wesentlichen treu, doch faktisch war ein großes Territorium für immer verloren. Julian, der nach dem Tode des Constantius der einzige Herrscher geblieben war, beschloss, Ktesiphon anzugreifen. Der 363 durchgeführte Feldzug blieb die letzte große Offensivaktion des Reiches und endete mit der Niederlage der römischen Armeen und dem Tode des Herrschers. Sein Nachfolger Jovinian, nur acht Monate auf dem Thron, handelte den Frieden aus und gab den Persern die von Diokletian eroberten Territorien zurück. Das Ableben des letzten Erben aus der Dynastie Konstantins hatte die Wahl des Herrschers in die Hände der Armee gelegt. Nach dem kurzen Intermezzo mit Jovinian gelangte die Macht in die Hände zweier Brüder, Valentinian und Valens, denen es gelang, sie für sich und ihre legitimen Erben für etwas weniger als dreißig Jahre zu bewahren. Die äußere Situation wurde unterdessen immer gefährlicher und weniger kontrollierbar, sowohl wegen der persischen Bedrohung als auch vor allem wegen der Ankunft der Hunnen 375, eines aus Zentralasien stammenden Reiter- und Nomadenvolkes. Nach Überquerung der Wolga überrannten die neuen Eindringlinge die Ostgoten, welche zusammen mit den Alanen Zuflucht hinter den Reichsgrenzen suchten. Im Herbst 376 wurde ihnen erlaubt, sich in Thrakien im Gegenzug für die Verpflichtung niederzulassen, im Heer zu dienen; das war eine schon zuvor gut erprobte Praxis. Leider sollten dieses Mal jedoch die Dinge anders verlaufen, da die Unterschlagungen der Verwaltungsbeamten, die für die Lebensmittelversorgung der Neuankömmlinge sorgten, die aufgebrachten Goten zum Raub trieben. Die anschließende harte Repression ließ eine Revolte ausbrechen, an der sich auch andere Gruppen beteiligten; im Jahre 337 war ganz Thrakien in der Hand der Barbaren. Im folgenden Jahr beschloss der Kaiser des Ostens, die Goten allein anzugreifen, und erlitt bei Hadrianopolis eine totale Niederlage, von der sich das Reich nicht mehr erholte; der Herrscher selbst kam in der Schlacht um, und das Heer wurde vollständig vernichtet.

Theodosius und die endgültige Trennung von Osten und Westen

Gratian, Herrscher im Westen, ernannte den reichen Spanier Flavius Theodosius zum Augustus. Über vier Jahre versuchte der neue Kaiser des Ostens vergeblich, den beständigen Zustrom von Barbarenvölkern einzudämmen, die über den Limes an der unteren Donau, der nun nicht mehr zu verteidigen war, ins Innere des Reiches eindrangen, bis er mit den verschiedenen Verbänden und insbesondere den Goten, die als Alliierte in weiten Regionen Moesiens und Thrakiens angesiedelt waren, zu einer Übereinkunft gelangte. Dieser Kompromiss, der jetzt die Ansiedlung großer autonomer fremder Gruppen, die militärisch organisiert waren und vom Staat unterstützt wurden, innerhalb der Grenzen vorsah, führte zum Frieden und garantierte eine Kontrolle der Grenzen, sodass nur vier Jahre danach eine neue Welle gotischer Verbände, die einen Überfall durchführten, ausgerechnet von ihren eigenen an der unteren Donau siedelnden Cousins vernichtet wurde. Ein 387 unterzeichneter Vertrag mit Persien verlegte die Ostgrenze weiter vor und

Fresko mit Darstellung eines Speisen tragenden Opferträgers, aus Rom, Haus auf dem Caelius, 1. Hälfte 4. Jh.; Neapel, Museo Archeologico Nazionale. Zusammen mit zwei anderen Fragmenten gelangte dieses Fresko unmittelbar nach der Einigung Italiens auf Anordnung des Erziehungsministers in die Sammlungen des Neapoletaner Museums, im Austausch für nach Rom zur Ausstattung der neuen Ministerien verbrachte Stücke.

verbesserte die Sicherheit des Staates. In der Zwischenzeit hatte sich die Lage im Westen wegen der Erhebung des Kommandanten der Britannienarmee Magnus Maximus, eines Verwandten des Theodosius, der sich zum Imperator ausgerufen hatte, überstürzt. Es folgten nochmals erregte Jahre, bis der Kaiser über den Osten im Jahre 394 dank den gotischen Armeen einen fundamentalen Sieg am Flüsschen Vipacco davontrug, eines linksseitigen Nebenflusses des unteren Isonzo; der Sieg machte ihn zum einzigen Herren des Imperiums. Im Januar des Folgejahres starb Theodosius und hinterließ die Macht seinen beiden sehr jungen Söhnen, dem siebzehnjährigen Arcadius, der Herr des Ostens wurde, und seinem Bruder Honorius, der mit nur zehn Jahren zum Imperator des Westens ernannt wurde; die Regierung jedoch wurde faktisch für mehr als ein Jahrzehnt vom Kommandanten der Westarmee, Flavius Stilicho, ausgeübt, einem römischen Offizier wandalischer Herkunft, der über eine Eheschließung mit der Kaiserfamilie verbunden war.

Mit der Nachfolge auf Theodosius wurde die Trennung zwischen Orient und Okzident allmählich endgültig, nicht durch ein erklärtes Wollen, die Geschicke eines Organismus zu trennen, der wahrscheinlich noch als einheitlich begriffen wurde, sondern wegen des rapiden Zusammenbruchs, dem das Westreich im 5. Jahrhundert entgegenging. Im Orient resultierte die politische Stabilität aus dem fast völligen Fehlen von Thronusurpationen im Laufe des gesamten 4. und auch des folgenden Jahrhunderts. Eine weitere Gefahr wurde durch Arcadius beseitigt, der zwischen 399 und 401 beschloss, die gotischen Kontingente innerhalb seines Heeres zu entfernen und das alte System der Einberufung von Barbaren wieder aufzugreifen, indem sie individuell eingegliedert wurden. Diese Änderungen waren für den Osten vielleicht von Vorteil, doch über das ganze 5. Jahrhundert erhöhten sie seine militärische Kapazität nicht, sodass der Hof von Konstantinopel dem Zusammenbruch des Reichs im Westen nur ohnmächtig zusehen konnte.

Silberbüste Licinius' I., aus einem auf etwa 321 datierten Schatz; München, Archäologische Staatssammlung.

Ravenna, Mausoleum der Galla Placidia: Mosaik mit Darstellung des Guten Hirten, 2. Hälfte 5. Jh. Die Verstorbene, Tochter des Theodosius, wurde um 390 geboren und heiratete nach ihrer Gefangennahme in Rom Athaulf, einen Westgotenführer. Nachdem sie Witwe geworden, kehrte sie nach Rom zurück und heiratete den künftigen Constantius III., von dem sie einen Sohn Valentinian bekam, der dreißig Jahre im Schatten der Mutter regieren sollte.

Detail des Reliefs an der Basis des Theodosius-Obelisken im Hippodrom von Konstantinopel (Istanbul), letztes Viertel des 4. Jhs.

Goldener Solidus Theodosius' II., emittiert in Konstantinopel vor 425 n. Chr., mit den beiden Kaisern auf dem Thron; sie tragen Schriftrolle und Weltkugel, darauf das Kreuz (Avers); Rom, Museo Nazionale Romano, Palazzo Massimo alle Terme, Medaillensammlung.

Am Ende des 4. Jahrhunderts änderte sich das Schicksal des Reiches völlig, es kam zu rasanten, schrecklichen Ereignissen, die sich jenseits der Grenzen von Rhein und Donau vollzogen: Die Hunnen hatten die ungarischen Steppen erreicht und die Verschiebung einer gewaltigen Masse von Germanen- und Sarmatenvölkern hervorgerufen, die sich 405 über Italien ergoss. Stilicho gelang es, sie bei Fiesole zu schlagen, doch bald darauf wurde Gallien von einer Horde Sueben, Wandalen und Alanen überrannt, die den eiskalten Rhein überquert hatten. Die Reaktion gegen den allmächtigen Wandalen ließ nicht auf sich warten, und alle ihn unterstützenden Offiziere wurden massakriert, Stilicho selbst hingerichtet. Die folgenden Ereignisse hatten wahrscheinlich einen bedeutsamen Einfluss auf den Zusammenbruch des Westreiches: Eine unsinnige Hasswelle gegen die Nichtrömer trieb die Römer dazu, die Barbaren, die in Italien lebten, insbesondere die Familien der regulär in die Armee eingezogenen Germanen, abzuschlachten und dabei einen Rachemechanismus freizusetzen, der diese Soldaten, deren Treue niemals in Zweifel gezogen worden war, zur Desertion führte. Die abtrünnigen Germanen, vielleicht dreißigtausend Mann, verbündeten sich mit den Banden Alarichs, eines der Anführer der gotischen Alliierten, der jahrelang abwechselnd als Kommandant römischer Truppen aktiv war und mit Überfällen und Raubzügen an der Spitze marodierender Trupps hervortrat, und markierten so faktisch das Ende der römischen Armee im Westen und die Entstehung eines neuen Volkes, der Westgoten.

Aëtius! Du hier? Es soll wahr sein! / Jeder soll in ihm erkennen / den höchsten Krieger / den würdigen Feind Attilas, / Schild Roms und Ruhm ...

(G. Verdi, Attila, Prolog, Libretto von T. Solera)

Nach einigen nutzlosen Versuchen, zu einer Verständigung mit Honorius zu gelangen, der sich in Ravenna eingeschlossen hatte, führte Alarich seine Truppen nach Rom, das am 24. August 410 kapitulierte; dieses war für die Alten ein fundamentaler Augenblick, ein schockierendes Ereignis, welches das Ende einer Epoche bezeichnete. Nach dem Tode Alarichs kurz nach der Einnahme der Hauptstadt verließ sein Nachfolger die italienische Halbinsel, um von den westlichen Provinzen Besitz zu ergreifen; im Jahre 419 begründeten die Westgoten, die sich in Südgallien niedergelassen hatten, das erste Barbarenreich Europas.

Über dreißig Jahre, bis 455, lag die Regierung des Westens nominell in den Händen Valentinians III., der im Alter von sechs Jahren den Thron bestiegen hatte; tatsächlich dagegen regierte seine Mutter Galla Placidia, Theodosius' Tochter, zusammen mit verschiedenen Personen von militärischem Rang. In der Zwischenzeit entstanden in den Gebieten des Reiches, die nach und nach und unumkehrbar ausgegliedert wurden, neue staatliche Einheiten, in denen sich Barbarenverbände wie die Burgunder in Savoyen, die Sueben in Westspanien und die Angeln sowie Sachsen in Britannien niederließen.

Der Übertritt der Wandalen nach Afrika, die, obschon es vielleicht nur 80 000 Menschen beiderlei Geschlechts und jeden Alters waren, im Jahre 439 auch Karthago eroberten, markierte die definitive Ablösung der reichen, fruchtbaren Regionen des mittelmeerischen Afrikas von

Italien, deren Konsequenz der Verlust der Kornlieferungen war.

Im Jahre 451 fand in der Hauptstadt das sinnfällige Ereignis der Entstehung einer neuen politischen Macht statt, der des Papstes; eine vom Bischof von Rom, Leo, geführte Gesandtschaft stoppte den Einfall der von Attila geführten Hunnen. Bald darauf indes stieß ein Streifzug der Wandalen in die Machtlücke, die durch den Tod Attilas und Valentinians III. entstanden war; nach der Eroberung Sardiniens und Korsikas landeten sie auf dem Festland und plünderten Rom. In den folgenden zwanzig Jahren folgten einander Marionettenkaiser auf dem Thron des Westreichs, die im Schatten mächtiger Generäle barbarischer Herkunft regierten, bis Odoaker an der Spitze einer im Anschluss an die ausbleibende Zuteilung von Land ausgebrochene Erhebung, den letzten Kinderkaiser – er war nur vierzehn Jahre alt und hieß in der Ironie der Geschichte Romulus – absetzte; die kaiserlichen Insignien sandte er nach Konstantinopel. Der junge Abgesetzte wurde in eine Villa am Golf von Baiae ins Exil geschickt und bekam eine Rente auf Lebenszeit ausgesetzt. Es war das Jahr 476, ein Datum von grundlegender Bedeutung für die Späteren, die es als das Ende einer mehr als tausendjährigen Epoche betrachteten. In Wirklichkeit handelte es sich um eine einfache institutionelle Änderung, die im Leben der Reichsbürger wenig änderte und der die Intellektuellen im Osten noch lange Zeit danach keinerlei Bedeutung beimaßen, da sie als Schlüsselmoment des Niedergangs des Westreiches die Plünderung durch Alarich betrachteten.

Abschnitt der von Theodosius II. ab 413 in Konstantinopel erbauten Stadtmauer, das letzte große Beispiel von Verteidigungsarchitektur des Kaiserreiches.

Ravenna, Sant'Apollinare Nuovo: Mosaik mit Christus als Weltenrichter, 5. Jh.

Niedergang und Zusammenbruch der Armee

Die Gründe des unglaublichen Effizienzverlustes des Heeres – das zur Mitte des 4. Jahrhunderts jedenfalls mindestens 400 000 Mann gezählt haben muss – sind wahrscheinlich in der konstantinischen Heeresreform und vor allem in der Schaffung zweier getrennter Armeeteile für das an den Grenzen stehende Heer sowie für die schnellen Eingreiftruppen zu suchen; das waren mobile Einheiten, welche direkt der Zentralmacht unterstellt waren und deren Angehörige eine bessere ökonomische Vergütung und größere Privilegien am Ende der Dienstzeit genossen. Ab 375 legte ein Gesetz fest, dass Soldaten von stattlicherer Statur zu den mobilen Truppen eingezogen wurden. Den Unterschied zwischen den beiden Armeeteilen vertiefte der Umstand, dass die stehenden Heere (*Limitanei*) nicht mehr von der Zentralmacht oder den Provinzstatthaltern abhingen, sondern von Gebietskommandanten, die über das Schicksal der Soldaten entscheiden konnten, den Gang ihrer Karriere im Heer, ihren Sold und ihre Ausrüstung, nicht zuletzt über ihre Verwendung; das löste einen irreversiblen Prozess von Missbrauch und Pflichtverletzungen aus. Es ist daher evident, dass die diskriminierende Behandlung der Grenztruppen, die überdies etwa zwei Drittel der Streitkräfte im Feld ausmachten, einen moralischen Zusammenbruch mit einem anschließenden bemerkenswerten Niedergang ihres militärischen Wertes hervorgerufen haben kann, ein Umstand, der es den Barbaren erlaubte, die Donaugrenzen ungestraft zu überschreiten. Zudem ist es wahrscheinlich, um die fast vollständige Nutzlosigkeit der stehenden Truppen zu erklären, dass die Zahl der Soldaten viel niedriger war als einer Rechnung zufolge nach dem Papier abschätzbar, die von der Zahl der theoretisch für jede militärische Einheit vorgesehenen Truppenstärke ausgeht. In der zweiten Hälfte des 4. Jahrhunderts war nämlich bei den Kommandanten der Grenztruppen die Gewohnheit verbreitet, die eigenen Abteilun-

Versteckte Reichtümer und geraubte Schätze

In der gesamten Geschichte der Menschheit führten die Perioden politischer Krise und Instabilität immer zum Bedürfnis, Schätze anzuhäufen und den eigenen Besitz in der Hoffnung zu verstecken, ihn in einer Zeit geringerer Schwierigkeiten und Gefahren wieder hervorzuholen. Nicht immer jedoch waren die Reichtümer von legaler Herkunft, und bei mehr als einer Gelegenheit war es unter den beträchtlichen Funden kostbarer Gegenstände möglich zu erkennen, dass sie offenkundig geraubt worden waren. In Traprain Law hinter der Grenze des Hadrianswalles wurde der Ertrag eines zu Beginn des 5. Jahrhunderts durchgeführten Raubzugs gefunden, als die römische Präsenz in Britannien zu schwinden begann; eine Reihe prachtvoller Silbergefäße, die Platz sparend verpackt waren, sodass sich ein kompaktes Paket ergab, das den Transport von Gegenständen erleichterte, die nurmehr wegen ihres Metallwertes interessierten. Schätze dieses Typs wurde insbesondere in den Randgebieten des Imperiums gefunden, wo das Gefühl der Unsicherheit stärker war und Raubzüge und Raubüberfälle häufiger verübt wurden.

Goldene Fibel aus dem in Thetford 1979 entdeckten Schatz, Ende 4. Jh.; London, British Museum.

gen unterhalb des festgelegten Bestandes zu halten; so konnte man sich bereichern, indem man auf Rationen und Sold der sogenannten *animae mortuae*, der toten Seelen, spekulierte. Dieselben Missstände, die sich aus objektiven Gründen bei den mobilen Heeren viel komplizierter gestalteten, dürften bei diesen dagegen eine geringere Auswirkung gehabt haben.

Ein weiterer grundlegender Aspekt in der fortschreitenden Schwächung der römischen Armee war ihre irreversible „Barbarisierung“, der Konstantin einen beachtlichen Impuls gab, indem er auch der Palastwache nichtrömische Kontingente zuführte und die Barbaren vor allem in die mobilen Truppen einbezog, sodass die entscheidende Veränderung nicht in der erhöhten der Zahl der Barbarensoldaten bestand, sondern in ihrem Zutritt zu allen Abteilungen und nicht nur Kontingenten unteren Ranges. Am Ende des 4. Jahrhunderts bestand daraufhin das römische Heer zu zwei Dritteln aus schlecht ausgebildeten und wenig motivierten Truppen und der Rest aus Soldaten barbarischer Herkunft; einige schreckliche Massaker, die beide Reichsteile trafen wie die Katastrophe von Mursa und vor allem das kolossale Blutbad von Hadrianopolis, reduzierten die Ränge des römischen Heeres auf wenige Einheiten, die zwar noch fähig waren, den Städten als Garnisonen zu dienen, aber nicht mehr in der Lage, auf offenem Feld zu kämpfen. Dazu wurde es immer schwieriger, die vernichteten Armeen wieder aufzubauen, da auch das Angebot an Barbaren viel begrenzter war als die Nachfrage. Während es also im Orient möglich war, auf die Präsenz von Barbaren zu verzichten, vertraute sich der Westen ganz ihren Händen an, und die Tragik des Schicksals wollte es, dass diese beträchtliche Schwächung der römischen Armee mit dem Einfall der Hunnen zusammentraf.

Wir versammeln uns als Gruppe und Vereinigung, um uns als geschlossene Phalanx mit unseren Gebeten an Gott zu wenden.
(Tertullian, Apologeticum, 39,1)

Von den großen Verfolgungen zum christlichen Imperium

Nach dem Edikt des Decius wurde im Jahre 257 als Beweis eher eines tiefen Gefühls der Unsicherheit über die Geschicke des Staates als eines antichristlichen Hasses von Valerian eine harte Verfolgung eingeleitet; dazu diente eine Reihe von Edikten, mit denen sogar im Falle der Lossagung Pardon verweigert wurde und mit denen auch die Angehörigen der Elite nicht ausgespart blieben. Drei Jahre danach machte Gallienus dem Verfolgungen ein Ende und eröffnete eine Periode der Ruhe, die wenig mehr als vierzig Jahre währen sollte. Aus vielen Anzeichen geht deutlich hervor, dass es in der zweiten Hälfte des 3. Jahrhunderts ein beachtliches Anwachsen des Christentums gab, sowohl in der Zahl der Gläubigen wie in puncto Durchdringung der Gesellschaft; die neue Religion konnte dem Heidentum ein äußerst starkes Gemeinschaftsgefühl entgegensetzen, und ein Christ wusste, dass, wo immer er sich befinden mochte, er dieselbe Kirche hätte besuchen und Hilfe sowie Trost bei seinen Glaubensgenossen finden können; er hätte sich wie zu Hause gefühlt. Diese Gefühle in einer für die römische Gesellschaft derart dramatischen Zeit konnten auf die Seelen nur einen wohltuenden Einfluss haben.

In den letzten Jahren des 3. Jahrhunderts beschloss Diokletian, auch den Religionssektor zu regeln, indem er zunächst ein Edikt erließ,

Diatretglas, aus Köln, 4. Jh.; Köln, Römisch-Germanisches Museum.

Großer Silberteller mit Jagd und Bankett des Seuso, dem die außerhalb des Medaillons in der Mitte eingravierte Inschrift gewidmet ist, 4.–5. Jh. (Anm. 40).

Glas mit Blattgolddekor; dargestellt sind die Apostel Petrus und Paulus, dank der beigefügten Namen leicht zu identifizieren. Aus Rom, 2. Hälfte 4. Jh.; München Archäologische Staatssammlung.

das schwer die Manichäer traf, deren Anführer vermutlich zusammen mit ihren heiligen Büchern lebendig verbrannt wurden; für die Gläubigengemeinden war dagegen Zwangsarbeit im Bergwerk oder die Verurteilung zum Tode vorgesehen; zwischen 303 und 304 wurden vier antichristliche Edikte erlassen, von denen das letzte nach dem Vorbild des Decius verfasst wurde und allen Reichsbewohnern auferlegte, Opfer darzubringen. Diese Verfügungen wurden nicht in allen Reichsgebieten auf dieselbe Weise angewandt, in Wirklichkeit wurden sie nur im Ostteil vollständig ausgeführt und führten zu einer Ausweitung der Verfolgungen; diese erreichten ihre höchste Intensität von 308 bis 311, als Galerius in der Stunde seines Todes ein Toleranzedikt erließ. Die Regierungen der verschiedenen Reichsteile müssen bei der Realisierung ihres Verfolgungsplanes gegen die Christen auf beträchtliche Schwierigkeiten gestoßen sein, vielleicht weil sie nicht auf die notwendige Unterstützung der lokalen Eliten zählen konnten; das waren die Einzigen, welche die Ausführung der Erlasse hätten überprüfen können. Die Wiederholung mancher Anordnungen zeigt deutlich, dass die vorangegangenen nicht streng beachtet worden waren. Es ist daher möglich, dass der Übertritt Konstantins, den man traditionell mit der Schlacht an der Milvischen Brücke zusammenfallen lässt, einen schon unaufhaltsamen, irreversiblen Entwicklungsprozess beschleunigte.

Wenn Konstantin die Christen offen begünstigte, so verhielten sich seine Nachfolger – außer während der kurzen rückwärts gewandten Herrschaft Julians, genannt „Apostata“, der keinerlei Verfolgungen durchführte, aber die Heiden unterstützte und bevorzugte – in Religionsangelegenheiten neutral, bis Theodosius 391–392 eine Reihe von Edikten erließ, die auf das Verbot des heidnischen Kultus in jedweder Form zielten. Der Christianisierungsprozess im Westen vollzog sich recht schnell; wahrscheinlich war das Christentum zu Beginn des 4. Jahrhunderts in unverhüllter Weise nur in Afrika verbreitet, doch ein Jahrhundert später muss die Mehrheit der Bevölkerung des Westreiches konvertiert gewesen sein; im Osten wurde das Phänomen vielleicht vorweggenommen, vor allem in den Städten und einem Gutteil Ägyptens.

Rom, Katakomben San Sebastiano: Der Albani-Sarkophag, ca. 325.

Seite gegenüber: Die Papstkrypta in der Callixtus-Katakombe (San Callisto) zu Rom; an diesem Ort wurden im Laufe des 3. Jhs. neun Päpste und wahrscheinlich acht hohe kirchliche Würdenträger bestattet.

CAPPELLA
DEI PAPI

CASTORIS ET
LVCIS
CORNELIAE
AE
ET
VM
XCVIIII

ANHANG

RÖMISCHE KAISER

Für jeden Kaiser werden die Herrschaftszeit (erste Spalte) und der vollständige Name (zweite Spalte) angegeben; der gebräuchliche Name ist **fett** gedruckt. Die dritte Spalte enthält Hinweise auf die Nachfolgerschaft, d. h. eine eventuelle Dynastie, Adoption, Usurpation usw. Im Deutschen wird bei bekannten Namen oft auf die lateinische Endung verzichtet, z. B. *Trajan* statt *Traianus* oder *Mark Aurel* statt *Marcus Aurelius*.

27 v. Chr.–14 n. Chr.	Caius Iulius Caesar Octavianus **Augustus**	
14–37	**Tiberius** Claudius Nero	Julisch–claudische Dynastie
37–41	Caius Iulius Caesar **„Caligula“**	Julisch–claudische Dynastie
41–54	Tiberius **Claudius** Nero Germanicus	Julisch–claudische Dynastie
54–68	Tiberius Claudius **Nero**	Julisch–claudische Dynastie
68–69	Servius Sulpicius **Galba**	
69	Marcus Salvius **Otho**	
69	Aulus **Vitellius**	
69–79	Titus Flavius **Vespasianus**	Flavische Dynastie
79–81	**Titus** Flavius Vespasianus	Flavische Dynastie
81–96	Titus Flavius **Domitianus**	Flavische Dynastie
96–98	Marcus Cocceius **Nerva**	
98–117	Marcus Ulpius **Traianus**	Adoptionskaiser
117–138	Publius Aelius **Hadrianus**	Adoptionskaiser
138–161	Titus Aelius Hadrianus **Antoninus „Pius“**	Antoninendynastie
161–180	**Marcus Aurelius** Antoninus	Antoninendynastie
161–169	**Lucius** Aurelius **Verus**	Antoninendynastie
180–192	Lucius Aurelius Verus **Commodus**	Antoninendynastie
192–193	Publius Helvius **Pertinax**	
193	Marcus **Didius** Severus **Iulianus**	
193–211	Lucius **Septimius Severus** Pertinax	Dynastie der Severer
211–212	Lucius Septimius **Geta**	Dynastie der Severer
211–217	Marcus Aurelius Antoninus **Caracalla**	Dynastie der Severer
217–218	Marcus Opellius **Macrinus**	
217–222	Marcus Aurelius Antoninus **„Elagabalus“**	Dynastie der Severer
222–235	Marcus Aurelius **Severus Alexander**	Dynastie der Severer
235–238	Caius Iulius Verus **Maximinus „Thrax“**	
238	Marcus Antonius **Gordianus** Sempronianus **I.**	
238	Marcus Antonius **Gordianus** Sempronianus **II.**	
238	Marcus Claudius **Pupienus** Maximus	
238	Decimus Caelius Calvinus **Balbinus**	
238–244	Marcus Antonius **Gordianus III.**	
244–249	Marcus Iulius **Philippus „Arabs“**	
249–251	Caius Messius Quintus **Decius** Valerianus	
251–253	Caius Vibius **Trebonianus Gallus**	
253	Marcus Aemilius **Aemilianus**	
253–260	Publius Licinius **Valerianus**	
253–268	Publius Licinius Egnatius **Gallienus**	

268–270	Marcus Aurelius **Claudius „Gothicus“**	Militärkaiser
270	Marcus Aurelius Claudius **Quintillus**	Militärkaiser
270–275	Lucius Domitius **Aurelianus**	Militärkaiser
275–276	Marcus Claudius **Tacitus**	Militärkaiser
276	Marcus Annius **Florianus**	Militärkaiser
276–282	Marcus Aurelius **Probus**	Militärkaiser
282–283	Marcus Aurelius **Carus**	Militärkaiser
283–284	Marcus Aurelius **Numerianus**	
283–285	Marcus Aurelius **Carinus**	
284–305	Caius Aurelius Valerius **Diocletianus**	Tetrarchie (293–305)
286–310	Marcus Aurelius Valerius **Maximianus**	Tetrarchie
293–306	Flavius Valerius **Constantius I.**	Tetrarchie
293–311	Caius **Galerius** Valerius Maximianus	Tetrarchie
305–311	Caius Galerius Valerius **Maximinus „Daia“**	Tetrarchie
305–307	Flavius Valerius **Severus II.**	Tetrarchie
306–312	Marcus Aurelius Valerius **Maxentius**	Usurpator
306–337	Flavius Valerius **Constantinus, „Konstantin der Große“**	Konstant. Kaiserhaus
308–324	Caius Valerius Licinianus **Licinius**	Konstant. Kaiserhaus
337–340	Flavius Claudius **Constantinus II.**	Konstant. Kaiserhaus
337–350	Flavius Iulius **Constans I.**	Konstant. Kaiserhaus
337–361	Flavius Iulius **Constantius II.**	Konstant. Kaiserhaus
360–363	Flavius Claudius **Iulianus „Apostata“**	Konstant. Kaiserhaus
363–364	Flavius **Iovianus**	
364–375	Flavius **Valentinianus I.**	
364–378	Flavius **Valens**	
367–383	Flavius **Gratianus**	
375–392	Flavius **Valentinianus II.**	
379–395	Flavius **Theodosius „der Große“**	Theodosisches Kaiserhaus
383–408	Flavius **Arcadius**	1. Kaiser des Ostreichs
383–388	**Magnus Maximus**	Usurpator
384–388	**Flavius Victor** Maximus	Usurpator
392–394	Flavius **Eugenius**	Usurpator
393–423	Flavius **Honorius**	Theodosisches Kaiserhaus
421	Flavius **Constantius III.**	Theodosisches Kaiserhaus
423–425	**Iohannes**	Usurpator
425–455	Flavius Placidus **Valentinianus III.**	Theodosisches Kaiserhaus
455	**Petronius Maximus**	
455–456	Flavius Eparchius **Avitus**	
457–461	Iulius Valerius **Maiorianus**	
461–465	**Libius Severus**	
467–472	Procopius **Anthemius**	
472	Anicius **Olybrius**	
473–474	**Glycerius**	
474–475	**Iulius Nepos**	
475–476	**Romulus** Augustus **„Augustulus“**	

▶ Unter den Söhnen des Theodosius, Arcadius und Honorius, wird das Reich endgültig geteilt. Die Tabelle zeigt die Abfolge der westlichen Kaiser auf; die Kaiser auf dem Thron des Ostreiches gehören zu einer anderen tausendjährigen Geschichte, der des Byzantinischen Reiches – es währte bis zur türkischen Eroberung am 29. Mai 1453.

BIBLIOGRAFIE

Die Arbeiten über die Geschichte Roms und sein Imperium sind unzählig und vermehren sich jedes Jahr mit stets neuen Erkenntnisgewinnen. Noch mehr erbringen die archäologischen Forschungen an den verschiedenen Plätzen ununterbrochen neue Beiträge zur Kenntnis der römischen Welt; es ist daher unmöglich, den Gesamtbestand der Publikationen zum Gegenstand zu überblicken. Hinzu treten die Kataloge der überaus zahlreichen Ausstellungen, die in allen Ländern organisiert werden und oft an aufeinander folgenden Orten stattfinden. Die in diesen Bänden enthaltenen Übersichten und Beiträge, die von Spezialisten besorgt werden und mit erschöpfenden Bibliografien versehen sind, stellen inzwischen regelrechte wissenschaftliche Veröffentlichungen dar. In der folgenden kurzen Auswahl wurde versucht, neben verschiedenen klassischen Werken insbesondere jüngere Publikationen zum Thema zu sammeln; in ihnen wird man wieder weiter gehende Literaturhinweise finden.

Geschichte Roms

Wenngleich die jüngeren Forschungen und der Fortschritt der Untersuchungen zu vielen Änderungen und Umwälzungen in den historischen und historiografischen Anschauungen geführt haben, bleiben zwei Hauptwerke der wissenschaftlichen Literatur die *Römische Geschichte* von Theodor Mommsen, verfasst zwischen 1854 und 1856 und in zahlreichen Ausgaben wiedergedruckt, sowie die *Storia dei Romani* von G. De Sanctis (Turin 1907–1923; zweite Auflage Florenz 1957– 1964).

Syme R., *The Roman Revolution*, Oxford 1939

Gjerstad E., *Early Rome*, 6 Bände, Lund 1953–1973

De Martino F., *Storia della costituzione romana*, 5 Bände, Neapel 1958–1972

Mazzarino S., *L'impero romano*, Bari 1962 (Nachdruck 1988)

Alföldy A., *Early Rome and the Latins*, Ann Arbor 1965 (deutsch: Das frühe Rom und die Latiner, Darmstadt 1977)

Brunt P.A., *Italian Manpower*, 225 BC–AD 14, Oxford 1971

Aufstieg und Niedergang der römischen Welt, Berlin–New York 1972 ff. (zahlreiche Bände)

Rostovtzeff M., *Gesellschaft und Wirtschaft im römischen Kaiserreich*, 2 Bände, Leipzig 1931 (Nachdrucke)

Crawford M., *The Roman Republic*, Glasgow 1978

De Martino F., *Wirtschaftsgeschichte des alten Rom*, München 1985 (Florenz 1979)

Kolendo J., *L'agricoltura nell'Italia romana. Tecniche agrarie e processo economico dalla tarda repubblica al principato*, Rom 1980

Giardina A., Schiavone A. (Hgg.), *Società romana e produzione schiavistica*, 3 Bände, Rom–Bari 1981

Scheid J., *La religione a Roma*, Bari 1983 (2001[4]); *Religion et piété à Rome*, Paris 1985; *An introduction to Roman religion*, Indiana University Press, 2003

Cassola F., *Storia romana dalle origini a Cesare*, Rom 1985

Giardina A. (Hg.), *Società romana e impero tardoantico*, 4 Bände, Rom–Bari 1986

Alföldy G., *Römische Sozialgeschichte*, Wiesbaden 1984

Bretone M., *Storia del diritto romano*, Bari 1987 (2001[8])

Schiavone A. (Hg.), *Storia di Roma*, 7 Bände, Turin 1988–1993

Settis S. (Hg.), *Civiltà dei Romani*, 3 Bände, Mailand 1990–1991

Le Glay M., Voisin J.-L., Le Bohec Y., *Histoire romaine*, Paris 1991

Jacques F., Scheid J., *Roma e il suo impero. Istituzioni, economia, religione*, Bari 1992 (2001[4])

Gabba E., *Italia romana*, Como 1993

David J.-M., *La romanisation de l'Italie*, Paris 1994

Cameron A., *The Later Roman Empire*. London 1993 (deutsch: *Das späte Rom*, übers. von K. Brodersen) dtv Geschichte der Antike

Crawford M.H., *Die römische Republik*, München 1994

Wells C.M., *The Roman Empire*, Harvard 1995

Brizzi G., *Storia di Roma. Dalle origini ad Azio*, Bologna 1997

Giardina A., *L'Italia romana. Storia di una identità non compiuta*, Rom–Bari 1997

Bringmann K., *Römische Geschichte – Von den Anfängen bis zur Spätantike*, München 2002

Gabba E., Foraboschi D., Mantovani D., Lo Cascio E., Troiani L., *Introduzione alla Storia di Roma*, Mailand 1999

Giardina A., Schiavone A. (Hgg.), *Storia di Roma*, Turin 1999

Lo Cascio E. (Hg.), *Roma imperiale*, Rom 2000 (2002[2])

Ziolkowski A., *Storia di Roma*, Mailand 2000

Roda S., *Profilo di storia romana*, Rom 2001 (2002[2])

Geraci G., Marcone A., *Storia romana*, Florenz 2002

Carandini A., *Die Geburt Roms*, Düsseldorf–Zürich 2003 (Turin 2003)

Hacquard G., *Das antike Rom. Führer durch Geschichte und Kultur*, Bamberg 2002

Ein stets sehr hilfreiches Instrument sind die Bände der *Cambridge Ancient History*, deren zweite Auflage seit 1970 erschien, seit 2003 vollständig. Mit der Geschichte Roms befassen sich die folgenden Bände:

Bd. 7, Cambridge 1990 (von den Anfängen bis zum Zweiten Punischen Krieg)

Bd. 8, Cambridge 1989 (vom Zweiten Punischen Krieg bis 133 v. Chr.)

Bd. 9, Cambridge 1994 (von 133 v. Chr. bis zum Tode Ciceros 43 v. Chr.)

Bd. 10, Cambridge 1996
(von Julius Caesar bis zum Tode Neros 68)
Bd. 11, Cambridge 2000
(von 70 bis 192)
Bd. 12, Cambridge 2003
(von 192 bis Konstantin)
Bd. 13, Cambridge 1997
(vom Tode Konstantins 337 bis zur Herrschaft Theodosius' II. 425)
Bd. 14, Cambridge 2001
(Spätantike bis 6. Jahrhundert)

Archäologie

Sehr nützlich für Informationen über die verschiedenen Orte und Plätze sind die Bände der „Enciclopedia dell'Arte Antica", herausgegeben vom Istituto dell'Enciclopedia Italiana, insbesondere Band VI 1959, Stichwort „Provinciale, arte" und das Supplement 1996, Bd. IV Stichwort „Provincie romane" und „Roma", dazu die weiteren die elf Regionen des römischen Italiens betreffenden Stichwörter. Viele Grabungsmissionen (beispielsweise die in Vindonissa, am Magdalensberg oder in Korinth) veröffentlichen periodische Berichte über die Grabungsergebnisse und die Untersuchungen am Material; sie sind in Fachbibliotheken zu finden. In Italien werden seit einigen Jahren von den staatlichen Archäologieämtern, den verschiedenen *Soprintendenze per i Beni Archeologici*, regelmäßig Museums- und Sammlungskataloge herausgegeben.
Eine jüngere Publikation über die Provinzen des Reiches mit Handbuchcharakter und reichem, nach Provinzen gegliederten bibliografischem Anhang ist Rinaldi Tufi S., *Archeologia delle province romane*, Rom 2000 (Nachdruck 2001).

Archäologische Führer

Coarelli F., *Rom*. Ein archäologischer Führer, Mainz 2002 (2. Aufl.)
La Rocca E., de Vos M., de Vos A., *Pompei*, Mailand 1976 (Neuauflage 1994; Nachdruck 2002)
Coarelli F., *Roma*, Bari–Rom 1980 (Neuauflage 1995; Nachdruck 2001)
Greco E., *Magna Grecia*, Bari–Rom 1980 (Nachdruck 1995)
Torelli M., Etruria, Bari–Rom 1980 (Nachdruck 1993)
Coarelli F., *Dintorni di Roma*, Bari–Rom 1981 (Nachdruck 1993)
De Caro S., Greco A., *Campania*, Bari–Rom 1981 (Nachdruck 1993)
Gaggiotti M., Manconi D., Mercando L., Verzár M., *Umbria, Marche*, Bari–Rom 1981 (Nachdruck 1993)
Manconi D., Pianu G., *Sardegna*, Bari–Rom 1981 (Nachdruck 1990)
Mangani E., Rebecchi F, Strazzulla M. J., Emilia, *Venezie*, Bari–Rom 1981 (Nachdruck 1993)
Cavalieri Manasse G., Massari G., Rossignani M. P., *Piemonte, Valle d'Aosta, Liguria, Lombardia*, Bari–Rom 1982
Coarelli F., *Lazio*, Bari–Rom 1982 (Nachdruck 1993)
Coarelli F., Pompeji, München 2002
de Vos A., de Vos M., *Pompei, Ercolano e Stabia*, Bari–Rom 1982 (Nachdruck 1988)
Pavolini C., *Ostia*, Bari–Rom 1983 (Nachdruck 1989)
Coarelli F., La Regina A., *Abruzzo, Molise*, Bari–Rom 1984 (Nachdruck 1993)
Coarelli F., Torelli M., *Sicilia*, Bari–Rom 1984 (Nachdruck 2000)
Coarelli F., *Italia centrale*, Bari–Rom 1985
Coarelli F.(Hg.), *Lazio archeologico*, Bari–Rom 1989
Greco E., Pontrandolfo A., *Italia*, Mailand 1991 (Nachdruck 2002)
Celuzza M.G., *Guida alla Maremma Antica*, Siena 1993
Torelli M., *Grecia*, Mailand 1997 (Nachdruck 2002)

Kunst und Kulturgeschichte

Bianchi Bandinelli R., *Rom, das Zentrum der Macht. Die römische Kunst von den Anfängen bis zur Zeit Marc Aurels*, München 1970
Bianchi Bandinelli R., *Die römische Kunst. Von den Anfängen bis zum Ende der Antike*, München 1983
Bianchi Bandinelli R., Giuliano A., *Etruschi e italici prima del dominio di Roma*, Mailand 1973 (Nachdruck 1991)
Ward Perkins J.B., *Architektur der Römer*, Stuttgart 1975
Bianchi Bandinelli R., Torelli M., *Etruria-Roma*, Turin 1976
Ward Perkins J.B., *Roman Imperial Architecture*, London 1981
Adam J.-P, *L'arte di costruire presso i romani*, Mailand 1988
Golvin J.-Cl., *L'amphitéâtre romain*, 2 Bände, Paris 1988
Gros P., Torelli M., *Storia dell'urbanistica: il mondo romano*, Rom–Bari 1988
Vismara C., *Il funzionamento dell'impero*, Rom 1989
Golvin J.-Cl., Landes Chr., *Amphitéâtres et gladiateurs*, Paris 1990
Étienne R., *Pompeji, Die eingeäscherte Stadt*, Ravensburg 1991
Flammarion E., *Cleopatra, l'ultima dei faraoni*, Mailand 1993
Hölscher T., *Il linguaggio dell'arte romana. Un sistema semantico*, Turin 1993 (Neuauflage 2002)
Adam J.-P, *Roman Building. Material and Techniques*, London 1994
Beschaouch A., *Cartagine, la leggenda ritrovata*, Mailand 1994
Éluére A., *I celti, „barbari d'Occidente"*, Mailand 1994
Moatti C., *Roma antica, tra mito e scoperta*, Mailand 1994
Beaude P.-M., *I primi cristiani, l'alba del martirio*, Mailand 1996
Guzzo P.G., *La Magna Grecia, italici e italioti*, Mailand 1996
Cerchiai L., Jannelli L., Longo F., *Die Griechen in Süditalien*, Stuttgart 2004
Hanoune R., Scheid J., *I romani e l'eredità dell'impero*, Mailand 1996
Falchetti F., Romualdi A., *Die Etrusker*, Stuttgart 2001
Camporeale G., *Die Etrusker. Geschichte und Kultur*, Düsseldorf–Zürich 2003
Blot J.-Y., *Tesori sommersi, archeologia subacquea*, Mailand 1997
Boardman J. (Hg.), *Oxford History of Classical Art*, Oxford 1997
Camp J., Fisher E., *Götter – Helden – Philosophen. Geschichte und Kultur der alten Griechen*, Stuttgart 2003
Hadas-Lebel M., *Il popolo ebraico, le origini tra Bibbia e storia*, Mailand 1998
Lewin A. *Palästina in der Antike*, Stuttgart 2004
Carroll M., *Römer, Kelten und Germanen. Leben in den germanischen Provinzen Roms*, Stuttgart 2003
Zimmer S. (Hg.), *Die Kelten*, Stuttgart 2004
Gabucci A., *L'antica Roma*, Mailand 2000

REGISTER

Kaiser und bekannte Personen werden unter dem Namen aufgeführt, mit dem sie üblicherweise benannt werden (z.B. *Gaius Iulius Caesar Octavianus Augustus* unter *Augustus*; *Lucius Cornelius Sulla* unter *Sulla*).

Die anderen werden unter ihrem Gentilnamen aufgeführt (z.B. *Lucius Aemilius Paulus* unter *Aemilius Paulus, Lucius*; *Gaius Iulius Aquila* unter *Iulius Aquila, Gaius*).

A

B

F

G

H

I

J

K

L

M

S

Danksagungen

Dank sagen möchte ich allen Kollegen und Freunden, an die ich mich wenden konnte, um Rat und Auskünfte einzuholen.

Besonderer Dank gilt meiner Mutter, die bereitwillig und aufmerksam las, was ich ihr nach und nach vorlegen konnte. Dieser Band kam nur durch das Verdienst von Alberto Conforti zustande, der an das Vorhaben glaubte und großes Vertrauen in meine Fähigkeit legte, es zu Ende zu bringen. Seine Verwirklichung wurde möglich durch das Entgegenkommen des gesamten Teams von Mondadori Electa und insbesondere von Tatjana Pauli; sie war immer bereit, jedes Problem zu lösen und meinen Bedürfnissen entgegenzukommen. Überdies danke ich Enrica Melossi, Elisa Bagnoni, Giorgio Seppi und Veronica Buzzano. Ein besonderer Dank geht an Giorgia Controversi und Paolo Gonzato vom Studio Elàstico, mit denen sich sehr angenehm zusammenarbeiten ließ.

Bildnachweise

Der Verlag dankt den Archiven, Agenturen und Fotografen, die bei der Verwirklichung der Bildkonzeption dieses Bandes mitgewirkt und mitgeholfen haben:

Archiv Alinari
Archiv Electa, Mailand
Fotoarchiv Luciano Pedicini, Neapel
Archiv Daniele Manacorda, Rom
Paolo Biraghi, Mailand
Claudio Ciabochi, Fabriano (Ancona)
CORBIS/Contrasto
Deutsches Fremdenverkehrsamt
Spanisches Fremdenverkehrsamt
Paolo Gonzato, Mailand
Luca Mozzati, Mailand
© Photo RMN – Hervé Lewandowski
© Photo RMN – Peter Willi
Rabatti & Domingie Photography, Florenz
Giovanni Rinaldi, Rom
Lucio Rossi/Polis, Mailand
The Ancient art & Architecture Collection Ltd.
The Bridgeman art Library/Archivi Alinari

Fotoarchiv der Musei Capitolini, Roma
Fotoarchiv des Museo Arqueológico Nacional, Madrid
Kunsthistorisches Museum, Wien
Museo Archeologico Comunale/ foto Giovanni Lattanti, Teramo
Bardo-Museum, Tunis
Museo di Fregelle, Ceprano
Museo di Santa Giulia, Brescia
Musée Romain, Avenches
Nationalmuseum von Dänemark, Kopenhagen
Ny Carlsberg Glyptotek, Kopenhagen
Rheinisches Landesmuseum/Photo Thomas Zühmer, Treviri
© Copyright The British Museum, London

Foto Pontificia Commissione di Archeologia Sacra
Soprintendenza Archeologica di Roma: Museo Nazionale Romano, Palazzo Massimo alle Terme; Museo Nazionale Romano, Palazzo Altemps; Museo Nazionale Romano, Terme di Diocleziano
Soprintendenza Comunale BB.CC. Roma
Mit Genehmigung des Ministero per i Beni e le Attività Culturali:
Soprintendenza Archeologica dell'Abruzzo
Soprintendenza Archeologica dell'Emilia Romagna
Fotoarchiv der Soprintendenza Archeologica delle Marche
Fotoarchiv der Soprintendenza per i Beni Archeologici di Ostia
Soprintendenza per i Beni Archeologici del Piemonte
Soprintendenza per i Beni Archeologici della Puglia — Taranto
Soprintendenza per i Beni Archeologici di Salerno
Soprintendenza per i Beni Archeologici dell'Umbria
Soprintendenza per i Beni Archeologici del Veneto

Der Verlag ist zu einer Vergütung für Rechteinhaber bereit, deren Quellen eventuell nicht ausgemacht werden konnten.

Anmerkungen des Übersetzers

1 die Anhöhe zwischen Forum und Kolosseumssenke
2 *tribus* zunächst „Stamm", hier dann „Stadtviertel"
3 Das *pomerium* ist ein Bereich zwischen der Stadtmauer Roms und einer historisch stets angepassten (ausgeweiteten) Grenzlinie, innerhalb dessen z. B. militärische Kommandos nicht ausgeübt werden durften. Ursprünglich war die äußere Grenzlinie parallel zur Stadtmauer durch Steine markiert und der Bereich freigelassen.
4 Nebenflüsschen des Tibers nördlich von Rom
5 *Gallia cisalpina:* „Gallien diesseits der Alpen" – immer von Rom aus gesehen; analog in moderner Bildung „Cispadana" – „Gebiet diesseits des Pos".
6 *ager* („Acker", Land): in Bezeichnungen wie diesem im Lateinischen als Ausdruck für „Gebiet" üblich; der *ager Romanus* war Gebiet in staatlichem Besitz
7 Die Popularen, die „Volkspartei", die „Sozialdemokraten", suchten politisch einen gewissen Ausgleich mit den Interessen der Bevölkerung und waren Befürworter demokratischer Regeln im Sinne der Beschränkungen der römischen Republik. Ihnen standen als „konservative" Partei die Optimaten, *optimates*, gegenüber, die einen offenen aristokratischen Kurs steuerten.
8 Die *annona* (eigtl. der Jahresertrag z. B. an Getreide, auch der Getreide- oder Salzpreis) ist speziell der Getreidevorrat (nicht nur in Rom), der auf Staatskosten gelagert und an die Bürger verbilligt oder kostenlos abgegeben wird.
9 die großen Hauptverbindungsstraßen
10 das eingeschränkte Bürgerrecht „ohne Stimmrecht"
11 halbnomadische Weidewirtschaft
12 *municipium:* Stadtgemeinde mit Selbstverwaltung und eingeschränktem römischen Bürgerrecht (*civitas sine suffragio:* Gemeinde ohne Stimmrecht)
13 Nach dem Archäologen A. François benannter etruskischer Grabbau
14 die etruskische Divinationskunst, insbes. die Auslegung von Blitzen und die Leberschau
15 Landeinteilung in *centuriae*, das sind 100 Ackerlose zu je zwei *iugera* (ein *iugerum* ≈ 1/4 Hektar)
16 eingeschränkte Form des Bürgerrechts als Vorstufe des vollen Bürgerrechts; ursprünglich für die latinischen Städte vorgesehen
17 Nationalpark im italienischen Piemont (Bielleser Alpen); dort finden sich auch römische Goldminen
18 Die Ritter *(equites)* waren der nach den Senatoren einflussreichste Stand, in dessen Händen z. B. der gesamte Handel lag, politisch sozusagen die Klientel der „klassischen Liberalen".
19 Das sind die per öffentlichem Anschlag (*proscribere*) für vogelfrei erklärten Personen, die zur Tötung „freigegeben" waren. Ihr Vermögen wurde konfisziert, was überdies Denunziationen Tür und Tor öffnete.
20 Die *dictatura* ist ein verfassungsmäßiges republikanisches Amt zur Regierung des Staates in Notzeiten, auf sechs Monate begrenzt.
21 Die Adoption war ein im römischen Recht vorgesehenes Verfahren, sich mit einem legitimen Erben zu versehen. Dieses Mittel wurde reichlich und ohne Ansehung „natürlicher" Alters- und Verwandtschaftsverhältnisse angewandt.
22 das heißt „ehrwürdig, anbetungswürdig"
23 Der Schlachtort wurde vor einigen Jahren bei Kalkriese unweit Osnabrück in Niedersachsen lokalisiert.
24 formell, konkret: des Senats
25 Sozusagen Könige im Status römischer *clientes*, d. h. freiwilliger Gefolgsleute eines *patronus*, die für ihre politische Unterstützung vom Patron rechtlichen Schutz erhielten; ihre Reiche werden als Klientelreiche bezeichnet.
26 griech. Gewichtsmaß, zwischen 4 1/2 und 6 Gramm
27 Schwiegersohn und enger Vertrauter des Augustus, designierter Nachfolger
28 „Pächter und Verwalter der norischen Eisengruben"
29 General unter Nero, Befehlshaber in Niedergermanien, später mit der Kriegführung gegen die Parther betraut (s. unten Seite 224)
30 Die wie Brüste aussehenden Formen werden seit längerem überzeugend als Stierhoden gedeutet; links und rechts wird Artemis, die bei Griechen und Römern auch als Jagdgöttin gilt, von Hirschkühen flankiert.
31 die südsyrischen Ackerebenen südlich des Djebel Drus
32 das griechische Äquivalent für „Augustus" der „Ehrwürdige"
33 die Grundlage des jüdischen Talmuds
34 Die Insel Philai war schon halb überflutet und musste erst trockengelegt werden, damit die Monumente gerettet werden konnten.
35 Gemeint ist die erste Frau Neros, Octavia, eine Tochter des Claudius und der Messalina.
36 radikale antirömische Gruppen im palästinensischen Judentum des 1. Jahrhunderts n. Chr.
37 Beamte mit der Funktion polizeilicher Aufsicht über öffentliche Einrichtungen
38 „Arabien hinzuerworben" statt „Arabien erobert"
39 Stein, der das Haus eines Gottes darstellt.
40 Herkunft unsicher, Besitzrechte zurzeit noch umstritten, aktuell (2004) in der Schweiz befindlich.

CASTORI